Die Internationalisierung der Hochschulen

Ulrich Teichler ist Professor für Berufs- und Hochschulforschung an der Universität Kassel und war lange Direktor des dortigen Internationalen Zentrums für Hochschulforschung.

Ulrich Teichler

Die Internationalisierung der Hochschulen

Neue Herausforderungen und Strategien

Campus Verlag
Frankfurt/New York

Bibliografische Information der Deutschen Nationalbibliothek
Die Deutsche Nationalbibliothek verzeichnet diese Publikation in der Deutschen Nationalbibliografie; detaillierte bibliografische Daten sind im Internet unter http://dnb.d-nb.de abrufbar.
ISBN 978-3-593-38346-0

Druck und Bindung: KM-Druck, Groß-Umstadt
Gedruckt auf säurefreiem und chlorfrei gebleichtem Papier.
Printed in Germany

Besuchen Sie uns im Internet: www.campus.de

Inhalt

Teil IV Evaluationsstudien zu anderen Mobilitätsformen und Kooperationsstrukturen

Teil V Unterstützende Maßnahmen und »neue« Mobilität

Zur Einführung

1 Der Stellenwert des Themas

Nationale Grenzen zu überschreiten, gehört traditionell zum Alltag der Universitäten. In vielen Disziplinen ist das Wissen universell, und weltweite Suche nach neuer Erkenntnis gehört dazu. In anderen Disziplinen ist der internationale Vergleich ein unentbehrliches Mittel zum Verstehen der eigenen Situation. Hochschulen sind international mehr vernetzt als andere Organisationen, und kosmopolitische Werte sind in der Wissenschaft verbreitet. Dennoch sind Universitäten sehr national: In den Studiengängen und Zertifikaten, in der Steuerung, Finanzierung und Organisation und allgemein in den Bedingungen wissenschaftlichen Handelns.

Seit zwei Jahrzehnten fühlen sich jedoch die Hochschulen mehr als je zuvor herausgefordert, auf die Internationalisierung ihrer Umwelt zu antworten und selbst in vieler Hinsicht internationaler zu werden. Internationalität ist für das Hochschulleben nicht mehr marginal, sondern sie betrifft alle Aufgabenbereiche; kasuistische Aktivitäten werden durch systematische Strategien der Internationalisierung abgelöst. Studierende und Wissenschaftler werden mobiler, Hochschulen entwickeln grenzüberschreitende Studiengänge, Forschungskooperation wird weltumspannend, Englisch etabliert sich als wissenschaftliche Lingua franca.

Der Autor dieses Bandes hat seit Beginn der 1980er Jahre den Prozess der Internationalisierung der Hochschulumwelt und der Hochschulen wissenschaftlich begleitet. Mehr als 200 Publikationen in deutscher Sprache, in Englisch oder als Übersetzungen in andere Sprachen sind entstanden, in denen die Erträge dieser wissenschaftlichen Arbeit dokumentiert sind. Wohl kein Hochschulforscher in Europa hatte mehr Gelegenheiten, Internationalisierungstendenzen zum Gegenstand der Forschung zu machen. Dieser Band soll die wichtigsten Erträge der Analysen über mehr als zwei Jahrzehnte überschaubar machen.

2 Zentrale Dimensionen und Trends der Internationalisierung

In mehreren Analysen, die seit Ende der 1990er Jahre formuliert worden sind, wird der Versuch unternommen, die verwirrende Vielfalt der Begriffe, Erklärungsansätze und zentralen Dynamiken zu sortieren. Die Kapitel 1 bis 3 belegen diese konzeptionelle Arbeit, die erst in Angriff genommen wurde, als der Internationalisierungsprozess weit vorangeschritten war, inzwischen als äußerst wichtig für das Selbstverständnis der Hochschulen galt und der Prozess selbst und seine Deutungen ein hohes Maß an Komplexität erreicht hatten. Somit war in der Realität des öffentlichen Diskurses zu dieser Thematik sehr viel »Material« gegeben, das zu solchen Analysen reizt.

Deutlich wird, dass die Veränderungen in der Hochschullandschaft von einer verwirrenden Begriffs- und Deutungsvielfalt begleitet wurden. Trotz großer Unschärfe im Alltagsgebrauch der Begriffe lassen sich einige Grundlinien aufzeigen.

So geht es in der Internationalisierungsdiskussion in diesem Bereich immer um ein Doppeltes: Veränderungstendenzen in Wirtschaft, Politik und Kultur, die die Hochschulen zu einer Neubesinnung und einer Neupositionierung ihrer Tätigkeiten herausfordern, und auch Veränderungstendenzen innerhalb der Programmatik und der Aktivitäten der Hochschulen.

Drei Begriffe richten die Aufmerksamkeit auf bestimmte Dimensionen: Internationalisierung spricht eine Zunahme grenzüberschreitender Aktivitäten an, wobei nationale Hochschulsysteme im Prinzip bestehen bleiben. Globalisierung ist in der Regel mit der Vorstellung verbunden, dass Grenzen und nationale Systeme verschwimmen oder ganz verschwinden. Europäisierung ist die regionale Version von Internationalisierung. Beide Strömungen transportieren zugleich bestimmte Ideen, was die wichtigsten Veränderungen im Kern sind. Internationalisierung wird gewöhnlich in Zusammenhang mit physischer Mobilität, wissenschaftlicher Kooperation, wissenschaftlichen Traditionen des Wissenstransfers und internationalem Lernen angesprochen. Globalisierung wird dagegen vor allem mit Marktsteuerung, transnationalen Angeboten von Studienprogrammen und mit kommerziellem Wissenstransfer in Verbindung gebracht.

In den Analysen zum Internationalisierungsdiskurs wird hervorgehoben, dass immer wieder sieben Themen angesprochen werden:

- Die physische Mobilität von Studierenden, aber auch von den in Lehre und Forschung Tätigen ist ein besonders sichtbarer Bereich im Spektrum der internationalen Aktivitäten.

- Ein gesondertes Thema, das mit der physischen Mobilität von Studierenden eng zusammenhängt, ist die Frage der Anerkennung von Resultaten des Studiums über Grenzen hinweg. Hier geht es darum, inwiefern Gelerntes in einem Land als äquivalent zu Gelerntem in einem anderen Land identifiziert und akzeptiert wird und was ein solches Akzeptieren erschwert und erleichtert.
- Von Bedeutung sind auch andere Formen des grenzüberschreitenden Wissenstransfers, so über Medien der Wissens-Disseminierung, internationale Zusammenarbeit in Forschung und Lehre und in jüngster Zeit vermehrt über transnationale Studienangebote.
- Gleichgültig, ob Gegenstand internationaler Mobilität und Kooperation oder Ziel von Lehren, Lernen und Forschen »daheim«, es geht immer wieder um die Internationalität in der Substanz des Wissens. Dies reicht vom Fremdsprachenerwerb, über die Analyse anderer Kulturen und Gesellschaften und der grenzüberschreitenden Aktivitäten in Wirtschaft, Politik und Gesellschaft bis zu Anlage und Erträgen von international vergleichenden Untersuchungen in vielen Wissenschaftsbereichen.
- Ein weiterer Gegenstand der Diskussionen und Analysen ist die internationale (beziehungsweise nationale) Orientierung der Akteure: Wie schätzen sie den Stellenwert dieser Fragen ein, was ist ihnen dabei wichtig, und wie fließt das in ihre Handlungsstrategien und alltäglichen Handlungsweisen ein.
- Ferner ist von Internationalisierung – oder ihren regionalen Varianten, so der Europäisierung – die Rede, wenn es darum geht, wie einheitlich beziehungsweise unterschiedlich Hochschulsysteme der Welt sind und inwieweit nationale Hochschulsysteme stärker aufeinander abgestimmt werden sollten.
- Schließlich wird in jüngster Zeit »Internationalisierung« als Argument für fast jede Reform der Hochschulen ins Spiel gebracht. Gleichgültig, ob es um Fragen der Organisation und Steuerung, der Qualität der Forschung, der effizienten Nutzung von Ressourcen und anderes geht, Internationalisierung wird als Motiv und Anlass hervorgehoben: Wenn die Hochschulen auf irgendeine Weise besser werden, so werden sie auch – so das Argument – »fitter« für den weltweiten Wettbewerb zwischen den Hochschulen.

Dieser Band ist von der These getragen, dass die ersten fünf Themen genuine Fragen der Internationalisierung der Hochschulen sind, während bei den letzten beiden Themen Veränderungen in der internationalen Umwelt als Argument benutzt werden, um im Hochschulsystem Veränderungen voranzutreiben. Dieses »internationale Argument« ist nicht Gegenstand der Analysen dieses Bandes; Analysen zur intendierten europäischen »Konvergenz« in den Strukturen von Studiengängen und -abschlüssen wurden vom Autor stattdessen in »Hochschulstrukturen im Umbruch« (Teichler 2005) behandelt.

In den Analysen zu Konzeptionen und übergreifenden Trends schließlich wird hervorgehoben, dass sich in den letzten zwei Jahrzehnten nicht nur graduelle Verschiebungen ergeben haben, sondern qualitative Sprünge sichtbar sind. Es geht nicht nur um Internationalität von Spitzenuniversitäten, sondern alle Hochschulen sehen sich auf einem Wege zu internationaler Durchdringung. Internationale Aktivitäten der Hochschulen sind immer weniger kasuistisch; sie werden immer häufiger als regelmäßige und systematische Bestandteile des Hochschulalltags verstanden. Sie sind nicht mehr marginal, sondern in alle wichtigen Entscheidungen einbezogen. Internationale Qualität geht nicht mehr nur Spezialisten des Internationalen an, sondern dringt in die meisten Studiengänge und Forschungsbereiche ein.

3 Häufigkeit von Mobilität

Analysen zur Mobilität und zu deren Wirkungen kommen nicht ohne grundlegende Daten aus. So beschäftigen sich die Kapitel 4 bis 6 mit Statistiken zur studentischen Mobilität und mit Statistiken und repräsentativen Befragungen zur Mobilität von Hochschulabsolventen. Im Hinblick auf Studierende und Absolventen scheint die Datenlage weitaus günstiger zu sein als im Hinblick auf Lehrende und Forschende – Letzteres wird in diesem Band nicht näher behandelt.

Bei genauerer Betrachtung zeigt sich jedoch, dass die Datenlage keineswegs befriedigend ist. Von ausländischen, »internationalen« oder mobilen Studierenden ist in öffentlichen Diskussionen oft die Rede, als bedeuteten die Begriffe mehr oder weniger dasselbe. Tatsächlich liegen in erster Linie statistische Daten über ausländische Studierende vor. Die Aufmerksamkeit der Diskussion ist dagegen auf »mobile Studierende« gerichtet, und – paradoxerweise – taugen Daten zur Staatsangehörigkeit der Studierenden desto weniger als Indikatoren der Mobilität, je mobiler die Menschen werden. Nur in wenigen Ländern lassen sich in Statistiken ähnliche Unterscheidungen vornehmen wie in Deutschland zwischen »Bildungsinländern« und »Bildungsausländern«.

Aufgezeigt wird auch eine weitere große Schwäche der vorliegenden Statistiken: Meistens werden nicht die Studierenden aufgeführt, die temporär ins Ausland gehen. D. h., die Mobilitätsform, die in Europa die Hochschullandschaft am stärksten »aufgemischt« hat, ist statistisch wenig nachverfolgbar.

Dargestellt wird an Beispielen ebenfalls, was in der Substanz den vorliegenden Statistiken zu entnehmen ist. In den Analysen werden insbesondere

Tatbestände hervorgehoben, die in Kontrast zu vorherrschenden Vermutungen stehen oder kaum Beachtung finden. Überraschend ist sicherlich der Befund, dass in Deutschland der Anteil der ausländischen Studierenden über Jahrzehnte höhere Wachstumsraten hatte als in den Ländern, gegenüber denen ein Rückstand öffentlich beklagt wurde und deren Studienstrukturen mit dem Argument nachgeeifert werden sollte, dass diese für potentiell mobile Studierende weitaus größere Attraktivität hätten.

Eine der dargestellten Analysen zeigt darüber hinaus, dass berufliche Mobilität von Hochschulabsolventen in Europa keineswegs so ausgeprägt ist wie angesichts der Diskussion über die Bedeutsamkeit studentischer Mobilität vermutet werden könnte. Beschäftigung im Ausland ist selten geblieben; häufiger sind bisher gelegentliche berufliche Auslandsaufenthalte sowie berufliche Aufgaben daheim, für die internationale Kompetenzen unabdingbar sind.

4 Erfahrungen und Erträge der temporären Mobilität

Die Zahl der Studierenden in Europa, die ein oder zwei Semester ihres Studiums an einer Hochschule eines anderen europäischen Landes verbringen, ist seit einigen Jahrzehnten phänomenal gestiegen. Dies war nicht nur der sichtbarste Trend, sondern dies war auch der Schwerpunkt der hochschulpolitischen Maßnahmen mit Blick auf die fortschreitende Internationalisierung von Wissen und Gesellschaft. In den siebziger Jahren etablierten einige europäische Länder bemerkenswerte Förderungsmaßnahmen in diesem Bereich oder bauten bestehende Programme aus. Auch die europäische Gemeinschaft startete 1976 ein entsprechendes Pilotprogramm. 1987 wurde dann das ERASMUS-Programm etabliert, in dessen Rahmen inzwischen durch Mittel der Europäischen Kommission mehr als 150 000 Studierende jährlich zeitweise in ein anderes europäisches Land gehen. Die Zunahme der temporären Mobilität war in Europa fraglos der Auslöser dafür, dass in den neunziger Jahren die meisten europäischen Hochschulen über die Beteiligung am Austausch von Studierenden hinaus die Internationalisierung der Hochschule zu einer übergreifenden strategischen Maxime machten.

Schon daher wäre es berechtigt, dieser Entwicklung in diesem Band den größten Platz einzuräumen. Dass die Kapitel 7 bis 11 so eingehend die temporäre Mobilität behandeln, ist jedoch nicht zuletzt darauf zurückzuführen, dass der Autor dieses Bandes an den wichtigsten Analysen zu dieser Thematik einen großen Anteil hatte: So als einer der Hauptverantwortlichen des Study Abroad Evaluation Projekts in den achtziger Jahren, dessen Vergleich der Erträge des europäischen Pilotprogramms mit verschiedenen anderen Programmen in Europa und den USA mit zu der Entscheidung beitrug, in Europa das ERASMUS-Programm zur Förderung der Studierendenmobilität zu etablieren, und als Leiter des ERASMUS-Evaluationsprojekts von 1987 bis 1995, des SOKRATES 2000-Evaluationsprojekts und der wichtigsten Evaluationsstudie in der zweiten Phase des SOKRATES-Programms, einer Analyse der späteren beruflichen Erträge temporärer studentischer Mobilität in Europa. Diese Studien beanspruchten, für die empirische Operationalisierung zentraler Konzepte von studentischer Mobilität, z. B. für Erfahrungen und Probleme während der Auslandsstudienphase, Anrechnung und Anerkennung sowie berufliche Erträge, neue Wege zu gehen, die Situation gründlicher zu untersuchen und mit Hilfe einer »Triangulation« die Wahrnehmungen unterschiedlicher Akteure besser auszuschöpfen als vorherige Studien und somit Maßstäbe für zukünftige Analysen auf dem Gebiet zu setzen.

Unter den zahlreichen interessanten Ergebnissen dieser Studien, die überwiegend auf schriftlichen Befragungen von Studierenden und Absolventen sowie der Verantwortlichen an den Hochschulen und in den Fachbereichen beruhten, verdienen sechs besondere Erwähnung:

- Jede Maßnahme zur Förderung studentischer Mobilität zeitigt in gewissem Umfange Erfolge entsprechend ihrer besonderen Akzentsetzungen. Insgesamt ist jedoch eher bemerkenswert, wie ähnlich die Aussagen von temporär mobilen Studierenden innerhalb wirtschaftlich fortgeschrittener Länder über alle Programme hinweg sind, welche Erfahrungen wertvoll waren und wo die größten Erträge sind.
- Eine zeitweilige Studienphase in einem anderen europäischen Land wird von den Studierenden in fast allen Fällen als eine sehr wertvolle Erfahrung gelobt, selbst wenn die Prozesse der Beantragung mühsam waren, die Bewilligung und die Bereitstellung von finanzieller Unterstützung spät erfolgte, die Mittel nicht für die zusätzlichen Kosten ausreichten, die Studierenden im Gastland auf organisatorische und wissenschaftliche Probleme stießen.
- Die temporäre Mobilität innerhalb Europas ist für die Studierenden zumeist als »horizontal« einzustufen, d. h. als Gelegenheit zum Studium an einer Hochschule, die sich in der Qualität der Studienangebote und in den Leistungsansprüchen nicht erheblich von der Herkunftshochschule unterscheidet. Damit ist nicht die Steigerung allgemeiner wissenschaftlicher Kompetenzen das höchste Ziel und der größte Ertrag, sondern Anstöße zur wissenschaftlichen Reflexion, eine wachsende Einsicht in die Vielfalt wissenschaftlicher Ansätze und ein wachsendes Verständnis für vergleichende Perspektiven.

- Von dem Auslandsstudium werden nach der Rückkehr im Durchschnitt etwa drei Viertel oder etwas mehr als Studienleistung anerkannt. Mehr als ein Drittel der Studierenden im Rahmen von ERASMUS müssen mit einer deutlichen Verlängerung des Studiums durch den Auslandsaufenthalt rechnen. Aber die Studierenden schätzen den wissenschaftlichen Ertrag deutlich höher als die Erträge, die bei einem kontinuierlichen Studium daheim zu erwarten gewesen wären.
- Eine weitgehende Balance der Qualität ist bei temporärer Mobilität zwischen den meisten Ländern Westeuropas auch dadurch gegeben, dass sich die Hochschulen ihre Partnerinstitutionen aussuchen können, zu denen ein gewisses Vertrauen in eine ähnliche Qualität besteht. Es gibt jedoch Länder, zwischen denen keine reziproken Austauschbeziehungen bestehen. Studierende aus mittel- und osteuropäischen Ländern sind eine hochselektive Gruppe geblieben, die sich von einem temporären Studium in einem westeuropäischen Land besonders große Erträge versprechen.
- Als beruflicher Ertrag wird häufig gesehen, dass das temporäre Auslandsstudium als ein interessantes Merkmal des Lebenslaufs gilt, das Kontakte und Einladungen zu Vorstellungsgesprächen eröffnet und in vielen Fällen den Berufsstart erleichtert. Nur wenige Absolventen sind davon überzeugt, dass ihnen eine Auslandsstudienphase den Weg zu höherem Einkommen und angeseheneren Positionen ebnet; die Auslandsstudienerfahrungen führen eher zur Beschäftigung in einem anderen Land, oder, wenn die Absolventen im eigenen Lande bleiben, weitaus häufiger dazu, dass internationale berufliche Aufgaben übernommen werden.

Es gibt allerdings inzwischen erste Hinweise, dass für westeuropäische Studierende solcherlei Erträge nicht ohne weiteres für die Zukunft fortgeschrieben werden können. Internationale Erfahrungen nehmen so sehr zu, dass das Außergewöhnliche des Erlebnisses der temporären Studienphase in einem anderen Land und der die Augen öffnende Schub zur Reflexion nicht mehr in dem gleichen Maße gegeben sind. Auch mag die Bedeutung der physischen Mobilität während des Studiums auf die Dauer sinken, wenn die »Internationalisierung daheim« zunimmt.

5 Evaluationsstudien zu anderen Internationalisierungsaktivitäten

Maßnahmen zur Internationalisierung der Hochschulen sind keineswegs auf die Förderung der studentischen Mobilität beschränkt. Da Mittel für Analysen zur Internationalisierung der Hochschulen eher zur Verfügung gestellt werden, wenn Evaluationen vorgenommen werden sollten, ergab sich so auch für den Autor die Möglichkeit, die Wirkung weiterer Förderungsprogramme zu untersuchen. Diese waren jedoch in Thematik und Vorgehensweise stärker gestreut als die Analysen der studentischen Mobilität.

Die Kapitel 12 bis 14 geben einen Einblick in weitere Themenbereiche. Behandelt werden im Kapitel 12 verschiedene Studien zur Förderung europäischer Mobilität unter jungen Wissenschaftlerinnen und Wissenschaftlern. In Kapitel 13 werden die ersten Jahre des TEMPUS-Programms behandelt, das Anfang der 1990er Jahre eingerichtet wurde, um die Transformation der Hochschulen in den mittel- und osteuropäischen Ländern zum Teil durch Kooperation mit Hochschulen aus anderen Ländern und teils mit Hilfen zum Infrastrukturaufbau zu unterstützen. In Kapitel 14 werden die Erfahrungen und Einschätzungen der Studierenden und Lehrenden dargestellt, die sich im Sommer 2000 an dem einmalig gebliebenen Experiment einer dreimonatigen »Internationalen Frauenuniversität« beteiligten.

Die Anlage dieser Studien war deutlich von den Konzepten und Verfahrensweisen bestimmt, die bei den zuvor behandelten Analysen der temporären studentischen Mobilität zum Tragen kamen. Auch diese Studien brachten unerwartete Befunde hervor, die für die Entscheidung über Fortführung und Änderung des Programms bedeutsam waren. In den Kapiteln 12 und 13 werden jeweils zum Schluss solche Fragen der Rezeption der Studien und den daraus gezogenen Folgerungen angesprochen.

6 Unterstützende Maßnahmen und neue Formen der studentischen Mobilität

Die zuvor genannten Studien waren nicht nur einerseits von dem Anspruch getragen, aus der Distanz zur Praxis übergreifende Konzepte entwickeln, hohe methodische Ansprüche stellen und die herrschende Praxis kritisch hinterfragen zu können, sondern anderseits sollte durch enge Kommunikation mit den Verantwortlichen für Förderungsprogramme, mit den Akteuren an den Hochschulen und mit den tatsächlich mobilen Personen gesichert werden, dass deren Erwartungen und erlebte Probleme in die Anlage und die Ergebnisse der Studien eingehen. Um die Suche nach besseren Lösungen in der Praxis aufnehmen zu können, wurde in einigen Studien besondere Aufmerksamkeit auf denkbare neue Wege zum internationalen Lernen der Studierenden gerichtet.

Die Erfahrungen verschiedener systematischer Studien wie der Gespräche von Praktikern gingen in eine »Denkschrift« über Probleme und Chancen der

Anrechnung und Anerkennung von Studienleistungen ein, die sich im Falle mobiler Studierender ergeben. Die Auszüge dieser Schrift in Kapitel 15 machen deutlich, dass trotz zumeist positiver Bewertung von temporärer internationaler Mobilität immer wieder zwei skeptische Fragen aufgeworfen werden, wenn es um die Anrechnungen der Leistungen nach der Rückkehr oder nach einer weiteren Mobilitätsetappe geht: Wieweit können wir etwas ganz anderes, als im eigenen Studiengang gefordert, als äquivalenten Kontrast akzeptieren? Wieweit können wir der Qualität des Erreichten trauen, die andere Institutionen im Studienangebot zu gewährleisten und in Prüfungen zu messen hatten? Der Konflikt zwischen Hochschätzung der internationalen Erfahrung und Skepsis im Hinblick auf Gleichwertigkeit wird gerne, so wird ausgeführt, durch Umgehungsstrategien gelöst, so z. B. in der Aufforderung an die Studierenden, im Ausland das zu machen, was im Studienplan daheim als Wahlveranstaltungen ausgewiesen ist.

Da Zertifikate oft zu unklar sind, um Anerkennung im Mobilitätsfalle zu sichern, aber eine exakte Messung der im Ausland erfolgten Leistungen nach der Rückkehr unrealistisch ist, beteiligte sich der Autor selbst an der Entwicklung einer praktischen Lösung zur Erleichterung der Anerkennung: In Kapitel 16 sind in überarbeiteter Weise die Gedanken dargestellt, die der Empfehlung internationaler Organisationen im Jahre 1988 zugrunde lagen, das sogenannte »Diploma Supplement« einzuführen. Diese Idee, eine international »lesbare« Selbstbeschreibung der Studienprogramme und eine ausführlichere Beschreibung von Studium und erworbenen Kompetenzen durch die Hochschulen vornehmen zu lassen, die den Abschluss verleihen, fand großen Anklang und wird in einem langen Prozess schrittweise in Europa implementiert.

Die Frage, was die Einführung eines Credit Systems für die Anerkennung der Leistungen mobiler Studierender leisten kann, hat der Autor dieses Bandes von Beginn des Pilotprogramms im Jahre 1989 durch empirische Studien begleitet. Die anfangs kritischen Überlegungen, dass »gute Buchführung« nicht für zentrale Fragen der Anerkennung ausschlaggebend sein kann und dass die Prüfungslogik in einem Land nicht primär von den Anerkennungsfragen mobiler Studierender bestimmt sein könnten, hatten schließlich, wie in Kapitel 17 dargestellt, die empirischen Ergebnisse zu akzeptieren: »Buchführung« macht etwas aus. Nachgewiesen wurde, dass Anrechnung des Auslandsstudiums – ceteris paribus der Studienangebote und Qualitätsfragen – steigt, wenn die Dokumentation der Ergebnisse übersichtlich erfolgt, und »Credits« waren offenkundig ein guter Weg zur übersichtlichen Dokumentation.

Kapitel 18 schließlich geht über die in den achtziger und neunziger Jahren gewachsenen Aktivitäten von Mobilität und Kooperation hinaus und bilanziert die ersten Schritte, die von deutscher Seite unternommen werden, um sich unter dem Schlagwort der zunehmenden globalen Konkurrenz am wachsenden Studiengangsexport zu beteiligen. Aufgezeigt werden die Fakten solcher ersten Schritte und erörtert wird, wieweit sich die »Internationalisierungs-« und »Globalisierungstendenzen« konträr gegenüberstehen oder gemeinsame Elemente beziehungsweise fließende Übergänge haben.

7 Internationalisierungspolitiken und -strategien im deutschen Hochschulsystem

In den Kapiteln 19 und 20 wird aufzuzeigen versucht, welche Akzente von nationalen Hochschulpolitiken und hochschulischen Strategien der Internationalisierung sich im Laufe der 1990er Jahre entfalteten und sich bis in die ersten Jahre des 21. Jahrhunderts hinein weiter entwickelten, seitdem eine höhere Wertschätzung, eine stärkere Systematisierung und ein »Mainstreaming« der Internationalisierungskonzepte und -praktiken im deutschen Hochschulsystem zu beobachten ist. Die im Kapitel 19 präsentierten Überlegungen erwuchsen aus einer vergleichenden Studie über »Kooperation und Wettbewerb« in den Internationalisierungsdiskussionen, -politiken und -strategien in sieben europäischen Ländern.

Die beiden Analysen machen deutlich, dass Internationalisierungsdiskussionen zum Teil von dem geprägt sind, was nach dem jeweiligen Zeitgeist als populär gilt: So haben konkurrenzbetonende Globalisierungskonzepte einen deutlichen Niederschlag in aktuellen Dokumenten und Diskussionen, wohl aber auch die Kritik an solchen Konzepten. Zugleich spricht vieles dafür, dass unterhalb der Schwelle der öffentlichen Rhetorik eher eine immer weiter wachsende Komplexität der Internationalisierungsfragen im Hochschulbereich zu beobachten ist. Alte Fragen verlieren nicht an Relevanz, sondern stehen jenseits der Gunst der öffentlichen Aufmerksamkeit zur Lösung an.

8 Zum Stand der Forschung über internationale Aspekte der Hochschulen

Schließlich werden in den Kapiteln 21 und 22 zwei Einschätzungen zur Lage der Forschung dokumentiert, die sich mit Internationalisierung als Bedingungsgefüge für die Hochschulen und mit Internationalisierung als Programmatiken und Aktivitäten der Hochschulen befasst. Die erste Beschreibung und Einschätzung der Lage wurde in der ersten Hälfte der 1990er Jahre formuliert, als die Thematik größere öffentliche Popularität erreichte, aber innerhalb Europas Forschung zu diesem Bereich nur von wenigen Personen und in wenigen Projekten durchgeführt wurde. Es kann nicht überraschen, dass in der Bilanz des Autors die Forschung damals als »occasional, coincidental, sporadic, and episodic« charakterisiert wurde.

Die zweite Bilanz entstand im Jahre 2006, als gerade die Feier des zehnjährigen Bestehens einer internationalen Fachzeitschrift zu dieser Thematik, des Journal for Studies in International Education, zu einem Überblick über das Erreichte einlud. Hier konnten Fortschritte zum Stand der Forschung konstatiert werden, aber erneut war zu berichten, dass eine solide institutionelle Basis, eine personelle Kontinuität und die Synthese des Forschungsstands Ausnahmen geblieben sind. Das große Interesse an dem Thema lässt aber erwarten, dass in der Forschung dazu weitere Fortschritte erzielt werden.

In dieser zweiten Bilanz werden abschließend Herausforderungen für die zukünftige Forschung formuliert, die mit Entwicklungstendenzen der Internationalisierung der Hochschulen zusammenhängen. Konzentriert sich alle Aufmerksamkeit jetzt so sehr auf die »Peripherie«, auf die Aktivitäten staatlicher und supranationaler Instanzen, auf das Management und die Serviceangebote für Internationales, dass die Kernbereiche des Internationalen – das internationale Lernen und Forschen und der Erfahrungsgewinn durch Grenzüberschreitung – übersehen werden? Werden Aktivitäten im Rahmen des Globalisierungsparadigmas so sehr von Konkurrenz und spezifischer Vorteilssuche getrieben, dass Bildungs- und Wissensmeritokratie als Grundprinzipen ins Hintertreffen geraten, und wird Hochschulforschung unter diesen Bedingungen von den Werbe- und Schönfärbeinteressen der Akteure an den Rand gedrückt? Wie gewinnt Forschung über internationale Dimensionen der Hochschule den Blick für zukünftige Entwicklungen, die derzeit erst am Anfang stehen, etwa für neue Schwerpunkte nach physischer Mobilität und Programmexport und für eine neue Rolle der Hochschulen im Hinblick auf Internationalisierung, wenn bereits die meisten Studienanfänger zuvor eine Fülle internationaler und interkultureller Erfahrungen haben?

9 Zur Entstehung des Bandes

Dieser Band ist in der Absicht entstanden, verschiedene Analysen des Autors zu einer interessanten Thematik zusammenzutragen. Er ähnelt im Charakter den Bänden: U. Teichler, Hochschule und Arbeitswelt. Frankfurt/M. und New York: Campus 2003, und U. Teichler: Hochschulstrukturen im Umbruch. Frankfurt/M. und New York: Campus 2005, in denen Gedanken und Forschungsergebnisse zu den anderen beiden Schwerpunktthemen der Forschung des Autors aus einem Zeitraum von zwei bis drei Jahrzehnten zusammengestellt sind. Drei Besonderheiten sind jedoch bei dem hier vorliegenden Band augenfällig. Die Erörterung des Standes der wissenschaftlichen Konzeptionen hat einen etwas geringeren Stellenwert, und die Darstellung empirischer Befunde hat größeres Gewicht. Viele Überlegungen, die hier dargestellt werden, lagen zuvor nur in Publikationen von ausführlichen Projektberichten oder als Aufsätze in englischer Sprache vor, so dass dieser Band auf umfangreichen Textrevisionen und Übersetzungen basiert. So waren bei 14 der Kapitel dieses Bandes die erste Analyse in englischer Sprache erschienen, und bei acht dieser Kapitel war eine Übersetzung und Adaptierung des Textes erstmals für diesen Band erfolgt. Schließlich sind viele der hier vorgelegten Dokumente in Kooperation mit anderen Autorinnen und Autoren entstanden.

Besonderer Dank gilt Ladislav Cerych (Paris), der den Autor im Jahre 1983 ermutigte, die Internationalisierung der Hochschulen als ein zentrales Thema eigenen wissenschaftlichen Arbeitens zu wählen. Besonders intensive Zusammenarbeit in der Durchführung der Analysen und der Interpretation der Befunde entwickelte sich mit Alan Smith (Brüssel) und Friedhelm Maiworm (Kassel). Von großer Bedeutung waren Gespräche mit Personen, die mit Engagement die Internationalisierung der Hochschulen förderten, aber zugleich eine kritische Auseinandersetzung über Chancen und Probleme dieser Entwicklung suchten: Hier spielten vor allem Andris Barblan (Genf), Carin Berg (Stockholm), Christian Bode (Bonn), Barbara Burn (Amherst, MA), Marijk van der Wende (Amsterdam), Angeliki Verli (Brüssel) und Bernd Wächter (Brüssel) eine große Rolle. An den Forschungsprojekten in diesem Themenbereich hatte der Autor die Gelegenheit, insgesamt mit mehr als hundert Personen zusammenzuarbeiten; genannt seien hier vor allem die Koautor(inne)n der Kapitel, soweit nicht bereits oben angesprochen: Oliver Bracht, Constanze Engel, Karola Hahn, Volker Jahr, Kerstin Janson, Barbara M. Kehm, Maria Kelo, Ute Lanzendorf, Grant Lewison, Luigi Massimo, Robert Reisz, Albert Over, Harald Schomburg, Martina Schotte-Kmoch und Wolfgang Steube. Christiane Rittgerott sorgte für die editorische Qualität. Details der Edition, Bearbeitung der Literaturangaben und Textverarbeitung lagen vor allem in den Händen von Helga Cassidy. Allen sei Dank für die vielfältigen Anregungen und Hilfen.

Teil I
Internationalisierung – Globalisierung: Konzepte und Entwicklungen

1 Internationalisierung als Aufgabe der Hochschulen (2000)

1.1 Einleitung

In den Hochschulsystemen des westlichen Europas haben sich in den achtziger und neunziger Jahren vor allem zwei größere Veränderungen vollzogen:

– Die einzelnen Hochschulen – und zwar ihre Leitungen bzw. ihr »Management« – sind zu bedeutsameren Akteuren geworden.
– Es sind eine Reihe von Veränderungen eingetreten, die sich unter dem Stichwort »Internationalisierung« zusammenfassen lassen.

In den achtziger Jahren absorbierte die wachsende Bedeutung der Hochschulen als Akteure mehr hochschulpolitische Aufmerksamkeit als jedes andere Thema. Die Diskussionen und die Fachliteratur kreisten international um Themen wie »Hochschulmanagement«, »Hochschulevaluation«, »neue Modi der Hochschulfinanzierung« und Ähnliches. Deutschland – als Nachzügler in diesen Diskussionen – erlebte allerdings erst in den neunziger Jahren den »Boom« dieser Themen.

Blickt man auf die Entwicklung der hochschulpolitischen Debatten und auf die Themen der Hochschulforschung in den letzten vier Jahrzehnten zurück, so zeigt sich, dass zu jedem Zeitpunkt ein oder zwei Themen im Vordergrund standen, diese sich aber jeweils höchstens zehn Jahre in der Gunst höchster Aufmerksamkeit gesonnt haben (siehe dazu Teichler 1996a). Danach verschwand das jeweilige Thema nicht völlig; auch galten keineswegs alle Probleme als gelöst; aber es gab nie die Rückkehr eines Themas zu gleicher hochschulpolitischer Bedeutsamkeit. Deswegen gehört auch nicht viel Einfallsreichtum dazu, heute zu prognostizieren, dass das Thema »Hochschulmanagement« schon längst seinen Zenit überschritten hat und dass auch das Thema »Internationalisierung« nur eine begrenzte Zeit im Scheinwerferlicht der Öffentlichkeit stehen wird.

Ziel der folgenden Überlegungen ist es, eine grundlegende Veränderung des Verständnisses von Internationalisierung der Hochschulen herauszuarbeiten, die sich meines Erachtens in den Hochschulen im westlichen Europa im

Laufe der neunziger Jahre angebahnt haben. Diese Thesen waren erstmals auf dem EAIR Forum 1998 in San Sebastian vorgetragen worden (siehe Teichler 1999).

1.2 Der Status quo ante

Wenn wir heute von »Internationalisierung« der Hochschulen reden, so unterliegt dem die Behauptung, dass die Hochschulen zuvor nicht oder zumindest weniger international gewesen seien. Ein genauerer Blick macht jedoch deutlich, dass Fragen der Internationalität der Hochschulen in der Vergangenheit eine nicht geringe Bedeutung hatten, aber offenkundig in einer sehr widersprüchlichen Weise (siehe Kerr 1990).

In mancher Hinsicht konnten die Hochschulen bereits seit langem im Vergleich zu anderen Institutionen der Gesellschaft als *sehr international* beschrieben werden: Kosmopolitische Werte wurden hoch geschätzt, man war stolz auf seine internationale Reputation, internationale Mobilität und Kooperation waren keine völlig seltenen Ereignisse, und universalistische Wissensdimensionen prägten viele Disziplinen und waren auch der Mehrzahl der übrigen Disziplinen nicht fremd.

In anderer Hinsicht wirkten die Hochschulen als *sehr nationale Institutionen*: Die Regelwerke und Finanzierungsbedingungen waren und sind noch heute national. Die Studierenden werden vor allem zu nationalen Funktionären geschult; die Inhalte und Stile des Lehrens und Lernens sind erstaunlich stark von nationalen Idiosynkrasien geprägt. Deswegen ist es nach wie vor angebracht, von »Hochschulsystemen« zu reden, wenn wir uns auf nationale Entitäten beziehen. Bis in die jüngste Vergangenheit hinein war auch die Bedeutung Akademischer Auslandsämter und sichtbarer internationaler Beziehungen bestenfalls dekorativ und in der Regel für die Hochschulen insgesamt marginal.

1.3 Haupttrends der letzten Jahrzehnte

Betrachten wir genauer, was in den letzten Jahren in der Rubrik »Internationalisierung der Hochschulen« angesprochen wurde, so können wir möglicherweise über vieles klagen, zweifellos aber nicht über einen Mangel an Facettenreichtum: Es ging um gemeinsame kulturelle Traditionen zwischen verschiedenen Ländern, um universalistische Modernisierungstrends, um den Anteil der Dozenten, die ihre Kindheit in einem anderen Land verbracht hatten, um Copyright-Verletzungen und nicht zuletzt um den steigenden Wissenschaftstourismus. Die Liste kann ohne Schwierigkeiten verlängert werden.

Natürlich hat es inzwischen auch schon eine Reihe interessanter Versuche gegeben, Phänomene des »Internationalen« bzw. der »Internationalisierung« der Hochschulen zu systematisieren. Ich möchte daraus lediglich einen herausgreifen, der mir für den Wandel der Diskussion weiterführend erscheint. Die für diese Thematik international bekannte niederländische Expertin Marijk van der Wende (1997) argumentierte, dass wir zwei relativ wenig miteinander verbundene Trends der Internationalisierung der Hochschulen beobachten können:

- Eine *Zunahme spezifischer, sichtbarer grenzüberschreitender Aktivitäten*, so z. B. studentische Mobilität, temporäre Wissenschaftlermobilität, Anstellung von Hochschullehrern ausländischer Nationalität, Lehren und Lernen von Fremdsprachen, international kooperative Forschungsaktivitäten und die Etablierung von Studienfächern, die ganz auf die Erkundung fremder Kulturen und Gesellschaften gerichtet sind. Die Förderung der studentischen Mobilität und die darauf bezogenen Begleitmaßnahmen im ERASMUS-Programm waren die international am deutlichsten sichtbare politische Maßnahme zur Förderung solcher Entwicklungen.
- Ein *Trend zur »Universalisierung«, »Globalisierung«, »Internationalisierung« oder auch »Regionalisierung«* – gemeint sind dabei größere nationenübergreifende Regionen wie »Europa« (siehe Blumenthal u. a. 1996) – *der Substanz und der Funktionen* des Hochschulwesens. Die Europäische Kommission spricht im Kontext des ERASMUS- bzw. SOKRATES-Programms von der »Europäischen Dimension« der Hochschulen, der Studienangebote u. Ä., wenn sie diesen Trend anspricht, der nicht notwendigerweise mit grenzüberschreitender Aktivität verbunden ist. Vielleicht ist es angemessen, dies als »Internationalisierung des Kerns des Hochschulwesens« zu bezeichnen.

Bis vor wenigen Jahren ließ sich fraglos die These vertreten, dass Internationalisierung im ersteren Sinne sich ausbreite. Inzwischen wächst jedoch die Aufmerksamkeit für die letztere Dimension.

Mitte der neunziger Jahre führte das Programm »Institutional Management of Higher Education« der OECD zusammen mit der Academic Cooperation Association (ACA) – dem Dachverband der Organisationen in Europa, die eine ähnliche Funktion wie der DAAD in Deutschland ausüben – ein Projekt durch, das bisher den gründlichsten empirischen Versuch darstellt, das Ausmaß der Internationalisierung einzelner Hochschulen einzuordnen (de Wit und

Knight 1999). Dabei wurde Internationalisierung nach folgenden Aspekten klassifiziert:

- internationale Studiengänge (europäische Wirtschaft, internationale Beziehungen u. Ä.),
- Verwendung international vergleichender Ansätze in der Lehre,
- Vorbereitung auf internationale Berufstätigkeit,
- Fremdsprachenprogramme, die interkulturelle Kompetenzen zu fördern beabsichtigen,
- Regionalstudien (»area studies«),
- Vorbereitung auf international anerkannte Qualifizierungen und Zertifizierungen,
- gemeinsame bzw. doppelte Studienabschlüsse,
- obligatorische Auslandsstudienphasen und
- spezifische Studienangebote für ausländische Studierende.

Eindeutig ist, dass diese Liste nicht von der oben genannten Gegenüberstellung der zwei zentralen Kategorien getragen ist. Offenkundig ist auch, dass die erstere Dimension – das Grenzüberschreitende – im Vordergrund steht. Es gibt jedoch auch Anzeichen dafür, dass die letztere Dimension bereits zum Zeitpunkt des Projekts nicht mehr völlig zu übersehen war.

1.4 Ein Entwicklungsmodell der Internationalisierung

Der Versuch, die Diskussion über Internationalisierung von einer unübersichtlichen Vielfalt von Einzelphänomenen in Richtung einer etwas verständlicheren Struktur zu bewegen, sollte nach einiger Zeit des wild wuchernden Pioniergeists nicht aussichtslos sein. Ein solcher Versuch sollte nicht als intellektuelles Glasperlenspiel allein abgetan werden. Er ist auch von praktischer Bedeutung, denn wir sollten uns nicht nur von der Sogkraft der Vorstellung tragen lassen, Internationalisierung sei immer »beautiful« oder – wie Alan Smith, ein wichtiger Pionier der Europäisierung der Hochschule, es ironisch treffend ausgedrückt hat – Internationalisierung sei die beste Erfindung seit Coca-Cola. Bevor wir solchen Verzückungen endgültig verfallen, sollten wir uns vor Augen halten, dass Internationalisierung nicht ohne weiteres immer eine gute Sache ist:

- Sie kann auch zur Verkümmerung nationaler kultureller Traditionen, zu »Brain drain« und quasi imperialistischer Kontrolle von nationalen Hochschulsystemen führen, und

- sie kann auch eine Qualitätsminderung der Aktivitäten der Hochschulen zur Folge haben.

Daher kann es sicherlich *nicht um Internationalisierung um jeden Preis* gehen, sondern um Internationalisierung, die im Sinne der Ziele und Aufgaben der Hochschulen sachlich bereichernd ist.

Versuchen wir, die Trends zur Internationalisierung der Hochschulen zu verstehen und zu erklären, so drängt sich dafür nicht notwendigerweise nur ein bestimmter Ansatz auf. Verschiedene Optionen bieten sich an.

Erstens können wir die bereits in dem oben genannten Projekt begonnene Vorgehensweise weiterverfolgen, die verschiedenen Komponenten der internationalen *Dimension der Hochschulen zu systematisieren.* Das wäre zweifellos hilfreich, um ihre Implikationen für Lehren und Lernen, Forschung, Dienstleistungen sowie für das Management der Hochschulen zu reflektieren.

Zweitens können wir den *Blick* zunächst *nach außen wenden*: Welche Internationalisierungstendenzen erkennen wir in der Gesellschaft insgesamt, und wie sind diese mit den Veränderungen innerhalb des Hochschulwesens verbunden? Der Stellenwert dieses Vorgehens sei mit drei Hinweisen belegt:

- Historiker machen uns darauf aufmerksam, dass internationale Phänomene der Hochschulen *eng mit dem Auf und Ab von Nationalstaatsdenken verflochten* sind. Vielleicht ist Internationalisierung der Hochschulen überhaupt nur ein Diskussionsthema zu einer Zeit, in der der Einfluss von Nationalstaaten auf die Hochschulen noch stark ist, aber sich tendenziell verringert.
- Die internationalen Dimensionen der Hochschulen können nicht ohne Blick auf *internationale Machtverhältnisse und Dominierungsbestrebungen* verstanden werden. Manche Erscheinungen internationaler Mobilität von Studierenden haben neokoloniale Züge. In der Forschung beobachten wir viele Fälle paradigmatischer Fremdbestimmung und Dominierung. Forschungskooperation trifft auf Hemmnisse, wenn nationale Geheimhaltung gewünscht ist. Der Terminus »Globalisierung« macht deutlich, dass es nicht allein um Kooperation zum Nutzen aller, sondern – euphemistisch gesprochen – um »Wettbewerb« und tatsächlich um Dominierung geht. Es spricht nicht nur für die Internationalisierung der Hochschulen, dass diese besonders von solchen Akteuren gepredigt wird, die sich den höchsten Einfluss auf andere davon erhoffen, aber am wenigsten zur Relativierung ihrer eigenen Idiosynkrasien bereit sind.
- Wir können beobachten, dass Internationalisierung *oft beschworen wird, um bestimmte Ziele durchzusetzen, die in der nationalen Diskussion keinen hinreichenden Rückhalt bekommen.* Um nur ein Beispiel zu nennen: Man mag die neuen Machtkonstellationen, die sich in Akkreditierungsverfahren in Deutschland

anbahnen, begrüßen oder skeptisch beurteilen: In jedem Fall ist die Internationalisierung der Studiengänge nicht viel mehr als ein beliebiger Vorwand, um diese neuen Supervisionsmechanismen zu etablieren.

Drittens können wir nach *Erklärungen* suchen, *wie sich »Internationalisierung« der Hochschulen ändert.* Dabei ist sicherlich auf äußere und innere Kräfte zu achten, die zu dem beobachtbaren Wandel beitragen.

Dieser dritte Ansatz steht im Vordergrund der folgenden Überlegungen. Wenn ich versuche, die zunehmende Internationalisierung der Hochschulen im westlichen Europa zu resümieren, komme ich zu dem Schluss, dass es nicht einfach einen regelmäßigen Trend zu einem »Mehr« an Internationalisierung gibt, sondern dass sich drei Veränderungen anbahnen bzw. weitgehend vollzogen sind, die als *qualitative Sprünge der Internationalisierung* der Hochschulen zu verstehen sind:

- Ein Sprung von überwiegend »vertikal« geprägten Mustern der internationalen Kooperation und Mobilität zu einem Vorherrschen einer Internationalität auf gleicher Ebene;
- ein Sprung von kasuistischen internationalen Aktivitäten zu mehr oder weniger systematischen Internationalisierungspolitiken;
- ein Sprung von einer weitgehenden Trennung zwischen grenzüberschreitenden Aktivitäten einerseits und internationalen Dimensionen im Kern der Hochschulaktivitäten andererseits hin zu einer integrierten Internationalität.

Diese drei grundlegenden Richtungen der Veränderung seien im Folgenden näher erläutert.

1.5 Der erste qualitative Sprung: Auf dem Weg zu Kooperation und Mobilität auf gleicher Ebene

In der Vergangenheit war Internationalität eindeutig zumeist ein »vertikales« Phänomen. Es war eine traditionell etablierte Praxis, Wissen im Ausland zu suchen, wenn anderswo höhere Qualität in bestimmten Wissensgebieten geboten wurde. Daneben hat die Abschaffung von Kolonien sich zwar politisch durchgesetzt, aber wir beobachten heute noch viele Hochschulkolonien – seien es unvollständige Hochschulsysteme, die auf Ergänzungen durch das Ausland angewiesen sind, seien es externe Zertifizierungen, seien es Qualitätsdefizite, die ein anspruchsvolles Studium im Ausland für die besten Studierenden fast obligatorisch machen.

Nach Statistiken der UNESCO (1997) studierten zu Beginn der siebziger Jahre ungefähr eine halbe Million Personen in einem anderen Land. Anfang der achtziger Jahre waren es bereits eine Million und Mitte der neunziger Jahre über 1,5 Millionen. Absolut gab es einen deutlichen Anstieg, relativ aber kaum, denn die Gesamtzahl der Studierenden stieg entsprechend. Der Anteil international mobiler Studierender an allen Studierenden blieb mit etwa zwei Prozent mehr oder weniger konstant. In diesem Kontext ist von Interesse, dass die Mehrheit der mobilen Studierenden nach Definition der UNESCO aus »Entwicklungsländern« kommen und in »entwickelten Ländern« studieren.

Studierende aus Entwicklungs- und Schwellenländern, die in den industrialisierten Ländern studieren, sind sicherlich auf die eine oder andere Weise eine kulturelle Bereicherung für Gastländer. Dennoch müssen wir feststellen, dass von den »vertikal« mobilen Studierenden erwartet wird, sich an die Studienbedingungen und -angebote des Gastlandes weitgehend anzupassen.

Die besonders starke Zunahme der studentischen Mobilität zwischen den industriellen Gesellschaften in den letzten beiden Jahrzehnten wirft die Frage auf, worin der Wert eines Auslandsstudiums besteht, das nicht vom Qualitätsgefälle genährt wird, sondern als Austausch zwischen qualitativ mehr oder weniger gleichen Hochschulpartnern stattfindet und dabei die Zusammenarbeit der Hochschulen in gegenseitigem wissenschaftlichen Respekt fördert. In »horizontaler« Mobilität und »horizontaler« Kooperation steckt stärker die Herausforderung, die Praktiken zu überdenken und möglicherweise zu ändern. In dieser Hinsicht hatte das ERASMUS-Programm zweifellos eine provokative Funktion. Diejenigen, die für den ERASMUS-Austausch verantwortlich waren, sind nach den Erhebungen, die vom Wissenschaftlichen Zentrum für Berufs- und Hochschulforschung in Kassel durchgeführt worden sind, davon überzeugt, dass die ERASMUS-Studierenden im Durchschnitt mindestens ebenso qualifiziert sind wie die Studierenden der eigenen Hochschule (siehe Teichler, Maiworm und Schotte-Kmoch 1999). Und die ERASMUS-Studierenden scheinen nicht nur die Studiensituation in der Partnerhochschule kritisch mit der daheim zu vergleichen, sondern auch ihre Kritik nach der Rückkehr zu äußern und auf Reformen zu drängen. Auch für ihre Gastinstitution können sie Anlass sein, die Studienangebote und die vorherrschenden Modi des Lehrens und Lernens zu überdenken und neue Lösungen zu erwägen.

Es wäre übertrieben zu behaupten, dass zeitweilige Mobilität von Studierenden in Europa wirklich zu einem Massenphänomen geworden sei. Die jährliche Zahl von fast 200 000 ERASMUS-Studierenden, die die Europäische Kommission jeweils im Sommer publiziert, ist nicht echt; benannt wird die Zahl von Studierenden, die im Aggregat der positiv bewilligten Anträge als voraussichtliche Zahl gelten könnte; tatsächlich weiß die Kommission jedoch –

auch in ihrer Finanzkalkulation –, dass nur etwa halb so viele tatsächlich im Ausland studieren. Hinzu kommen allerdings auch die Studierenden, die mit Hilfe anderer finanzieller Mittel – zum Beispiel mit nationalen Stipendien – in einem anderen europäischen Land studieren. Insgesamt mögen inzwischen fast zehn Prozent der Studierenden in der Europäischen Union eine Phase ihres Studiums in einem anderen Land verbringen. Studentische Mobilität hat inzwischen eine solche Größenordnung erreicht, dass die Hochschulen sie für wichtig genug halten, ihre Studienangebote und sonstigen Leistungen für Studierende zu überdenken.

1.6 Exkurs: Zum Verhältnis von »Europäisierung« und »Internationalisierung«

An dieser Stelle sei ein Blick auf die Einflüsse des ERASMUS-Programms und der Politiken der Europäischen Union gestattet (siehe dazu Teichler 1998). Dabei sei vor allem auf die Zeit von Ende der achtziger bis Mitte der neunziger Jahre eingegangen, d. h. auf die Zeit, bevor ERASMUS mit im Rahmen des SOKRATES-Programms restrukturiert wurde.

Die Hochschulpolitik der Europäischen Gemeinschaft in der Zeitspanne von Mitte der siebziger bis zu Beginn der neunziger Jahre ist oft als drei Akzente setzend charakterisiert worden:

- Betonung von *grenzüberschreitender Kooperation und Mobilität*,
- Förderung von *Europäisierung* und
- *Respekt vor der Vielfalt der nationalen Hochschulsysteme* in Europa in allen europäischen Hochschulaktivitäten.

Es stellt sich jedoch die Frage, ob diese Charakterisierung zu halten ist, wenn wir auch den Wirkungen dieser Politik nachgehen und von daher noch einmal nach den Zielen fragen. Insgesamt lassen sich meines Erachtens vor allem vier Wirkungen der europäischen Kooperations- und Mobilitätspolitik benennen.

Erstens leistete die Politik der Europäischen Gemeinschaft bzw. Europäischen Union, wie bereits angemerkt, einen Beitrag zur quantitativen Ausweitung der temporären Mobilität von Studierenden innerhalb Europas. Nunmehr ist studentische Mobilität nicht mehr eine seltene Ausnahme, die die Studierenden weitgehend für sich zu bewältigen haben, sondern ein normales Phänomen, für dessen Erfolg sich auch die Hochschulen selbst verantwortlich fühlen.

Zweitens war das ERASMUS-Programm erfolgreich, Imbalancen im innereuropäischen Austausch zu reduzieren. Zwar gibt es in der Wahrnehmung der Beteiligten weiterhin ein leichtes Nord-Süd-Qualitätsgefälle im Austausch, und die Studierenden nehmen in überproportionaler Häufigkeit ein Studium in den Ländern auf, deren Sprache häufig an den Sekundarschulen unterrichtet wird, aber die vorliegenden Daten zeigen, dass die Imbalance im Rahmen des ERASMUS-Programms weitaus geringer ist als bei den individuell mobilen Studierenden in Europa (siehe Gordon und Jallade 1996).

Drittens hat ERASMUS eindeutig die Kooperation in Fragen der Studienganggestaltung angeregt. Deswegen wurde bereits in den »Gemeinsamen Studienprogrammen« – dem Vorläuferprogramm von ERASMUS – die Kooperation zwischen den Fakultäten ermutigt; darin lag der zentrale Unterschied zu dem amerikanischen »Junior Year Abroad« oder ähnlichen Programmen, bei denen die Kooperation zwischen den Hochschulen im Vordergrund steht. Offiziell wurde seitens der Europäischen Kommission zwar von den Netzwerken der kooperierenden Fakultäten nur verlangt nachzuweisen, dass Vorsorge für eine Anerkennung der im Auslandsstudium erreichten Leistungen bei der Rückkehr zur Herkunftshochschule getroffen wird. Die Europäische Kommission hob jedoch bei vielen Anlässen hervor, dass Anerkennung dann wahrscheinlich sei, wenn die Fakultäten beratend und organisatorisch das Studium in anderen europäischen Ländern erleichterten (mir erscheint die Bezeichnung »organized study abroad« dafür angebracht) und wenn Maßnahmen zur Abstimmung der Studienangebote und Prüfungen (»curricular integration«) ergriffen würden. Dadurch wurden die Netzwerke der Fakultäten ermuntert, ein gewisses curriculares Eigenleben zu entwickeln, das unter Umständen nicht nur Akzente gegenüber dem verschob, was Regierungen, Professions- oder Wissenschaftsverbände als nationale Koordination zu sichern suchten, sondern in manchen Fällen auch mit ihnen in direkten Konflikt geriet.

Viertens förderte die Europäische Kommission europäische Hochschulkooperation und befürwortete die Herausbildung einer »europäischen Dimension« in einer Weise, die nicht grundlegend im Widerspruch zu einer Internationalisierung stand. Das erlaubte den Hochschulen, die dies wollten, eine Internationalisierungspolitik zu verfolgen und dabei die ERASMUS-bezogenen Aktivitäten als integralen Bestandteil zu betrachten. Oft war das Ausmaß der ERASMUS-bezogenen Aktivitäten hinreichend groß, um als kritische Masse für den Einstieg in eine explizite Internationalisierungspolitik zu wirken.

Ich will hier nicht den Versuch unternehmen nachzuweisen, in welchem Maße es eine verborgene Hochschulpolitik der Europäischen Kommission gegeben hat, die sich von der offiziellen Politik unterschied. Ich meine jedoch, dass sich Erträge der Politik ergeben haben, die auf andere Stoßrichtungen schließen lassen.

Erstens sollte studentische Mobilität vielleicht weniger ein Ziel sui generis als vielmehr ein Mittel zur *curricularen Entnationalisierung* sein: Inter-europäische Vielfalt, gekennzeichnet durch Unterschiede zwischen nationalen Systemen, sollte ersetzt werden durch intra-europäische Vielfalt der Netzwerke.

Zweitens wurde die *Europäisierung*, die in anderen Sektoren der Europapolitik – auch in der Wissenschaftspolitik – gern mit Kampfparolen gegen die USA und Japan verbunden war, in der Hochschulpolitik so gefördert, dass sie seitens der Hochschulen *als integraler Bestandteil einer Internationalisierungspolitik* behandelt werden konnte. So trug die Europa-Hochschulpolitik, ohne es explizit zu postulieren, zur Internationalisierung bei.

1.7 Der zweite qualitative Sprung: Von seltener Kasuistik zu systematischer Internationalisierung

Wenn wir die internationalen Aktivitäten der Hochschulen, wie sie in den siebziger Jahren und noch weitgehend in den achtziger Jahren vorherrschten, betrachten, so stellen wir fest, dass es in vielen Hochschulen hier und da Inseln besonderer Forschungs- und Lehrkooperation mit Hochschulen in anderen Ländern gab. Selten waren sie für die dabei Beteiligten von zentraler Bedeutung; oft waren sie kurzlebig; selten wurden Querverbindungen innerhalb der eigenen Hochschule gesucht.

Als in den europäischen Ländern zunehmend regelmäßige Evaluationsaktivitäten aufgebaut waren, wurde hier und da auch die Beurteilung internationaler Aktivitäten einbezogen. Dies geschah oft zögerlich, weil nicht klar war, ob dieser Thematik wirklich ein großer und systematischer Stellenwert einzuräumen sei.

Folgerichtig entwickelten sich auch die Aktivitäten an den einzelnen Hochschulen zur Förderung der studentischen Mobilität im Rahmen des ERASMUS-Programms zunächst meistens auf Initiative einzelner Pioniere – Personen, die Zeit und Energie dafür einsetzten, dass solche Innovationen erfolgreich werden konnten. Das war zweifellos äußerst hilfreich zu einer Zeit, zu der die Mehrheit diese Neuerungen eher mit Skepsis betrachtete, für zweitrangig hielt oder eine abwartende Position einnahm. Oft konnten die Pioniere auch auf informellem Weg größere Ressourcen zur Unterstützung der internationalen Kooperation nutzen, als möglicherweise im Rahmen offizieller Ressourcenallokationsentscheidungen möglich gewesen wäre.

Nach einiger Zeit drängte sich jedoch die Frage auf, ob die internationalen Aktivitäten inzwischen zu groß und zu bedeutsam geworden waren, um sie weitgehend individuellem Pioniergeist zu überlassen. Viele Hochschulen entschieden sich für eine Routinisierung und Systematisierung ihrer internationalen Aktivitäten. Das betraf vor allem:

- *die Entscheidungsstrukturen*: Oft wurden die internationalen Beziehungen zu einer Hauptaufgabe eines Prorektors oder Vizepräsidenten gemacht. Internationale Ausschüsse wurden auf zentraler Ebene geschaffen, und auch in vielen Fakultäten wurden Verantwortliche für internationale Aufgaben benannt;
- *die Infrastruktur und Dienstleistungen*: Viele Hochschulen richteten Fremdsprachenzentren ein, bemühten sich regelmäßig um Wohngelegenheiten für ausländische Wissenschaftler und Studierende und erweiterten die Beratungsangebote;
- *Akademische Auslandsämter*: Besondere Einrichtungen für Internationales, die sowohl Dienstleistungen anboten als auch in der Vorbereitung von Entscheidungen involviert waren, wurden seit Ende der achtziger Jahre bei vielen kleinen Hochschulen erstmals eingerichtet bzw. deutlich ausgebaut. Nach einer 1994 durchgeführten Studie hatten die am ERASMUS-Programm beteiligten europäischen Hochschulen mit mehr als 10.000 Studierenden im Durchschnitt elf hochqualifizierte und sechs weitere Mitarbeiter, die in den Akademischen Auslandsämtern oder in anderen besonderen Einrichtungen, z. B. Sprachzentren, koordinierend tätig waren (Maiworm, Sosa und Teichler 1996, S. 14).

Der Übergang vom ursprünglichen ERASMUS-Programm, in dem Netzwerke von Fachbereichen für die wissenschaftliche und oft auch für die organisatorische Unterstützung der studentischen Mobilität zuständig waren, zu ERAMUS im Rahmen von SOKRATES seit 1997 lässt sich sicherlich auch als ein Schritt in Richtung einer Systematisierung der internationalen Aktivitäten der Hochschulen betrachten (siehe Barblan u. a. 1998). Die Europäische Kommission verlangte von den einzelnen Hochschulen, dass sie ein European Policy Statement (EPS) formulierten, in dem sie ihre europäische und internationale Strategie darlegten und darin den Stellenwert der Aktivitäten erläuterten, für die sie Mittel aus dem ERASMUS-Programm beantragten. Auch sollten die Hochschulen als Ganzes die Verantwortung für die geförderten Aktivitäten übernehmen und zu deren Stabilisierung vertragliche Vereinbarungen mit Partnerhochschulen in anderen europäischen Ländern vornehmen.

In einer ersten Reaktion brachten die Vertreter der Hochschulen gegenüber diesem Ansatz der Europäischen Kommission zwei *Besorgnisse* zum Ausdruck. Die erste betraf die Frage, *inwieweit internationale Aktivitäten überhaupt Gegenstand systematisch-strategischen Denkens der Hochschulen sein können und sollen.* Dabei war generell erkennbar, dass eine strategische Orientierung zunächst am ehesten von solchen Hochschulen verfolgt wurde, die einen besonderen Managementstil pflegen, in denen die Selbstprüfung an einem Leitbild vorgesehen ist bzw. die Wert auf die Herausprägung eines besonderen Profils legen. In Auseinandersetzung mit den Anforderungen des SOKRATES-Programms verbreitete sich dann an den Hochschulen die Einschätzung, dass die Aufforderung, eine Strategie zu formulieren, zu einer höheren Transparenz geführt habe und auch zu einer klareren Regelung von Verantwortlichkeiten, aber nicht unbedingt zur Zunahme von ausgesprochen interventionistischen Europäisierungsstrategien. Letzteres lag auch daran, dass im Falle der studentischen Mobilität – dem Herzstück von ERASMUS – gewöhnlich gewünscht wurde, sie möge möglichst vielen Studierenden zugute kommen; bei den anderen Aktivitäten, für die Mittel aus dem SOKRATES-Programm beantragt werden konnten, seien Prioritätenentscheidungen zwar angebracht, aber viele Universitäten warteten lieber ab, für welche Aktivitäten tatsächlich Mittel bewilligt wurden, und überließen somit die strategische Prioritätenentscheidung der Europäischen Kommission.

Eine zweite Besorgnis war verbreitet, dass mit der Anhebung der Verantwortlichkeiten auf die zentrale Ebene der Hochschulen und mit der Streichung von Unterstützungsmaßnahmen für Kontakte zwischen den Fachbereichen die *wissenschaftliche Qualität der Studiengangentwicklung und der Betreuung sinken* werde. Vielerseits wurde gefordert, eine Kontinuität von Netzwerken kooperierender Fachbereiche zu sichern.

Insgesamt scheint also der SOKRATES-Ansatz dazu geführt zu haben, dass Beratungen und Entscheidungen zu internationalen Fragen innerhalb vieler Hochschulen auf eine bessere organisatorische Basis gestellt worden sind und dass jetzt mehr als in der Vergangenheit überlegt wird, wie die vormals verstreuten Einzelaktivitäten sich in ein Gesamtbild einfügen. Es blieb aber höchst unterschiedlich, ob die einzelnen Hochschulen sich für so gezielte und kohärente Ziele und Maßnahmen zur Internationalisierung und Europäisierung entschieden, für die das Wort »Strategie« angemessen zu sein scheint.

1.8 Exkurs: Nationale Unterschiede der internationalen Dimension der Hochschulen

In den vorangehenden Überlegungen zu den Fragen, inwieweit internationale Aktivitäten der Hochschulen zunehmend auf der Ebene gleicher Qualität stattfinden und inwiefern sie zunehmend als Gegenstand systematischer Aktion verstanden werden, war stillschweigend unterstellt worden, dass die Situation für die Länder im Westen Europas sehr ähnlich sei. Dies scheint mir in vielen Grundzügen in der Tat angemessen. Dennoch unterscheiden sich diese Länder in ihren Voraussetzungen für Internationalisierungsaktivitäten der Hochschulen nicht unerheblich (siehe Kälvemark und van der Wende 1997). Offenkundig spielen folgende Faktoren eine bedeutende Rolle:

- die wirtschaftliche und politische Macht des jeweiligen Landes,
- die geographische Lage,
- die vorherrschende Kultur,
- die Qualität des Hochschulwesens,
- der internationale Stellenwert der Landessprache und
- Traditionen der Internationalisierungspolitiken in Hochschulfragen.

In Anlehnung an eine Studie über den Hochschullehrerberuf (Enders und Teichler 1995) lassen sich in den westlichen Ländern Europas verschiedene Typen des Umgangs mit Internationalisierungstendenzen aufzeigen:

- In manchen Ländern haben sich in der Mehrheit der Hochschulen erst in den letzten Jahren Aktivitäten verbreitet, *Anschluss an die internationale Kommunikation und Kooperation zu entwickeln*. Das gilt sicherlich für Griechenland und Portugal.
- In manchen Ländern scheint Internationalisierung als *überlebensnotwendig* verstanden zu werden: Wenige Fächer ausgenommen, herrscht die Überzeugung vor, dass wissenschaftliche Reputation fast ausschließlich international zu finden ist. Schweden und die Niederlande sind sicherlich Beispiele dafür.
- In manchen Ländern scheinen die Wissenschaftler vieler Fachrichtungen ein *Zwei-Arenen-Verständnis* zu haben: Sie können entscheiden, ob sie eher ein nationales oder ein internationales Profil entwickeln wollen. Das ist für Frankreich und Deutschland zutreffend.
- Schließlich ist als letzter Typ »*Internationalisierung durch Import*« zu nennen: In erster Linie geht es um die Aufnahme ausländischer Studierender und Wissenschaftler; die Ergebnisse der Forschung anderer Länder werden zumeist nur wahrgenommen, wenn sie in die Landessprache dieser Länder über-

setzt sind und dort Anerkennung finden. Dies gilt in Europa für Großbritannien und außerhalb Europas noch deutlicher für die USA.

Auf die genannten Veränderungen der Rolle internationaler Hochschulaktivitäten sind zweifellos die Länder der zweiten Gruppe – zum Beispiel die Niederlande und Schweden – am besten vorbereitet. Auch den Hochschulen der dritten Gruppe von Ländern – zum Beispiel in Frankreich und Deutschland – sollte es ohne große Probleme gelingen, sich auf die veränderte Situation umzustellen. Für die Hochschulen der ersten Gruppe von Ländern – zum Beispiel Griechenland und Portugal – sind nicht selten bereits große Anstrengungen unternommen worden, um gleich akzeptierte Partner zu werden und die internationalen Aktivitäten zu systematisieren.

Nicht ganz einfach scheint es für die britischen Hochschulen, Wissenschaftler und Studierenden zu sein, sich auf die veränderte Situation einzustellen. Solange »vertikale« internationale Beziehungen vorherrschten, konnte man sich des Interesses aus dem Ausland sicher sein; selbst Studierende aus armen Ländern waren bereit, enorme Gebühren zu zahlen, um dort studieren zu können; die englische Sprache erleichterte den Zugang zu Informationen aus aller Welt, und die überlegene Beherrschung der Lingua franca sicherte auch großen Einfluss in der internationalen wissenschaftlichen und hochschulpolitischen Kommunikation. Eine Umstellung auf internationale Kooperation auf gleicher Ebene fällt nicht leicht. Die Begleitstudien zum ERASMUS-Programm hatten gezeigt, dass das Interesse der britischen Studierenden an einem temporären Auslandsstudium unter dem europäischen Durchschnitt liegt und dass diejenigen, die mobil sind, zu Beginn und zum Schluss der Auslandsstudienphase relativ geringe Fremdsprachenkenntnisse haben und sich auch über ihre Erfahrungen während des Auslandsstudiums negativ äußern (siehe Teichler 1996b).

Ein Bericht des britischen Oberhauses zur Lage der studentischen Mobilität in der Europäischen Union (House of Lords 1998) deutet jedoch darauf hin, dass auch in Großbritannien ein Umdenken eingesetzt hat. Darin wird es als wünschenswert und nicht belastend angesehen, dass ein so großer Teil der ERASMUS-Studierenden nach Großbritannien kommen will. Die damit verbundenen Belastungen seien nicht zu beklagen, da zu berücksichtigen sei, dass viele andere Länder hohe Kosten haben, um in Englisch als Lingua franca zu kommunizieren und zu publizieren. Auch sollten Maßnahmen ergriffen werden, um mehr britische Studierende für ein temporäres Studium in Europa zu interessieren; nicht zuletzt sollte der Fremdsprachenunterricht an britischen Schulen und Hochschulen ausgebaut werden.

1.9 Ein dritter qualitativer Sprung: Das Getrennte verbinden?

Der dritte qualitative Sprung, der nach den einleitenden Überlegungen nahe liegt, ist allerdings bisher nur in einzelnen Facetten erkennbar. Es ist die Frage, ob es tatsächlich in naher Zukunft den Hochschulen gelingt, sich von der relativ scharfen Aufteilung der Diskussion über die Internationalisierung der Hochschulen zwischen grenzüberschreitenden Aktivitäten einerseits und einer internationalen Dimension im Gehalt von Studienangeboten und Forschungsaktivitäten andererseits zu lösen und deren Integration voranzutreiben

Es hat allerdings schon seit vielen Jahren Bemühungen einiger Netzwerke von kooperierenden Fachbereichen gegeben, neue Studiengänge mit einem internationalen Akzent zu entwickeln, bei denen der Austausch von Studierenden als wichtiges Movens für die neue curriculare Lösung gesehen wurde. Auch ist im SOKRATES-Programm die Idee verankert, dass das Programm zugleich den nicht mobilen Studierenden dienen sollte und dass die Förderung von »thematischen Netzwerken« zu neuen Konzeptionen von europäisierten bzw. internationalisierten Hochschulaktivitäten beitragen könnte.

1.10 Trends, Herausforderungen, Befürchtungen und Hoffnungen

Die Internationalisierung der Hochschulen kann als ein Trend verstanden werden: Die Entwicklung ist nicht aufzuhalten; wer sie nicht aktiv aufgreift, fällt zurück. Oder sie ist nur eine Herausforderung oder eine Option: Man kann sich sehr oder auch marginal darauf einlassen.

Die meisten Experten scheinen der Ansicht zu sein, dass die Internationalisierung der Hochschulen in Europa notwendigerweise zunehmen wird, aber dass dieser Trend in sich nicht so geschlossen ist, um bestimmte Lösungen zu erzwingen; danach *bleibt den Hochschulen ein beachtlicher Freiraum zu strategischen Optionen.* Sie können sich stärker auf »vertikale« Internationalisierung einlassen und als Missionsagenturen in den Wissensgesellschaften zu wirken suchen, oder sie können eine Weiterentwicklung von Forschung und Lehre in gleichberechtigter Partnerschaft als Ziel wählen. Sie können sich an den gewöhnlichen Aktivitäten beteiligen oder Internationalisierung als Chance sehen, ein besonderes Profil der eigenen Hochschule zu entwickeln bzw. weiterzuentwickeln.

Wenn Hochschulen tatsächlich besondere internationale Akzente setzen, so ist es sicherlich angezeigt, die Wirkungen der gewählten strategischen Option regelmäßig gründlich zu überprüfen. Offenkundig ergeben sich besondere Kosten und Belastungen: Gelingt es tatsächlich, das Erforderliche aufzubringen, oder scheitern die Optionen im Spar- und Effektivierungstrend? Die Qualitätsprobleme, die oft damit verbunden sind, müssen sicherlich ernst genommen werden: Wie können Verluste in Grenzen gehalten werden? Was spricht dafür, dass die besonderen Erfahrungsgewinne die Verluste ausgleichen? Auch ist zu fragen, wo nationale Erwartungen an die Hochschulen weiterhin zu einer Internationalisierung der Hochschulen in Konflikt geraten.

Internationalisierungspolitiken der Hochschulen haben die Schwäche, dass sie in der Regel nur auf operativen Konsens zählen können: mehr ausländische Studierende, eine bessere Betreuung von Gästen, mehr Fremdsprachen usw. Wenn es dagegen um konzeptionelle Fragen der Internationalisierung geht – Lernen durch Konfrontation mit dem Andersartigen, gemeinsame Suche nach Modernisierung, Entwickeln von Gemeinsamkeiten der europäischen Kultur, Erleichterung des Umgangs mit universalistischer Wissenschaft, konflikthafter Wettbewerb in der globalisierten Weltwirtschaft –, dann setzen Kontroversen ein. Für die deutschen Hochschulen ist meines Erachtens daher auch die Internationalisierung untrennbar mit der Frage verbunden, ob die Hochschulen zu Profilbildung bereit und in der Lage sind: das heißt, die Mitglieder der Hochschule zur Zusammenarbeit an einer Hauptrichtung – auch in der Internationalisierung – zu bewegen.

2 Internationalisierung im Alltag der Hochschulen (2002)

2.1 Vergleichende Perspektiven und deutsche Erfahrungen

Die »Internationalisierung« der Universitäten ist ein schwer greifbares und mit vielen Emotionen besetztes Thema: Zuweilen hören wir solche uneingeschränkten Lobpreisungen, dass völlig übersehen wird, wie damit auch Qualitätsverluste durch mangelndes Verstehen und Unterdrückung anderer Kulturen und anderer wissenschaftlicher Paradigmen verbunden sein können. Zuweilen wird die Internationalisierung aber auch als so furchterregend wahrgenommen, dass mit jeder noch so rudimentären Anekdote, in den USA sei alles besser, fast jedes beliebige Reformkonzept in Ländern wie Deutschland und Japan – mit fast drohendem Unterton – geschmückt werden kann. Zuweilen klammern wir uns, wenn es um Internationalität geht, an völlig äußerliche Phänomene wie zum Beispiel die Zahl der Kooperationsverträge, ohne zu schauen, was in der Substanz passiert. Ein Versuch, die Debatten ein wenig zu systematisieren, lohnt sich also sicher.

2.2 Notwendige Differenzierungen

Wenn wir generelle Aussagen über die Internationalität der Hochschule zu treffen versuchen, geraten wir leicht in die Gefahr, zu stark zu generalisieren. Mindestes nach vier Aspekten ist eine Differenzierung erforderlich.

Grenzüberschreitende Inhalte – nationale Formen: Erstens ist zwischen Internationalität im Hinblick auf die stoffliche Substanz einerseits und im Hinblick auf die Struktur und Organisation der Hochschulen andererseits zu unterscheiden. Im Hinblick auf die Substanz des Wissens ist das Grundverständnis der Universitäten im Prinzip nicht an Grenzen gebunden. Die Organisation der Hochschulen, die Struktur der Institutionen und Programme, damit auch die vergebenen Zertifikate und somit ebenfalls die Konfiguration der erworbenen Qualifikationen sind dagegen in der Regel sehr stark national geprägt. Dieser Kontrast schien sich lange Zeit immer mehr zu vergrößern. Denn einerseits gelang es immer besser, Grenzen des Wissens zu überwinden, andererseits wuchs die Erwartung an nationale bzw. lokale Nützlichkeitsnachweise immer mehr. Zu fragen ist, ob das sich ändert, seit immer mehr von »Globalisierung« die Rede ist.

Unterschiede der Universalität und Internationalität der Disziplinen: Zweitens hat Internationalisierung für die verschiedenen Disziplinen unterschiedliche Bedeutung. Das Wissen wird in einem Teil der Bereiche – in der Regel in den Naturwissenschaften und auch weitgehend in den Ingenieurwissenschaften – als durchgängig oder überwiegend universell verstanden. In diesen Fällen ist die Suche nach neuem Wissen im Prinzip nicht von Grenzen behindert; da es in diesen Bereichen auch nicht auf sprachliche Virtuosität ankommt, werden auch die Sprachgrenzen relativ leicht überwunden; ein simples Englisch ist die Lingua franca. In den Geistes- und Sozialwissenschaften dagegen war bzw. ist in den großen Ländern, in denen man glaubt, eine hohe Qualität der Hochschulen zu haben, die Haltung verbreitet, den Blick eher im nationalen Rahmen zu halten; Ausnahmen sind vor allem die Bereiche, die implizit oder explizit Vergleiche von Kulturen und Gesellschaften zum Gegenstand haben.

Diese Unterschiede im Grad der Universalität und Internationalität der Fachrichtungen lassen sich auch bei der Mobilität der Studierenden verdeutlichen:

- Studierende der Naturwissenschaften gehen oft ins Ausland, um wissenschaftliche Erfahrungen zu machen, die sie im Prinzip auch zu Hause machen könnten: Es ist in der Sache zufällig, dass gerade dieses Sachgebiet überhaupt oder in besserer Qualität im Ausland angeboten wird. Die Auseinandersetzung mit dem anderen Land mag sich darauf beschränken, Stolpersteine auf dem Weg in die Vorlesung oder das Labor zu überwinden.
- Für manche Studierende geht es beim Auslandsstudium vor allem darum, Feldkenntnisse des anderen Landes zu erwerben. Studierende der Wirtschaftswissenschaften mögen feststellen, dass im Ausland die Disziplin in Theorie und Methode genauso gelehrt wird wie daheim; sie erwerben jedoch innerhalb und außerhalb der Lehrveranstaltungen auch Kenntnisse der Wirtschaft des gastgebenden Landes.
- Für andere Studierende kann das Studium im Ausland von wissenschaftssystematischer Bedeutung sein. Literatur einer fremden Kultur oder Soziologie einer andersartigen Gesellschaft bieten die Chance zu paradigmatischer Neuorientierung durch das Auslandsstudium.

Zu fragen ist, ob fachrichtungsübergreifende Förderungsprogramme – wie zum Beispiel das ERASMUS-Programm – wirkungsvoller wären, wenn die Unterschiede in den potenziellen Lerneffekten des Auslandsstudiums in verschiedenen Bedingungen für die Förderung gespiegelt würden.

Unterschiedliche Relevanz der Internationalität für Wissenschaftler verschiedener Nationen: Drittens ist Internationalität offenkundig für die Hochschulen und die Hochschulangehörigen verschiedener Länder unterschiedlich wichtig. Ich habe im Rahmen einer international vergleichenden Studie über Hochschullehrer eine Typologie zum unterschiedlichen Stellenwert des Internationalen entwickelt. Für die industrialisierten Gesellschaften lassen sich drei Gruppen benennen:

- Eine Gruppe lässt sich als »life or death-internationals« bezeichnen. Insbesondere in kleinen Ländern, in denen das wissenschaftliche Niveau als sehr hoch gilt, haben Wissenschaftler oft den Eindruck, dass wissenschaftliche Anerkennung ausschließlich auf internationaler Ebene zu suchen ist; ein Beispiel dafür ist die Praxis in Israel, nur Publikationen von außerhalb des Landes bei personalrelevanten Bewertungen der wissenschaftlichen Leistungen heranzuziehen.
- Wissenschaftler einer weiteren Gruppe von Ländern haben eine »Zwei Arenen«-Option. Sie können sich entscheiden, ob sie ihre Forschungsarbeiten stärker in einen nationalen oder in einen internationalen Rahmen stellen wollen. Das Letztere ist etwas angesehener und in den Natur- und Ingenieurwissenschaften stärker verbreitet, aber auch ein nationaler Bezug der Forschung kann hohe Anerkennung gewinnen. Dies beobachten wir sowohl in Japan als auch in Deutschland.
- Schließlich gibt es den Typus der »Internationalisierung durch Import«. Die Wissenschaftler dieser Länder nehmen Wissenschaft aus anderen Ländern nur soweit wahr, wie diese von außen an sie herangetragen wird. Diese Attitüde beobachten wir zum Teil in Großbritannien und vor allem in den USA.

Unterschiedliche Betonung von Internationalität seitens der einzelnen Hochschulen: Viertens kann Internationalität für die einzelnen Hochschulen sehr unterschiedliche Bedeutung haben. Es gibt in letzter Zeit immer häufiger Versuche, den Grad der Internationalität von einzelnen Hochschulen indikatorisch zu messen. Als ein jüngstes Beispiel sei die Studie »Wissenschaft weltoffen« genannt, die vom DAAD initiiert und vom HIS durchgeführt wurde. Hier wird in Form von Ranglisten belegt, wo Deutschland im Import und Export von Studierenden und Wissenschaftlern einzuordnen ist und wie viele ausländische Studierende und Gastwissenschaftler – absolut und relativ – die einzelnen deutschen Hochschulen haben.

Ähnliche Übersichten lassen sich im Prinzip im Hinblick auf Studienfächer mit besonderem internationalen Akzent, Studienprogramme, die in Fremdsprachen unterrichtet werden, Kooperationsverträge mit ausländischen Hochschulen u.a.m. erstellen.

Vergleiche dieser Art sind zweifellos anregend, aber sie können auch irreführend sein. Der Anteil ausländischer Studierender und Wissenschaftler ist nicht unbedingt Spiegelbild des Erfolgs von Internationalisierungsbemühungen der einzelnen Hochschulen: manche Universitäten haben wegen jahrhundertealter Reputation, günstiger Verkehrslage oder attraktiver Lebensumstände hohe Ausländerzahlen ohne jegliche Mühe, während andere sich Besonderes einfallen lassen müssen, um nicht völlig abzufallen.

Vor allem aber scheint es irreführend, Mobilitätsquoten von Studierenden und Wissenschaftlern umstandslos als Indikator für Internationalität auszugeben. Physische Mobilität einzelner Personen ist doch eine relativ primitive äußere Form von Internationalität. Würde so etwas als »Leistungsindikatoren« zur Finanzierung der Hochschulen herangezogen, so würden damit die Hochschulen geradezu aufgerufen, bei schlichten Elementen von »Internationalität« stehen zu bleiben und keine weiteren Schritte zur Internationalität zu unternehmen, zum Beispiel zur Entwicklung von Curricula, die internationale Kompetenzen zu fördern beabsichtigen.

2.3 Die quantitative Entwicklung

Das Wort »Internationalisierung« legt nahe, dass es einen Trend zu einem »Mehr« gibt. Aber hier ist einige Vorsicht geboten. Bei dem am besten dokumentierten quantitativen Indikator, der Zahl der Studierenden mit fremder Nationalität, mahnen uns die vorliegenden UNESCO-Statistiken zur Vorsicht. Die Zahl der im Ausland Studierenden stieg von etwa 500 000 um 1970 auf etwa 1,6 Millionen Mitte der neunziger Jahre, aber die Gesamtzahl der Studierenden in der Welt stieg ähnlich an. So blieb der Anteil der im Ausland Studierenden an allen Studierenden mit knapp zwei Prozent relativ konstant. Auch von den deutschen Studierenden studierten laut UNESCO Ende der sechziger Jahre zwischen zwei und drei Prozent im Ausland; das galt unverändert für Ende der neunziger Jahre.

Festzustellen ist allerdings, dass der Anteil der mobilen Studierenden, die aus europäischen Ländern stammen, an allen Studierenden dieser Länder leicht gestiegen ist. Auch hat sich der Anteil der ausländischen Studierenden an allen Studierenden in den europäischen Ländern im Laufe der letzten Jahrzehnte allmählich vergrößert. In der Bundesrepublik Deutschland zum Beispiel waren Ende der sechziger Jahre knapp sechs Prozent der Studierenden Ausländer, Mitte der neunziger Jahre dagegen etwas über neun Prozent. Wir nehmen allerdings an, dass dabei der Anteil der sogenannten Bildungsinländer gewachsen ist, dass also der Anteil der Ausländer, die zum Zwecke des Studiums nach Deutschland kommen, weniger stark angestiegen ist.

Nicht bestätigt wird auch die weit verbreitete These, dass die international mobilen Studierenden immer stärker in die angelsächsischen Länder strömen. Nach den Statistiken der UNESCO blieb der Anteil der international mobilen Studierenden in den Ländern USA, Großbritannien, Kanada und Australien über Jahrzehnte mit etwa 45 Prozent konstant; es ergaben sich lediglich deutliche Verschiebungen zwischen den vier Ländern.

Das Argument, in Deutschland gäbe es zu wenige ausländische Studierende, wurde oft als quantitatives vorgetragen. Gemeint war aber oft ein qualitatives Argument: ob deutsche Hochschulen für die »Besten« der Mobilen attraktiv seien oder ob sie Deutschland in den Fächern, die als Motor des wissenschaftlich-technologischen Fortschritts gelten, als Gastland wählen.

Einige Daten aus der Publikation »Wissenschaft weltoffen« seien erwähnt (DAAD 2001b):

- Laut deutschen Statistiken studierten 1999 in Deutschland 166 000 ausländische Studierende, davon 42 Prozent aus Westeuropa, 21 Prozent aus Osteuropa und 20 Prozent aus Asien. Die größten Zahlen der Studierenden kommen aus der Türkei, Iran, Griechenland, Polen, Italien, Österreich, Frankreich, China, Marokko und Spanien; Japan folgt an 22. Stelle.
- Die ausländischen Studierenden verteilen sich relativ gleichmäßig auf alle deutschen Universitäten. Fast alle Universitäten haben eine Quote ausländischer Studierender zwischen fünf und 15 Prozent.
- Laut UNESCO-Statistiken studierten 1997 44 000 Deutsche im Ausland, davon jeweils ein Fünftel in den USA und Großbritannien und jeweils mehr als ein Zehntel in Österreich, Frankreich und der Schweiz. Japan folgte an 17. Stelle.
- Laut UNESCO-Statistiken betrug der Anteil der ausländischen Studierenden in Deutschland 1995 7,5 Prozent und in Japan 1,6 Prozent. Gleichzeitig studierten 2,3 Prozent der Deutschen und 1,6 Prozent der Japaner im Ausland.
- Deutsche Förderorganisationen förderten 1998 den Aufenthalt von mehr als 11 000 ausländischen Wissenschaftlern in Deutschland (dabei lagen ja-

panische Wissenschaftler an 6. Stelle) und fast 3 000 Auslandsaufenthalte deutscher Wissenschaftler (dabei war Japan das dritthäufigste Zielland).

2.4 Zunahme »horizontaler« studentischer Mobilität

Einer der stärksten quantitativen Schübe in der internationalen Mobilität von Studierenden wurde Ende der achtziger Jahre vom ERASMUS-Programm der Europäischen Union (damals: Europäische Gemeinschaft) ausgelöst. Im Anschluss an ein Pilot-Programm, »Joint Study Programmes«, das zehn Jahre lang gefördert worden war, wurde ab 1987 die temporäre Mobilität von Studierenden in großer Zahl gefördert: Studierende konnten für bis zu einem Jahr ein Stipendium zur weitgehenden Deckung der Zusatzkosten für ein Studium in einem anderen europäischen Land unter der Bedingung erhalten, dass ihr Fachbereich zu diesem Zwecke mit dem ausländischen Partnerfachbereich kooperierte und organisatorische und wissenschaftliche Voraussetzungen für ein erfolgreiches Studium schuf. Inzwischen werden jährlich mehr als 100 000 Studierende auf diese Weise gefördert.

ERASMUS verschob die Aufmerksamkeit, die vorher eher auf »vertikaler« studentischer Mobilität gelegen hat: also von Orten mit bescheidenen Wissenschaftspotentialen hin zu Ländern oder Hochschulen, die eine ungewöhnlich hohe Qualität der Studienangebote versprechen. ERASMUS akzentuiert *»horizontale« Mobilität*: Hochschulen und Fachbereiche ungefähr gleicher wissenschaftlicher Qualität arbeiten zusammen, um den Studierenden temporär kontrastive Studienerfahrungen auf mehr oder weniger gleichem Niveau wie daheim zu ermöglichen.

Darüber hinaus wird bei ERASMUS betont, dass eine Auslandsstudienphase nicht irgendetwas »Zusätzliches« sein soll, sondern *ein normaler Bestandteil des Studiums*. Zur zentralen Bedingung der Förderung wurde bei ERASMUS erhoben, dass die Hochschulen die Studienleistungen ihrer mobilen Studierenden nach der Rückkehr mehr oder weniger vollständig anerkennen.

Das ERASMUS-Programm (inzwischen ein Teilprogramm des SOKRATES-Programms, das auch andere Bildungsinstitutionen anspricht) hat zweifellos dazu beigetragen, dass die *Kooperation zwischen europäischen Hochschulen in gegenseitigem Vertrauen* zugenommen hat. Für Studierende in Europa ist die Vorstellung, man könnte auch einige Zeit im Ausland studieren, in den letzten Jahren nicht zuletzt durch ERASMUS von einer Ausnahmeentscheidung zu einer normalen Option geworden.

2.5 Barrieren

»Internationalisierung« der Hochschulen ist im Prinzip sehr positiv wertgeladen. Deswegen konnte zum Beispiel das ERASMUS-Programm trotz bürokratischer Zumutungen und finanzieller Mängel eine solche Erfolgsstory werden.

Wie stark und wie selbstverständlich diese positive Wertbesetzung ist, wird uns spätestens dann klar, wenn wir uns damit auseinander zu setzen haben, dass manche ausländischen Mitglieder und Gäste der Hochschulen in Deutschland auch Erfahrungen mit Fremdenhass sammeln. Wir brauchen schon eine ernste Sorge um ein gefährliches Schrumpfen der Bevölkerung, um für eine politische Öffnung gegenüber Ausländern ein politisch positives Klima zu schaffen.

Im Hinblick auf Lehre und Studium hat in den neunziger Jahren die Einsicht zugenommen, dass für ausländische Studierende ein Hochschulstudium in Deutschland aus vier Gründen nicht besonders attraktiv ist:

- Inzwischen ist Englisch so sehr zur Lingua franca geworden, dass für das Erlernen einer weiteren *Sprache*, wie Deutsch, zum Zwecke des Auslandsstudiums kaum noch Bereitschaft besteht.
- Es fehlte in Deutschland bisher ein gestuftes *System von Studiengängen und -abschlüssen*, wie es in großen Teilen der Welt verbreitet ist. Das erscheint insbesondere Studierenden aus Ländern außerhalb Europas als Hürde.
- Die deutschen Hochschulen gelten, was die organisatorische, persönliche und wissenschaftliche Betreuung, Beratung und Kommunikation angeht, als recht *unwirtlich*.
- Es gibt in Deutschland nur bescheidene Ansätze für eine klare *Institutionalisierung der Doktorandenausbildung*.

Internationalisierung ist in den letzten Jahren auch insofern nicht einfach als ein Trend angesehen worden, der zu einem allmählichen Abbröckeln von Barrieren führt, sondern es wurde für notwendig erachtet, einige Barrieren mit aller Macht schnell niederzureißen.

2.6 Multiple Funktionen der Einführung gestufter Studiengänge und -abschlüsse

Es ist wirklich ein Faszinosum, dass bei der Diskussion über angemessene Schritte zur Internationalisierung der Hochschulen seit Ende der 1990er Jahre in vielen kontinentaleuropäischen Ländern die Einführung gestufter Studiengänge und -abschlüsse nach angelsächsischen Bachelor- und Master-Programmen so stark in den Vordergrund gerückt ist. Ist dies der Schlüssel zur Internationalisierung der Hochschulen? Oder ist Internationalisierung so komplex, dass wir uns irgendetwas herauspicken müssen, um weiterzukommen? Oder ist hier Internationalisierung ein wohlfeiles Argument, um anderes zu erledigen?

Auf der Suche nach Antworten auf diese und ähnliche Fragen ist erstens bemerkenswert, dass die Vorschläge, Bachelor- und Master-Abschlüsse einzuführen, *nicht einer innereuropäischen Debatte entsprungen* sind. Innerhalb Europas hatte man sich seit Mitte der siebziger Jahre gut eingerichtet, Mobilität zu fördern und die Vielfalt der europäischen Hochschulsysteme zu respektieren. Erst die Erfahrung, dass in den ökonomisch aufstrebenden Regionen Ost- und Südasiens sich kaum jemand für ein Studium in Europa interessiert und dass dies auch stark mit der Fremdheit der Studiengang- und Abschlussstruktur in Europa zusammenhängt, löste in Europa ein Umdenken aus. Es ging anfangs nicht um europäische, sondern um weltweite Kompatibilität. »Bologna« – genannt nach der Stadt, in der sich 1999 die Erziehungsminister von etwa 30 europäischen Staaten für die Einführung von gestuften Studiengängen und -abschlüssen an europäischen Hochschulen aussprachen – wurde ausgelöst durch gemeinsame kontinentaleuropäische Sorge um weltweite Mobilität.

Zweitens ist zu bedenken, dass der Ruf nach gestuften Strukturen und -abschlüssen zu einer Zeit populär wurde, nachdem eine *weltweite erneute Welle der Expansion der Studierquote* diagnostiziert worden war und diese überwiegend als wirtschaftlich wünschenswert interpretiert wurde. Nicht zuletzt in Deutschland sind seit Mitte der neunziger Jahre die bis dahin allfälligen Warnungen vor zu starker Expansion der Studierendenzahlen verstummt und haben regelmäßigen Klagen über wirtschaftlich gefährlich niedrige Studienanfänger- und Absolventenquoten Platz gemacht.

Das tangiert den Stellenwert gestufter Studiengänge in zweierlei Hinsicht. Zum einen ist die feste Etablierung eines Bachelor-Abschlusses ein naheliegender Schritt, der eine *Erhöhung der Studier- und Absolventenquoten* und dabei auch ein »upgrading« von Fachschulabschlüssen zu hochschulischen Kurzstudienabschlüssen erleichtert. Zum anderen wächst mit der die Hochschulexpansion begleitenden Differenzierung der Studienangebote, die als Antwort auf die zunehmende Vielfalt der Motive, Kompetenzen und Berufsperspektiven zu verstehen ist, auch der Bedarf an *Übersichtlichkeit der Programme und Abschlüsse.*

Drittens hat die große Popularität der Bachelor-Master-Diskussion sicher auch damit zu tun, dass es immer weniger um »Internationalisierung«, sondern immer mehr um »*Entnationalisierung*« geht. Wenn wir immer mehr auf eine globale Weltgesellschaft und einen globalen Arbeitsmarkt zusteuern, wird der Wert der Abschlüsse weniger von nationalen Regelungen und internationalen

Äquivalenzregelungen bestimmt als von globalen Praktiken der Qualifikationseinschätzungen, und dabei werden weit bekannte Labels, die ein Gefühl von globaler Kompatibilität ausstrahlen, an Wert gewinnen.

Was ist im Einzelnen geschehen? Mitte der neunziger Jahre begannen einige deutsche Hochschulen auf experimenteller Basis ein gestuftes System von Studienprogrammen und -abschlüssen einzuführen. 1998 wurde das Hochschulrahmengesetz geändert, und ähnliche Änderungen der Gesetze der sechzehn Länder folgten. Jetzt steht es den Hochschulen frei, ob sie Bachelor- und Master-Studiengänge neben oder anstelle der bisherigen Struktur einführen. Das Bachelor-Studium soll drei Jahre oder etwas länger betragen, die Gesamtstudienzeit bis zum Abschluss des Masters fünf Jahre. Bei den neuen Studiengängen ist vorgesehen, dass die Bewertung der Studienleistungen nach einem Credit-System vorgenommen wird.

Dies ist, wie bereits erwähnt, kein deutscher Alleingang. 1998 empfahlen die Minister von vier Ländern anlässlich einer Jubiläumsfeier der Sorbonne dieses Modell; 1999 unterschrieben in Bologna etwa 30 Minister ein solches Memorandum. 2001 unterstrichen die Minister aus etwa 40 Ländern auf einer Folgekonferenz in Prag, dass bis etwa 2010 ein »europäischer Hochschulraum« mit einer weitgehenden Konvergenz der Systeme verwirklicht sein soll.

2.7 Fitness für die Globalisierung

Seit in der ersten Hälfte der neunziger Jahre »Internationalisierung« der wichtigste Signalbegriff für die Forderung nach Hochschulreformen in Deutschland geworden ist, können wir eine doppelte Verwendung des Begriffes beobachten.

- Zum einen geht es, wie bisher behandelt, um einen *Bedeutungsgewinn des Grenzüberschreitenden*: internationale Kooperation und Mobilität, Gebrauch von Fremdsprachen, Aufarbeitung von Forschungsansätzen aus verschiedenen Kulturen, Gesellschaften und Wissenschaftssystemen.
- Zum anderen werden *Reformen der Organisation* und in den Entscheidungsstrukturen der Hochschulen, die schon vorher zur Diskussion standen, nun mit dem Argument gefordert, dass nur so die deutschen Hochschulen *im Zuge der Internationalisierung und Globalisierung »wettbewerbsfähig«* sein könnten.

In der Tat lässt sich in vielen europäischen Ländern beobachten, dass immer mehr von »Globalisierung« und immer weniger von »Internationalisierung« der Hochschulen die Rede ist. Nicht mehr Grenzüberschreitung bei Fortbestehen von Grenzen und Nationen wird gesehen, sondern ein Erodieren von Grenzen und nationalstaatlichen Einflüssen auf die Hochschulen – kurz: die allmähliche Entstehung eines Welt-Hochschulsystems.

Diesem entstehenden *Welt-Hochschulsystem* werden gerne bestimmte Charakteristiken zugeschrieben; in Deutschland sind dabei besonders populär:

- eine starke *Wettbewerbsbestimmung* des Systems,
- ein stark *elitistisches System*, bei dem die weniger erfolgreichen Institutionen entweder erfolgreiche Modelle imitieren oder untergehen,
- ein System mit *hohem strukturellen Konvergenzdruck*, um Transparenz zu sichern,
- ein System, das von der *Macht der Manager, hohem Effizienz- und hohem Nützlichkeitsdruck* geprägt ist, und
- eine starke Zunahme des *transnationalen Verkaufs von Leistungen* der Hochschulen.

Sicher ist, dass auch in Deutschland die Entwicklung des Hochschulwesens weg von dem alten System einer Mischung von Hochschulautonomie und bürokratischer Kontrolle führt und hin zu einem System staatlicher Zielvorgaben, hochschulischem Management und einer wachsenden Bedeutung von Evaluation für Selbst-Reflexion wie für Kontrolle. Das bahnte sich vor der Debatte über »Internationalisierung« und »Globalisierung« an und wurde dann von dieser Debatte beschleunigt.

2.8 Bilanz und Ausblick

In Deutschland ist »Internationalisierung« derzeit das wichtigste Schlagwort, wenn es um Reformen der Hochschulen geht. Und das hochschulpolitische Klima ist viel reformfreudiger als in den beiden vorangegangenen Jahrzehnten. Allerdings wird das Wort »Internationalisierung« in drei verschiedenen Richtungen verwandt:

- Zunahme internationaler Kooperation und Mobilität und Zunahme internationaler Dimensionen in Forschung, Lehre und Studium,
- Veränderungen der Studiengangstruktur, die das deutsche Hochschulsystem zugleich international attraktiver machen und innerdeutsche Probleme (lange Studiendauern u. a.) lösen sollen.
- Veränderungen in der Steuerung des Hochschulsystems und in der inneren Organisation der Hochschulen, die die Hochschulen fähig machen sollten,

angesichts eines Entnationalisierungstrends als »global players« in einem globalen Wettbewerb der Hochschulen zu agieren.

Das Wort »Internationalisierung« hat derzeit in Deutschland eine enorme Mobilisierungskraft. Das ist beeindruckend, dennoch drängt sich die Frage auf: Wann werden wir über Internationalisierung, Europäisierung und Globalisierung zwar noch bewegt, aber auch ein bisschen nüchtern reden können: dass Chancen und Gefahren der einzelnen Richtungen realistisch eingeschätzt werden, dass nicht nur von Heil und Bedrohung die Rede ist, dass Bedürfnisse nach örtlicher Stabilität und regionaler Versorgung nicht a priori als drittklassig gelten?

Wir haben in hochschulpolitischen Diskussionen der letzten Jahrzehnte immer Wellen von Hauptthemen erlebt: Bildung und Wirtschaftswachstum, Chancengleichheit, Mitbestimmung, Arbeitsmarktprobleme, Hochschulmanagement, Internationalisierung. Nach spätestens einem Jahrzehnt war ein neues Hauptthema da, ohne dass das alte erledigt war. Werden wir im Hinblick auf »Internationalisierung« genug erledigt haben, wenn das Thema aus den Schlagzeilen verschwindet, oder werden wir es erst richtig erledigen können, wenn das Thema nicht mehr überbesetzt ist?

3 Europäisierung, Internationalisierung, Globalisierung – quo vadis, Hochschule? (2003)

3.1 Entwicklungstendenzen der Diskussion

Die öffentliche Diskussion über Hochschulfragen konzentriert sich zu einem gegebenen Zeitpunkt jeweils auf ein oder auch möglicherweise zwei bis drei große Themen. Hoffnungen, Sorgen und Aktivitäten tendieren dazu, wenige ausgewählte Themen in den Mittelpunkt zu stellen. Solche Themenschwerpunkte sind jedoch nur für einen relativ kurzen Zeitraum aktuell, d. h. für etwa fünf bis höchstens zehn Jahre. Die Schlagwörter, die in diesem Zeitraum verwendet werden, helfen Prioritäten zu setzen und Moden herauszubilden. Das gesamte Hochschulwesen wird aus dem Blickwinkel einer solchen Akzentsetzung anders gesehen. Wenn schließlich die Zeit der besonderen Aufmerksamkeit für ein Thema vorbei ist, mögen mancherlei Reformen realisiert sein, aber in der Regel sind die Probleme noch nicht gelöst. Die Suche nach Verbesserungen geht weiter, gewöhnlich jedoch unter erschwerten Bedingungen.

Die Internationalisierung des Hochschulwesens wurde im Laufe der neunziger Jahre des 20. Jahrhunderts ein zentrales Thema – wobei sich natürlich die Frage stellt, ob wir inzwischen mit einem baldigen Ende der Popularität dieser Diskussion und der darauf bezogenen Aktivitäten zu rechnen haben und ob die leichte Themenverschiebung in Richtung Globalisierung dafür verantwortlich ist, dass der Themenkreis sich so lange gehalten hat.

3.2 Internationalisierung, Europäisierung, Globalisierung

Wenn Fragen des Hochschulwesens, die mit einem Hinausgehen über nationale Grenzen verbunden sind, zur Diskussion stehen, werden in Europa vor allem drei Begriffe in die Diskussion geworfen: international, global und europäisch. Wenn es um Entwicklungstrends bzw. politische Ziele geht, ist entsprechend von Internationalisierung, Globalisierung bzw. Europäisierung die

Rede (vgl. die Übersichten in Blumenthal u. a. 1996; Wächter 1999; de Wit 2002a).

Die Verwendung der drei Begriffe ähnelt sich in zweierlei Hinsichten: Erstens ist den Begriffen die Aussage gemein, dass Hochschulen weniger national geprägt sein werden bzw. sein sollen als in der Vergangenheit. Zweitens werden alle drei Begriffe sowohl zur Kennzeichnung von Änderungen in Kontexten, in denen sich die Hochschulen bewegen, als auch zur Charakterisierung von Entwicklungen im Innenleben der Hochschulen verwendet.

Die drei Begriffe unterschieden sich zumindest zu Beginn der genannten Diskussionen in zwei Richtungen. Erstens haben sie eine je gesonderte Grundbedeutung (siehe Knight 1996; Scott 1998a und 2000; Teichler 1999; van der Wende 2001a):

- *Internationalisierung* spricht eine Zunahme grenzüberschreitender Aktivitäten an, wobei nationale Hochschulsysteme im Prinzip bestehen bleiben;
- *Globalisierung* ist in der Regel mit der Vorstellung verbunden, dass Grenzen und nationale Systeme verschwimmen oder sogar verschwinden;
- *Europäisierung* ist die regionale Version von Internationalisierung oder Globalisierung – in der öffentlichen Diskussion häufiger Ersteres (vgl. Race 1997).

Zweitens werden die verschiedenen Begriffe gewöhnlich in Verbindung mit bestimmten Phänomenen verwendet:

- Internationalisierung wird gewöhnlich mit physischer Mobilität, wissenschaftlicher Kooperation, der wissenschaftlichen Tradition des Wissenstransfers und mit internationaler Bildung in Beziehung gesetzt.
- Von Europäisierung ist ebenfalls oft die Rede, wenn es um Mobilität und Kooperation geht, aber darüber hinaus geht es auch um Aspekte der Hochschulintegration innerhalb der Region sowie um Fragen von Vielfalt und Konvergenz der Systeme einerseits und um Aspekte der Abgrenzung von anderen Regionen der Welt andererseits.
- Globalisierung wird vor allem mit Marktsteuerung, transnationalen Angeboten von Studienprogrammen und mit kommerziellem Wissenstransfer in Verbindung gebracht (vgl. El-Khawas 1994; Lenn 1999; Mestenhauser und Ellinghoe 1998; Middlehurst 2000; Sadlak 2001; van der Wende 2001a).

Wie später noch zu zeigen sein wird, ist der Sprachgebrauch in den öffentlichen Diskussionen allerdings nicht konsistent und nicht über längere Zeiträume stabil. Inzwischen hat der Begriff »Globalisierung« den der »Internationalisierung« in der öffentlichen Diskussion weitgehend verdrängt, wobei die ursprüngliche terminologische Differenz der beiden Begriffe immer mehr aus den Augen verloren zu werden scheint.

3.3 Internationalisierung der Hochschulen – kein neues Phänomen

Die Forderung, dass die Hochschulen stärker international werden sollten, ist etwas überraschend, denn Universitäten gelten weithin als die genuin internationalsten Organisationen moderner Gesellschaften. Das Wissen, das von den Universitäten gewonnen, bewahrt und vermittelt wird, ist in vielen Bereichen universeller Natur. Es ist seit langem das Ziel der Universitäten, Wissen in aller Welt zu sammeln. Wissenschaftler sind oft durch kosmopolitische Werte gekennzeichnet. »Internationale« Anerkennung von Wissenschaftlern gilt als das höchste Kennzeichen von Qualität.

Beim näheren Hinsehen zeigt sich jedoch, dass die Hochschulen in einer Spannung zwischen Internationalität des Wissens und nationaler Prägung von Strukturen, Organisation und Studiengängen stehen (siehe Kerr 1990). Hinzu kommt, dass die Aktivitäten internationaler Mobilität und Kooperation, bevor die aktuelle Internationalisierungswelle begann, insgesamt nicht sehr umfangreich waren.

Historiker machen uns jedoch darauf aufmerksam, dass die starke nationale Prägung der Hochschulen nur für das 19. und 20. Jahrhundert galt. Heutzutage kann man von einer »Re-Internationalisierung« der Hochschulen sprechen.

3.4 Internationalisierung – mehr als graduelle Veränderungen

In den meisten Analysen zur Internationalisierung des Hochschulwesens wird sichtbar, dass der Begriff nicht verwendet wird, um auf – erwünschte bzw. realisierte – graduelle Verschiebungen hinzuweisen. Vielmehr scheint es um qualitative Sprünge zu gehen (Teichler 1999):

- Es wird nicht mehr als ausreichend empfunden, dass nur eine begrenzte Zahl von Spitzenuniversitäten international ist. Alle Hochschulen haben in gewissem Maße international zu sein.
- Internationale Aktivitäten an Hochschulen werden nicht mehr als kasuistisch verstanden. Immer häufiger werden sie als regelmäßige und als systematische Bestandteile des Alltags der Hochschulen verstanden.
- Internationale Aktivitäten sind nicht mehr marginal, sondern sie werden zentral: Sie werden in alle wichtigen Entscheidungen einbezogen, und auch die Tätigkeit der Auslandsämter ist stärker als zuvor mit anderen Bereichen verschränkt.

– Internationale Qualifizierung wird nicht mehr nur als Aufgabe für die zukünftigen Spezialisten des Internationalen verstanden, sondern sie wird mehr oder weniger universal: Elemente davon dringen in die meisten Studiengänge ein.

3.5 Gegenstandsbereiche von Internationalisierungspolitiken und -maßnahmen

Betrachtet man die bisherigen Diskussionen und Analysen zur Internationalisierung der Hochschulen, so werden immer wieder fünf Themenbereiche angesprochen:

– die *Wissensdimension*, dabei vor allem Fragen der spatialen Bewegung von Wissen;
– Fragen der *Anerkennung* von Resultaten des Studiums über Grenzen hinweg;
– Fragen der *Einheitlichkeit bzw. Unterschiedlichkeit* verschiedener nationaler Hochschulsysteme;
– die – internationale bzw. nationale – *Orientierung der Akteure* und schließlich
– die *Steuerung der Hochschulen* in der Welt.

Bei der folgenden Analyse dieser Gegenstandsbereiche ist nicht in erster Linie beabsichtigt, die realen Entwicklungstrends möglichst detailliert aufzuzeigen. Vielmehr sollen vor allem die Konzeptionen behandelt werden, die der Diskussion über Internationalisierung, Globalisierung und Europäisierung zugrunde liegen.

3.6 Die Wissenselemente der Internationalisierung

Bisher hat sich keine allgemein unter Wissenschaftlern akzeptierte Klassifikation der Wissensdimensionen entwickelt, die zur Analyse der Wirkungen der Internationalisierung von Hochschulen geeignet ist. Auf der Basis langjähriger Untersuchungen von Fragen der Hochschulkooperation und -mobilität in Europa möchte ich eine neue Klassifikation mit drei Kategorien vorschlagen:

– Wissenstransfer;
– internationales Wissen und internationale Kompetenzen;
– grenzüberschreitende Kommunikation und Diskurse.

Wissenstransfer: In internationalen Prozessen der Kommunikation, Kooperation und Mobilität wird Wissen innerhalb der normalen Disziplinen (d. h. der nicht auf internationale Aspekte spezialisierten Fächer) häufiger, intensiver und schneller von einem Land zu einem anderen transferiert. Dabei handelt es sich oft um einen vertikalen Transfer des Wissens, d. h. eine Bewegung von einem Ort, wo dieses Wissen exklusiv bzw. in einer höheren Qualität gegeben ist, zu einem Ort, wo die Wissensbasis in diesem Bereich defizitär ist. Der Wissenstransfer erfolgt, wie später noch zu behandeln sein wird, mit Hilfe sehr verschiedener Mittel (Medien, physische Mobilität, Zusammenarbeit, transnationale Studienprogramme u.a.m.).

Internationales Wissen und internationale Bildung: Manche Wissensgebiete sind auf Internationales, Fernes, Grenzüberschreitendes und Vergleichendes spezialisiert. Dazu gehören z. B. fremdsprachliche Philologien, Regionalstudien und internationales Recht. In Zeiten der Internationalisierung erfahren diese Fächer ein besonderes Wachstum; zugleich werden in anderen Fächern die internationalen und vergleichenden Komponenten ausgebaut (vgl. van der Wende 1996a).

Grenzüberschreitende Kommunikation und Diskurse: Lehren, Lernen und Forschung gewinnen generell an Qualität durch kreativen Diskurs. Im Dialog mit Anderen werden verschiedene Konzepte miteinander konfrontiert und erhöht sich der Erfahrungsschatz; wir lernen unsere alten Konzeptionen zu relativieren; wir erweitern unseren Horizont; wir denken mehr vergleichend, und wir kommen schließlich zu komplexeren Perspektiven. Dies kann durchaus im eigenen Lande und somit in der Nachbarschaft erfolgen. Internationale Kommunikation und Mobilität sind jedoch ein Weg, der mit besonders großer Wahrscheinlichkeit und Intensität die bisherigen konzeptionellen »Landkarten« konstruktiv in Frage zu stellen vermag.

In den verschiedenen wissenschaftlichen Disziplinen und Studienfächern wird von internationaler Kooperation und Mobilität im Hinblick auf diese drei Kategorien Unterschiedliches erwartet. Aber alle drei Kategorien sind für die meisten Fächer relevant.

3.7 Regeln des Wissenstransfers und Internationalisierung

Um sich die Probleme zu vergegenwärtigen, die derzeit bei Wissenstransfer im Zuge der »Internationalisierung« bzw. »Globalisierung« zur Diskussion stehen, ist es unvermeidlich, sich einige grundlegende Aspekte des Wissenstransfers ins Bewusstsein zu rufen.

Transfer von Wissen unterscheidet sich prinzipiell von einem Transfer von Gütern und anderen Dienstleistungen. Beim Transfer von Gütern und sonstigen Dienstleistungen verlieren jeweils die Gebenden im Augenblick des Transfers etwas; folgerichtig werden sie mit Ressourcen belohnt, die ihnen mindestens den Verlust kompensieren und in der Regel weitere Gratifikation sichern. Beim Wissenstransfer behalten jedoch die Gebenden ihr Wissen. Wissenschaftliche Kommunikation inkorporiert diese Besonderheit des Nicht-Verlierens beim Wissenschaftstransfer: Wissenschaftliches Wissen wird bereitwillig, offen und im Prinzip kostenfrei weitergegeben. Der einzige damit verbundene Verlust, nämlich der Verlust der Exklusivität des Wissens, wird durch Zitieren der Quelle des Wissens und damit durch Reputationssteigerung für die Gebenden kompensiert.

Auf dem Wege zur Wissensgesellschaft wird erwartet, dass Wissenschaft immer mehr wächst. Dies führt zu einer Kostenexplosion; da die öffentliche Hand weniger als in der Vergangenheit bereit ist, die Generierung des Wissens voll zu alimentieren, wird die Wissenschaft aufgefordert, sich nach weiteren Einnahmequellen umzusehen. Gleichzeitig gewinnt Wissenschaft auf dem Wege in die Wissensgesellschaft an Relevanz für die Entwicklung von Technik, Wirtschaft, Gesellschaft und Kultur; mit wachsender Nützlichkeit erhöht sich auch die Chance, Wissen zu verkaufen. Aus beiden Gründen wächst zunehmend neben dem wissenschaftlichen Modus des Wissenstransfers der kommerzielle Modus des Wissenstransfers und gerät dabei oft in Kollision mit dem Ersteren. Kommerzialisierter Wissenschaftstransfer ist keine Besonderheit von Internationalisierung und Globalisierung, aber er wird in diesem Zusammenhang virulenter.

3.8 Mittel des internationalen Wissenschaftstransfers

In einer Zeit, in der Internationalisierung und Globalisierung die Schwerpunktthemen der öffentlichen Diskussionen über die Hochschulen sind, ist es eine zentrale Frage, wie Wissenschaftstransfer erfolgreicher gestaltet werden kann als in der Vergangenheit. Vier Arten von Mitteln des internationalen Wissenschaftstransfers werden vor allem angesprochen:

- physische Mobilität;
- Medien der Wissensdissemination (Bücher, Briefe, Artefakte, virtuelle Kommunikation u. Ä.);
- Zusammenarbeit in Forschung und Lehre und
- transnationale Studienangebote.

Auf das erste Mittel sei hier näher eingegangen, weil es in Europa von besonderer Bedeutung war und immer noch ist. Physische Mobilität, insbesondere der Studierenden, war im Mittelpunkt der Diskussionen in Europa, als Internationalisierung zum Hauptthema der hochschulpolitischen Debatten aufstieg (siehe Europäische Kommission 1994; Teichler 1998; Altbach und Teichler 2001). Gerade weil die Europäische Gemeinschaft Mitte der siebziger Jahre in Hochschulaktivitäten unter der Maxime einstieg, dass die Vielfalt der europäischen Hochschulsysteme dadurch nicht verringert werden sollte, sondern als besonders wertvoll zu betrachten sei, boten sich studentische Mobilität und somit Lernen durch kontrastierende Erfahrung als Schwerpunkt an. Die Erfolgsstory des ERASMUS-Programms lässt sich wie folgt erklären (Teichler 2001a):

- Die studentische Mobilität in Europa ist mehr oder weniger »horizontal«: Sie findet innerhalb von Partnerschaften statt, bei denen die Qualität passen soll, und die Lehrenden haben in der Tat den Eindruck, dass die mobilen Studierenden im Durchschnitt mindestes ebenso kompetent sind wie ihre heimischen Studierenden.
- Darüber hinaus lässt sich Mobilität innerhalb von Europa als »mobility light« bezeichnen. Es ist keine Mobilität zwischen fernen Kulturen, bei der mit einem Schock durch allzu Ungewohntes oder mit Begeisterung für die Exotik zu rechnen ist – gleichwohl sind die im europäischen Ausland gemachten Erfahrungen hinreichend unterschiedlich zu den Erfahrungen daheim, dass eine Horizonterweiterung wahrscheinlich ist.

Sicherlich wird physische Mobilität in Europa weiter zunehmen. Nur scheint die Prognose keineswegs gewagt, dass der Stellenwert der physischen Mobilität relativ unter den Aktivitäten des Wissenstransfers zurückgehen wird.

3.9 Persistenz der Vielfalt oder wachsende strukturelle Homogenität der Hochschulsysteme?

In der Vergangenheit variierten die nationalen Hochschulsysteme sehr stark. In den letzten Jahrzehnten hat es eine Fülle struktureller Reformen gegeben, bei denen es zuweilen sowohl konvergente Entwicklungslinien als auch zum Teil wachsende Divergenzen gab.

In der Zeit von Ende der achtziger bis Mitte der neunziger Jahre, als die studentische Mobilität in Europa deutlich zunahm, scheint die strukturelle Heterogenität der nationalen Hochschulsysteme in Europa kein großes Hindernis gewesen zu sein. In den letzten Jahren wird jedoch mehr und mehr vermutet, dass innerhalb der europäischen Länder die innere Diversität der nationalen Hochschulsysteme immer größer wird.

Demgegenüber antworten mit dem »Bologna-Prozess« viele europäische Länder auf Globalisierung und wachsende Differenzierung des Hochschulwesens mit der Schaffung von ähnlichen Strukturen der nationalen Hochschulsysteme im Hinblick auf die Dauer der Studiengänge und die Arten der Studienabschlüsse (Haug, Kirstein und Knudsen 1999; Haug und Tauch 2001; Teichler 2001b). Offen ist allerdings, ob ein Ähnlichwerden der Form tatsächlich den Trends höherer Differenzierung entgegenwirkt. Denkbar ist durchaus, dass das nicht der Fall ist und dass demgegenüber in Kürze eine Welle des Messens feiner Differenzen in der Qualität der Leistungen einsetzen wird.

3.10 Strategien der Hochschulen und nationale Steuerung

Experten stimmen darin überein, dass in Europa seit den achtziger Jahren eine deutliche Veränderung in der Steuerung nationaler Hochschulsysteme und in der Verwaltung der einzelnen Hochschulen zu beobachten ist. In fast allen europäischen Ländern vollzieht sich ein Prozess, in dem der Staat die detaillierte Aufsicht bzw. Kontrolle der Hochschulen verringert; stattdessen wirkt er eher über Zielvorgaben bzw. leistungsorientierte Mittelvergabe auf die Hochschulen ein. Gleichzeitig werden die einzelnen Hochschulen stärker zu strategischen Akteuren; auch bauen sie ein Managementsystem, u. a. in der Stärkung exekutiver Funktionen, auf. Integraler Bestandteil dieser Veränderungen ist auch das Anwachsen von Aktivitäten der Hochschulevaluation; sie dienen der Rückmeldung für die wissenschaftlichen Akteure und das Management sowie der Rechenschaft gegenüber Staat und Gesellschaft.

Dieser Prozess des Wandels der Steuerungs- und Verwaltungssysteme von Hochschulen war im Prinzip jeweils ein nationaler Prozess. In zweierlei Hinsicht wirkten jedoch die Veränderungen, die mit den Schlagworten Internationalisierung und Globalisierung charakterisiert wurden, in diese nationalen Reformen zur Stärkung der strategischen Rolle der einzelnen Hochschulen hinein.

Erstens wurden *internationale Aktivitäten von den Hochschulen zunehmend als wichtig empfunden.* Hochschulen hielten es nunmehr immer mehr für nötig, Strategien für ihre internationalen Aktivitäten zu entwickeln und zugleich bei allen wichtigen strategischen Entscheidungen zu prüfen, was dies für Folgen für die internationalen Aktivitäten der Hochschule hat.

Zweitens wurde angenommen, dass *die Hochschulen immer weniger von einem nationalen Bedingungsrahmen geprägt sind* und sich immer weniger allein gegenüber der nationalen Hochschullandschaft zu positionieren hätten. Sie hätten ein Profil in einer über das eigene Land hinausgehenden Hochschullandschaft zu finden (Kehm 1999).

In dieser Diskussion trat seit etwa Mitte der neunziger Jahre der Terminus »Globalisierung« zunehmend an die Stelle von »Internationalisierung«. Damit waren zwei Akzentverschiebungen verbunden:

- Nachdem in Europa einige Jahre lang Fragen der Europäisierung im Vordergrund gestanden hatten, wandte sich die Aufmerksamkeit nun stärker der *Hochschulwelt außerhalb Europas* zu. So scheint die Zielsetzung des sogenannten »Bologna-Prozesses«, einen »europäischen Hochschulraum« zu schaffen, von der Absicht initiiert worden zu sein, die Hochschulen Kontinental-Europas weltweit stärker attraktiv zu machen.
- Mehr als zuvor verbreitete sich die Vorstellung, dass die Situation der Hochschulen zunehmend vom *Wettbewerb* auf einem weltweiten Hochschulmarkt bestimmt werde. In diesem Zusammenhang erhöhte sich die Aufmerksamkeit für die Zunahme transnationaler Studienangebote und für die mit dem GATS-Abkommen verbundene Debatte über Chancen und Probleme einer Gleichsetzung der Leistungen der Hochschulen mit kommerziellen Dienstleistungen.

Diese beiden Trends machen es allerdings keineswegs erforderlich, den Begriff »Globalisierung« so sehr in den Vordergrund zu rücken. Denn erstens wird der weltweite Bezug ebenso vom Terminus »Internationalisierung« angesprochen. Auch ist die stärkere Betonung der Kooperation und Mobilität zwischen Europa und anderen Teilen der Welt allenfalls eine graduelle, aber keine prinzipielle Akzentverschiebung.

Zweitens ist nicht zu erkennen, dass mit einer wachsenden Bedeutung eines weltweiten Wettbewerbs der Hochschulen die Bedeutung nationaler Einheiten und Bedingungen sich deutlich verringert, was ursprünglich in der Verwendung des Begriffs »Globalisierung« signalisiert wurde. Die nationalen Hochschulpolitiken scheinen vielmehr die fortschreitende Internationalisierung immer häufiger zum Anlass zu nehmen, den Hochschulen ihres Landes in der weltweiten Hochschullandschaft Vorteile zuschanzen zu wollen; vormals nationale Politiken scheinen zunehmend nationalistisch zu werden.

Drittens ist es nicht unbedingt einleuchtend, dass die Hochschulen in ihren internationalisierungs-strategischen Entscheidungen vor dem unausweichlichen Zwang stehen, das Paradigma von Kooperation und Vertrauen durch ein Wettbewerbsparadigma zu ersetzen. Vielleicht können viele Hochschulen besser und erfolgreicher ein Profil entwickeln und pflegen, wenn sie enge Austausch- und Kooperationsbeziehungen in gegenseitigem Vertrauen zu Partnern in anderen Ländern eingehen.

Viertens erschöpft sich »Globalisierung« nicht in verstärkter Marktregulation, wie das aus dem »Tunnel-Blick« von Managern erscheinen mag. »Global village«, »global learning« usw. sprechen andere Aspekte der Globalisierung an.

Die wachsende Popularität des Begriffes indiziert also zum Teil Verschiebungen der Situation. Zum Teil ist sie jedoch auf eine »Verwilderung« der Begrifflichkeit zurückzuführen; der Begriff wird zunehmend mit Rekurs auf Wettbewerb und weltweite Beziehungen gebraucht, ohne dass überhaupt noch die Frage gestellt wird, ob nationale Grenzen für die Hochschulen tatsächlich mehr oder weniger verschwinden.

Teil II
Auslandsstudium und Mobilität

4 Internationale Mobilität der Studierenden – eine quantitative Übersicht (1998)

4.1 Einleitung

Nur wenige Phänomene der Hochschulen erfahren eine so ambivalente Bewertung wie die internationale Mobilität von Studierenden. Sie kann als *Chance* verstanden werden,

- eine bessere Qualifizierung zu fördern als daheim möglich ist,
- den Zugang zum neuesten und anspruchsvollsten Wissen zu ermöglichen,
- die Enge der eigenen Kultur und der oft kleinräumigen Perspektiven durch Erfahrung von Kontrasten und Anregung zum vergleichenden Denken zu überwinden.

Als *Gefahren* werden nicht selten hervorgehoben, dass

- Probleme, in einem anderen Land zu leben, mit einer anderen Sprache zurechtzukommen und sich auf ein anderes Hochschulmilieu einzustellen, häufig den Ertrag des Auslandsstudiums erheblich beeinträchtigten,
- die Substanz des zu Erlernenden in einem anderen Land so fern sein könne, dass sie sich für eine berufliche Verwendung daheim nur begrenzt eigne oder sich sogar in einer Überstülpung unangemessener Denkkategorien auf die Situation im Herkunftsland niederschlage,
- die Absolventen eines Studiums im Ausland oft später nicht in ihr Herkunftsland zurückkehren wollten und dass deshalb das Auslandsstudium zu einem »Brain drain« beitrage,
- die Neigung von besonders befähigten Studierenden, ins Ausland zu gehen, in Entwicklungsländern den Aufbau eines leistungsfähigen Hochschulsystems verlangsame und sich dadurch langfristig als Nachteil für diese Herkunftsländer erweise.

Dennoch erfährt die quantitative Expansion des Auslandsstudiums insgesamt eher eine positive Bewertung. Das gilt zweifellos für Deutschland: Es wird allgemein sehr begrüßt, dass sich immer mehr Studierende um ein Studium im

Ausland bemühen. Das ERASMUS-Programm, das Studienaufenthalte bis zu einem Jahr in einem anderen europäischen Land unter der Voraussetzung fördert, dass Herkunfts- und Gasthochschule miteinander kooperieren und die Studierenden nach ihrer Rückkehr mit der Anerkennung des im Ausland Erlernten rechnen können, gilt als eine ausgesprochene Erfolgsstory (siehe Teichler und Maiworm 1997; Trenn und Wuttig 1997).

Umgekehrt wird auch für wichtig gehalten, dass sehr viele ausländische Studierende nach Deutschland kommen. Derzeit ist die Sorge sehr weit verbreitet, dass Deutschland als Gastland für ausländische Studierende zur Bedeutungslosigkeit herabsinken könnte, wenn nicht eine Fülle von Reformen – die Einführung einer angelsächsischen Studien- und Abschlussstruktur, zunehmende Lehrangebote in englischer Sprache, studentenfreundlichere Studienangebote und Verwaltungen, Verbesserung von Information und Werbung u.a.m. – realisiert würden. Zur Begründung dieser Reformvorstellungen wird oft die These vertreten, dass sich die mobilitätswilligen Studierenden in der Vergangenheit immer stärker den wichtigsten angelsächsischen Ländern zugewendet hätten. Hier soll der Versuch unternommen werden, ein Bild von der quantitativen Entwicklung des Auslandsstudiums zu zeichnen. Dazu werden die vorliegenden UNESCO-Statistiken herangezogen.

Wenn auch die Daten mancherlei Schwächen haben, wird diese Datenquelle herangezogen, weil es kein anderes weltweites Erhebungssystem gibt und weil der Versuch, mit Hilfe nationaler Statistiken zu einem genaueren Bild zu kommen, nicht nur einen immensen Aufwand erfordern würde, sondern wegen der Verschiedenheit der nationalen Erhebungen keine vergleichbaren Daten erbringen würde.

4.2 Zur Datenlage

Die UNESCO sammelt weltweit von den nationalen Regierungen Daten zur Zahl der eingeschriebenen ausländischen Studierenden in den Institutionen des tertiären Bereichs des jeweiligen Landes. Experten sind sich darüber einig, dass es besser wäre, wenn zusätzlich unterschieden würde:

- zwischen »*international mobilen*« Studierenden und *ausländischen* Studierenden, die im Zielland dauerhaft wohnen bzw. dort den Sekundarschulabschluss erworben haben (»Bildungsinländer«),
- zwischen Studierenden, die im Ausland *einen Abschluss zu erwerben suchen*, und *temporär im Ausland Studierenden* und

- nach Arten von Studiengängen und -abschlüssen (z. B. »undergraduate« und »graduate«).

Die UNESCO wäre mit einer solchen Differenzierung überfordert, weil sich die Definitionen zwischen den einzelnen Ländern unterscheiden und weil die statistischen Erhebungen oft nicht so fein differenziert sind. Bedauerlicherweise fehlen jedoch nicht nur solche Untergliederungen; obendrein ist es von Land zu Land unterschiedlich, ob in den statistischen Angaben folgende Studierende mitgezählt werden oder nicht:

- temporär im Ausland Studierende (z. B. ERASMUS-Studierende),
- »Bildungsinländer«,
- Studierende an tertiären Institutionen, die nicht zum universitären Bereich gehören, und
- Studierende, die keinen regulären Studienabschluss beabsichtigen.

Hinzu kommt, dass nicht alle Länder Daten liefern und dass einige Territorien der Welt aus politischen Gründen ausgeklammert werden (z. B. Taiwan). Nicht zuletzt dauert es einige Jahre, bis vergleichende Daten vorliegen und publiziert werden können.

Die genannten Schwächen der Daten sind keineswegs nur Probleme ferner Länder. Auch in Deutschland gibt es Hinweise darauf, dass in den amtlichen Statistiken ein großer Teil der temporär in Deutschland studierenden Ausländer nicht auftaucht. Wie eine von Gordon und Jallade (1996) durchgeführte Studie nachgewiesen hat, gibt es innerhalb der Europäischen Union so große Unterschiede in der Registrierung von ausländischen Studierenden, dass differenzierte Analysen der vorliegenden Daten etwa zur Reziprozität des Austauschs zwischen verschiedenen Ländern praktisch wertlos sind.

4.3 Zunahme studentischer Mobilität

Die Daten der UNESCO erlauben die Schätzung, dass 1970 etwa eine halbe Million, 1980 fast eine Million und Mitte der neunziger Jahre über 1,5 Millionen Personen im Ausland studierten. Die Daten belegen also einen deutlichen Anstieg. Zu bedenken ist allerdings, dass die Zahl der Studierenden in der Welt in ähnlichem Tempo zugenommen hat: Der Anteil der international mobilen Studierenden ist mit etwa zwei Prozent ungefähr gleich geblieben.

In Europa haben wir in den letzten Jahren mit besonderer Aufmerksamkeit die innereuropäische Mobilität im Rahmen des ERASMUS-Programms betrachtet. Die Gesamtzahl der ERASMUS-Studierenden betrug 1995 etwa

85 000 Personen, d. h. nur wenig über fünf Prozent der weltweiten Studenten-Mobilität. Dieser Verweis schmälert nicht die Bedeutung von ERASMUS als Motor für Studentenaustausch unter Ländern mit etwa gleicher Qualität des Hochschulsystems und für die Verbindung von Studentenaustausch und curricularer Innovation; er macht aber deutlich, dass für die Mehrzahl der international mobilen Studierenden andere Bedingungen herrschen.

4.4 Die häufigsten Zielländer

Tabelle 4.1 zeigt die häufigsten Zielländer des Auslandsstudiums in 1970, 1980 und Mitte der neunziger Jahre. Die Prozentuierungen sind auf die 45 größten Zielländer bezogen, weil die UNESCO die Daten für kleinere Zielländer angesichts häufiger Informationslücken nicht vollständig dokumentiert.

Tabelle 4.1: Zahl der ausländischen Studierenden in ausgewählten Ländern

	1970			1980			1993-1995		
Land	Rang	in 1.000	in Prozent	Rang	in 1.000	in Prozent	Rang	in 1.000	in Prozent
USA	1.	144,7	30,8	1.	325,6	35,0	1.	453,8	30,4
Kanada	6.	22,3	4,7	6.	32,3	3,4	8.	35,5	2,4
Großbritannien	5.	24,6	5,2	5.	56,0	6,0	4.	128,6	8,6
Australien	18.	7,5	1,6	10.	17,7	1,9	7.	42,4	2,8
Zwischensumme		199,1	42,3		431,6	46,3		660,3	44,2
Frankreich	2.	34,5	7,3	2.	114,2	12,3	2.	170,6	11,4
BR Deutschland	4.	27,8	5,9	4.	61,8	6,6	3.	146,1	9,8
UdSSR/ Russ. Föd.	3.	27,9	5,9	3.	62,9	6,7	5.	73,2	4,9
Japan	21.	4,4	0,9	22.	6,5	0,7	6.	5038	3,4
Zwischensumme		94,6	20,0		244,4	26,3		440,7	29,5
Summe (8 Länder)		283,7	62,3		676,0	72,3		1.101,0	73,7
Summe (45 Länder)		469,8	100,0		930,2	100,0		1.494,5	100,0

Quelle: UNESCO Statistical Yearbook 1983 und UNESCO Statistical Yearbook 1997

Auf den ersten Blick scheinen sich in dem untersuchten Zeitraum keine großen Veränderungen ergeben zu haben. In den USA studierte der weitaus größte Anteil ausländischer Studierender; mit deutlichem Abstand folgten Frankreich, Deutschland, die UdSSR bzw. später die russische Föderation sowie

Großbritannien als weitere Gastländer. Dabei verlor Russland infolge der politischen Transformation als Gastland an Bedeutung, während Großbritannien einen besonders großen Zuwachs meldet (der allerdings zum Teil eine Folge der Aufnahme des »further education«-Sektors in die Statistiken ist).

Bei genauerer Analyse werden jedoch einige bemerkenswerte Entwicklungen sichtbar. So wird die These widerlegt, dass die *angelsächsischen Länder* immer mehr die bevorzugten Zielländer geworden seien. Sie erfuhren zwar in den siebziger Jahren einen überproportionalen Anstieg, danach jedoch wuchs die Zahl ausländischer Studierender unterproportional. Während sich bei Australien und Großbritannien nach 1980 ein relativer Zuwachs ergab, beobachten wir einen relativen Rückgang im Falle von Kanada und den USA. Insgesamt ist der Anteil der mobilen Studierenden, die diese vier Länder wählten, von 46,3 Prozent im Jahre 1980 auf 44,2 Prozent Mitte der neunziger Jahre zurückgegangen.

Bei den vier häufigsten *Zielländern, deren Landessprache nicht Englisch ist*, hat sich dagegen seit 1980 insgesamt eine Steigerung von etwa 27 Prozent auf etwa 30 Prozent ergeben. Dabei ging der Anteil derjenigen, die Frankreich und die UdSSR bzw. später die russische Föderation wählten, zurück. Der Anteil derjenigen, die Deutschland wählten, stieg dagegen – auch wenn wir berücksichtigen, dass 1980 etwa 7 400 (0,8 %) der international mobilen Studierenden in der DDR studierten. Am stärksten war der Anstieg der ausländischen Studierenden in Japan.

Sehr unterschiedlich ist der Anteil der ausländischen Studierenden an allen Studierenden in diesen acht Ländern. Er betrug nach den vorliegenden Daten für die neunziger Jahre ungefähr

- 7 bis 8 Prozent in Großbritannien, Australien, Frankreich und Deutschland,
- 3 Prozent in den USA und
- 2 Prozent in Kanada, der Russischen Föderation und Japan.

Die erstgenannten Quoten waren keineswegs die höchsten: So sind nach den UNESCO-Daten 17 Prozent der Studierenden in der Schweiz und zehn Prozent der Studierenden in Belgien Ausländer.

Unter den industrialisierten Ländern haben seit den achtziger Jahren *Japan* und *Australien* am stärksten an Bedeutung gewonnen. Die australischen Universitäten versuchen seit einiger Zeit erfolgreich, mehr zahlungswillige und -fähige Studierende aus Entwicklungs- und Schwellenländern, die an einem Studium in den USA oder unter Umständen in einem anderen angelsächsischen Land interessiert sind, nach Australien zu bringen. Die japanische Regierung hatte 1983 ein Programm zur Internationalisierung der Hochschulen verkündet, mit dem die Zahl der aus dem Ausland kommenden Studierenden in Japan von etwa 10.000 innerhalb von zwei Jahrzehnten auf 100.000 gesteigert werden sollte (siehe dazu von Kopp 1995; Umakoshi 1997). Das japanische Erziehungsministerium versiebenfachte von 1983 bis Mitte der neunziger Jahre sein Budget zur Unterstützung der internationalen Hochschulkooperation und des Austausches von Studierenden und Wissenschaftler(inne)n.

Entwicklungs- und Schwellenländer waren in dem gesamten Zeitraum nicht die häufigsten Zielländer. Allerdings hatten einige von ihnen große Zahlen ausländischer Studierender:

- 1970 gingen 4,7 Prozent der mobilen Studierenden nach Libanon, 2,8 Prozent nach Ägypten, 1,9 Prozent nach Argentinien und je 1,7 Prozent nach Syrien und Indien,
- 1980 wählten 3,3 Prozent Libanon, 2,3 Prozent Ägypten, 1,5 Prozent Saudi-Arabien und 1,3 Prozent Indien als Zielland, und
- Mitte der neunziger Jahre gab es nur noch zwei Länder dieser Gruppe, nämlich China (1,5 %) und Libanon (1,2 %), die für mehr als ein Prozent der mobilen Studierenden das Zielland waren.

Offenkundig gab es Verschiebungen, nach denen Ägypten und Argentinien ihre einst wichtige Rolle für den Studentenaustausch verloren. Die relative Bedeutung der internationalen Mobilität von Studierenden innerhalb von Entwicklungs- und Schwellenländern scheint insgesamt abzunehmen, selbst wenn viele dieser Länder eine Steigerung in den absoluten Zahlen der ausländischen Studierenden berichten.

4.5 Die häufigsten Herkunftsländer

Internationale Mobilität von Studierenden ist bis heute mehrheitlich »vertikale« Mobilität: Studierende aus relativ ärmeren Ländern mit einem weniger entwickelten Hochschulsystem wählen Hochschulen in reicheren Ländern, deren Qualität relativ hoch bewertet wird.

Nach Einstufung der UNESCO stammten Mitte der neunziger Jahre (die Daten beziehen sich oft auf 1993/94 und in einigen Fällen auf 1994/95):

- 54 Prozent der international mobilen Studierenden (über 800 000) aus Entwicklungsländern,
- 10 Prozent (etwa 150 000) aus Ländern im Übergang und
- 29 Prozent (etwa 440 000) aus entwickelten Ländern.
- 7 Prozent (etwa 100 000) wurden von der UNESCO nicht eingestuft.

Tabelle 4.2: Häufigste Herkunftsländer von ausländischen Studierenden (in 1.000)

1968		1980		1993-1995	
China	21,5	Iran	58,2	China	115,9
USA	20,5	Malaysia	32,8	Rep. Süd-Korea	69,7
Kanada	15,6	Griechenland	27,1	Japan	52,3
Syrien	12,1	China	27,1	Deutschland	45,4
UK	10,5	Nigeria	23,7	Griechenland	43,9
BR Deutschland	10,1	Marokko	21,0	Malaysia	41,2
Griechenland	9,8	USA	19,7	Indien	39,6
Republik Korea	9,3	Hong Kong	19,6	Türkei	37,6
Italien	9,0	BR Deutschland	16,9	Italien	36,5
Malaysia	7,6	Jordanien	15,8	Hong Kong	35,1

Quelle: UNESCO-Statistiken

Im Einzelnen stammten von den im Ausland Studierenden, wie Tabelle 4.2 zeigt,

- Ende der sechziger Jahre sehr viele aus China, Syrien, der Republik Korea und Malaysia,
- 1980 aus dem Iran, Malaysia, China und Nigeria sowie
- Mitte der neunziger Jahre aus China, der Republik Korea, Malaysia und Indien.

Allerdings sind es – wenn man einmal Effekte der großen Zahl wie im Falle Chinas ausklammert – gerade nicht die ärmsten Länder, aus denen größere Zahlen von Studierenden ins Ausland gehen. Ein gewisser Wohlstand und eine sprachliche Affinität zu einem der reicheren Länder scheinen wichtige Faktoren zu sein (siehe Cummings 1991).

Natürlich ist hier die Größe der Bevölkerung bzw. die Zahl der Studierenden zu berücksichtigen. Cummings (1991, S. 112) errechnete für 1985, welcher Anteil der Studierenden eines Landes im Ausland studierte. Er kam zu dem Schluss, dass damals mehr als die Hälfte der Studierenden aus Jordanien, Libanon und Bahrain im Ausland studierten.

Auch einige der Industrieländer, die die größten Zielländer studentischer Mobilität sind, tauchen in der Liste der größten Herkunftsländer auf, wie Tabelle 4.2 zeigt:

- Ende der sechziger Jahre kamen etwa fünf Prozent der mobilen Studierenden aus den USA und jeweils etwa die Hälfte aus Großbritannien und der Bundesrepublik Deutschland.
- 1980 waren gut zwei Prozent der mobilen Studierenden US-Amerikaner und etwas unter zwei Prozent Deutsche.
- Mitte der neunziger Jahre waren vier Prozent der mobilen Studierenden Japaner, drei Prozent Deutsche und zwei Prozent US-Amerikaner.

Sieben der acht größten Zielländer von mobilen Studierenden (mit Ausnahme von Japan) nahmen in den achtziger und neunziger Jahren mehr ausländische Studierende auf als Studierende des Landes ins Ausland gingen.

Die Veränderungen dieser Relation verliefen in den achtziger und neunziger Jahren sehr uneinheitlich: Bei den anglophonen Ländern war nach UNESCO-Statistiken seit 1980 der Zugang ausländischer Studierender nach Großbritannien und Australien stärker gestiegen als das Auslandsstudium von Briten und Australiern; bei den USA hielten sich beide Anstiege die Waage, während im Falle von Kanada das Auslandsstudium der kanadischen Studierenden relativ stärker zugenommen hatte als der Zugang von ausländischen Studierenden.

Bei den nicht anglophonen Ländern änderte sich die Situation in Japan und der Russischen Föderation in Richtung einer stärkeren Steigerung des »Imports« ausländischer Studierender, bei Frankreich und Deutschland dagegen in Richtung einer relativ stärker wachsenden Mobilität der französischen und deutschen Studierenden als eines Zugangs aus dem Ausland.

4.6 Richtungen der Mobilität

Die UNESCO-Daten erlauben auch einen Blick darauf, aus welchen Ländern die Studierenden der einzelnen Zielländer kommen bzw. in welche Länder die Studierenden aus den einzelnen Herkunftsländern gehen. Die Daten von Mitte der neunziger Jahre seien hier nach Regionen von Herkunftsländern und nach fünf großen Zielländern beschrieben.

Die USA waren das Zielland für etwa die Hälfte der mobilen Studierenden aus Asien und aus den anderen nord- und südamerikanischen Ländern. Dagegen war Frankreich – wenn auch in geringerer Konzentration – das häufigste

Zielland für mobile Studierende aus Afrika und den arabischen Ländern. Deutschland war für keine außereuropäische Region das häufigste Zielland, es wurde jedoch von allen Regionen der Welt gleichmäßiger als Zielland gewählt als die USA, Frankreich, Großbritannien und Japan.

Fragt man umgekehrt, woher die ausländischen Studierenden in diesen Zielländern kamen, so zeigt sich im Falle von Japan die größte Konzentration: etwa 90 Prozent der ausländischen Studierenden kamen aus anderen asiatischen Entwicklungs- oder Schwellenländern (die UNESCO stufte damals offenkundig die Republik Korea noch als asiatisches Entwicklungsland ein, während die OECD sie schon als asiatisches Industrieland aufgenommen hatte). Auch von den ausländischen Studierenden in den USA stammten etwa die Hälfte aus Asien und Ozeanien. Frankreich berichtete den stärksten Zugang aus den arabischen Ländern, während Großbritannien und Deutschland sehr häufig Gastland für Studierende aus anderen europäischen Ländern war.

Deutsche Statistiken zeigten, dass ausländische Studierende in Deutschland, die nicht aus EU-Ländern stammen, Mitte der neunziger Jahre in größter Zahl aus der Türkei (15 437) und dem Iran (9 554) stammten. Es folgten China (5 425), die Republik Korea (4 738), Polen (4 652), die USA (4 142), Marokko (4 150) und Jugoslawien (4 086). Aus der EU waren Griechenland (7 733), Österreich (6 183), Frankreich (5 809), Italien (5 461), Spanien (4 161), Großbritannien (3 023) und die Niederlande (2 362) als die größten Herkunftsländer in den deutschen Statistiken ausgewiesen (Bundesministerium für Bildung, Wissenschaft, Forschung und Technologie 1997, S. 192).

4.7 Einige abschließende Überlegungen

Weniger als ein Viertel der weltweiten studentischen Mobilität fand in den achtziger und neunziger Jahren innerhalb der industrialisierten Länder statt. Bei über der Hälfte handelt es sich um Bewegungen aus Entwicklungsländern, Schwellenländern und Ländern im Übergang – um die verbreitetsten Terminologien aufzunehmen – in jeweils reichere Zielländer.

Da Englisch bei weitem die wichtigste Sprache der internationalen Kommunikation ist, die Struktur der Studiengänge und -abschlüsse aus angelsächsischen Ländern – trotz mancher bestehender Unterschiede – weltbekannt ist und die angelsächsischen Länder den ausländischen Studierenden in der Regel auch bessere Bedingungen bieten, was die Kommunikation zwischen Lehrenden und Studierenden und den institutionellen Service angeht, als andere große Gastländer, ist es verständlich, dass über die Hälfte der mobilen Studierenden aus Entwicklungsländern, Schwellenländern und Ländern im Übergang in den vier großen angelsächsischen Zielländern – USA, Großbritannien, Australien und Kanada – studieren. Die hohe Quote kommt sogar zustande, obwohl diese Studierenden meistens nicht nur die Reise- und Lebenshaltungskosten aufzubringen haben, sondern auch beträchtliche Gebühren bezahlen müssen.

Andere Industrieländer, die ebenfalls Studierende aus den genannten Ländern in großer Zahl – aus welchem Mix von humanitären, kulturellen und ökonomischen Gründen auch immer – aufnehmen wollen, müssen davon ausgehen, dass *mehr gezielte Maßnahmen* erforderlich sind. Als in Japan 1983 der Plan verkündet wurde, eine Verzehnfachung der Zahl der ausländischen Studierenden innerhalb von zwei Jahrzehnten anzustreben, sollte die Zahl der japanischen Stipendien zwar in diesem Zeitraum verfünffacht, damit aber der Anteil der Stipendienempfänger auf die Hälfte gesenkt werden. Sehr bald war die japanische Regierung davon abgekommen, sorgte wieder für eine fast ebenso hohe Stipendienquote wie in 1983, stellte den staatlichen Hochschulen erhebliche Mittel für Studienangebote zur Verfügung, die besonders ausländischen Studierenden zugute kamen, und übernahm bei den privaten Hochschulen überwiegend die Gebühren für die ausländischen Studierenden.

Die Senkung der Kosten war also dort ein zentrales Mittel, um Japan für ausländische Studierende attraktiv zu machen. In Deutschland war in den neunziger Jahren, wie eingangs erwähnt, die Besorgnis gewachsen, dass Deutschland gegenüber den angelsächsischen Ländern auf dem Wege sei, immer seltener zum Zielland ausländischer Studierender zu werden. Diese These wird durch die UNESCO-Statistiken nicht belegt. Der relative Stellenwert der angelsächsischen Länder als Zielländer studentischer Mobilität war von 1980 bis Mitte der neunziger Jahre leicht zurückgegangen, während Deutschland häufiger zum Zielland ausländischer Studierender geworden war (dies galt auch bei Ausklammerung von »Bildungsinländern« und bei der Berücksichtigung der deutschen Vereinigung).

Nichts spricht dagegen, dass schlechte Information gute Wirkungen haben kann: Viele der diskutierten Reformbestrebungen bleiben auch dann erfreulich, wenn die *Anlass-Apologetik auf schwachen Füßen* steht. So können natürlich eine Veränderung der Studien- und Prüfungsstruktur, ein Ausbau des englischsprachigen Lehr- und Studienangebots der Hochschulen und ein stärkeres Eingehen von Lehrenden und Verwaltung auf die Bedürfnisse der Studierenden Deutschland als Zielland für mobile Studierende attraktiver machen. Allerdings dürfte bei aller Betonung der Notwendigkeit innerer Reformen nicht vergessen werden, dass mehr finanzielle Mittel zur Unterstützung ausländischer Studierender notwendig sein werden, wenn Deutschland als Gastland für ausländische Studierende eine weitaus größere Rolle spielen soll als zuvor.

5 Was uns Statistiken über internationale studentische Mobilität verraten und was nicht (2006)*

5.1 Politische Relevanz – informatorische Misere

Seit einigen Jahrzehnten gehört die Förderung studentischer Mobilität zu den hochschulpolitischen Prioritäten vieler Länder. Für die USA und Großbritannien ist ein hoher Anteil ausländischer Studierender seit langem eine wichtige Einnahmequelle für die Hochschulen, und Australien eifert diesen Vorbildern seit den 1980er Jahre mit besonderem Erfolg nach. Für viele besonders qualifizierte Studierende aus Entwicklungsländern ist es ein Traum, an einer angesehenen Hochschule eines anderen Landes studieren zu können. In vielen Ländern Europas wird zunehmend Mobilität in zwei Richtungen ermuntert: Eine wachsende Zahl von Studierenden, die aus anderen Ländern kommen, und zunehmend mehr eigene Studierende, die in ein anderes Land gehen. Besondere Sichtbarkeit bekam studentische Mobilität mit der Einführung des ERASMUS-Programms im Jahre 1987, mit der zu einem temporären Studium von einem halben oder einem ganzen Jahr in einem anderen europäischen Land angeregt wird. In der Sorbonne-Erklärung der Erziehungsminister vier europäischer Länder von 1988 wurde sogar vorgeschlagen, dass ein temporäres Studium in einem anderen europäischen Land zum Regelfall werden sollte. Seit der Bologna-Erklärung von 1999 bemühen sich die meisten Länder Europas um die Etablierung einer konvergenten Struktur von Studiengängen und -abschlüssen, wobei zwei Richtungen von studentischer Mobilität als wichtigste Ziele dieser weit reichenden Reforminitiative genannt werden: die Hochschulen Europas für Studierende aus aller Welt attraktiver zu machen und die innereuropäische studentische Mobilität zu erleichtern.

Damit ist natürlich auch das Interesse gewachsen, gut über die studentische Mobilität informiert zu sein. Tatsächlich zeigt sich jedoch, dass die meisten nationalen Statistiken und auch die internationalen Statistiken nur die Zahl der ausländischen Studierenden zeigen. Je mehr studentische Mobilität zunimmt und an Bedeutung gewinnt, desto weniger eignen sich Daten über die Staats-

* Koautor(inn)en: Maria Kelo, Ute Lanzendorf und Bernd Wächter.

angehörigkeit von Studierenden, etwas über die Höhe studentischer Mobilität zu sagen. Daneben ist bemerkenswert, dass temporäre Mobilität – das Herzstück der innereuropäischen Politik – nur sehr unvollständig in den vorhandenen Statistiken enthalten ist. Schließlich sagen die vorhandenen internationalen Statistiken wenig über den Anteil studentischer Mobilität in den verschiedenen Arten und Ebenen von Studiengängen aus.

Bereits in den neunziger Jahren wurden in Europa drei größere Studien durchgeführt, die Mängel im Nachweis der studentischen Mobilität methodisch bzw. in der Analyse vorhandener Daten nachwiesen und zum Teil Verbesserungen empfahlen (Baligant u. a. 1994; Jallade und Gordon 1996; Steube und Teichler 1997). In jüngster Zeit wurden in den drei Studien nicht nur methodische Probleme der bisher üblichen Statistiken detaillierter aufgezeigt, sondern auch Ergebnisse verbesserter Statistiken aus ausgewählten Ländern zusammengestellt: So in zwei Studien, die das Europäische Parlament förderte (Lanzendorf und Teichler 2003, 2005), und in einer statistischen Bilanz, die die Academic Cooperation Association auf Initiative der Europäischen Kommission erstellte: Die EURODATA-Studie (Kelo, Teichler und Wächter 2006).

In diesem Beitrag werden erstens methodische Probleme erörtert: Schwächen der derzeitigen Datenlage und Ansätze zur Verbesserung (siehe dazu insbesondere Richter und Teichler 2006); zweitens werden die vorhandenen Daten zu ausländischen Studierenden und Studium mit den in einigen Ländern vorliegenden Daten zur studentischen Mobilität miteinander verglichen (siehe dazu insbesondere Lanzendorf 2006a, 2006b).

5.2 Konzeption und Messen von Mobilität

Eigentlich gibt es generelle Übereinstimmung darüber, was international mobile Studierende sind: Das sind die Studierenden, die eine nationale Grenze überschreiten, um in diesem anderen Land ein Studium oder andere studienbezogene Aktivitäten aufzunehmen.

Tatsächlich beobachten wir, dass in manchen Publikationen von mobilen Studierenden, internationalen Studierenden oder ausländischen Studierenden die Rede ist, als ob es sich dabei um das gleiche Phänomen handelt. Das liegt aber daran, dass in den meisten Ländern nur Daten über ausländische Studierende gesammelt werden und auch die internationalen Organisationen, die internationale Bildungsstatistiken publizieren, fast ausschließlich diese Daten sammeln, aber diese zuweilen durch terminologische Unschärfe zu Daten über »internationale« bzw. »mobile Studierende« aufzuwerten versuchen. Eindeutig ist jedoch, dass sich die meisten vorhandenen Statistiken auf die »Nationalität«, die »Staatsangehörigkeit« oder – kurz – den »Pass« beziehen (siehe UNESCO-UIS, OECD und EUROSTAT 2004, S. 23).

Ein »ausländischer« Studierender könnte nur dann mit einem »international mobilen Studierenden« gleichgesetzt werden, wenn alle Studierenden vor dem Studium im Land ihrer Staatsangehörigkeit leben würden und wenn auch niemand von den dann mobilen Studierenden die Staatsangehörigkeit des gastgebenden Landes annehmen würde. Ironischerweise zeigt sich jedoch: Je mehr Mobilität zunimmt, desto weniger taugt die fremde Staatsangehörigkeit als Indikator für internationale studentische Mobilität.

Im Einzelnen gibt es folgende Phänomene, die dazu beitragen, dass Studium im Ausland und internationale studentische Mobilität einander nicht notwendigerweise entsprechen:

– *Ausländer seit der Geburt*: Eine Person kann in einem anderen Land geboren sein als dem ihrer Staatsangehörigkeit: So z. B., wenn die Eltern im Ausland leben und das Kind keinen Anspruch auf die Nationalität des Landes hat, in dem es geboren wird. In diesem Fall mag die Person eine Schule des Landes besuchen und auf eine Hochschule gehen; sie wäre als ausländische Studierende registriert, war aber nie mobil.
– *Migranten mit ausländischer Staatsangehörigkeit*: Als Migranten werden Personen bezeichnet, die irgendwann nach der Geburt bis zum Zeitpunkt, auf den sich die Aussage bezieht, ihren Lebensmittelpunkt von einem Land in ein anderes verlegt haben. Ausländische Migranten mögen die Schulen in dem letzteren Land besucht haben, ihren ständigen Wohnsitz in dem letzteren Land haben, aber sind in der Regel in das Land nicht erst zum Zwecke des Studiums gegangen.
– *Doppelstaatsbürgerschaft*: Manche Personen haben eine doppelte Staatsbürgerschaft. Dies kann zum Beispiel der Fall sein, wenn ein Kind in einem Land der Welt geboren ist, in dem die Staatsbürgerschaft nach dem Geburtsort vergeben wird, die Eltern aber die Staatsangehörigkeit eines anderen Landes haben, das die Staatsbürgerschaft nach der Herkunft vergibt, und wenn in beiden Ländern eine doppelte Staatsbürgerschaft möglich ist. Die Organisationen, die internationale Bildungsstatistiken erstellen, registrieren meist Studierende, die die Staatsbürgerschaft des Landes ihres Studiums und zugleich eine andere Staatsbürgerschaft haben, als inländische Studierende.
– *Veränderung der Staatsangehörigkeit*: Wenn Studierende die Staatsangehörigkeit des Landes erhalten, in dem sie studieren, werden sie gewöhnlich nicht mehr als ausländische, sondern als inländische Studierende registriert. Ihre Mobilität wird nicht in der Statistik sichtbar.

- *Mobilität – zumeist Rückkehr – in das Land der Staatsangehörigkeit*: Personen mögen vor dem Studium in einem anderen Land als dem ihrer Staatsangehörigkeit gelebt haben und zum Zweck der Studienaufnahme in das Land ihrer Staatsangehörigkeit gehen. In diesem Falle sind sie mobile Studierende, aber keine Ausländer.

In der Vergangenheit gab es oft ein größeres Interesse, Informationen über die Staatsangehörigkeit zu haben, als darüber, ob zum Zwecke des Studiums die Grenze überschritten wurde. Jetzt leben wir in einer Zeit, in der der Stellenwert internationaler studentischer Mobilität betont wird, aber die Frage der Staatsangehörigkeit nicht bedeutungslos geworden ist. Insofern wären sicherlich Statistiken wünschenswert, die beides – Staatsangehörigkeit und Mobilität – ausweisen. Vielleicht gewinnt in Zukunft die Mobilität so sehr an Bedeutung, und vielleicht verliert die Staatsangehörigkeit so sehr an Bedeutung, dass wir ganz mit der räumlichen Information zufrieden sind und uns nur noch für die Mobilität interessieren.

Ganz einfach ist es nicht, internationale Mobilität zum Zwecke des Studiums zu messen:

- Wir brauchen nicht nur Information über die heutige Situation, sondern mindestens über zwei Stationen des Lebens: früher und heute. Wir müssen deshalb entweder zu zwei Zeitpunkten Information erheben oder von den Personen retrospektive Auskünfte erhalten.
- Es können ja mehrere Wechsel erfolgen. Wenn ein Ausländer im Ausland die Schule besucht hat, dann in Deutschland eine Arbeit aufnimmt und dann nach einiger Zeit das Studium, besagt eine Statistik, die sich nur auf den Ort den Schulabschlusses und den heutigen Studienort bezieht, zu Unrecht, dass diese Person zum Zwecke des Studiums mobil waren. Streng genommen sind wir daher nur sicher, dass die Grenzüberschreitung zum Zwecke des Studiums stattgefunden hat, wenn wir nicht nur die Tatsache der Mobilität, sondern auch die dahinter liegenden Motive ermitteln.

In den – bisher wenigen – Ländern, in denen es Statistiken zur studentischen Mobilität gibt, herrschen zwei Methoden der Ermittlung vor:

- Der *»frühere oder dauerhafte–Wohnsitz«-Ansatz*: Ausländische Studierende eines Landes, deren Wohnsitz vor dem Studium im Ausland gelegen hatte oder deren permanenter Wohnsitz (etwa der Wohnsitz der Familie) im Ausland liegt, werden als international mobile Studierende eingestuft, nicht dagegen solche, die vorher bzw. dauerhaft ihren Wohnsitz in dem Land ihres Studiums haben. Dieser Ansatz wird zum Beispiel in Großbritannien gewählt.

– Der *Vorbildungsansatz*: Ausländische Studierende, die ihren Schulbesuch im Land des Studiums abgeschlossen haben, werden nach diesem Ansatz nicht als mobile Studierende behandelt. Diese Vorgehensweise ist seit einiger Zeit in Deutschland der Fall, wo diese Personen als »Bildungsinländer« bezeichnet werden. Als »Bildungsausländer« gelten dagegen Personen, die nicht die Staatsangehörigkeit des Landes ihres Studiums haben und sich auch nicht für das Studium im Land des Studiums qualifiziert haben.

Beide Ansätze sind nicht perfekt. Beim Wohnsitzansatz mag ein Fehler entstehen, wenn Registrierung und tatsächlicher Lebensraum auseinander fallen. Und beim Vorbildungsansatz wird, wie bereits ausgeführt, nicht richtig erfasst, wenn jemand nach dem Schulabschluss in das Land des späteren Studiums erst zu einem anderen Zweck – z. B. für berufliche Tätigkeit – geht und dort später ein Studium aufnimmt. In einer früheren methodischen Studie (Lanzendorf und Teichler 2003) war das Argument vertreten worden, dass der Vorbildungsansatz studentische Mobilität mit größerer Genauigkeit abbildet als der Wohnsitzansatz. Die internationalen Organisationen, die Bildungsstatistiken erstellen, empfahlen im Jahre 2005 den einzelnen Ländern, neben Daten zur Nationalität auch Daten zur internationalen Mobilität von Studierenden zu sammeln und dabei ihre Vorgehensweise – sei es der Vorbildungsansatz, sei des der Wohnortansatz oder seien es beide – zu dokumentieren.

5.3 Unvollständigkeit der Daten

Statistische Daten sind oft bestechend, weil sie komplette Information suggerieren. In der Tat bezeichnen wir oft diejenigen Datensammlungen als »Statistiken«, die im Prinzip »Vollerhebungen« sein wollen. Aber oft gibt es Probleme im Hinblick auf Vollständigkeit, weil durch bestimmte Definitionen der Untersuchungsgruppe wichtige Teilgruppen ausgeschlossen sein können oder weil es nicht gelingt, zu 100 Prozent der Untersuchungsgruppe Daten zu sammeln.

Ein gewisses Maß von *Unvollständigkeit* ist bei großen Datensammlungen nicht zu vermeiden. Bildungsstatistiken werden meistens nicht mit Hilfe der Individuen (z. B. über Volkszählungen), sondern mit Hilfe von Bildungsinstitutionen erhoben. Manche liefern die Daten nicht vollständig und akkurat. Andere können nicht verhindern, dass die Studierenden ihnen nicht vollständige Auskünfte erteilen.

Aber oft unterscheiden sich die Statistiken verschiedener Länder danach, welche Personen sie als Studierende *definieren* und bei den statistischen Erhebungen einbeziehen:

– Definitionsfragen mögen die *Institutionen* betreffen: In manchen Ländern bieten einige Sekundarschulen oder Berufsausbildungsinstitutionen tertiäre Studienprogramme an, deren Studierende dann nicht in allen Fällen in der Studierendenstatistik erscheinen. Es gibt Länder, in denen die Studierenden an privaten Hochschulen nicht in die allgemeine Hochschulstatistik aufgenommen werden. In Deutschland fehlen oft Daten zur Mobilität bei Personen, die an nicht hochschulischen tertiären Institutionen eingetragen sind.
– Unterschiedlich ist, in welchem Maße Studierende mit einem speziellen Status in die Studentenstatistiken einbezogen sind. In manchen Ländern zählen Fernstudierende, Studierende für einen kurzen Zeitraum, Studierende ohne das Ziel, einen Abschluss zu erwerben, oder »Gasthörer« nicht mit.
– Statistische Daten von Studierenden sind oft nicht für alle Bereiche der tertiären Bildung gleich gut. In Deutschland tauchen zum Beispiel sehr viele Doktoranden nicht in der Statistik auf, weil viele von ihnen sich nicht als »Studierende« registrieren lassen müssen, sondern allenfalls – und das oft später – als Promotionskandidaten und weil Letzteres nicht in die allgemeinen Studierendenstatistiken aufgenommen wird.

In manchen Ländern gibt es auch besondere Praktiken, was mobile Studierende angeht. Manche Länder registrieren bei ehemals ausländischen Studierenden, die einige Zeit in dem Land leben, bewusst die Mobilität nicht, um keine Abweichungen des Lebenslaufes gegenüber inländischen Studierenden mehr zu dokumentieren und damit die Normalität der neuen Situation zu unterstreichen. Manche Länder betrachten solche Studierenden weder als mobil noch als Ausländer, die über die Grenze zur Hochschule pendeln oder die aus einem Land kommen, zu dem es besondere Verbindungen gibt (z. B. ehemalige Kolonien). Unterschiedlich sind schließlich die Handhabungen, wie Studierende von Studienangeboten gezählt werden, die eine Universität grenzüberschreitend anbietet (»trans-national education«). Die internationalen Organisationen, die Bildungsstatistiken sammeln, fordern dazu auf, diese Studierende als inländische Studierende in die Statistik aufzunehmen, jedoch ist darüber kein durchgängiger Konsens zu erreichen.

Besonders störend für die Statistiken über ausländische und international mobile Studierende ist die Tatsache, dass viele Länder temporär mobile Studierende – Studierende, die ein halbes oder ein ganzes Jahr in einem anderen Land studieren – gar nicht oder nur teilweise in ihre Bildungsstatistiken aufnehmen. Das hat jedenfalls in Europa zur Folge, dass die Statistiken über ausländische bzw. mobile Studierende deutlich zu geringe Werte angeben.

Schließlich sei ein weiteres Problem der Unvollständigkeit von Daten über ausländische bzw. mobile Studierende genannt. In fast allen Ländern der Welt werden nur ausländische Studierende an den eigenen Hochschulen bzw. in das Land hinein mobile Studierende registriert. Deutsche Studierende im Ausland zum Beispiel werden nur dadurch erfasst, dass man bei den Angaben anderer Länder feststellen kann, wie viele der ausländischen Studierenden jeweils aus Deutschland kommen, und diese dann aggregieren kann. Das ist jedoch keineswegs eine perfekte Methode, weil eine Reihe von Ländern keine Statistiken über das Herkunftsland ihrer ausländischen Studierenden liefern.

5.4 Ausländische Studierende und Studium im Ausland

Im Jahre 2003 registrierte die UNESCO insgesamt in der Welt mehr als zwei Million ausländische Studierende. Wie bereits oft angemerkt, stieg diese Zahl im Laufe der Jahrzehnte deutlich, aber nicht stärker als die Gesamtzahl der Studierenden: Der Anteil der ausländischen Studierenden liegt seit Jahrzehnten etwa gleichbleibend bei zwei Prozent.

Gut die Hälfte der ausländischen Studierenden ist an Hochschulen in Europa eingetragen.

Die EURODATA-Studie zeigt für 2003 (genau genommen das Studienjahr 2002/03) für 32 europäische Länder auf der gleichen statistischen Basis, dass dort insgesamt 1,1 Millionen ausländische Personen studieren und diese 5,7 Prozent aller Studierenden ausmachen. Fast die Hälfte der ausländischen Studierenden (46 %) haben die Staatsangehörigkeit eines außereuropäischen Landes, dabei 21 Prozent eines asiatischen und 17 Prozent eines afrikanischen Landes (siehe Tabelle 5.1).

Dabei gibt es innerhalb Europas große Unterschiede. Für acht der 32 Länder wird eine Quote von mehr als zehn Prozent ausländischer Studierender berichtet. Auf der anderen Seite gibt es Länder, in denen die Quote unter einem Prozent liegt. Sehr verschieden ist auch von Land zu Land, welche Nationalitäten unter den ausländischen Studierenden am stärksten vertreten sind.

Tabelle 5.1: Regionen der Staatsbürgerschaft von ausländischen Studierenden im tertiären Bereich in 32 europäischen Ländern* 2003 (absolut und in Prozent)

Region	Absolut		in Prozent	
32 europäische Länder	471 033		42,1	
Andere europäische Länder	89 885		8,0	
Darunter: Russische Föderation		21 547		1,9
Europa insgesamt	560 917		50,1	
Nordmerika	34 951		3,1	
Darunter: USA		27 235		2,4
Latein-Amerika	49 964		4,5	
Darunter: Mexiko		6 820		0,6
Brasilien		8 700		0,8
Afrika	185 616		16,6	
Asien	236 712		21,1	
Darunter: China		71 254		6,4
Indien		17 224		1,5
Japan		12 176		1,1
Ozeanien	3 506		0,3	
Außereuropäische Länder insgesamt	510 749		45,7	
Nationalität unbekannt	45 722		4,1	
Ausländische Studierende insgesamt	1 117 735		100,0	

* Siehe die in Tabelle 5.2 genannten Länder

Quelle: Nach Lanzendorf 2006a, S. 20f. (UNESCO-Daten)

Im Aggregat zeigt Tabelle 5.2, dass der Anteil der ausländischen Studierenden, die laut Pass nicht aus Europa kommen, in Frankreich, Portugal und Zypern mehr als zwei Drittel beträgt, dagegen in Griechenland und Slowenien weniger als zehn Prozent. Schließlich variiert auch der Anteil der Frauen unter den ausländischen Studierenden – insgesamt 46 Prozent den 32 Ländern – zwischen 23 Prozent in Zypern und 65 Prozent in Island.

Nach den internationalen Vergleichsdaten zur Nationalität der Studierenden studierten im Jahre 2003 etwa 575 000 Staatsangehörige der untersuchten 32 europäischen Länder in einem anderen Land als dem ihrer Staatsangehörigkeit. Die Auslandsstudienquote – das heißt, die Zahl der im Ausland Studierenden im Vergleich zu den Staatsgehörigen, die im eigenen Land studieren – betrug 3,1 Prozent. Wie Tabelle 5.3 verdeutlicht, studieren dabei 82 Prozent in anderen europäischen Ländern. Somit studieren nur 18 Prozent außerhalb Europas.

Tabelle 5.2: Studierende und ausländische Studierende des tertiären Bereichs in 32 europäischen Ländern nach Region der Nationalität 2003 (absolut und in Prozent)

Land	Alle Studierenden	Ausländische Studierende	Ausländer-Anteil	Region der Staatsbürgerschaft: 32 europ. Länder	Sonstige europ. Länder	Außereurop. Länder
Österreich	229 802	31 101	13,5	74,6	13,3	11,7
Belgien	374 532	41 856	11,2	53,2	1,7	27,0
Bulgarien	230 513	8 025	3,5	38,2	51,4	10,4
Schweiz	185 965	32 847	17,7	69,8	10	20,1
Zypern	18 272	5 282	28,9	9,5	6,6	82,7
Tschechien	287 001	10 338	3,6	77.0	8,9	12,3
Deutschland	2 242 397	240 619	10,7	48,1	13,1	38,0
Dänemark	201 746	18 120	9	36,9	6,3	19,9
Estland	63 625	1 090	1,7	75,1	11,2	13,7
Spanien	1 840 607	53 639	2,9	56,2	2,1	41,7
Finnland	291 664	7 361	2,5	38,4	17,3	42,4
Frankreich	2 119 149	221 567	10,5	21,5	2,7	69,1
Großbritannien	2 287 833	255 233	11,2	40,8	1,5	57,4
Griechenland	561 457	12 456	2.2.	84,9	8,3	6,3
Ungarn	390 453	12 226	3,1	63,7	20,9	15,5
Irland	181 557	10 201	5,6	42,1	1,7	56,2
Island	13 347	580	4,3	74,3	6,9	18,4
Italien	1 913 352	36 137	1,9	41,9	30	27,7
Liechtenstein	440	346	78,6	*	*	*
Litauen	167 606	689	0,4	32,9	12,9	54,1
Luxemburg	3 077	*	*	*	*	*
Lettland	118 944	2 390	2	29,4	15,4	55,2
Malta	8 946	409	4,6	28,6	26,2	45,2
Niederlande	526 767	20 531	3,9	57,8	3,5	38,0
Norwegen	212 395	11 060	5,2	40,4	9,6	24,6
Polen	1 983 360	7 617	0,4	29,1	45,2	25,5
Portugal	400 831	15 483	3,9	17,7	0,5	80,1
Rumänien	643 911	9 730	1,5	19,4	56,8	23,6
Schweden	414 657	32 469	7,8	53,7	4,6	20,0
Slowenien	101 458	963	0,9	11,2	83,8	3,1
Slowakei	158 089	1 651	1	39,4	25,0	35,6
Türkei	1 256 629	15 719	1,3	15,9	17,0	48,0
Insgesamt	19 430 382	1 117 735	5,8	42,1	8,0	45,6

Quelle: Nach Lanzendorf 2006a, S. 15 (UNESCO-Daten)

Tabelle 5.3: Im Land der Staatsangehörigkeit und im Ausland Studierende im tertiären Bereich aus 32 europäischen Ländern nach Region des Auslandsstudiums 2003 (absolut und in Prozent)

Land	Studium im eigenen Land	Auslandsstudium	Auslandsstudienquote	Region des Auslandsstudiums: 32 europ. Länder	Sonstige europ. Länder	Andere Regionen
Österreich	198 701	12 628	6,4	89,1	0	10,8
Belgien	332 676	11 502	3,5	91,0	0	9,0
Bulgarien	222 488	22 072	9,9	81,8	0,2	18,0
Schweiz	153 118	8 765	5,7	78,4	0	21,5
Zypern	12 990	16 904	130,1	88,7	0,1	11,2
Tschechien	276 663	6 800	2,5	79,9	0	20,1
Deutschland	2 001 778	62 821	3,1	80,3	0	19,7
Dänemark	183 626	6 733	3,7	80,2	0	19,8
Estland	62 535	2 399	3,8	86,7	0	13,3
Spanien	1 786 968	27 626	1,5	85,5	0	14,5
Finnland	284 303	10 430	3,7	90,2	0	9,8
Frankreich	1 897 582	53 188	2,8	84,1	0	15,9
Großbritannien	2 032 600	28 596	1,4	47,0	0	53,0
Griechenland	549 001	50 284	9,2	95,1	0	4,9
Ungarn	378 227	8 237	2,2	82,9	0,1	17,0
Irland	171 356	15 823	9,2	90,0	0,2	9,8
Island	12 767	2 985	23,4	81,1	0	18,9
Italien	1 877 215	43 061	2,3	91,4	0	8,6
Liechtenstein	94	665	707,4	98,3	0	1,7
Litauen	166 917	4 817	2,9	85,7	0	14,3
Luxemburg	*	6 513	*	98,7	0	1,3
Lettland	116 554	2 572	2,2	80,1	0	19,9
Malta	8 537	625	7,3	86,9	0	13,1
Niederlande	506 236	12 486	2,5	81,9	0	18,0
Norwegen	201 335	15 453	7,7	63,3	0	36,7
Polen	1 975 743	26 267	1,3	88,1	0,1	11,7
Portugal	385 348	12 086	3,1	91,4	0	8,6
Rumänien	634 181	19 181	3,0	77,1	3,9	19,1
Schweden	382 188	15 254	4,0	62,5	0	37,5
Slowenien	100 495	2 385	2,4	82,4	6,1	11,5
Slowakei	156 438	14 429	9,2	94,9	0	5,1
Türkei	1 240 910	51 117	4,1	70,7	0,2	29,1
Insgesamt	18 309 570	574 704	3,1	82,0	0,2	17,8

Quelle: Nach Lanzendorf 2006a, S. 16 (UNESCO-Daten)

Lassen wir kleine Länder, die kaum ein vollständiges Hochschulsystem haben, aus der Betrachtung heraus, so beobachten wir die höchsten Auslandsstudienquoten in Bulgarien (etwa 10 %), Irland, Griechenland und der Slowakei (jeweils 9 %). Umgekehrt liegen die Quoten unter zwei Prozent im Falle von Großbritannien, Polen und Spanien.

Die hier präsentierten Daten zu ausländischen Studierenden und zum Studium im Ausland sind nicht vollständig und nicht in jeder Hinsicht konsistent. Als wichtigste Probleme sind zu nennen:

- In vielen Ländern sind die Daten zum nicht hochschulischen tertiären Bereich (ISCED V B) und zu den Doktoranden unvollständig.
- Wie bereits angemerkt, ist wahrscheinlich die Mehrheit der temporär mobilen Studierenden nicht enthalten.
- Die Daten über Studium im Ausland sind nicht vollständig, weil sie aus den Statistiken von ausländischen Studierenden ermittelt werden und dafür nicht alle Staaten der Welt Daten bereitstellen.
- Die Angaben zu Großbritannien beziehen sich auf mobile Studierende. Nicht einbezogen sind ca. 88 000 ausländische Studierende, die ihren Wohnsitz in Großbritannien haben (siehe Sibson 2006, S. 98 und 103).

Hier steht jedoch vor allem die Unterscheidung zwischen Statistiken von ausländischen Studierenden und Studium im Ausland einerseits und mobilen Studierenden andererseits zur Diskussion.

5.5 Mobile Studierende

Im Jahre 2005 wurde in den 32 europäischen Ländern, die in die EURODATA-Studie einbezogen waren, ermittelt, wieweit auch Daten über mobile Studierende vorliegen, d. h. über Studierende, die zum Zwecke des Studiums in ein anderes Land gehen. Tatsächlich gibt es in sieben europäischen Ländern solche Daten. In nur fünf Ländern – Deutschland, Großbritannien, Österreich, der Schweiz und Spanien – liegen Daten für alle drei wichtigen Kategorien vor:

- Zahl der mobilen ausländischen Studierenden (in Deutschland als »Bildungsausländer« bezeichnet),
- Zahl der mobilen inländischen Studierenden mit Staatsangehörigkeit des Studienlandes (Rückkehrer u. a.),

– Zahl der nicht mobilen ausländischen Studierenden (in Deutschland als »Bildungsinländer« und in manchen Ländern als »resident foreign students« bezeichnet).

Wie bedeutsam diese Unterschiede sind, lässt sich an den folgenden, der Tabelle 5.4 zu entnehmenden Daten belegen. Wir stellen fest, dass im Jahre 2003 von den ausländischen Studierenden 43 Prozent in Spanien, je 28 Prozent in Deutschland und der Schweiz, 26 Prozent in Großbritannien und 20 Prozent in Österreich »Bildungsinländer« sind.

Von allen Studierenden, die nach den Statistiken von 2003 zum Zwecke des Studiums mobil waren, hatten 14 Prozent in Deutschland, 13 Prozent in der Schweiz, elf Prozent in Österreich, neun Prozent in Spanien und vier Prozent in Großbritannien die Staatsangehörigkeit ihres Studienlandes. Sie haben vor dem Studium in einem anderen Land gelebt bzw. sind in einem anderen Land zur Schule gegangen.

Vergleichen wir die Gesamtzahl der ausländischen (d. h. mobilen und nicht mobilen) Studierenden mit der Gesamtzahl der mobilen (d. h. ausländischen und inländischen) Studierenden, so liegt im Jahre 2003 die letztere Zahl in Spanien 32 Prozent, Großbritannien 23 Prozent, der Schweiz 17 Prozent, Deutschland 16 Prozent und Österreich 10 Prozent unter der ersteren Zahl. Dabei sind die fünf Länder nicht unbedingt diejenigen, bei denen es die größten Diskrepanzen zwischen ausländischen und mobilen Studierenden gibt. Für Finnland zum Beispiel lässt sich mit Hilfe verschiedener Datensätze und unter vollständiger Einbeziehung temporär mobiler Studierender eine noch größere Diskrepanz aufweisen. In Finnland belegen die amtlichen Statistiken, dass im Jahre 2003 2,5 Prozent der Studierenden Ausländer waren; in diese Daten sind temporär mobile Studierende nicht einbezogen. Nach Zusatzinformationen aus anderer Quelle lässt sich schätzen, dass 0,6 Prozent der Studierenden Ausländer waren, die bereits zuvor in Finnland gewohnt hatten. Daneben werden besondere Erhebungen durchgeführt, die zeigen, dass die Zahl der temporär mobilen Studierenden 2,3 Prozent der eingetragenen Studierenden entspricht. Demnach können der Anteil aller mobilen Studierenden auf 4,2 Prozent und der Anteil aller ausländischen Studierenden auf 4,8 Prozent geschätzt werden: Der letztere Wert ist also fast doppelt so hoch wie der aus den amtlichen Statistiken ersichtliche (siehe dazu Zirra 2006).

Tabelle 5.4: Mobile und ausländische Studierende im tertiären Bereich in fünf europäischen Ländern 2003 (absolut und in Prozent)

	Inländisch/mobil		Ausländisch/mobil		Ausländisch/nicht-mobil	
Land des Studiums	Absolut	Prozent	Absolut	Prozent	Absolut	Prozent
Deutschland	27 604	14,5	163 178	85,5	63 753	28,1
Großbritannien	12 815	4,3	286 550	95,7	101 815	26,1
Österreich	3 049	11,2	24 260	88,8	6 094	20,1
Schweiz	2 907	12,7	20 016	87,3	7 722	27,8
Spanien	2 929	8,7	30 675	91,3	18 549	42,8

Quelle: Nach Lanzendorf 2006b, S. 57

Tabelle 5.5 vergleicht die Prozentsätze der ausländischen und mobilen Studierenden an allen Studierenden bei den fünf Ländern, für die entsprechende Statistiken vorliegen. Hier sei nur das Beispiel Deutschland herausgegriffen:

Tabelle 5.5: Anteil der mobilen und ausländischen Studierenden an allen Studierenden im tertiären Bereich in fünf europäischen Ländern 2003 (in Prozent)

	Deutschland	Großbritannien	Österreich	Schweiz	Spanien
a. Ausländische mobile Studierende	8,5	13,0	10,6	14,1	1,7
b. Inländische mobile Studierende	1,5	0,6	1,3	2,0	0,1
Mobile Studierende insgesamt (a,b)	10,0	13,6	11,9	16,1	1,8
c. Ausländische nicht-mobile Studierende	3,4	4,6	2,7	5,4	1,0
Ausländische Studierende insgesamt (a,c)	11,9	17,6	13,3	19,5	2,7

Quelle: Eigene Berechnungen nach Kelo, Teichler und Wächter 2006

Im Jahre 2003 gab es an deutschen Hochschulen unter allen Studierenden 11,9 Prozent ausländische Studierende. 8,5 Prozent hatten ihren Schulbesuch im Ausland abgeschlossen, so dass angenommen werden kann, dass sie zumeist zum Zwecke des Studiums an deutschen Hochschulen nach Deutschland gekommen waren (»Bildungsausländer«). 3,4 Prozent hatten die Staatsangehörigkeit eines anderen Landes, hatten aber in Deutschland die Schule besucht und die Hochschulreife erworben (»Bildungsinländer«). 1,5 Prozent der Studierenden an deutschen Hochschulen schließlich waren Deutsche, die die Schule im Ausland besucht hatten, so dass anzunehmen ist, dass sie in der Regel zum Zwecke des Studiums nach Deutschland gekommen sind; diese werden in den offiziellen deutschen Statistiken in der Regel nicht gesondert ausgewiesen, obwohl Daten dazu zur Verfügung stehen. Der gesamte Anteil der – ausländischen und deutschen – mobilen Studierenden an allen Studierenden in Deutschland liegt somit bei zehn Prozent.

5.6 Auf dem Wege zur Verbesserung der Information?

Studentische Mobilität ist ein so wichtiges Phänomen des Hochschulalltags geworden, dass dazu eine gute Informationsbasis gewünscht wird. Das wurde zum Beispiel vom Bildungsausschuss des Europäischen Parlaments und auch vom zuständigen Direktorat der Europäischen Kommission, die die hier dargestellten Pilotstudien gefördert hatten, wiederholt unterstrichen. Aber angesichts der Tatsache, dass der Weg zur Verbesserung der Daten so mühevoll ist, wird immer wieder auf Daten über ausländische Studierende zurückgegriffen, wenn es um studentische Mobilität geht. Die Europäische Kommission benutzte im Jahre 2005 in einem Bericht, in dem sie mit Hilfe von statistischen Indikatoren darstellt, wieweit die einzelnen europäischen Länder im »Lissabon-Prozess« zu einem »wettbewerbsfähigen« Wissenschaftssystem fortgeschritten sind, als Indikator für den Fortschritt bei studentischer Mobilität die vorhandenen Daten über ausländische Studierende (Europäische Kommission 2005). Auch die international bekannteste Datensammlung von Organisationen, die für die Förderung studentischer Mobilität zuständig sind, bietet die gleiche »Mogelpackung«: Im »Atlas of Student Mobility« (Davis 2003) werden nur Daten über ausländische Studierende aufgezeichnet.

Aber Schritte zur Verbesserung der Datenlage sind erkennbar. Die für die Sammlung von Bildungsdaten miteinander kooperierenden Organisationen UNESCO, OECD und EUROSTAT kamen im Jahre 2005 überein, die für die Sammlung von statistischen Daten zuständigen Instanzen in den einzelnen Ländern aufzufordern, nicht nur Daten über die Staatsangehörigkeit der Studierenden zu sammeln und weiterzuleiten, sondern auch Daten zur Mobilität – sei es mit Hilfe von Daten zum Ort des Schulabschlusses oder sei es mit Hilfe von Daten zum früheren Wohnsitz (UNESCO-UIS, OECD und EUROSTAT 2005). Möglicherweise bewegt dies schrittweise mehr Länder, ihre Sammlung statistischer Daten entsprechend zu ergänzen.

Die Mobilität in das jeweilige Land hinein kann auf diese Weise für Europa erhoben werden, wenn alle europäischen Länder die Erhebungen entsprechend aufbauen. Die Mobilität in Richtung anderer Länder kann jedoch vollständig nur erfasst werden, wenn alle Länder der Welt ebenfalls erheben, wie viele ihrer Studierenden zum Zwecke des Studiums in ihr Land kommen.

Die Daten sammelnden Institutionen machten allerdings im Hinblick auf die Erhebung der Zahl temporär mobiler Studierender einen Schritt rückwärts. In der Vergangenheit hatten sie empfohlen, solche Studierende in den Statistiken nicht zu berücksichtigen, die weniger als ein Jahr an der Hochschule eingeschrieben waren. Danach sollte also etwa die Hälfte der ERASMUS-Studierenden (diejenigen, die für ein volles Jahr in ein anderes Land gehen) in den Statistiken berücksichtigt werden. 2005 empfahlen die Daten sammelnden Institutionen jedoch, alle Studierenden in den Statistiken nicht zu berücksichtigen, die bis zu einem Jahr an der jeweiligen Hochschule studieren. Wenn sich die einzelnen Länder daran halten, würden in Zukunft selbst bei einer Erhebung der Daten von mobilen Studierenden praktisch alle temporär mobilen Studierenden ausgeschlossen sein – höchst erstaunlich angesichts der starken Betonung von temporärer Mobilität in den europäischen Hochschulpolitiken!

Schließlich werden die internationalen Statistiken nicht entsprechend den Ebenen von Studiengängen und -abschlüssen erhoben, die im Mittelpunkt des Bologna-Prozesses stehen.

Der Weg zur Verbesserung der statistischen Daten ist mühsam. Wenn es zu mühevoll sein sollte, hier Fortschritte zu erzielen, läge es für die zuständigen nationalen und supranationalen Instanzen nahe zu prüfen, ob repräsentative Befragungen von Studierenden und Absolventen in Europa, für die bereits Pilot-Studien – so die EUROSTUDENT-Studie (Hochschul-Informations-System 2005) und die CHEERS-Studie (Schomburg und Teichler 2006) – durchgeführt worden sind, der eher realisierbare Weg ist. Gerade weil Politik immer stärker »Indikatoren« zum Ausgangspunkt der Problemklärung und Lösungssuche nimmt, ist der Ruf nach Verbesserung der Informationslage nicht als perfektionistischer Wunsch der Experten abzutun.

6 Mobilität von Hochschulabsolventinnen und -absolventen in Europa (2002)*

6.1 Einleitung

Im Zuge der zunehmenden Europäisierung und Internationalisierung der Wirtschaft ist internationale berufliche Mobilität immer stärker als Selbstverständlichkeit ins öffentliche Bewusstsein gerückt. Wurde der »Brain drain« Anfang der siebziger Jahre als Phänomen der Abwanderung hoch qualifizierter Arbeitskräfte aus den Entwicklungsländern in die westlichen Industrienationen thematisiert, so hat dieses Phänomen gerade angesichts der in der öffentlichen Diskussion vermuteten Abwanderung von hoch qualifizierten Wissenschaftlern aus Deutschland in Länder, in denen vermeintlich bessere Forschungsbedingungen existieren, in jüngster Zeit auch hierzulande Brisanz erhalten. Neu in dieser Diskussion ist der Aspekt, dass Ungleichgewichte zwischen der Ausbildung von Forschungskapazität und deren Performance auch zwischen den Industrieländern vermutet werden.

Im Folgenden wird versucht, Umfang, Modus und Strukturen der Mobilität von deutschen Erwerbstätigen mit Hochschulabschluss ins Ausland und von hoch qualifizierten Ausländern nach Deutschland zu untersuchen. Dazu werden amtliche Statistiken herangezogen sowie die Ergebnisse der Europäischen CHEERS-Absolventenstudie.

6.2 Statistische Daten zur internationalen Mobilität

Einen ersten Überblick über das *Ausmaß internationaler Mobilität in Europa* liefert eine Sonderauswertung der Erwerbstätigenstatistiken durch EUROSTAT (siehe Tabelle 6.1). EU-weit stehen 33,6 Millionen hoch qualifizierten Er-

* Koautoren: Volker Jahr und Harald Schomburg.

werbstätigen, die die Staatsbürgerschaft des Landes besitzen, in dem sie arbeiten, 1,2 Millionen Erwerbstätige gegenüber, die diese Staatsbürgerschaft nicht besitzen. Deren Anteil beträgt also insgesamt vier Prozent. Mit 45 Prozent und acht Prozent stellen Luxemburg und Österreich als verhältnismäßig kleine Länder zugleich das höchste Kontingent ausländischer Erwerbstätiger. Mit fünf Prozent ordnet sich Deutschland vor vergleichbar großen Ländern wie Großbritannien und Frankreich ein.

Tabelle 6.1: Anzahl und Anteil ausländischer Erwerbstätiger mit tertiärem Abschluss an der erwerbstätigen Bevölkerung mit tertiärem Abschluss in der EU (in Tausend)

Land	Inländische Staatsangehörigkeit	Ausländische Staatsangehörigkeit	Anteil Ausländer an Gesamtheit
Luxemburg	20	16	45%
Österreich	401	37	8%
Belgien	1.234	85	6%
Deutschland	8.233	418	5%
Vereinigtes Königreich	6.887	255	4%
Schweden	1.146	46	4%
Frankreich	5.400	187	3%
Niederlande	1.749	62	3%
Dänemark	668	19	3%
Griechenland	759	23	3%
Portugal	432	10	2%
Italien	2.436	25	1%
Spanien	3.508	52	1%
Finnland	755	6	1%
Gesamt	33.628	1.241	4%

Quelle: Eurostat 1999, eigene Berechnungen.

Eine Aufschlüsselung nach *einzelnen Herkunftsländern* der ausländischen Hochqualifizierten und damit die Erstellung einer Brain drain/Brain gain-Bilanz ist angesichts der geringen Fallzahlen nur für ausgewählte Länder möglich. Als wichtigste Resultate sind zu nennen:

- Von den insgesamt 418 000 hoch qualifizierten Erwerbstätigen in Deutschland mit ausländischer Staatsbürgerschaft sind 254 000 Angehörige der übrigen EU-Länder (mit Ausnahme Irlands, für das keine Daten vorliegen). Diesen stehen 71 000 hoch qualifizierte Deutsche in den übrigen EU-Ländern gegenüber. Deutschland ist eindeutig Nettoimportland für Hochschulabsolventen.
- Abgesicherte Austauschbilanzen lassen sich nur zwischen Deutschland, Frankreich und Großbritannien darstellen. Danach arbeiten 24 000 hoch

qualifizierte Briten und 22 000 hoch qualifizierte Franzosen in Deutschland, umgekehrt aber nur 12 000 Deutsche in Großbritannien und 13 000 in Frankreich.

- Etwa 28 000 US-Bürger arbeiten in Deutschland, das ist gut die Hälfte aller in der EU tätigen hoch qualifizierten US-Bürger.
- Von den ca. 1,2 Millionen hoch qualifizierten Erwerbstätigen mit ausländischer Staatsbürgerschaft kommen 550 000 aus den Ländern der EU und 210 000 aus dem restlichen Europa. Die Iren sind unter den EU-Ausländern mit einem Kontingent von 77 000 (überwiegend in Großbritannien tätig) in absoluten Zahlen am mobilsten. Die Zahlen mobiler Erwerbstätiger aus Deutschland, Frankreich, Italien, Großbritannien und Österreich bewegen sich allesamt in einem Bereich zwischen 60 000 und 70 000. Bezogen auf die Bevölkerungszahlen bedeutet dies, dass die deutschen Hochqualifizierten relativ gesehen die geringste Mobilität aufweisen.

Eine differenziertere Übersicht zur Tätigkeit von hoch qualifizierten Ausländern in Deutschland kann mit Hilfe der Statistiken des bundesdeutschen Mikrozensus 1999 gegeben werden. Hierzu wurde beim Statistischen Bundesamt eine Sonderauswertung in Auftrag gegeben.

Von den insgesamt etwa fünf Millionen *Erwerbstätigen in Deutschland* mit Studienabschluss besitzen knapp 300 000 keine deutsche Staatsbürgerschaft. Dies entspricht 5,9 Prozent, die sich auf 2,3 Prozent EU-Ausländer und 3,6 Prozent Nicht-EU-Ausländer verteilen. Letztere kommen zu etwas mehr als der Hälfte aus außereuropäischen Ländern. Die EU-Ausländer stellen einen Anteil von knapp 40 Prozent an den Ausländern insgesamt.

Vergleicht man die Zahlen des Statistischen Bundesamtes mit denen von EUROSTAT, fällt ein deutlicher Unterschied in den absoluten Zahlen auf. Während Erstere nur auf gut fünf Millionen hoch qualifizierte Erwerbstätige kommen, weisen Letztere deutschlandweit über 8,5 Millionen Erwerbstätige mit höchstem Bildungsabschluss aus. Erklärung dafür ist, dass in die von EUROSTAT verwendete ISCED-Klassifizierung auch Absolventen von Berufsakademien, Fachschulen, Meisterausbildungen u. Ä. Eingang finden.

In Deutschland Erwerbstätige ohne deutsche Staatsbürgerschaft sind in der *untersten Einkommensgruppe* überproportional vertreten. Dies trifft vor allem für Nicht-EU-Ausländer zu. EU-Ausländer sind dagegen in der höchsten Nettoeinkommensgruppe (6 000 DM und mehr) prozentual häufiger vertreten als deutsche Erwerbstätige mit Hochschulabschluss. EU-Ausländer stellen 40 Prozent der ausländischen Erwerbstätigen insgesamt, aber 60 Prozent der Ausländer in der Gruppe der gut Verdienenden (siehe Tabelle 6.2).

Bezüglich der *Altersgruppenstruktur* lässt sich festhalten, dass ausländische Erwerbstätige mit höchstem Bildungsabschluss in der Gruppe der unter 30-Jährigen mit zehn Prozent überproportional vertreten sind, in der Gruppe der über 50-Jährigen dagegen unterproportional. Dies legt zwei Erklärungsansätze nahe: Internationale berufliche Mobilität ist unter hoch qualifizierten Berufseinsteigern verbreiteter als unter beruflich Etablierten und nimmt mit zunehmender Karriere ab; oder internationale berufliche Mobilität (in einem frühen Stadium der beruflichen Karriere) nimmt in den letzten Jahren immer mehr zu.

Tabelle 6.2: Deutsche und ausländische Erwerbstätige in Deutschland mit Hochschulabschluss, nach monatlichem Nettoeinkommen (in Tausend)

		Nettoeinkommen in DM			
	Insg.	Unter 3000	3000 -6000	6000 und mehr	Ohne Ang., ohne Eink.
a) Insgesamt	5041	1659	2277	895	209
b) Deutsche [1)]	4744	1517	2179	850	197
c) Ausländer insgesamt	297	142	98	45	13
d) EU-Ausländer	117	41	45	27	5
e) Nicht EU-Ausländer	180	101	53	18	8
davon im sonstigen Europa	87	52	25	6	/
in anderen Ländern	94	49	29	12	/
Ausländeranteil in Prozent (c:a)	5,9	8,6	4,3	5,0	6,2
Anteil EU-Ausländer (d:a)	2,3	2,5	2,0	3,0	2,4
Anteil Nicht-EU-Ausländer (e:a)	3,6	6,1	2,3	2,0	3,8
Anteil EU-Ausländer an Ausländern gesamt (d:c)	39,4	28,9	45,9	60,0	38,5

1) Deutsche, ggf. weitere Staatsangehörigkeit
Quelle: Statistisches Bundesamt IX B 2 – S00062 Mikrozensus 1999; eigene Berechnungen.

6.3 Mobilität im Spiegel der Europäischen Absolventenstudie

6.3.1 Anlage der Studie

Die Europäische Hochschulabsolventenstudie »Careers after Higher Education – A European Research Study« (CHEERS) wurde unter der Koordination des Wissenschaftlichen Zentrums für Berufs- und Hochschulforschung der Universität Gesamthochschule Kassel im Jahre 1999 in elf europäischen Ländern und Japan durchgeführt. Pro Land wurden jeweils ca. 3 000 Absolventinnen und Absolventen der Abschlussjahrgänge 1994 und 1995 etwa vier Jahre nach dem Studienabschluss befragt (siehe Schomburg u. a. 2001).

Eine Sonderauswertung erlaubt es, die bisher gründlichste Studie zur internationalen Mobilität von hoch qualifizierten Absolventinnen und Absolventen zu erstellen. Informationen liegen vor über

- die Staatsangehörigkeit bei Geburt, beim Studienbeginn und zum Zeitpunkt der Befragung,
- das Land des Schulabschlusses, des Studienabschlusses und der Tätigkeit zur Zeit der Befragung,
- internationale Erfahrungen während der Schul- und Studienzeit sowie bei Berufsstart.

Die folgenden Analysen beziehen zehn Länder der Hochschulabsolventenstudie ein. Insgesamt lassen sich im Datensatz fast 5 400 Personen identifizieren, in denen die Erwerbsbiographie der Befragten Elemente internationaler beruflicher Mobilität aufweist. Das entspricht 18 Prozent der Gesamtheit.

6.3.2 Ausländische Staatsbürgerschaft; Schulabschluss, Berufstätigkeit und Wohnort im Ausland

Von den befragten Hochschulabsolventen hatten 3,6 Prozent eine *ausländische Staatsbürgerschaft* im Hinblick auf das Land, in dem sie das Studium abgeschlossen hatten. Etwa vier Jahre nach dem Studienabschluss betrug diese Zahl nur noch 1,9 Prozent. Fast die Hälfte hatte also die Staatsangehörigkeit des Landes übernommen, in dem sie das Studium abschlossen.

Zu den vorgenannten Zahlen ist einschränkend festzuhalten, dass die Repräsentativität hier nur bedingt gegeben ist. Der Grund liegt in der eingeschränkten Erreichbarkeit von Absolventinnen und Absolventen mit ausländischer Staatsbürgerschaft, da von diesen nach der Rückkehr in ihrem Heimatland oft nur unvollständige oder inaktuelle Adressen vorliegen und die Möglichkeiten zur Recherche der aktuellen Adresse eingeschränkt sind.

Zum Vergleich: Für Deutschland weisen die Prüfungsstatistiken des Statistischen Bundesamtes einen Anteil von 3,7 Prozent an Absolventen bundesdeutscher Hochschulen im Prüfungsjahr 1995 mit einer ausländischen Staatsbürgerschaft aus. Demgegenüber hatten von den Absolventen deutscher Hochschulen, die sich an der europäischen Absolventenstudie beteiligten, nur 3,2 Prozent bei Geburt eine ausländische Staatsbürgerschaft, und zum Zeitpunkt der Befragung gaben sogar nur 1,2 Prozent an, eine ausländische Staatsbürgerschaft zu besitzen.

Wie Tabelle 6.3 zeigt, nahmen 3,0 Prozent der Absolventen nach dem Studium eine *Erwerbstätigkeit im Ausland* auf. Etwa vier Jahre nach dem Studienabschluss waren noch 2,7 Prozent im Ausland tätig.

Den höchsten Anteil an inländischen Graduierten, die ihre Hochschulzugangsberechtigung nicht im Land des Studienabschlusses erworben haben, weisen Frankreich (2,2 %) und Großbritannien (2,4 %) auf. Deutschland ist mit einem halben Prozent gemeinsam mit Italien, Spanien und Finnland Schlusslicht im europäischen Vergleich.

Das Land der ersten Beschäftigung ist für immerhin 5,3 Prozent der französischen Absolventen nicht identisch mit dem Land ihres Studienabschlusses, dagegen nur für 1,1 Prozent der norwegischen. Mit 2,4 Prozent liegt Deutschland hier unter dem europäischen Durchschnitt von 3,0 Prozent.

Vier Jahre nach Studienabschluss sind besonders viele österreichische Absolventen im Ausland tätig (5,3 %). Es folgen Absolventen aus Schweden mit 4,5 Prozent sowie Finnland und Frankreich mit je 4,1 Prozent (siehe Abbildung 6.1). Die geringsten Werte verzeichnen mit 0,4 Prozent Norwegen und Italien (1,1 %). Deutschland bleibt mit 2,2 Prozent leicht unter dem europäischen Durchschnittswert von 2,7 Prozent und deutlich unter den entsprechenden Werten bei den vergleichbaren Ländern. Bei der Frage nach dem derzeitigen Aufenthaltsort ergeben sich sehr ähnliche Resultate wie beim Land der derzeitigen Erwerbstätigkeit: Deutschland liegt mit 2,3 Prozent hier ebenfalls leicht unter dem europäischen Durchschnitt.

Um das *gesamte Ausmaß von beruflicher Mobilität nach Studienabschluss* zu erfassen, sind in der Analyse (siehe Zeile (f) in der Tabelle 6.3) nicht nur die zum Zeitpunkt der Befragung (etwa vier Jahre nach Studienabschluss) im Ausland (angestellten oder selbstständigen) Erwerbstätigen erfasst, sondern auch solche, die angeben, früher (innerhalb der ersten vier Jahre nach Studienabschluss) im Ausland tätig gewesen zu sein bzw. gelegentlich vom Arbeitgeber ins Ausland geschickt zu werden oder geschickt worden zu sein.

Tabelle 6.3: Internationale Mobilität von Hochschulabsolventen in Europa, nach Land des Studienabschlusses (in Prozent; nur Befragte, die im Land ihrer Staatsangehörigkeit das Studium abgeschlossen haben)

	Land des Studienabschlusses										
	IT	ES	FR	AT	DE	NL	UK	FI	SE	NO	Europa
a) Ausländische Staatsbürgerschaft zur Zeit der Geburt	0,6	1,2	2,9	1,8	2,0	1,6	2,7	0,2	5,0	1,8	2,0
b) Studienberechtigung im Ausland erworben	0,5	0,6	2,2	0,8	0,5	1,0	2,4	0,6	2,0	1,2	1,2
c) Erste (Erwerbs-)Tätigkeit nach Studienabschluss im Ausland	1,9	2,4	5,3	3,9	2,4	3,0	4,8	2,4	3,7	1,1	3,0
d) (Erwerbs-) Tätigkeit im Ausland ca. vier Jahre nach Studienabschluss	1,1	1,3	4,1	5,4	2,2	1,9	3,4	4,1	4,5	0,4	2,7
e) Aufenthalt im Ausland ca. vier Jahre nach Studienabschluss	0,9	1,1	3,9	6,0	2,3	-	4,2	4,4	4,2	0,7	2,9
f) In den ersten vier Jahren nach Studienabschluss im Ausland beschäftigt gewesen oder gelegentlich ins Ausland entsandt oder derzeit im Ausland beschäftigt	13,1	11,9	27,5	17,8	11,6	31,8	25,0	18,3	17,8	11,2	18,5

a) bis e) Frage I3: Bitte machen Sie Angaben zu Ihrer Staatsbürgerschaft und zum Land des Schulbesuchs, des Studiums und der Erwerbstätigkeit.
f) Frage D15: Haben Sie jemals seit Ihrem Studienende ... eine reguläre Beschäftigung im Ausland gehabt? ... einige Zeit im Ausland auf Veranlassung Ihres Arbeitgebers gearbeitet?
Quelle: Europäische Hochschulabsolventenstudie CHEERS, Internationales Zentrum für Hochschulforschung, Universität Kassel.

Wie Abbildung 6.1 zeigt,

- geben drei Prozent der derzeit erwerbstätigen europäischen Absolventen von 1994/95 an, zurzeit im Ausland beschäftigt zu sein,
- waren fünf Prozent früher im Ausland tätig und
- waren elf Prozent von ihrem Arbeitgeber gelegentlich ins Ausland entsandt.

Abbildung 6.1: Internationale berufliche Mobilität von Hochschulabsolventen, nach Land des Studienabschlusses (in Prozent; nur Befragte, die im Land ihrer Staatsangehörigkeit das Studium abgeschlossen haben)

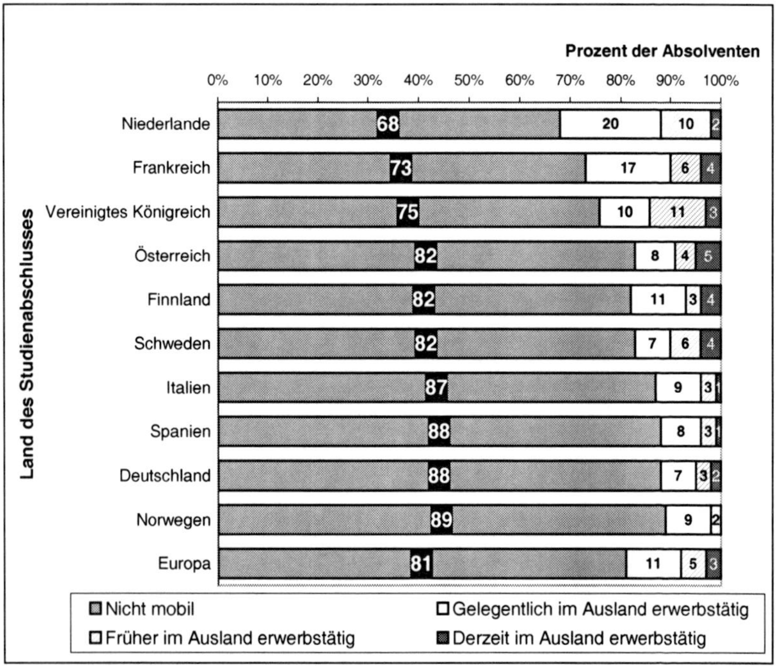

Quelle: Europäische Hochschulabsolventenstudie CHEERS, Internationales Zentrum für Hochschulforschung, Universität Kassel.

Addiert man die Kategorien, so kommt man europaweit auf eine Größe von 19 Prozent Hochschulabsolventen mit internationaler Berufserfahrung.

Die Werte für Deutschland liegen deutlich unter den europäischen Durchschnittswerten. Insgesamt stehen den europaweit 19 Prozent mit internationaler Berufserfahrung lediglich zwölf Prozent Deutsche gegenüber.

Die mit weitem Abstand höchste berufliche Mobilität lässt sich für die Niederlande feststellen: 32 Prozent der Befragten verfügen hier über internationale Elemente in ihrer Berufsbiographie; allein 20 Prozent geben an, gelegentlich vom Arbeitgeber ins Ausland geschickt worden zu sein. Mit insgesamt 28 bis 25 Prozent Mobilen folgen den Niederlanden Frankreich und Großbritannien.

Die relativ geringe internationale Mobilität deutscher Absolventen mag damit zusammenhängen, dass zwar mobile Absolventen im Schnitt über 5.000 Euro pro Jahr mehr verdienen als ihre nicht mobilen Kollegen, aber in Deutschland die Durchschnittseinkommen gemeinsam mit Norwegen im europäischen Vergleich bereits an der Spitze liegen und der finanzielle Anreiz zur internationalen Mobilität gering ist.

Internationale Berufserfahrungen sind bei Männern (23 %) häufiger als bei europäischen Frauen mit Hochschulabschluss (14 %). Dies steht in Kontrast zur internationalen Mobilität *vor* Aufnahme des Studiums (3 % bei männlichen und 8 % bei weiblichen Befragten) und *während* des Studiums (17 bzw. 19 %).

6.3.3 Zielländer

Die Daten der Europäischen Hochschulabsolventenstudie ermöglichen es, die *einzelnen Herkunfts- und Zielländer* von mobilen Absolventen aufzuzeigen. Allerdings ist zu berücksichtigen, dass die den Prozentwerten zugrunde liegenden absoluten Zahlen in vielen Zellen von Tabelle 6.4 nur gering sind.
Im Einzelnen zeigt sich:

- dass Deutschland als berufliches Zielland mit weitem Abstand am häufigsten von den österreichischen und niederländischen Absolventen genannt wird. 33 Prozent bzw. 41 Prozent waren oder sind in ihrem Nachbarland Deutschland erwerbstätig;
- dass Großbritannien eine ähnlich überragende Bedeutung für die italienischen und französischen Absolventen mit 27 und 29 Prozent besitzt. Bedeutende regionale Austauschprozesse lassen sich darüber hinaus für die skandinavischen Länder feststellen.
- Die USA als Zielland sind für die deutschen Absolventen in doppelter Hinsicht am attraktivsten: In keinem anderen von Deutschland verschiedenen Land arbeiteten prozentual mehr Absolventen einer deutschen Hochschule (22 %), aus keinem anderen europäischen Land gingen prozentual so viele Absolventen in die Vereinigten Staaten.

Tabelle 6.4: Zielländer internationaler beruflicher Mobilität, nach Land des Hochschulabschlusses (in Prozent; nur Befragte, die im Land ihrer Staatsangehörigkeit das Studium abgeschlossen haben)

	Land des Studienabschlusses									Gesamt
Zielland	IT	FR	AT	DE	NL	UK	FI	SE	NO	
Italien		5	7	4	/	4	2	3	/	3
Spanien	4	8	2	5	4	10	1	2	5	5
Frankreich	16		9	10	5	11	6	4	7	7
Österreich	/	/		5	4	2	2	2	2	2
Deutschland	14	16	33		41	11	17	13	8	15
Niederlande	4	3	3	3		4	4	2	/	3
Großbritannien	27	29	10	18	12		14	13	20	16
Finnland	/	/	/	/	/	/		2	3	1
Schweden	/	/	/	2	/	/	17		16	5
Norwegen	/	/	/	2	/	/	4	11		3
Tschechische Rep.		/	2	2	/	2	/	/	/	1
Japan	/	/	/	2	/	4	/	3	3	2
USA	16	13	10	22	14	16	11	19	19	16
Andere	39	58	47	57	51	67	54	51	49	53
Gesamt %	123	135	127	133	139	134	134	127	135	131
Anzahl	249	324	307	346	118	304	392	425	253	2725

Frage D 16: Falls Sie im Ausland gearbeitet haben: in welchen Ländern (jeweils)?
/ = Zellen mit Fallzahlen < 5
Quelle: Europäische Hochschulabsolventenstudie CHEERS, Internationales Zentrum für Hochschulforschung, Universität Kassel.

6.3.4 Exkurs: Ausländische Absolventen

Wie oben erwähnt, beziehen sich alle Daten aus der Europäischen Hochschulabsolventenstudie, wenn nicht anders angegeben, auf diejenigen Befragten, bei denen das Land des Studienabschlusses identisch ist mit der Staatsbürgerschaft zum Zeitpunkt der Befragung.

Von den »echten« Ausländern mit Hochschulabschluss waren 42 Prozent etwa vier Jahre nach Studienende in dem Land erwerbstätig, in dem sie studiert hatten. 47 Prozent arbeiteten inzwischen in ihrem Herkunftsland und elf Prozent in einem dritten Land.

Betrachtet man nun die Gruppe der »Bildungsinländer«, so zeigen sich erwartungsgemäß Werte, die zwischen denen der »echten« Auslandsabsolventen und denen der Befragten, die im Land ihrer Staatsangehörigkeit das Studium abgeschlossen haben, liegen: 81 Prozent waren in dem Land erwerbstätig, in dem sie ihre Schulbildung und ihr Studium abgeschlossen hatten, 15 Prozent in dem Land, dessen Staatsangehörigkeit sie besitzen, und drei Prozent in einem dritten Land.

6.3.5 Zusammenhänge von Mobilität während des Studiums und danach

Zwischen der Mobilität während des Studiums und danach besteht ein recht hoher Zusammenhang: 38 Prozent der Absolventen, die im Studium international mobil gewesen waren, machen in ihrer späteren Berufstätigkeit Auslandserfahrungen, dagegen nur 13 Prozent der Absolventen, die während des Studiums nicht mobil gewesen waren.

Das Zahlenverhältnis der vor oder während des Studiums Mobilen, die nach ihrem Abschluss auch beruflich mobil sind, bezogen auf die Gesamtzahl der vor oder während des Studiums Mobilen, lässt sich als »*Nutzungsgrad« vorheriger Mobilität* bezeichnen. Mit einem Nutzungsgrad von 26 Prozent ist Deutschland, zusammen mit Norwegen (24 %) und Schweden (25 %), das Schlusslicht, d. h. auf einen beruflich mobilen Befragten mit vorheriger Auslandserfahrung kommen fast drei beruflich immobile Befragte mit vorheriger Auslandserfahrung. Werte von 30 bis 35 Prozent sind für Italien, Spanien, Schweden, Finnland und Österreich festzustellen. Den höchsten Nutzungsgrad verzeichnen Frankreich (56 %), die Niederlande (47 %) und Großbritannien (44 %).

6.4 Berufstätigkeit der ehemals mobilen Studierenden

6.4.1 Vergleich der Karrierewege im Ausland und zu Hause

Bei der *Suche nach einer Beschäftigung* nutzen international Mobile häufiger die Möglichkeit, sich ohne Ausschreibung bei potenziellen Arbeitgebern zu bewerben, kontaktieren häufiger kommerzielle Arbeitsvermittlungsagenturen und haben häufiger Kontakte zum späteren Arbeitgeber bereits in Praxisphasen während des Studiums hergestellt. Die Suche nach der ersten Beschäftigung ist mit 5,1 Monaten (arithmetischer Mittelwert) um einen Monat kürzer als bei den Nichtmobilen.

Mit durchschnittlich sechs Prozent sind die Mobilen weniger häufig *Teilzeit beschäftigt* als die Nichtmobilen mit 13 Prozent. Kaum Unterschiede lassen sich dagegen beim Anteil der Selbstständigen feststellen (6 % zu 7 %). Auch bei der Frage nach einer unbefristeten Beschäftigung zeigen sich keine nennenswerten Unterschiede: Ein knappes Viertel der Befragten arbeitet in zeitlich befristeten Beschäftigungsverhältnissen.

Die Mobilen sind deutlich häufiger in der *Privatwirtschaft* beschäftigt (59 % zu 42 %) und seltener im öffentlichen Dienst (27 % zu 42 %). Entsprechend dominieren bei den Mobilen die Wirtschaftssektoren, die typischerweise privatwirtschaftlich organisiert sind wie das produzierende Gewerbe (39 % zu 24 %), während die Bereiche öffentliche Verwaltung und Gesundheitswesen unterdurchschnittlich vertreten sind.

Die durchschnittliche vertragliche *Arbeitszeit* der Mobilen liegt mit 40 Wochenstunden (Median) zwei Stunden über der der Nichtmobilen, auch die Gesamtarbeitszeit übersteigt mit 45 Stunden pro Woche das Arbeitsvolumen der Nichtmobilen (42 Stunden).

Die international Mobilen arbeiten häufiger in *Großunternehmen* als die Nichtmobilen: 40 Prozent arbeiten in Betrieben/Unternehmen mit mehr als 1.000 Beschäftigten (gegenüber 28 % der Nichtmobilen).

Mit einem durchschnittlichen *Jahreseinkommen* von 34.000 Euro rangieren die international Berufserfahrenen deutlich vor den Nichtmobilen mit 28.900 Euro. Die derzeit im Ausland Beschäftigten verdienen vier Jahre nach dem Studienabschluss im Durchschnitt sogar 40.700 Euro. Hochschulabsolventen, die ca. vier Jahre nach Studienabschluss im Ausland erwerbstätig sind, erzielen zumeist ein wesentlich höheres Einkommen als nicht mobile Absolventen. Dies gilt insbesondere für Schweden, Norwegen, Italien) und Finnland, während von deutschen Absolventen im Ausland ein geringeres Einkommen als von Nichtmobilen berichtet wird (-1.000 Euro). Allerdings ist auch bei den deutschen Absolventen, die früher im Ausland tätig waren oder die gelegentlich ins Ausland entsandt wurden, ein deutlich höheres Einkommen als bei den Nichtmobilen feststellbar.

6.4.2 (Internationale) Arbeitsaufgaben und Kompetenzen

Die mobilen Erwerbstätigen verfügten zum Zeitpunkt des Studienabschlusses über erheblich größere *berufsrelevante Sprachkenntnisse* im Englischen, Französischen und Deutschen als die Nichtmobilen. Interessant ist, dass im Allgemeinen die Fähigkeiten im Lesen stärker eingeschätzt werden als die Fähigkeiten im Schreiben und Sprechen, beim Englischen die Mobilen ihre Schreibkenntnisse aber noch vor den Lesefähigkeiten einordnen.

Das durchschnittliche Ausmaß der fremdsprachigen Kommunikation mit Klienten liegt für die beruflich Mobilen deutlich über dem der Nichtmobilen, dagegen sind die Unterschiede für die Kommunikation mit Ausländern in der Muttersprache deutlich kleiner, wenngleich immer noch vorhanden.

Absolventen, die im Ausland berufstätig sind, berichten, dass über 60 Prozent ihrer *Arbeit in internationalem Zusammenhang* steht. Solche, die einige Zeit im Ausland gewesen sind, nennen etwa 30 Prozent. Dagegen sehen Nicht-Mobile ihre Tätigkeit nur zu neun Prozent international bezogen.

Die mobilen Erwerbstätigen neigen dazu, ihre *Kompetenzen bei Studienende* etwas höher einzuschätzen als die nicht mobilen *Erwerbstätigen*. So schreiben sie sich rückblickend für den Zeitpunkt des Studienabschlusses in höherem Ausmaß als die Nichtmobilen zu, über Fremdsprachen- und Computerkenntnisse, Problemlösungs- und analytische Fähigkeiten und Kreativität verfügt zu haben. Außerdem stuften sie sich höher ein, was die Fähigkeit angeht, unter Druck zu arbeiten. Die nicht mobilen Befragten stuften sich dagegen nur besser darin ein, Regeln und Vorschriften anzuwenden, sowie in der Zeiteinteilung.

Ähnlich schätzen die beruflich Mobilen ihre aktuellen *Arbeitsanforderungen* überwiegend etwas anspruchsvoller ein. Die Tätigkeiten der Nichtmobilen scheinen stärker durch Routine gekennzeichnet zu sein, die der Mobilen eher durch Führungsanforderungen.

Erwartungsgemäß schätzen die mobilen Erwerbstätigen die *Wichtigkeit internationaler Kompetenzen* in ihrer Arbeit, ihre Kenntnisse anderer Länder, ihre Fähigkeit zur Zusammenarbeit mit Menschen anderer Kulturen u.a.m. durchweg deutlich höher ein als die nicht mobilen Erwerbstätigen.

6.4.3 Berufs- und Studienzufriedenheit

International mobile Erwerbstätige halten häufiger als ihre nicht mobilen Kollegen ihre derzeitige Arbeit für ihren Bildungsabschluss *angemessen* (74 % im Vergleich zu 67 %). Ihre derzeitige Arbeitssituation entspricht etwas stärker den Erwartungen, die sie diesbezüglich zum Zeitpunkt des Studienabschlusses hegten, als dies bei den Nichtmobilen der Fall ist. Damit korrespondiert, dass Nichtmobile häufiger angeben, für ihre Arbeit sei im Regelfall ein niedrigerer Bildungsabschluss ausreichend als der, über den sie selbst verfügen. Mobile Erwerbstätige verfügen den eigenen Einschätzungen zufolge eher über ein hohes Einkommen als die Nichtmobilen und sie bewerten ihre Karriereaussichten wesentlich besser. Auch ist ihre *Berufszufriedenheit* etwas höher.

In einer allgemeinen *retrospektiven Einschätzung* ihres Studiums bewerten die beruflich Mobilen dieses positiver als die Nichtmobilen, was das Finden einer zufrieden stellenden Tätigkeit und die langfristigen Karriereperspektiven angeht, wogegen sich keine Unterschiede feststellen lassen, was die Persönlichkeitsentwicklung betrifft. Konsequenz Sie würden sich etwas eher als die Nichtmobilen erneut für ein Studium des gleichen Studienfachs entscheiden.

6.4.4 Die wichtigsten Befunde

Die Ergebnisse der Europäischen Hochschulabsolventenstudie zeigen insgesamt nicht so beeindruckende Berufserfolge der Absolventen im Ausland, dass man häufig von »Superkarrieren« sprechen könnte. Internationale Qualifizierung ist eher eine Schwerpunktsetzung der Qualifikationsentwicklung neben bzw. unter anderen als dass es eine sehr herausgehobene ist; vielleicht ist dies das beste Anzeichen dafür, wie sehr die internationale Qualifizierung immer mehr zur Selbstverständlichkeit wird.

Dagegen berichten die international mobilen Hochschulabsolventen deutlich häufiger von internationalen Aspekten ihrer Arbeitsaufgaben als die nicht mobilen Absolventen. Dennoch ist die internationale Dimension der Arbeitsaufgaben der Nichtmobilen keineswegs zu vernachlässigen. Mobile Erwerbstätige bewerten ihre Kompetenzen (und hier nicht nur die internationalen, wie Fremdsprachenkenntnisse) etwas höher als die nicht mobilen hoch qualifizierten Erwerbstätigen. Dies korrespondiert mit der Feststellung, dass sie auch ihre Arbeitsaufgaben leicht anspruchsvoller einschätzen.

Bemerkenswert an den Ergebnissen ist schließlich, dass die deutschen Hochschulabsolventen im europäischen Vergleich unterdurchschnittlich häufig international mobil sind. Sie sind nicht nur seltener international mobil als Absolventen kleiner nord- und mitteleuropäischer EU-Länder, sondern auch seltener als britische und französische Absolventen. Das ist umso bemerkenswerter, als Deutsche während des Studiums relativ häufig mobil sind und ein Auslandsstudium relativ häufig eine berufliche Tätigkeit im Ausland nach sich zieht. Daher stellt sich eher die Frage, ob deutsche Absolventen stärker zur beruflichen Tätigkeit im Ausland ermuntert werden sollten, als nur den Blick auf den Import von ausländischen hoch qualifizierten Arbeitskräften zu lenken.

Teil III
Evaluationsstudien zu studentischer Mobilität und Kooperation in Europa

7 Geschichte und Entwicklung der Bildungsprogramme der Europäischen Union (2004)

7.1 Erste Ansätze

Die Vorgängereinrichtungen der Europäischen Union, die Europäische Kohle- und Stahlgemeinschaft, die 1951 gegründet wurde, sowie die Europäische Wirtschaftsgemeinschaft und die Europäische Atomenergiegemeinschaft, die beide mit jeweils sechs Mitgliedstaaten (Belgien, Bundesrepublik Deutschland, Frankreich, Italien, Luxemburg und die Niederlande) im Jahre 1957 entstanden, hatten zunächst jeweils die gemeinsame wirtschaftliche Entwicklung zum Gegenstand. Allerdings waren Bildungsfragen nicht völlig aus dem Blickfeld. Von Anfang an ging es um eine Zollunion, in der Barrieren gegenüber einer freien Bewegung von Gütern, Kapital, Dienstleistungen und Personen abzubauen waren. Dadurch kamen schon früh zwei Bildungsfragen in Sicht: die berufliche Bildung und die gegenseitige Anerkennung beruflicher Abschlüsse – Letzteres insbesondere im Bereich hoch qualifizierter Arbeitskräfte. Allerdings blieben Aktivitäten in diesem Bereich marginal.

Mit Beginn der siebziger Jahre des letzten Jahrhunderts einigten sich die Mitgliedsländer der Europäischen Wirtschaftsgemeinschaft auf eine Kooperation, die über die Wirtschaftspolitik im engeren Sinne hinausging. 1971 beschloss der Europäische Rat – das höchste Entscheidungsgremium, das aus den Regierungschefs der Mitgliedsländer besteht – ein Programm zur Kooperation im Bereich der beruflichen Bildung. Dies war auch der Anlass dafür, dass sich in der Nachfolge die Erziehungsminister der Europäischen Wirtschaftsgemeinschaft regelmäßig trafen.

Das Jahr 1974 wird als der eigentliche *Beginn der Zusammenarbeit der Mitgliedstaaten in Bildungsfragen* gesehen. Die Bildungsminister vereinbarten gemeinsame Aktivitäten in folgenden Bereichen: (a) Verbesserung der Ausrüstung und Grundlagen für die allgemeine und berufliche Bildung, (b) Förderung der Zusammenarbeit zwischen den Bildungssystemen der Länder, (c) Erstellung von Dokumentationen und Statistiken, (d) besondere Förderung der Zusammenarbeit in Hochschulen, besonders mit dem Ziel der Erleichterung der Anerkennung von Studienphasen und -abschlüssen, (e) Förderung des Fremdsprachenlernens und (f) Bemühungen um Chancengleichheit im Zugang zu allen Bildungseinrichtungen und -wegen. Im Gegensatz zu den anderen Aktivitäten der Europäischen Wirtschaftsgemeinschaft wurde für die Bildungsaktivitäten festgehalten, dass nicht nach einer Harmonisierung der Strukturen, Curricula, Praktiken und Politiken gestrebt, sondern die europäische Vielfalt der Bildungssysteme respektiert werde (zum Beginn der EWG-Aktivitäten im Bildungsbereich siehe Neave 1984; Opper und Teichler 1989; European Commission 1994).

1976 wurde erstmals ein Aktionsprogramm im Bildungsbereich beschlossen. Die Bekämpfung von Jugendarbeitslosigkeit war dabei ein Schwerpunkt. Zugleich wurden die Grundlagen für ein Pilotprogramm zu Kooperation und Mobilität im Bereich der Universitäten gelegt (der Begriff »Universitäten« sollte dabei immer auch andere Hochschulen einschließen): Die »Gemeinsamen Studienprogramme« (GSP) – in Englisch: *Joint Study Programmes* (JSP).

In diesem Förderungsprogramm waren Zuschüsse für Studiengänge vorgesehen, die von mindestens zwei Hochschulen aus verschiedenen Mitgliedstaaten der Europäischen Gemeinschaft entwickelt und angeboten werden; dabei gehörte es dazu, dass die Studierenden einer Hochschule einen anerkannten Teil ihres Studiums an einer anderen oder sogar an jeder der kooperierenden Hochschule verbringen. Die Förderung sollte für eine begrenzte Zahl von Jahren erfolgen (siehe Smith 1979). Zunächst war vorgesehen, dass Zuschüsse für die Kosten für gemeinsame Sitzungen (Reise- und Durchführungskosten), für gemeinsames Lehrmaterial und für andere typische Startkosten gegeben würden. Später kamen auch Zuschüsse für die Reise- und Aufenthaltskosten für Lehrende und Lernende hinzu; ausgeschlossen wurde die Förderung von Personalkosten.

Als dieses erste Programm zur Förderung der Zusammenarbeit zwischen Fachbereichen, das der studentischen Mobilität dienen sollte, etabliert wurde, stand in vielen europäischen Ländern zur Diskussion, ob neue Wege in der Förderung studentischer Mobilität zu beschreiten seien. Damals wie heute studierten etwa zwei Prozent aller Studierenden im Ausland, jedoch überwog »vertikale Mobilität« (zur Terminologie siehe Teichler 1999), d. h. ein Fortgang aus Ländern mit einem weniger anspruchsvollen Niveau der Studienangebote zu Hochschulen in Ländern, in denen die wissenschaftliche Qualität deutlich höher eingeschätzt wurde, und zumeist als volles Erst- oder Graduiertenstudium im Ausland. Daneben ging eine geringere Zahl von Studierenden aus Ländern mit einem qualitativ anspruchsvollen Hochschulsystem aus individuell unterschiedlichen Gründen ins Ausland: weil sie Fremdsprachen studierten, sich auf bestimmte Regionen fachlich spezialisierten (z. B. Ethnologen und Regionalwissenschaftler), Feldkenntnisse in anderen Ländern sammelten (z. B.

Geologen) oder den neuesten Wissensstand in Ländern mit besonders eindrucksvollen Fortschritten aufzuarbeiten suchten (z. B. Europäer, die ein naturwissenschaftliches Graduiertenstudium in den USA aufnahmen). In den siebziger Jahren gab es in Europa Anzeichen dafür, dass mit der schnellen Hochschulexpansion der Anteil derjenigen Studierenden, die auf eigene Faust (als *free movers*) – oft unterstützt durch ein Stipendium – ins Ausland gingen, abnahm und dass dies insbesondere für den wachsenden Anteil der Studierenden aus bildungsfernen Elternhäusern galt.

In diesem Kontext wuchs die Bereitschaft, den kollektiven studentischen Austausch zwischen Hochschulen in Europa – als »horizontale Mobilität« – zu fördern, wie er sich nach dem Zweiten Weltkrieg in den USA verbreitet hatte; besonders das Modell des *junior year abroad* erschien als ein nachahmenswertes Modell: Auslandsämter amerikanischer Universitäten organisierten für ihre Studierenden ein Auslandsstudium im dritten Studienjahr, indem sie weit reichende Kooperationsverträge mit europäischen Universitäten abschlossen. Dies inspirierte nationale Stipendiensysteme, so zum Beispiel das 1979 beim DAAD ins Leben gerufene Programm *Integriertes Auslandsstudium*, das inzwischen mehr als zwei Jahrzehnte erfolgreich existiert (siehe die Evaluationsstudie von Schwarz und Schotte-Kmoch 2001). Die Kommission der Europäischen Gemeinschaften erkannte auch in diesem Bereich ein interessantes Tätigkeitsfeld, das sie unter der Vorgabe, die Vielfalt der europäischen Hochschulsysteme zu respektieren, besetzen konnte. Jedoch war bei den europäischen Gemeinsamen Studienprogrammen wie bei ähnlichen Programmen einzelner europäischer Länder ein Unterschied zu den US-amerikanischen Programmen erkennbar: Es ging nicht nur um ein *organisiertes Auslandsstudium*, d. h. um vielerlei Unterstützungsmaßnahmen, sondern auch um *curriculare Integration*, d. h. um die Förderung in der Zusammenarbeit von Studienprogrammen, so dass für die mobilen Studierenden der Auslandsaufenthalt zu einem integralen Bestandteil des Studiums wird. Dies erklärt, dass bei den Gemeinsamen Studienprogrammen die Förderung an das Netzwerk der zumeist zwei oder drei kooperierenden Hochschulen vergeben wurde und dass die möglichst volle Anerkennung der im Ausland erzielten Studienleistungen nach der Rückkehr seitens der Herkunftsuniversität – oder der früheren Leistungen bei der folgenden Hochschule, falls das Auslandsstudium am Ende des Studiengangs lag – als das zentrale Erfolgskriterium betrachtet wurde.

Im Herbst 1985 fand in Brüssel eine Konferenz statt, auf der eine Bilanz der Erträge gezogen wurde, die die Gemeinsamen Studienprogramme und andere von der Europäischen Gemeinschaft geförderte Hochschulaktivitäten erbracht hatten. Diese Konferenz war de facto das Startsignal für den Einstieg in größere Förderungsprogramme (siehe dazu Kommission der Europäischen Gemeinschaften und Büro für die Zusammenarbeit im Bildungswesen 1985).

Der Konferenz lag eine *Evaluationsstudie über die Gemeinsamen Studienprogramme* zugrunde (Dalichow und Teichler 1985). Diese zeigte, dass von 1976 bis 1984 insgesamt 409 Studienprogramme gefördert worden waren, davon 72 Prozent mit einer Beteiligung von zwei Fachbereichen und 28 Prozent mit drei oder in einigen Fällen mehr Fachbereichen. Die Studienprogramme erhielten in den Jahren, in denen sie gefördert wurden, jeweils zwischen 1 500 und 10 000 ECU. Die Zahl der in der gesamten Zeitspanne ausgetauschten Studierenden dürfte unter 20 000 gelegen haben, von denen nur ein kleiner Teil finanzielle Förderung von der Europäischen Gemeinschaft erhalten hatte. Die Studie machte deutlich, dass die Anerkennung der Studienleistungen der Auslandsstudienphase in der Tat dann besonders hoch war, wenn weitgehende Schritte zur organisatorischen Unterstützung und zur curricularen Integration unternommen worden waren. Sie zeigte, dass die Anerkennung der Erfolge während der Auslandsstudienphase nicht ohne Probleme verlief. Häufiger wurde als Problem gesehen, dass die Förderung der Netzwerke nur wenige Jahre dauern sollte. Am häufigsten wurde von den Verantwortlichen des Austausches hervorgehoben, dass ein solches Programm nur dann Erfolg haben könne, wenn Stipendien für Studierende in größerer Zahl vergeben würden.

Gleichzeitig wurde eine größere *vergleichende Studie verschiedener Austauschprogramme* durchgeführt (Teichler und Smith 1988). Sie machte deutlich, dass Auslandsstudienprogramme den Studierenden keine eindrucksvolleren Ergebnisse erbringen, als dies früher bei der individuellen Mobilität der Studierenden der Fall zu sein schien. Ihre Qualität liegt eher darin, ähnliche Erfolge für große Zahlen von Studierenden zu ermöglichen. Auch war erkennbar, dass der Erfolg nicht primär in der fachwissenschaftlichen Leistungssteigerung der Studierenden liegt; vielmehr erleben die Studierenden es als äußerst eindrucksvoll, dass sie mit anderen wissenschaftlichen Denkweisen konfrontiert werden und dadurch eine Horizonterweiterung, Offenheit für die Pluralität wissenschaftlicher Ansätze und Interesse an vergleichender Betrachtung entwickeln. Schließlich entstanden aus der curricularen Kooperation der beteiligten Fachbereiche neue Ansätze von übergreifender Bedeutung, die in vielen Fällen die nationalen Vorgaben zur curricularen Standardisierung in gewissem Umfang in Frage stellen.

7.2 Die Erfolgsstory ERASMUS

Die größte Aufmerksamkeit unter allen europäischen Bildungsprogrammen zog zweifellos das ERASMUS-Programm auf sich. ERASMUS verweist mit dem Namen des mittelalterlichen Gelehrten Erasmus von Rotterdam darauf, dass grenzüberschreitende Mobilität und Kooperation keineswegs neu ist; zugleich ist es das Akronym für »European Community Action Scheme for the Mobility of University Students«. ERASMUS wurde 1987 mit dem Ziel etabliert, einer großen Zahl von mobilen Studierenden finanzielle Unterstützung zu geben, die ungefähr den Zusatzkosten für ein Auslandsstudium entspricht. Studierende konnten die Förderung erhalten, wenn sie im Rahmen von Netzwerken von Fachbereichen mobil waren, die sie organisatorisch unterstützen, und zu curricularer Abstimmung bereit waren, um den Erfolg einer temporären Auslandsstudienphase zu erhöhen. Die Netzwerke konnten Mittel unmittelbar zur Unterstützung ihrer regelmäßigen Kooperation erhalten. Auch konnte Unterstützung für verschiedene weitergehende curriculare Kooperationsaktivitäten beantragt werden. Hinzu kamen weitere Förderungsbereiche, die sich im Laufe der Zeit änderten.

Der große Erfolg von ERASMUS lag vor allem darin, dass temporäre studentische Mobilität in Europa nicht mehr als eine exotische Aktivität betrachtet wurde, sondern von den Studierenden in Europa als eine normale Option gesehen wurde. Praktisch alle multidisziplinären Universitäten der Europäischen Gemeinschaft (später Europäische Union) und viele kleine Hochschulen beteiligten sich. Die Zahl der geförderten Studierenden stieg von etwa 3 000 im Jahre 1987/88 auf etwa 86 000 ein Jahrzehnt danach (sehr bald stieg die Zahl über 100 000; siehe dazu Teichler, Maiworm und Schotte-Kmoch 1999; Teichler 2002a; für 2002 wird die Zahl auf 110 000 geschätzt; siehe van der Hijden 2003). Selbst wenn es jährlich weniger als ein Prozent der Studierenden aller einbezogenen europäischen Länder waren, die im Rahmen dieses Programms in ein anderes europäisches Land gingen, so war das Programm doch in aller Munde. Die Hochschulen sahen sich veranlasst, unterstützende Maßnahmen für den Austausch der Studierenden auszubauen und den Stellenwert des internationalen Austausches für Studierende zu einer Priorität ihrer Aktivitäten zu machen (siehe dazu z. B. einige Beiträge in Blumenthal u. a. 1996; zu den Entwicklungen in Deutschland siehe Trenn und Wuttig 1997).

Die Wahlmöglichkeiten von Ländern erhöhten sich im Prinzip dadurch, dass schon beim Start des ERASMUS-Programms die beteiligten Länder durch Neuaufnahmen von Mitgliedstaaten der Europäischen Gemeinschaft gegenüber der Gründung in den fünfziger Jahren gewachsen war (Großbritannien, Irland, Dänemark, Griechenland, Spanien und Portugal waren weitere Mitglieder geworden). Nach 1992 kamen Finnland, Österreich und Schweden als Mitglieder hinzu; auch waren Island, Liechtenstein, Norwegen und zeitweilig die Schweiz an ERASMUS beteiligt, und Ende der neunziger Jahre kamen mehr als zehn weitere Länder hinzu. Obendrein wuchs die Größe der einzelnen Netzwerke, so dass die einzelnen Studierenden mehr Auswahlmöglichkeiten hatten.

Bemerkenswert ist, dass die quantitative Ausweitung von ERASMUS nicht zu ernsthaften qualitativen Verlusten geführt hat. Vergleichen wir die Ergebnisse der Analysen zu den Gemeinsamen Studienprogrammen (Teichler und Smith 1988), zur Startphase von ERASMUS (Teichler, Maiworm und Schotte-Kmoch 1999) und zur Situation von ERASMUS nach mehr als einem Jahrzehnt (Teichler 2002a), so unterscheiden sich die Aussagen der Studierenden und Programmverantwortlichen über Probleme, Erträge und Zufriedenheit nur unwesentlich. Weder lässt sich eine Verbesserung durch Erfahrung und Routine noch eine Verwässerung durch Expansion erkennen.

Es zeigten sich bei ERASMUS die Stärken, die bereits für die Gemeinsamen Studienprogramme genannt worden sind. Als Problem wurde immer wieder bemerkt, dass der Prozess von der Beantragung bis zur Bewilligung und schließlich zur Bereitstellung von Mitteln zu lang sei. Auch wurde häufig über die geringe Höhe der Stipendien für ERASMUS-Studierende geklagt; diese erwies sich allerdings nach Aussagen der Studierenden in den ersten Jahren als ausreichend, um die zusätzlichen Kosten für den Auslandsaufenthalt zu decken, und fiel erst im Laufe der neunziger Jahre deutlich ab. Als dritte Schwäche wurde immer wieder genannt, dass die spätere Anerkennung der Studienleistungen während der temporären Studienphase im Ausland zu gering blieb; das galt insbesondere, wenn man die Erwartungen der Studierenden, wie stark sich die Gesamtdauer des Studiums durch die Auslandsstudienphase voraussichtlich verlängern werde, berücksichtigte (siehe Teichler, Maiworm und Schotte-Kmoch 1999).

Daher wurde im ERASMUS-Programm sehr bald ein Pilotprogramm zur Vergabe von *Credits* etabliert, das sogenannte *European Credit Transfer System*, in Kurzform ECTS (siehe Wuttig 2001). Das Pilotprogramm belegte in der Tat, dass die Anrechnung des Auslandsstudiums stieg, wenn die Leistungen besser gebucht und wenn vor dem Auslandsstudienaufenthalt voraussichtliche individuelle Studienpläne festgelegt wurden. Die Europäische Kommission empfahl daher nach Ablauf der Erprobungsphase allen an ERASMUS beteiligten Hochschulen und Bereichen, ECTS einzuführen.

7.3 Die Vielfalt der Programme

Laut einer Mitte der neunziger Jahre erschienenen Übersicht (Kehm 1994) sind zwischen 1986 und dem Beginn der neunziger Jahre insgesamt 14 Förderungsprogramme der Europäischen Union für Bildungsaktivitäten entstanden. Die Zahl war noch größer, wenn auch die kleineren Programme berücksichtigt wurden, die zu Mobilität und Kooperation zwischen der Europäischen Union und externen Ländern etabliert wurden, und wenn die Programme im Bereich der Generaldirektion Forschung hinzugezählt wurden, die auch der Förderung von Doktoranden dienten. Hier seien vier Förderungsprogramme kurz charakterisiert, die im Bereich der Hochschulen von Bedeutung waren: COMETT, LINGUA, Aktion Jean Monnet und TEMPUS.

Das COMETT-Programm wurde bereits 1986, also vor ERASMUS, etabliert. Es hatte die Aufgabe, die Zusammenarbeit zwischen den Hochschulen und der Wirtschaft im Bereich der Aus- und Weiterbildung zu fördern. Dazu gehörte unter anderem die finanzielle Unterstützung für Arbeiten zur Entwicklung von Aus- und Weiterbildungsprogrammen und für Studierende, die an Industriepraktika teilnahmen (siehe COMETT Hochschulkontakt – DAAD 1991). COMETT hatte neben ERASMUS das größte finanzielle Förderungsvolumen. Zum Beispiel wurden 1992 etwa 200 Ausbildungspartnerschaften von Hochschule und Wirtschaft und 7.000 Praktikanten gefördert.

Das LINGUA Programm, das von 1989 bis Mitte der neunziger Jahre Fördermittel vergab, wurde mit dem Ziel geschaffen, zu einer quantitativen und qualitativen Verbesserung der Fremdsprachenkenntnisse und zur Förderung der Kommunikationsfähigkeit innerhalb der Europäischen Gemeinschaft beizutragen. Mittel wurden insbesondere für die Mobilität von Jugendlichen in der Berufsbildung, für Studierende im Bereich der Fremdsprachen und für Fremdsprachenlehrer in der Fortbildung bereitgestellt. Hinzu kamen diverse Angebote zur Vorbereitung und Entwicklung von Qualifizierungsprogrammen im Bereich der Fremdsprachen. Die Förderung für Studierende war so ähnlich wie bei ERASMUS, so dass sie administrativ mit ERASMUS verbunden wurde. Als Beispiel für die Größenordnung sei genannt, dass 1991/92 etwa für 18.000 Jugendliche im Bereich der beruflichen Bildung Unterstützung zum Fremdsprachenerwerb im Ausland bewilligt wurde (siehe Kommission der Europäischen Gemeinschaften 1993).

Die Aktion Jean Monnet wurde 1990 etabliert. Sie sollte Forschung und Lehre zur Thematik der Europäischen Integration durch Kofinanzierung von Lehrstühlen, Lehrveranstaltungen, Entwicklung von Studienprogrammen und Forschungsarbeiten unterstützen. So wurden zum Beispiel in den ersten drei

Jahren Mittel zur Kofinanzierung von 136 Lehrstühlen und 43 Forschungsprojekten zur Verfügung gestellt (siehe Kehm 1994).

Das TEMPUS-Programm (ursprünglich *Trans-European Mobility Programme for University Studies*) entstand 1990 im Kontext der großen politischen Veränderungen in den mittel- und osteuropäischen Ländern. Es unterschied sich von den zuvor genannten Programmen dadurch, dass eine größere Zahl von Ländern im Osten wie im Westen beteiligt war und dass das Spektrum der förderbaren Aktivitäten weitaus größer war. Ein starkes Gewicht hatten Förderungen zur Umstrukturierung der Hochschulen, zur Entwicklung neuer Studienangebote und zur Verbesserung der Infrastruktur. Soweit Mobilität gefördert wurde, zeigte sich sehr bald, dass mit diesen Mitteln viele Dozenten aus dem Westen nach Mittel- und Osteuropa gingen und viele Studierende aus Mittel- und Osteuropa in den Westen. Die Zahl der vergeblichen Antragstellungen auf diese begehrte Förderung war hoch, aber die Beträge für die Förderung der einzelnen Gemeinsamen Europäischen Projekte waren beachtlich, so dass es in der ersten großen Evaluation hieß, die TEMPUS-Förderung sei als »Manna vom Himmel« empfunden worden (siehe Kehm u. a. 1997). Es sei bereits hier erwähnt, dass die mittel- und osteuropäischen Länder Ende der neunziger Jahre den Zugang zur ERASMUS-Förderung erhielten und dann zunächst teilweise und später – im Jahre 2000 – ganz aus der TEMPUS-Förderung ausschieden. Damit war TEMPUS in seiner dritten Phase (2000-2006) »nur noch« ein Hochschulreformprogramm für die so genannten TACIS-Länder (Neue Unabhängige Staaten/NUS in Osteuropa und die Mongolei) und für die so genannten CARDS-Länder (nicht assoziierte Staaten Südosteuropas). Seit dem Jahr 2002 hatte sich TEMPUS auch für die Hochschulzusammenarbeit mit den so genannten MEDA-Ländern (Nordafrika und Naher Osten) geöffnet (siehe Prahl, Sachsenröder und Wuttig 2002).

7.4 Bündelung und Konzentration der Programme

Mitte der neunziger Jahre wurden die Bildungsprogramme der Europäischen Union gebündelt, zum Teil konzentriert und zum Teil im Aufgabenbereich erweitert. Eine höhere Effektivität der Administration und Synergieeffekte zwischen verschiedenen Bereichen sollten dadurch erreicht werden, dass die verschiedenen Kooperations- und Mobilitätsprogramme der Europäischen Union zu zwei großen Programmen zusammengefasst wurden: Die Programme im Bereich der allgemeinen Bildung zu SOKRATES und die Programme im Bereich der beruflichen Bildung zu LEONARDO DA VINCI. Zugleich hatte sich im Bereich der allgemeinen Bildung mit dem Vertrag von Amsterdam aus dem Jahre 1992 das Mandat der Europäischen Union erhöht: Schul- und Weiterbildung wurden nun ebenfalls Förderungsbereiche von SOKRATES. Das SOKRATES-Programm trat 1995 in Kraft; für ERASMUS dagegen erfolgte die Ablösung des alten ERASMUS-Programms durch das Teilprogramm ERASMUS im Rahmen von SOKRATES erst im Jahre 1997.

Tatsächlich zeigte sich, dass die Teilprogramme wie ERASMUS, LINGUA und COMENIUS kaum von der Zusammenfassung unter dem organisatorischen Dach SOKRATES tangiert wurden (siehe dazu Teichler u. a. 2003). Innerhalb der bereits zuvor bestehenden Teilprogramme gab es jedoch bemerkenswerte Veränderungen, was am Beispiel von ERASMUS, des im Finanzvolumen größten Teilprogramms von SOKRATES, erläutert werden soll (siehe dazu Teichler 2001c).

Mit der Eingliederung von ERASMUS in SOKRATES waren größere Veränderungen erwartet worden (siehe Kehm 1998a); vor allem zwei neue Akzente sind zu nennen:

- Neben der Förderung der studentischen Mobilität sollte *curriculare Innovation* eine höhere Bedeutung gewinnen. Die europäische Dimension sollte mehr Gewicht bekommen, und ERASMUS sollte größere Erträge für die nicht mobilen Studierenden erbringen. Zum Letzteren sollte auch der Ausbau der Unterstützung für die Mobilität der Lehrenden beitragen.
- Die organisatorischen Aktivitäten an den Hochschulen zur Realisierung von Mobilität und Kooperation sollten deutlich geändert werden. Anstelle der Netzwerke von Fachbereichen, den so genannten Hochschulkooperationsprogrammen (HKP) sollten die *Hochschulen als Ganzes die Verantwortung* für die ERASMUS-geförderten Aktivitäten übernehmen. Sie hatten bei ihrem Antrag an die Europäische Kommission ein *European Policy Statement* (EPS) zu formulieren, in dem sie ihre Ziele, die sie mit den ERASMUS-geförderten Aktivitäten verbanden, in einem weiteren Kontext erklärten; sie hatten mit den Partnerhochschulen *Kooperationsverträge* abzuschließen, die die Abstimmung der Studienprogramme daheim und im Ausland sowie die organisatorische und wissenschaftliche Betreuung der Studierenden verbessern sollten; und die Europäische Kommission schloss mit den einzelnen Hochschulen Verträge ab, in denen Umfang und Zweck der Förderung sowie die zu erwartenden Erträge benannt wurden.

Evaluationsstudien machen deutlich, dass das SOKRATES-Programm zu einem weiteren Wachstum von Mobilitäts- und Kooperationsaktivitäten im Bildungsbereich beigetragen hat. Jedoch sind die Ziele weiterer curricularer Innovation und eines stärkeren strategischen Umgangs der Hochschulen als

Ganze mit dem Förderungsprogramm nicht in dem erwarteten Maße erreicht worden (siehe Barblan u. a. 1998; Teichler 2002a).

7.5 Der sich wandelnde Kontext

Bereits seit etwa Mitte der neunziger Jahre begann sich der Kontext der europäischen Bildungsprogramme zu wandeln, und dies betraf zu Beginn fast ausschließlich die Hochschulen. Die Aufmerksamkeit für Mobilität und Kooperation zwischen europäischen und außereuropäischen Hochschulen vergrößerte sich. Insbesondere um die Hochschulen Kontinentaleuropas für Studierende aus anderen Regionen der Welt attraktiver zu machen, wurde 1999 die Bologna-Erklärung unterzeichnet und schließlich das Ziel gesetzt, bis zum Jahre 2010 einen »Europäischen Hochschulraum« zu realisieren. Ähnliche Ziele werden auch für die berufliche Bildung formuliert.

Damit stehen die europäischen Bildungsprogramme in einem ganz neuen Kontext. Es geht weniger um Grenzüberschreitung und Lernen aus dem Kontrast, sondern um ein *Ähnlicherwerden* und den *Bedeutungsverlust der Grenzen* in Europa bei gleichzeitig stärkerer *Selbstfindung gegenüber der außereuropäischen Bildungswelt.*

1999 – früher als vorgesehen und vor dem Vorliegen der einschlägigen Evaluationsergebnisse – wurde im Europäischen Rat entschieden, das SOKRATES-Programm von 2000 bis 2006 ohne größere Veränderungen, allerdings mit aufgestocktem Budget, fortzuführen. Dabei zeigen alle Diskussionen insbesondere über ERASMUS (siehe dazu zum Beispiel Wuttig und Rosenstock 2003) sehr deutlich, dass das wachsende Gewicht von Globalisierung, europäischer Konvergenz der Hochschulstrukturen und fortschreitender wirtschaftlicher und gesellschaftlicher Integration von Europa den Stellenwert der Kooperations- und Mobilitätsaktivitäten, die durch europäische Programme gefördert werden, sehr schnell verschiebt. Man darf gespannt sein, wie in der nächsten Generation der Formulierung von Bildungsprogrammen ein Weg gefunden wird, Bewährtes zu unterstützen und weiterzuentwickeln und zugleich völlig neuen Bedingungen zu begegnen.

8 Auslandsstudienprogramme – Charakteristika, Probleme, Erträge (1988)*

8.1 Kontext und Ziele der Studie

8.1.1 Zur Ausgangslage

Analysen zum Auslandsstudium sind zumeist vor allem vom aktuellen Problembewusstsein über den Gegenstandsbereich geprägt. Die Experimentierfreude der europäischen Hochschulen seit Mitte der siebziger Jahre des vorigen Jahrhunderts und die Förderungsangebote seitens der Europäischen Gemeinschaft sowie verschiedener nationaler Instanzen, geregelte Bahnen für ein zeitweiliges Studium im Ausland zu schaffen, legten nach einiger Zeit eine solche Evaluationsstudie nahe, wie sie hier im Folgenden dargestellt wird.

Das bedeutet jedoch keinesfalls, dass die Analyse dieses Gegenstandsbereichs pragmatisch vom Objekt bestimmt wird und die theoretischen und methodischen Schwächen vieler Neulanderkundungen haben muss. »Austauschforschung« ist bereits vorher in beachtlichem Umfang betrieben worden und hat dabei ein breites Spektrum von Konzeptionen und Methoden in die Analysen eingebracht. Die hier behandelte Studie konnte darauf zum Teil aufbauen bzw. von einer solchen Ausgangslage her entscheiden, wo weiterführende Schritte unternommen werden sollten.

Damit ist bereits ein dritter Bedingungsrahmen angesprochen. Obwohl das hier dargestellte Projekt »Erträge von Auslandsstudienprogrammen« größer angelegt war als alle früheren Forschungsprojekte zum Studienaustausch, wurden Schwerpunktsetzungen mit entsprechend weit reichenden theoretischen und methodischen Konsequenzen getroffen. Erstens stehen institutionell-organisatorische Aspekte von Auslandsstudienprogrammen im Mittelpunkt. Zweitens wird im Detail geprüft, wie Bedingungen und Maßnahmen zur Gestaltung des Studiums sich bei Studierenden bzw. Absolventen auswirken. Drittens geht es um die Frage, welche Probleme beim Aufeinandertreffen unterschiedlicher Erwartungen an Lehre und Studium entstehen – inwiefern

* Koautoren: Alan Smith und Wolfgang Steube.

nationale Vorverständnisse über die Aufgaben des (eigenen) Hochschulwesens auch auf die Aufgaben des Studiums im Ausland übertragen oder als Folge eines Dialogs zwischen solchen Vorverständnissen relativiert werden.

8.1.2 Zur Entstehung von Auslandsstudienprogrammen

Grenzüberschreitende Aktivitäten nehmen immer mehr zu, und für immer mehr Menschen ist es – im Schwerpunkt ihrer beruflichen Tätigkeit, in einigen Komponenten derselben oder auch in vielen außerberuflichen Aktivitäten – bedeutsam, mit der Komplexität internationaler Systeme sowie verschiedener Gesellschaften und Kulturen vertraut zu sein. Konsens besteht weitgehend darüber, dass ein zeitweiliges Studium im Ausland wichtige Beiträge leisten kann zum Erwerb von grundlegenden Fachkenntnissen, Fremdsprachenkenntnissen, Kenntnissen über Technik, Wirtschaft, Politik, Kultur und Gesellschaft in anderen Ländern, internationaler Kommunikationsfähigkeit und zur Entwicklung von Werten und Einstellungen, die für eine zunehmende internationale Verflechtung förderlich sind.

Seit den siebziger Jahren haben der wachsende Stellenwert grenzüberschreitender Qualifizierung und die zunehmende Registrierung von Barrieren, die die individuelle studentische Mobilität einschränken, in Europa zum Ausbau von *Auslandsstudienprogrammen* geführt (siehe Briggs und Burn 1985; Smith 1980; Opper 1987a). Gemeint sind damit Arrangements, die zwischen Hochschulen oder Fachbereichen von Hochschulen aus zwei oder mehr Ländern ausgehandelt werden, um Studierenden dieser Institutionen eine bessere Chance zu bieten, einige Zeit ihres Studiums im Ausland zu verbringen; dabei wird die Auslandsstudienphase als integraler Bestandteil des Studiums an der Herkunftshochschule verstanden.

In der Regel wird dabei erstens versucht, den Auslandsstudienaufenthalt *durch verschiedene organisatorische Maßnahmen zu erleichtern.* Zweitens gibt es oft eine Reihe *curricularer Maßnahmen*, wie z. B. vorbereitende Kurse und individuelle fachliche Beratung, Sprachunterricht vor oder während des Auslandsaufenthalts, Empfehlungen oder Vorschriften für die Wahl von Lehrveranstaltungen im Ausland sowie möglicherweise die Etablierung besonderer Kurse an der Partnerhochschule für die Studierenden der Herkunftshochschule. Ein wichtiger Bestandteil sind dabei Vorkehrungen und nachträgliche Verfahren, die sichern sollen, dass das Studium im Ausland später voll auf das Studium an der Herkunftshochschule angerechnet wird und dass Verlängerungen der Studienzeit infolge des Auslandsstudienaufenthalts vermieden werden. Drittens gibt es in vielen Fällen besondere Maßnahmen, die darauf abzielen, die *Kosten* für den

Auslandsstudienaufenthalt, die die Studierenden bzw. deren Angehörige selbst zu tragen haben, nicht oder nur begrenzt höher werden zu lassen als die Kosten, mit denen diese während einer entsprechenden Studienphase an der Heimathochschule zu rechnen haben. Viertens schließlich sehen manche Programme auch in gewissem Umfang eine *Betreuung der Studierenden außerhalb des Studiums* vor, um sie leichter in die Kultur und Lebensweisen im Gastland einzuführen.

Auslandsstudienprogramme, die auf Kooperation mit ausländischen Hochschulen basieren, entwickelten sich in den USA an manchen Universitäten bereits in den fünfziger Jahren; häufig hatte dies die Form des institutionellen Angebots eines *junior year abroad*. Einige amerikanische Universitäten haben besondere Verwaltungseinheiten für das Auslandsstudium, die mit einer großen Zahl ausländischer Hochschulen Kooperation pflegen und den amerikanischen Studierenden aller Fachrichtungen ein organisatorisch detailliert ausgearbeitetes Auslandsstudienangebot machen. In Europa wurden in den siebziger Jahren verschiedene Förderungsprogramme für solche Zusammenarbeit der Hochschulen entwickelt. Besonders bekannt wurde die Förderung der »Gemeinsamen Studienprogramme« seitens der Kommission der Europäischen Gemeinschaften. Seit 1976 war dabei für Auslandsstudienprogramme eine finanzielle Förderung während der Aufbauphase für Reisen des Personals zur Abstimmung des Programms und für verschiedene andere Sachkosten vorgesehen, nicht dagegen in Form von Stipendien für Studierende (Smith 1985). Daneben führte im Jahre 1979 der Deutsche Akademische Austauschdienst mit Mitteln des Bundesministeriums für Bildung und Wissenschaft das Förderungsprogramm »Integriertes Auslandsstudium« (IAS) ein, das Auslandsstudienprogrammen für einige Jahre eine bestimmte Zahl von Stipendien zur Deckung der Zusatzkosten des Auslandsstudienaufenthalts zur Verfügung stellt (siehe Roeloffs 1982). Schließlich gibt es auch in einigen anderen europäischen Ländern Förderungsfonds für Auslandsstudienprogramme.

8.1.3 Zur bisherigen Forschung über das Auslandsstudium

Forschung über das Auslandsstudium ist keineswegs ein neu entdecktes Terrain der Forschung zu Hochschulfragen. In den USA hatte es bereits in den 1960er Jahren eine Fülle von Forschungsarbeiten zu diesem Themenkreis gegeben. Bibliographien weisen Hunderte von Studien zur »Austauschforschung« nach (siehe dazu Breitenbach 1984). In der Bundesrepublik Deutschland wurden von Ende der fünfziger bis Anfang der achtziger Jahre über 30 empirische

Studien durchgeführt, bei denen überwiegend Studierende oder Absolventen befragt wurden (Danckwortt 1984).

Den größten Teil der Studien stellen Auswertungen von schriftlichen oder mündlichen Aussagen der Teilnehmer am Auslandsstudium dar. Erfragt werden vor allem das Interesse für ein Studium im Ausland, Bewerbung, Auswahl und Vorbereitung vor der Ausreise, Probleme des Fachstudiums im Ausland, soziale und kulturelle Probleme, Probleme nach dem Auslandsstudium sowie studienbezogene, sprachliche und berufliche Auswirkungen (siehe Danckwortt 1984, S. 13-26; Spaulding und Flack 1976; Lulat und Altbach 1985). Ergänzend wurden oft Informationen über die Hochschule und das Studienprogramm einbezogen. Der überwiegende Teil der Studien befasste sich mit Studierenden aus der sogenannten Dritten Welt, die in Industrieländern studieren. Hinzu kommen eine Vielzahl von Studien, die Förderungsprogramme analysieren, die ökonomische Effekte des Auslandsstudiums, die Beratung und Betreuung der Studierenden im Ausland und weitere Themen behandeln.

Kulturanthropologie und Psychologie waren zunächst diejenigen Disziplinen, die als »Leitdisziplinen« für die Austauschforschung bezeichnet werden können (Breitenbach 1984, S. 325). Hinzu kamen Ökonomie, Soziologie, Erziehungswissenschaft und einige weitere Disziplinen. Eine große Rolle spielen psychologische Konzepte der Anpassung, ferner typische Vorgehensweisen und Konzeptionen administrativer Evaluationsforschung sowie kulturtheoretische Ansätze, die nach der Persönlichkeitsentwicklung angesichts der Erfahrungen kontrastierender Kulturen fragen. Allerdings wird in allen Übersichten zur Forschungslage kritisiert, dass die Forschung modischen Themen- und Methodenschwankungen unterworfen war, nur bedingt den theoretischen und methodischen Rahmen der Leitdisziplinen repräsentierte und in ihren Ergebnissen kaum über einen engen Kreis beteiligter Forschung und praktischer Interessenten hinaus rezipiert worden ist. Jedoch gab es auch einige anspruchsvolle Studien (siehe z. B. Klineberg und Hull 1979).

8.2 Themen und Anlage des Projekts

8.2.1 Zentrale Fragestellungen

Im Herbst 1982 kamen einige Wissenschaftler, Organisationen der Forschungsförderung und Instanzen, die indirekt oder direkt für die Förderung von Auslandsstudienprogrammen zuständig sind, überein, das Projekt »Erträge des Auslandsstudiums« (*Study Abroad Evaluation Project* – SAEP) zu ermöglichen. Unter der Leitung des *European Institute of Education and Social Policy* (Paris) entstand eine Arbeitsgruppe, der Experten des Auslandsstudiums und Wissenschaftler angehörten, die auf Fragen des Hochschulwesens spezialisiert sind. Im Rahmen dieses Projekts wurden in den darauf folgenden Jahren Auslandsstudienprogramme in Großbritannien, Frankreich, Schweden, den USA und der Bundesrepublik Deutschland analysiert. Beabsichtigt war dabei, detaillierte Informationen über die Vielfalt von bestehenden Auslandsstudienprogrammen bereitzustellen, das Ausmaß der »Erfolge« bzw. Probleme von Auslandsstudienprogrammen zu analysieren und die Gründe für unterschiedliche Erfolge und Probleme zu klären.

8.2.2 Erhebungen

Die Studie bezog 82 Programme aus fünf Ländern ein – hier verstanden als Arrangement einer Hochschule, regelmäßig Studierende in einem bestimmten Rahmen an eine andere Hochschule im Ausland zu senden. Dargestellt werden die Ergebnisse einer 1983/84 durchgeführten schriftlichen Befragung und Aussagen von 1984/85 durchgeführten Interviews. Befragt wurden in erster Linie die Hauptverantwortlichen der Programme – im Text Programmleiter genannt – sowie zum Teil mündlich ergänzend einige andere Personen, die mit den Programmen vertraut waren. Analysiert werden ferner die Ergebnisse von zwei schriftlichen Befragungen, die sich an die Teilnehmer vor dem Auslandsstudienaufenthalt und dann wieder wenige Wochen nach der Rückkehr und der Wiederaufnahme des Studiums an der Herkunftshochschule gerichtet hatten. Insgesamt 439 Studierende hatten in beiden Fällen geantwortet. Schließlich werden die Ergebnisse einer schriftlichen Befragung von ehemaligen Teilnehmern von Auslandsstudienprogrammen der vier europäischen Länder dargestellt. Insgesamt 458 Personen antworteten, die von 1980 bis 1984 ihr Studium abgeschlossen hatten.

8.3 Die Auslandsstudienprogramme

8.3.1 Strukturmerkmale von Programmen

Die untersuchten Auslandsstudienprogramme sind durch eine große Spannweite unterschiedlicher Strukturmerkmale gekennzeichnet. In den meisten Fällen erfolgt ein *gegenseitiger Austausch*: Nur jedes achte einbezogene Programm – darunter sieben deutsche Programme – sieht Mobilität der Studierenden *in einer Richtung* vor. Die meisten einbezogenen Programme von Großbritannien,

Frankreich und der Bundesrepublik Deutschland sind *monodisziplinär*, während der größte Teil der schwedischen und amerikanischen Auslandsstudienprogramme Studierende aus *verschiedenen Fachrichtungen* einbezieht. Fast jedes fünfte Programm sieht mehr als einen Aufenthalt im Ausland vor. In einigen Fällen findet ein Austausch zwischen drei und mehr Hochschulen statt, wobei zuweilen Aufenthalte in zwei anderen Ländern eingeplant sind. In einigen Fällen beginnt sogar das Studium im Ausland, in anderen Fällen endet es obligatorisch oder fakultativ an der Gasthochschule.

Über ein Drittel der untersuchten Auslandsstudienprogramme sind für alle Studierenden der entsprechenden Fachrichtung *obligatorisch*. In einzelnen Fällen ist das Auslandsstudienprogramm nur für diejenigen verpflichtend, die eine bestimmte fachliche Schwerpunktbildung vornehmen, während es in der Mehrheit der Fälle lediglich als eine *Option* angeboten wird.

Am häufigsten beträgt die *Dauer* des Auslandsaufenthalts etwa ein Jahr. Sie reicht von wenigen Wochen bis zu zwei Jahren. Darin einbezogen sind *Praxisphasen im Ausland*, die bei fast einem Viertel der untersuchten Programme vorgesehen sind.

Manche Studiengänge mit obligatorischem Auslandsstudium und einige nicht obligatorische Auslandsstudienprogramme haben hohe Bewerberraten. Bei der Auswahl wird oft auf allgemeine Leistungen, Fremdsprachenkompetenz, Motivation zum Auslandsstudium und Einstellungsfähigkeit auf veränderte Lebensbedingungen geachtet. Die tatsächlichen *Teilnehmerzahlen* reichen von zwei bis über 50.

8.3.2 Ausgangsbedingungen: Hochschule, Administration, Finanzierung

Die Auslandsstudienprogramme sind zum Teil an Hochschulen angesiedelt, die seit langem international orientiert sind. In manchen Fällen jedoch wird das Auslandsstudienprogramm als wichtiges Vehikel angesehen, um internationale Akzente auszubauen. Manche Befragte berichten von einer sehr großen Unterstützung seitens der Leitung der Hochschule, der verschiedenen Gremien, der Verwaltung oder der in den jeweiligen Fachbereichen tätigen Hochschullehrer. Dies ist aber keineswegs durchgängig der Fall: Bei mehr als einem Drittel werden Vorbehalte oder Widerstände von einem Teil dieser Personen und Instanzen gesehen.

Je etwa die Hälfte der hier behandelten Auslandsstudienprogramme sind fachbereichsübergreifend und bei *einzelnen Fachbereichen* bzw. kleineren Einheiten der Fachbereiche organisatorisch angesiedelt. In den ersteren Fällen liegt die Leitung der Programme in der Regel bei Administratoren. Sind Hochschullehrer Programmverantwortliche, so wird nur in etwa der Hälfte der Fälle eine Verringerung der Lehraufgaben vorgesehen und nur bei drei deutschen Programmen eine kleine finanzielle Aufwandsentschädigung gezahlt. Fast alle Programme *»leben« von dem großen Einsatz einer oder mehrerer Schlüsselpersonen.*

Die jährlich verfügbaren *Finanzmittel für die Programme* reichten zur Zeit der Befragung bei europäischen Programmen von etwa 1.000 bis 90.000 DM, während bei einigen amerikanischen Universitäten die Etats der für Auslandsstudienprogramme zuständigen Büros mehrere 100.000 DM umfassten. Die Daten sind nur bedingt aufschlussreich, weil der personelle Aufwand für Organisation und Sprachkurse dabei überwiegend nicht registriert wird.

8.3.3 Grundlegende Optionen

Versucht man die Vielfalt der einzelnen Regelungen, Maßnahmen und Praktiken der »Programme« in der Gestaltung des Auslandsaufenthalts zu systematisieren, so lassen sich sechs grundlegende Optionen erkennen. Sie haben jeweils eine große Bedeutung für die Gestalt des Programms.

Erstens ist grundlegend, welches Gewicht sie verschiedenen *Zielen des Auslandsstudiums* zumessen und inwieweit diese Ziele als miteinander verknüpft gesehen werden. Fast durchgängig wird seitens der Programmleiter angegeben, dass als Ergebnis des Auslandsstudiums verbesserte Kommunikationsfähigkeit mit Ausländern, Persönlichkeitsentwicklung, gesteigerte Fremdsprachenkenntnisse und wachsendes Bewusstsein im Hinblick auf internationale Dimensionen des Studienfachs erwartet werden. Nicht so einhellig sind die Erwartungen, wissenschaftliche Ansätze und Methoden kennenzulernen, die zu Hause allenfalls geringes Gewicht haben, oder die Berufsaussichten zu verbessern, und nur jeweils etwa die Hälfte der Programmverantwortlichen erwartet, dass das Auslandsstudium auf Stoffe zuführt, die daheim nicht geboten werden, oder dass sich die Studienleistungen infolge des Auslandsstudiums steigern werden. Aus der angelsächsischen Hochschultradition heraus werden kulturelle Bildung und Persönlichkeitsentwicklung höher gewichtet als in anderen hier behandelten Ländern; bei den schwedischen und amerikanischen Programmen wird der berufliche Nutzen des Auslandsstudiums nicht so hoch bewertet.

Eine zweite grundlegende Option bezieht sich auf die *Substanz des Ausländischen oder des Internationalen* für das Studium, in das eine Auslandsphase eingebettet ist: Geht es um Universalia eines Wissenssystems, bei dem andere Teilaspekte an der Hochschule des Gastlandes ausgeprägter sind als an der Herkunftshochschule? Geht es um Kenntnisse der Sprache, der Kultur oder Wirtschaft eines anderen Landes zur Entwicklung einer spezifischen Auslandskompetenz? Geht es um eine länderübergreifende Mischung, etwa einen europäischen Ökonomen, Juristen oder Ingenieur? Geht es um irgendwelche Kontraste zu den Selbstverständlichkeiten des eigenen Landes? Alle diese unterschiedlichen Akzente waren jeweils bei einigen Programmen repräsentiert.

Die dritte grundlegende Option betrifft Ausmaß und Art der *curricularen Integration*: In welchem Maße soll das Studium im Ausland als integraler, gleichwertiger Bestandteil des Studiengangs an der Herkunftshochschule verstanden werden? Offenkundig haben etwa drei Viertel der untersuchten Programme ein solches Ziel. Unterschiedlich sind jedoch die Wege zur Realisierung solcher curricularen Integration: Bei 27 Prozent der Programme wird dies durch die Festlegung eines detaillierten obligatorischen Studienprogramms für den Auslandsaufenthalt versucht.

Die vierte Grundoption betrifft das *Maß der Organisiertheit des Auslandsstudienprogramms*: In welchem Maße wird das Auslandsstudium durch vorbereitende Veranstaltungen, Regelungen zum Studium im Ausland, institutionelle Unterstützung organisatorischer Fragen des Auslandsaufenthalts, Hilfen und Beratung bezüglich kultureller und sozialer Erfahrungen sowie Reintegrationsmaßnahmen »durchstrukturiert«, und inwieweit wird dies den Studierenden überlassen? Auf der Basis verschiedener Informationen wurden 44 Prozent der Programme im Hinblick auf wissenschaftliche Aspekte als »hoch organisiert«, aber nur 17 Prozent als »geringfügig organisiert« eingestuft.

Fünftens stellen auch die Entscheidungen, ob ein Auslandsstudienprogramm *obligatorisch* in den Rahmen eines Studiengangs eingebettet ist, verpflichtend für diejenigen ist, die einen bestimmten Schwerpunkt des Studiums wählen, *oder freiwillig* für Studierende eines oder mehrerer Studiengänge ist, eine grundlegende Option zur Gestaltung dar. Jede Maßnahme zur Gestaltung des Auslandsstudiums in einem Studiengang mit obligatorischer Auslandsstudienkomponente verlangt daher besonders großen Aufwand und ist darauf ausgerichtet, dass alle Studierenden zum Erfolg kommen.

Sechstens schließlich sind deutliche Unterschiede erkennbar, inwieweit versucht wird, eine *Symmetrie des Austausches* zu erreichen und in dieser Hinsicht eine enge Kooperation zu entwickeln. Fast der Hälfte der untersuchten Programme liegt das Ziel zugrunde, bei einem gleichartigen Austausch möglichst eng zu kooperieren und sich gegenseitig zu unterstützen und zu entlasten: In solchen Fällen besucht eine etwa gleich große Zahl Studierender eine ungefähr gleich lange Zeit die Partnerhochschule. Die Studierenden haben an der Gasthochschule keine Gebühren zu zahlen, und es werden ähnliche Formen der Betreuung – wenn auch nach örtlichen Traditionen variierend – zwischen den Partnerhochschulen abgesprochen.

8.3.4 Maßnahmen zur Gestaltung des Auslandsstudiums

Auslandsstudienprogramme heben sich von individueller Mobilität im Prinzip vor allem dadurch ab, dass seitens der Hochschule vieles zur Gestaltung der Lern- und Lebensbedingungen der Studierenden während des Auslandsaufenthalts sowie zur Vor- und Nachbereitung unternommen wird. Den Studierenden werden mancher Aufwand und manche Risiken abgenommen; zugleich wird in vielen Fällen versucht, das Lernen im Ausland vorzustrukturieren, um die Erträge des Auslandsstudiums zu erhöhen.

Seitens der meisten Hochschulen wird großer Wert auf eine eingehende Vorbereitung auf das Auslandsstudium gelegt. So ist bei der Hälfte der Programme vorbereitender Fremdsprachenunterricht obligatorisch und bei einem Viertel freiwillig; nicht selten treten Intensivsprachkurse zu Beginn des Auslandsstudienaufenthalts hinzu. Individuelle Beratung, Orientierungsveranstaltungen – oft unter Einbeziehung ehemaliger Teilnehmer und ausländischer Studierender – und schriftliche Unterlagen zum Studium im Ausland werden jeweils bei mehr als der Hälfte der Programme angeboten. Bestimmte vorbereitende Fachkurse nur für Teilnehmer des Auslandsstudiums sind dagegen lediglich bei einem Fünftel der Programme zu besuchen.

Bei fast allen Auslandsstudienprogrammen können die Studierenden während des Studiums an der Gasthochschule mit individueller *Beratung und Unterstützung* in Studienangelegenheiten, praktisch-organisatorischen Fragen und bei persönlichen Problemen rechnen. Bei der Mehrzahl der amerikanischen Programme wird ein amerikanischer Dozent an der Gasthochschule als Tutor für die amerikanischen Studierenden tätig. Bei manchen weiteren Programmen – unter anderem fast einem Viertel der deutschen Programme – wird ein Lehrender oder eine andere Person der Gasthochschule seitens der Herkunftshochschule als Betreuer beauftragt und in manchen Fällen dafür bescheiden honoriert. Besondere Kurse oder Tutorien zur Unterstützung des Studiums im Ausland werden in etwa der Hälfte der Fälle angeboten. Bei etwa 40 Prozent der Programme wird ein Plan der zu besuchenden *Lehrveranstaltungen* vorgegeben. Bei etwa gleich vielen Programmen ist ein Teil der Veranstaltungen festgelegt oder werden zumindest Empfehlungen für den Besuch bestimmter Lehrveranstaltungen gegeben. Kulturelle und soziale Programme werden an der Gasthochschule – in unterschiedlichem Umfang – bei der Hälfte der Auslandsstudienprogramme arrangiert.

Herkunfts- und Gasthochschule arbeiten in zwei Drittel der Fälle in der *Spezifizierung des Studienprogramms* während der Auslandsstudienphase zusammen. Bei den meisten amerikanischen Programmen dagegen behält sich die Herkunftshochschule solche Vorgaben vor; bei den meisten schwedischen

Programmen wird dies der Gasthochschule überlassen, während bei manchen Programmen insgesamt nur wenig Vorgaben erfolgen.

Bei einem Fünftel der hier behandelten Programme ist eine *Praxisphase im Ausland* ergänzend zum Studium an der Gasthochschule vorgesehen. Sie sind vor allem in den Wirtschaftswissenschaften, den Ingenieurwissenschaften und den fremdsprachlichen Fächern anzutreffen.

Auch zur *Reintegration* der zurückkehrenden Studierenden sehen 46 Prozent der Auslandsstudienprogramme einzelne Veranstaltungen, Kurse oder individuelle Beratung vor. Bei vier Fünfteln der Programme berichten allerdings die Leiter, dass kaum Reintegrationsprobleme auftreten.

8.3.5 Erfolge und Probleme der Auslandsstudienprogramme

Erfolge und Probleme von Auslandsstudienprogrammen sind naturgemäß in erster Linie an den Erträgen für die Lernenden zu messen; sie können jedoch auch auf andere Weise bestimmt werden: Inwieweit ermöglichen sie den Zugang für einen breiten Kreis von Studierenden? Inwieweit erweist sich der Auslandsaufenthalt als integraler Bestandteil des Studiums? Inwieweit bestehen Probleme in der Organisation der Programme? Welche Rückwirkungen hat das Auslandsstudienprogramm auf die Hochschule allgemein, etwa als Stimulus für andere Kooperationsformen?

Besondere Stipendien für das Auslandsstudium, Vereinbarungen über Gebührenerlasse, Unterbringung in Wohnheimen und verschiedene organisatorische Hilfen tragen dazu bei, dass die *Zusatzkosten für den Auslandsaufenthalt in Grenzen gehalten werden.* Man kann schätzen, dass die verbleibenden direkten Kosten für die Teilnehmer an Auslandsstudienprogrammen bzw. für ihre Familien im Durchschnitt um 15 Prozent höher sind als die Kosten, die sie für eine entsprechend lange Phase des Studiums daheim selbst tragen. Die tatsächliche Zusatzbelastung scheint jedoch höher zu sein.

Die trotz der Förderungsmaßnahmen für die Studierenden verbleibenden *Probleme bei der Finanzierung des Auslandsstudienaufenthalts* wurden von Programmleitern als die größten bezeichnet, denen sich die Studierenden durch die Teilnahme am Auslandsstudium aussetzten. Etwas mehr als die Hälfte der Programmleiter – dabei etwa zwei Drittel der deutschen Programmverantwortlichen – schätzten, dass die Zusatzkosten zu einer Einschränkung der Teilnehmerschaft und einer gewissen sozialen Selektion führten.

Drei Viertel der Programmverantwortlichen berichten, dass das Auslandsstudium nach der Rückkehr der Studierenden in der Regel an der Herkunftshochschule voll angerechnet wird. Dass die deutschen Programmleiter etwas seltener eine vollständige *Anrechnung* konstatieren, schlägt sich ihrerseits nicht in besonderer Besorgnis um dieses Problem nieder; dies ist in manchen Fällen darauf zurückzuführen, dass – erklärlich aus der Tradition relativ freien Studiums an deutschen Hochschulen – bei manchen Studiengängen keine formelle Anerkennung erforderlich ist, um die Erträge des Auslandsstudiums ohne Zeitverzug in das Examen einzubringen. Eine *Studienzeitverlängerung* infolge des Auslandsstudiums ergibt sich – wiederum nach Aussagen der Programmleiter – bei jedem siebten Programm (bei jedem sechsten deutschen Programm) in jedem Falle. Unter bestimmten Umständen sei sie bei jedem vierten Programm (bei jedem dritten deutschen Programm) zu erwarten.

Ernsthafte Probleme in der Organisation des Auslandsstudiums und in der Kooperation zwischen den Hochschulen werden nur in wenigen Fällen empfunden: Im Hinblick auf verschiedene Einzelaspekte wird die Situation im Durchschnitt nur von etwa 15 Prozent der Programmleiter als problematisch bezeichnet (siehe Tabelle 8.1).

Tabelle 8.1: Probleme von Auslandsstudienprogrammen und deren Umfeld nach Einschätzungen der Programmleiter

Art des Problems	Arithmetisches Mittel*	Prozent der Programme mit sehr großen und großen Problemen
Finanzielle Probleme	3,4	29,6
Diskrepanzen von Studiengängen und Examinierungsmodalitäten	3,5 - 3,6	8,9 - 16,7
Organisations- und Verwaltungsprobleme	3,8 - 4,3	1,8 - 13,4
Versicherungsangelegenheiten	4,1	15,0
Probleme der Fremdsprachenkompetenz des Personals	4,1 - 4,2	10,7 - 11,9
Probleme der Anerkennung des Auslandsstudiums	4,0 - 4,5	5,0 - 24,1
Mangelnde Einsatzbereitschaft der Lehrenden	4,3	2,7
Visa-Angelegenheiten	4,7	3,6

* Skala von 1 = »sehr großes Problem« bis 5 = »überhaupt kein Problem«

Quelle: Angaben zum Auslandsstudienprogramm SAEP

8.3.6 Einflussfaktoren auf den Erfolg der Programme

Zwischen den Kontexten und der Gestaltung der Auslandsstudienprogramme auf der einen Seite und den Erfolgen und Problemen der Programme auf der anderen Seite gibt es einige interessante Zusammenhänge, wenn auch nicht einzelnen Faktoren alles überragende, durchschlagende Wirkungen zugeschrieben werden können. Vor allem fünf Befunde sind zu berichten:

(1) *Aussagen über die Ziele scheinen keinesfalls nur folgenlose Deklamationen zu sein.* In manchen Fällen lässt sich nachweisen, dass Programme in denjenigen Aspekten mehr sichtbare Erfolge erbringen, auf die – nach den genannten Zielsetzungen zu urteilen – besonderer Wert gelegt wird. Allerdings ergeben sich nicht durchgängig solche Zusammenhänge (siehe Tabelle 8.2).

Tabelle 8.2: Korrelationen zwischen Zielen und Erträgen von Auslandsstudienprogrammen*

Programmbezogene Erträge	Fremdsprachen	Internat. Orientierung	Fachstudium	Beruf	Persönl. Entwickl.
Anerkennung (P)*	.28	.19	.34	•	.35
Anerkennung (S)**	•	•	.44	(.21)	•
Keine Verlängerung (P)	.19	•	.27	•	•
Keine finanzbedingten Programmeinschränkungen (P)	•	•	•	.26	•
Eingewöhnung in Studienangelegenheiten (P)	•	•	•	.23	•
Wenig studienbezogene Probleme (S)	-.25	-.21	-.34	-.31	•
Wenig Probleme des Zurechtfindens (S)	-.28	•	•	•	-.28
Wenig Probleme mit Lebensbedingungen (S)	.25	•	•	•	•
Wenig Kontaktprobleme (S)	-.26	•	•	•	•
Lohnende studienbezogene Erfahrungen (S)	•	•	(-.19)	•	•
Nützliche Kenntnisse (S)	•	•	•	.27	-.21
Lohnende kulturelle Erfahrungen (S)	(.20)	.22	.29	-.24	.21
Einfluss auf die Hochschule (P)	•	•	.30	-.24	•
Nebenwirkung: Forschungskooperation (P)	•	•	•	.19	.25

Pearson'scher Korrelationskoeffizient; nur Werte von .19 und höher (.05 Signifikanz) sind in der Tabelle aufgeführt; ( ) = nicht signifikant, Anzahl der Fälle zu gering

* (P) = Aussagen der Programmverantwortlichen

** (S) = Aussagen der Studierenden

Quelle: Erträge des Auslandsstudiums - zentrale Programmvariablen SAEP

(2) Die statistische Analyse lässt vermuten, dass der institutionelle Kontext und die administrativen Rahmenbedingungen der Auslandsstudienprogramme deren Erträge am wenigsten eindeutig beeinflussen. Es zeigt sich, dass institutioneller Kontext und organisatorischer Rahmen keine gleichgerichteten Wirkungen haben. Dies schließt nicht aus, dass im Einzelfall jeweils verschiedene Faktoren dieser Art bedeutsam sind.

(3) Die *Zusammensetzung der Teilnehmer* spielt für die Ergebnisse eine gewisse – allerdings keineswegs überragende – Rolle. Erträge der Programme sind manchmal gerade in den Aspekten besonders groß, die die jeweiligen Studierenden dieser Programme auch als wichtig für die Entscheidung zur Teilnahme am Auslandsstudium bezeichnet hatten.

(4) *In manchen Aspekten erweist sich die Anlage der Auslandsstudienprogramme als wirkungsvoll im Hinblick auf die hier in der Analyse berücksichtigten »Erfolge« und »Probleme«.* Zuweilen werden dabei die intendierten Wirkungen gefördert: So werden die operativen Ziele eines hohen Maßes der Anerkennung des Studiums im Ausland nach der Rückkehr und das Vermeiden von Studienzeitverlängerung infolge des Auslandsaufenthalts eher erreicht, wenn die Teilnahme obligatorisch, die Dauer des Aufenthalts lang, das Programm der zu besuchenden Lehrveranstaltungen weitgehend festgelegt ist und das Programm in manchen anderen Aspekten einen hoch organisierten Eindruck erweckt.

(5) *Ein konträres Bild* ergibt sich jedoch, wenn geringe Probleme der Studierenden während des Auslandsstudienaufenthalts und Zufriedenheit mit dem Auslandsstudium sowie geringe organisatorische Probleme des Auslandsstudienprogramms zum Maßstab genommen werden. In solcher Hinsicht auf die Substanz des Lernens und auf die Lebenssituation im Ausland *scheinen gerade Erfolge derjenigen Programme größer zu sein, die nicht hochorganisiert sind* – bei denen zum Beispiel die Kooperation zwischen den Partnerhochschulen nicht sehr ausgeprägt oder die Vorbereitung nicht eingehend vorstrukturiert wird.

8.4 Erfahrungen und Probleme seitens der Studierenden

8.4.1 Die Teilnehmer am Auslandsstudium

Fast alle befragten Teilnehmer der untersuchten Programme waren zwischen 19 und 25 Jahre alt. Die britischen, französischen und amerikanischen Studierenden sind zur Zeit des Auslandsstudienaufenthalts im Durchschnitt etwa zwei Jahre jünger als die deutschen und schwedischen Studierenden. Für alle fünf Länder gilt jedoch, dass die untersuchten Programme kaum diejenigen

Studierenden erreichen, die sich erst nach mehreren Jahren der Berufstätigkeit oder anderer Tätigkeiten für ein Hochschulstudium entscheiden.

Auslandsstudienprogramme haben offensichtlich auch eine große Anziehungskraft für Studierende, die in verschiedener Hinsicht bereits zuvor internationale Erfahrungen machten: deren Eltern oder Geschwister oder die selbst schon vorher einige Zeit im Ausland gelebt hatten. Von den befragten deutschen Studierenden hatten 22 Prozent vorher einige Zeit im Ausland gewohnt und in manchen Fällen gearbeitet; 25 Prozent hatten zuvor Schulen oder Hochschulen im Ausland – überwiegend in kürzeren Austauschprogrammen, aber zum Teil auch für längere Zeit – besucht.

Die Mehrheit der Teilnehmer am Auslandsstudium berichtet, dass sie bereits bei der Wahl des Studienfaches und ihrer Heimathochschule auf ein Auslandsstudium Wert gelegt hätten und dass dies ihre Wahlentscheidung stark beeinflusst habe. Als wichtigste Gründe für die Teilnahme an einem Auslandsstudium werden folgende Wünsche genannt: die Fremdsprachenkenntnisse weiterzuentwickeln sowie in einem anderen Land zu leben und dabei Land und Leute kennenzulernen. Die Erwartung, dass die Teilnahme am Auslandsstudium zu verbesserten Berufs- und Beschäftigungschancen beitragen werde, wird ebenfalls als eines der wichtigsten Motive hervorgehoben. Nur eine Minderheit der Studierenden wollte dort Sachgebiete oder Methoden des Lehrens und Lernens kennenlernen, die sie an der eigenen Hochschule kaum antreffen.

8.4.2 Erfahrungen und Probleme im Ausland

Angebote zur Vorbereitung des Auslandsaufenthalts werden von fast allen Studierenden genutzt. Die meisten sprechen mit früheren Teilnehmern und nehmen an Orientierungsveranstaltungen, Sprachkursen und Lehrveranstaltungen teil, die inhaltlich als Vorbereitung auf das Auslandsstudium verstanden werden. Auch die Vorkehrungen zur Betreuung und Unterstützung kommen zur Geltung. Jeweils etwa 90 Prozent der Studierenden berichten, dass sie solche Unterstützung erlebt hätten in Bezug auf praktische Angelegenheiten, Wohnungssuche, Fragen des Studiums sowie im Hinblick auf kulturelle und Freizeitaktivitäten. Mehr als zwei Drittel erhielten Unterstützung im Hinblick auf landeskundliches und fremdsprachliches Lernen, die Anbahnung von Kontakten und das Kennenlernen des regionalen Umfeldes. Die Mehrheit der Studierenden äußerte sich zufrieden mit solcher Unterstützung.

Nach der Rückkehr äußern fast alle Studierenden, dass das Auslandsstudium für sie in zweierlei Hinsicht sehr wertvoll gewesen sei: die Fremdsprachenkenntnisse zu verbessern und Menschen in einem anderen Land kennen gelernt zu haben. Hier kehren die Aspekte wieder, auf die sich vor dem Auslandsstudium die größten Erwartungen gerichtet haben.

Wie sich das Studium während des Auslandsaufenthalts gestaltet, mag in vieler Hinsicht von den Vorgaben des Programms abhängen. Vergleicht man die Angaben von Studierenden, die an demselben Programm teilgenommen haben, so zeigt sich, dass die Studienerfahrungen im Ausland durch das Programm nicht sehr eng präformiert werden, sondern dass in den meisten Fällen viel Raum für individuelle Erfahrungen besteht. In einem anderen Zusammenhang wird sichtbar, dass die meisten Studierenden das Auslandsstudium als Kontrast zum Studium an der Herkunftshochschule nutzen können.

Trotz der weit höheren positiven Einschätzungen des Auslandsstudiums sind auch Probleme unverkennbar. 22 Prozent der deutschen Studierenden berichten von großen Schwierigkeiten, mit den unterschiedlichen Lehr- und Lernmethoden im Ausland zurechtzukommen. Fast ebenso häufig wird über die Unterbringung sowie über fehlende Räume für ungestörtes Arbeiten geklagt. Acht Prozent hatten große Schwierigkeiten mit dem wissenschaftlichen Niveau der Veranstaltungen im Ausland.

Nur 46 Prozent der deutschen Studierenden bekamen ihr Auslandsstudium nach Rückkehr an der Heimathochschule voll angerechnet. 62 Prozent der deutschen Studierenden rechnen mit einer Verlängerung des Studiums infolge des Auslandsstudiums. Trotz der erwähnten Probleme äußern sich fast alle Studierenden zufrieden mit dem Auslandsstudium. Lediglich fünf Prozent kehrten nach eigenen Angaben unzufrieden zurück.

8.4.3 Das Erleben eines anderen Hochschulsystems

Die Teilnehmer waren gebeten worden, *Studienangebote und -bedingungen an der Gasthochschule mit denen an der Herkunftshochschule zu vergleichen.* Insgesamt konstatieren sie bei den Gastländern relativ ähnliche Verhältnisse im Hinblick auf stoffliche Fragen des Studiums, dagegen bemerkenswerte Differenzen in Lehr- und Lernmethoden. Über die *deutschen Hochschulen* vermerken dabei die ausländischen Studierenden relativ häufig, dass *Leistungen der Studierenden und Anwesenheit in Lehrveranstaltungen nicht regelmäßig überprüft werden.* Auch stellt man – ebenso wie bei französischen Hochschulen – *wenig Kontakte zwischen Lehrenden und Lernenden* fest. Die deutschen Studierenden sehen ihre Herkunftshochschulen in vielen Aspekten ähnlich, wie diese von den ausländischen Studierenden wahrgenommen werden: Nur sind die deutschen Studierenden eher der Ansicht, dass bei der Lehre an deutschen Hochschulen der Dozent als Hauptinformationsträger im Mittelpunkt steht, auf die Einhaltung von Terminen Wert gelegt wird und der Stellenwert von Noten hoch ist.

Im Gesamturteil der ausländischen Studierenden wurde vor dem Auslandsstudium das deutsche Hochschulwesen nach dem amerikanischen am zweitpositivsten beurteilt; nach dem Auslandsstudium war kein Unterschied zum britischen Hochschulwesen mehr gegeben. Das französische Hochschulwesen wurde bereits vor dem Auslandsstudium am wenigsten positiv gesehen und nach der Rückkehr noch häufiger negativ bewertet.

8.5 Erträge des Auslandsstudiums für Studierende

8.5.1 Studienbezogene Erträge

Bereits vor dem Auslandsstudium schätzten die Studierenden ihre studienbezogenen Kompetenzen – Umgang mit Theorien und Methoden, wissenschaftliche Reflexion, interaktives Lernen, systematisches Arbeiten und Studieren unter Druck – überwiegend positiv ein. In nur wenigen Aspekten fielen die Einschätzungen nach dem Auslandsstudium signifikant positiver aus als zuvor: in der Kenntnis des Forschungsstandes im Ausland, im Herausfinden der wichtigsten Lehrinhalte und im Entwickeln vergleichender Perspektiven. Dagegen halten die Studierenden nach dem Auslandsstudium die meisten solcher studienbezogenen Denk- und Arbeitsweisen für wichtiger als zuvor. Dies spricht dafür, dass das Auslandsstudium die Motivation zum wissenschaftlichen Lernen steigert. Die Mehrheit der befragten Studierenden veranschlagt nach dem Auslandsstudium den Stellenwert der Kommunikation zwischen Lehrenden und Lernenden außerhalb der Lehrveranstaltungen höher für ihr Lernen und für ihre intellektuelle Entwicklung, als sie dies vor dem Auslandsstudium taten. Auch das Anwenden des Wissens auf praktische Bereiche und die Aneignung des Wissens aus anderen Disziplinen wird nach dem Auslandsstudium deutlich höher bewertet als zuvor (siehe dazu Tabelle 8.3).

Insgesamt wurde der Studienerfolg im Ausland recht positiv eingeschätzt: 52 Prozent aller Befragten beobachteten bei ihrem Auslandsstudium einen größeren Studienerfolg und nur 24 Prozent einen geringeren Studienerfolg, als sie sonst an der Heimathochschule erwartet hätten. Zu bedenken ist dabei, dass Lernen in der fremden Sprache, veränderte Lebensumstände, vielfach andere Lehrmethoden usw. gleiche Studienerfolge im Ausland wie daheim nicht als selbstverständlich erscheinen lassen.

Tabelle 8.3: Einschätzung des Stellenwerts studienbezogener Denk- und Arbeitsweisen für die intellektuelle Entwicklung der Studierenden vor und nach der Auslandsstudienphase, nach Herkunftsland (arithmetisches Mittel)*

	Herkunftsland				
	UK vor/nach	F vor/nach	D vor/nach	S vor/nach	US vor/nach
Umgang mit Theorien und Methoden					
Verständnis von Theorien	2,2/1,9	2,2/2,2	2,1/2,1	1,7/1,7	2,0/1,8
Anwendung von Wissen auf praktische Bereiche	2,6/2,0	2,4/2,0	2,6/1,9	2,0/1,9	2,1/1,7
Systematisches Denken	2,3/2,1	2,8/2,4	2,0/1,8	1,8/1,7	2,4/2,1
Methoden	3,4/3,0	2,4/2,3	3,2/2,7	2,7/2,4	3,0/2,7
Denk- und Betrachtungsweisen					
Vertrautheit mit unterschiedlichen wissenschaftlichen Ansätzen	2,7/2,4	3,0/2,5	2,9/2,6	2,9/2,6	2,6/1,7
Überprüfung der Beziehung zwischen Beobachtungen/Hypothesen/Fakten/Konzepten	2,8/2,5	2,7/2,4	3,0/2,7	2,6/2,4	2,5/2,1
Aneignung von Wissen aus unterschiedlichen Disziplinen	2,9/2,2	2,9/1,8	2,9/2,2	3,0/2,6	2,7/1,4
Entwicklung eines eigenen Standpunktes	2,3/1,8	2,3/1,9	2,3/1,9	2,1/1,7	2,0/1,4
Interaktives Lernen					
Regelmäßige Anwesenheit in Veranstaltungen	2,2/1,8	2,2/2,4	2,9/2,8	2,4/2,5	1,9/1,9
Aktive Teilnahme an Diskussionen	2,5/1,8	2,3/1,9	2,7/2,3	2,7/2,2	2,4/1,7
Kommunikation zwischen Stud, u, Lehrpersonal außerh, Veranstal,	2,8/1,9	3,2/2,4	3,2/2,3	2,6/2,2	2,6/1,8
Regelmäßige »Rückmeldung« durch die Dozenten	2,5/1,9	2,4/2,2	3,5/3,1	2,6/2,1	2,3/1,9
Betrachtung der Dozenten als Hauptinformationsquelle	3,0/3,5	3,0/3,6	2,8/3,4	3,0/3,2	2,5/3,0
Studium unter Druck					
Übernahme hoher Arbeitsbelastung	2,7/2,4	2,5/2,3	2,7/2,3	2,3/2,4	2,4/2,5
Auswahl von anspruchsvollen Lehrveranstaltungen	3,1/2,7	2,7/2,6	2,6/2,0	2,5/2,5	2,2/2,0
Vergleichende Betrachtungsweisen					
Erhalt von Vergleichsmöglichkeiten	2,9/2,4	2,3/2,1	2,8/2,4	2,6/2,1	2,7/2,1

* Skala von 1 = »sehr wichtig« bis 5 = »völlig unwichtig« (Frage: »Wenn Sie Ihr Denken und Lernen vor Ihrer Auslandsstudienzeit und nach Ihrer Rückkehr reflektieren: Wie wichtig sind Ihrer Einschätzung nach die folgenden Aspekte für Ihr Lernen und Ihre intellektuelle Entwicklung damals gewesen bzw. sind sie jetzt?«)
Quelle: Vor dem Auslandsstudium SAEP, Nach dem Auslandsstudium SAEP

8.5.2 Fremdsprachenkenntnisse

Selbsteinschätzungen seitens der Studierenden vor und nach dem Auslandsstudium, inwieweit sie die Sprache des Gastlandes beherrschen, verdeutlichen, dass der jeweilige Stand und die Zunahme der Fremdsprachenkompetenz weitgehend einheitlich sind: Es gibt zum Beispiel wenige Studierende, die ihre Lesefähigkeit als sehr hoch bzw. deutlich gestiegen beurteilen, ihre Sprechfähigkeit dagegen als relativ niedrig bzw. im Ausland stagnierend ansehen.

Viele Studierende hatten bereits zuvor beachtliche Fremdsprachenkenntnisse: 90 Prozent zum Beispiel fühlten sich in der Lage, in einem Warenhaus Kleidung zu kaufen. 72 Prozent glaubten, eine Vorlesung in der Fremdsprache verstehen zu können. Im Laufe des Auslandsstudiums nahm die Fremdsprachenkompetenz deutlich zu: Nur vier Prozent geben nach der Rückkehr an, dass sie keine Vorlesungen in der Fremdsprache verfolgen könnten.

8.5.3 Kulturelle Erträge

Teilnehmer des Auslandsstudiums scheinen mit dem Auslandsstudium in vielen Aspekten einen hohen *Informationsstand über Politik, Gesellschaft und Kultur* des Gastlandes zu gewinnen. Zum Beispiel waren vor dem Auslandsstudium nur 37 Prozent davon überzeugt, das politische System und die politischen Institutionen des Gastlandes gut zu kennen; bei der Rückkehr betrug dieser Anteil 63 Prozent. Auch stieg deutlich das Interesse an anderen Ländern und an internationalen Beziehungen.

Dagegen änderten sich im Durchschnitt die Bewertungen von Politik, Gesellschaft und Kultur des Gastlandes nur in wenigen Aspekten: Das Hochschulsystem des Gastlandes sowie die Behandlung neuer Immigrantengruppen werden nachher etwas negativer beurteilt als zuvor. Dabei bleiben Bewertungen von Politik, Gesellschaft und Kultur des eigenen Landes im Durchschnitt konstant. Generelle Stereotype, soweit sie von manchen Studierenden gegenüber bestimmten Ländern bestanden, machen einer sehr bereichsspezifischen Beurteilung Platz: Im Durchschnitt werden kulturelles Leben in Frankreich, britische Medien, deutsche Sitten und Gebräuche, Sozialstrukturen in Schweden und amerikanische Universitäten am positivsten eingeschätzt, während zur Politik der jeweiligen Länder die Ansichten auseinander gehen (siehe Schaubild 8.1).

Schaubild 8.1: Bewertung ausgewählter Aspekte des Gastlandes durch die Studierenden vor und nach der Auslandsstudienphase nach Herkunftsland (arithmetisches Mittel)*

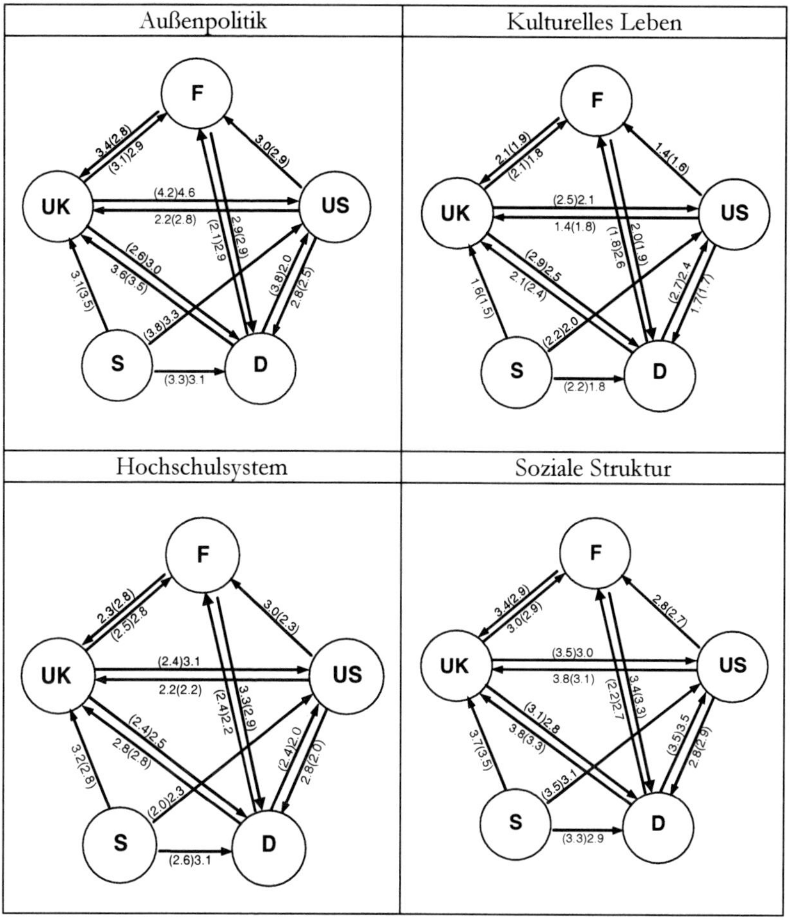

* Die Pfeilspitze zeigt das Gastland an, das Pfeilende das Land der Herkunftshochschule der Studierenden. Die Mittelwerte (Skala von 1 = »sehr positiv« bis 5 = »sehr negativ«) in Klammern betreffen Angaben vor dem Studium, die Werte ohne Klammern dagegen nach dem Auslandsstudium.

Bereits vor dem Auslandsstudium waren die Teilnehmer stark *international orientiert*, wie Antworten auf die Frage nach Wertvorstellungen gegenüber anderen Menschen und Gesellschaften, Wünsche des näheren Kennenlernens anderer Länder, Respekt gegenüber anderen Ländern, Bereitschaft zu kritischem Urteil über das eigene Land, Befürwortung enger internationaler Zusammenarbeit und Sorge um weltpolitische Entwicklungen zeigen. Insgesamt ergeben sich nur geringfügige Veränderungen nach dem Auslandsstudium. Die deutschen Studierenden äußerten sich – vor und nach dem Auslandsstudium – am stärksten international orientiert. In *Einstellungen zu internationaler Politik* – Betonung von Freiheit und Mobilität, kosmopolitische Orientierungen sowie Einstellungen zu Entwicklungshilfe und Rüstung – treten internationale Werthaltungen weniger deutlich hervor als in dem zuvor behandelten Rahmen. Wiederum ergeben sich im Durchschnitt kaum Unterschiede der Bewertungen vor und nach dem Auslandsstudium. Die deutschen Studierenden unterstreichen vor und nach dem Auslandsstudium am stärksten kosmopolitische Vorstellungen und befürworten am stärksten eine Abrüstungspolitik. Eine enge Zusammenarbeit europäischer Länder dagegen wird von französischen Studierenden am stärksten befürwortet.

Schließlich war geprüft worden, ob die Erfahrungen, die man gewinnt, wenn man zeitweilig in einer anderen Kultur lebt und viel Kontakt mit Personen einer anderen Kultur hat, die *Selbsteinschätzungen der Studierenden* verändern. Wiederum waren bei dem Vergleich der Antworten vor und nach dem Auslandsstudium keine Veränderungen im Durchschnitt beim *sozialen Selbstbewusstsein* und im *persönlichen Selbstbewusstsein* festzustellen. Allerdings meinten nicht wenige Absolventen auf eine offene Frage hin, dass das Auslandsstudium ihre Persönlichkeitsentwicklung deutlich geprägt habe.

8.5.4 Determinanten der Erträge des Auslandsstudiums

Mit Hilfe von Korrelations-, Regressions- und Varianzanalysen wurde analysiert, inwieweit studienbezogene, fremdsprachliche, kulturelle und berufsbezogene Erträge auf Erfahrungen und Probleme während des Auslandsstudienaufenthalts, auf Charakteristika der Auslandsstudienprogramme bzw. auf die individuellen Voraussetzungen der Studierenden zurückzuführen sind. Dabei zeigt sich, dass in einigen Bereichen *Erfahrungen und Verhaltensweisen während des Auslandsstudiums* zu korrespondierenden Erträgen führen: Nimmt man Fremdsprachenkurse im Ausland, so erhöht sich besonders die Fremdsprachenkompetenz; Studierende, die viel reisten, gewannen besonders große Kenntnisse über Kultur und Gesellschaft des Gastlandes; hatte man im Ausland Lernprobleme, so fällt die Beurteilung des Hochschulwesens des Gastlandes nach dem Auslandsstudienaufenthalt negativer aus als zuvor.

Auch manche plausible Zusammenhänge zwischen den *Charakteristika der Auslandsstudienprogramme* und den Erträgen für die Teilnehmer sind erkennbar: Enge Zusammenarbeit zwischen der Herkunftshochschule und der Partnerhochschule im Ausland zum Beispiel führt zu höherem Zuwachs der Fremdsprachenkenntnisse, zu einer positiveren Beurteilung des Hochschulsystems und zu höheren Erwartungen im Hinblick auf den beruflichen Nutzen.

Studierende im Rahmen von Programmen, bei denen ein Auslandsstudienaufenthalt nicht obligatorisch ist, berichten besonders häufig von hohen Studienleistungen und von einem hohen Kenntniszuwachs über Kultur und Gesellschaft des Gastlandes. Dies beruht wohl darauf, dass es sich in solchen Fällen oft um eine »positive Selektion« von Teilnehmern handelt; obendrein sind Arrangements im Ausland oft für wenige Teilnehmer einfacher. Umgekehrt beurteilen Teilnehmer obligatorischer Programme das Hochschulwesen des Gastlandes nach der Rückkehr positiver; dabei mag eine Rolle spielen, dass diese im Hinblick auf curriculare Integration ambitionierter sind.

Bei den *Studienvoraussetzungen* ist vor allem hervorzuheben, dass Studierende, die bereits bei der Wahl der Hochschule und des Studienfaches auf die Teilnahme am Auslandsstudium großen Wert gelegt hatten, einen hohen Zuwachs ihrer Fremdsprachenkenntnisse konstatieren, das Hochschulsystem des Gastlandes nach der Rückkehr positiver beurteilen und den beruflichen Nutzen des Auslandsstudiums hoch einschätzen. Daneben erwarten männliche Studierende mehr als weibliche einen beruflichen Nutzen.

Bemerkenswert ist jedoch, dass die statistische Analyse nur sehr *wenige signifikante Zusammenhänge* zwischen individuellen Voraussetzungen, Charakteristika der Programme und Erfahrungen durch Auslandsaufenthalt einerseits und den studienbezogenen, fremdsprachlichen Kulturen und beruflichen Erträgen andererseits aufweist. Offenkundig sind Erträge von Lernphasen gewöhnlich auf komplexe Bedingungen und nicht auf einzelne Faktoren zurückzuführen; auch sind bei den Programmen oft sehr unterschiedliche Faktoren für den Erfolg ausschlaggebend; obendrein zeigt bei sich bei manchen zentralen Voraussetzungen für Erfolge trotz der strukturellen Vielfalt eine große Einheitlichkeit der Programme: etwa darin, dass viele Programme von einem großen Einsatz der Programmverantwortlichen »leben« und dass alle untersuchten Programme eine Dauer von mehreren Monaten aufweisen. *Programme können offenkundig mit sehr unterschiedlichen Voraussetzungen und sehr unterschiedlichen Programmcharakteristika erfolgreich sein.*

8.6 Der Stellenwert des Auslandsstudiums für den Beruf

Von den deutschen früheren Teilnehmern an Auslandsstudienprogrammen, die zwischen 1980 und 1984 ihr Studium erfolgreich abgeschlossen hatten, sind 21 Prozent der Ansicht, dass ihnen das Auslandsstudium sehr *geholfen habe, die erste Beschäftigung zu finden*; weitere 52 Prozent konstatieren eine gewisse Erleichterung. Auch berichten die Absolventen von positiven Einflüssen des Auslandsstudiums auf *berufliche Mobilität*; dabei ist zu beobachten, dass viele Wechsel in Richtung stärkerer internationaler Berufsaufgaben stattfinden. Dagegen wird kaum ein solcher positiver Einfluss der Teilnahme am Auslandsstudium auf das *Einkommen* vermutet. Es zeigt sich jedoch, dass Absolventen, die berichten, dass das Auslandsstudium sie auf internationale Aufgaben vorbereitet habe, ein relativ hohes Einkommen haben.

Jeweils über die Hälfte der deutschen Absolventen berichten, dass die Organisation, in der sie tätig sind, geschäftliche Beziehungen zum Gastland des Auslandsstudiums haben, dass sie selbst die Sprache des Gastlandes in mündlicher und schriftlicher Kommunikation im Rahmen ihrer Berufstätigkeit verwenden und dass ihnen die Erfahrungen beruflich zugute kommen, die sie im Auslandsstudium über Land und Leute gewonnen haben. Dies gilt für Absolventen aller untersuchten Fachrichtungen und etwa in gleichem Maße für Männer und Frauen. Fast die Hälfte gibt an, dass sie *die während des Auslandsstudiums erworbenen Fachkenntnisse im Beruf verwenden*; dies gilt allerdings mehr für Ökonomen und Ingenieure als für Juristen und Absolventen naturwissenschaftlicher bzw. fremdsprachlicher Fächer.

Abschließende Erläuterungen der Absolventen über den Stellenwert des Auslandsstudiums für ihren Beruf erbringen vielfältige Beispiele für Tätigkeiten, in denen das Wissen über andere Länder, Fremdsprachenkenntnisse und andere Dimensionen *unmittelbarer internationaler Qualifizierung* eine große Rolle spielen. Deutlich wird jedoch auch, dass nicht wenige Absolventen enttäuscht sind, keine Berufstätigkeiten mit ausgeprägten internationalen Dimensionen gefunden zu haben; doch auch in diesen Fällen wird das Auslandsstudium rückblickend überwiegend positiv bewertet. Teils wird ein außerberuflicher Wert des Auslandsstudiums konstatiert. Vor allem aber werden – auch von Absolventen, deren Berufe unmittelbar internationale Dimensionen haben – *andere Einflüsse auf Persönlichkeit, Arbeitsstile und soziale Kompetenzen* hervorgehoben, die generell im Beruf bedeutsam sind: Das Auslandsstudium scheint die Fähigkeiten zu fördern, sich auf unbekannte Situationen einzustellen, mit unterschiedlichen Menschen umzugehen, zur Übernahme neuer Aufgaben und neuer Arbeitsbedingungen bereit zu sein, Fremdes kennen lernen zu wollen, in ungewohnten Bedingungen zurechtzukommen und aus dem Vergleich zu lernen.

8.7 Wichtigste Ergebnisse und Folgerungen für weitere Forschungsarbeiten

Als auffälligstes Ergebnis dieser Analyse ist zweifellos festzuhalten, dass die untersuchten Auslandsstudienprogramme recht erfolgreich sind. Nur etwa fünf Prozent der Studierenden kehren unzufrieden zurück; nur ein Zehntel berichtet von ernsthaften Studienproblemen im Ausland. Höchstens bei einem Fünftel werden Probleme organisatorischer Art betont. Deutlich ist jedoch auch eine Reihe von Problemen der Auslandsstudienprogramme: (a) Die Finanzierung der Auslandsstudienprogramme sowie die finanzielle Unterstützung des Auslandsstudienaufenthalts werden relativ häufig als problematisch bezeichnet. (b) Ein Viertel der Studierenden nimmt an, dass ihre Studienleistungen während des Auslandsstudiums schlechter waren, als sie daheim gewesen wären. (c) Eine bemerkenswerte Zahl der Studierenden bekommt ihr Auslandsstudium nach der Rückkehr nicht voll angerechnet und rechnet mit einer Studienzeitverlängerung infolge des Auslandsstudienaufenthalts. (d) Studierende und Absolventen der Rechtswissenschaft haben häufig den Eindruck, dass die Rahmenbedingungen des Studiums und auch die Beschäftiger sich gegenüber dem Auslandsstudium abweisend und inflexibel zeigen. (e) Studierende fremdsprachlicher Fächer nennen in vielen Aspekten größere Probleme als Studierende anderer Fächer.

Zwei Befunde der Studie schließlich sind von besonderer praktischer wie theoretischer Tragweite: Erstens konnte festgestellt werden, dass im Hinblick auf Organisiertheit und curriculare Integration besonders anspruchsvolle Auslandsstudienprogramme einerseits relativ erfolgreich sind, wenn man die Anrechnung des Studiums im Ausland nach der Rückkehr und voraussichtliche Vermeidung von Studienzeitverlängerung infolge des Auslandsaufenthalts zum Maßstab nimmt. Andererseits beobachten die Programmleiter wie die Studierenden mehr Probleme organisatorischer Art wie auch im Hinblick auf das Studium gerade bei solchen Programmen, die auf hohe Organisiertheit und weitgehende curriculare Integration Wert legen.

Zweitens ist das Resultat bemerkenswert, dass insgesamt Unterschiede in den Erträgen in weitaus geringerem Maße bestimmten Bedingungen und Charakteristika der Auslandsstudienprogramme zugerechnet werden können als man vorher erwartet hatte. Sicherlich verweist dies auf die Komplexität der Bedingungszusammenhänge: Einzelne Faktoren – wie etwa die Dauer des Auslandsstudiums oder die Intensität vorbereitend er Maßnahmen – werden verständlicherweise von anderen Faktoren überlagert. Auch wird damit bestätigt, dass »viele Wege nach Rom« führen: Verschieden angelegte Auslandsstudienprogramme können sich als ertragreich erweisen.

9 ERASMUS – eine Bilanz der ersten sieben Jahre (1999)*

9.1 Die Ziele des Programms und der Ansatz der Begleitforschung

ERASMUS wird als die größte Erfolgsstory der europäischen Bildungsaktivitäten betrachtet. Das Programm hat eine große Einsatzbereitschaft für den Austausch von Studierenden innerhalb Europas ausgelöst; eine Studienphase in einem anderen europäischen Land ist heute nicht mehr nur die Option einiger Unentwegter, sondern es gilt als normale Aufgabe der Hochschulen in Europa, weitreichende organisatorische und studienbezogene Schritte zu unternehmen, damit eine Studienphase in einem anderen europäischen Land als Studienabschnitt eingeplant werden kann. Eine Hochschule, die sich heute nicht systematisch Gedanken macht, wie sie sich ihre Rolle auf dem Wege einer stärkeren Europäisierung oder Internationalisierung vorstellt, ist kaum mehr denkbar. Für eine solche Mobilisierung war ERASMUS zweifellos von großer Bedeutung.

Dieser Erfolg war nicht selbstverständlich. Es ging ja nicht nur darum, auslandsstudienwilligen Studierenden das Leben und Studium in einem anderen Land finanziell und administrativ zu erleichtern. Denn mit ERASMUS wurden besondere Akzente im Studentenaustausch gesetzt: Relativ viele Studierende sollten für eine kurze Phase in einem anderen europäischen Land studieren; die Wahl der Hochschule sollte auf wenige Partner beschränkt werden, bei denen man fest darauf vertrauen konnte, dass die Qualität der Studienangebote korrespondierte und den mobilen Studierenden organisatorische Hilfe zuteil würde, dass die Passung der Studieninhalte daheim und im Ausland durchdacht wäre und die Studienleistungen nachträglich anerkannt würden. Ein kurzzeitiger Studienaufenthalt in einem anderen europäischen Land sollte somit integraler Bestandteil eines normalen Studiums werden.

Daher kann sich auch eine Begleitstudie nicht auf typische Fragen zum Förderungsprogramm beschränken, z. B., ob das Angebot der Förderung des

* Koautor(inn)en: Friedhelm Maiworm und Martina Schotte-Kmoch.

Auslandsstudiums auf breite Resonanz stieß, ob die Vergabeverfahren mehr oder weniger reibungslos verliefen und die finanzielle Förderung ausreichte. Man könnte sogar umgekehrt sagen: Wenn wir die aufwendigen Antrags- und Vergabeverfahren, die kurzfristigen Förderungsentscheidungen und die bescheidenen Mittel, die die einzelnen Hochschulen und Studierenden erhielten, zum Maßstab erhoben hätten, wäre das ERASMUS-Programm nie als Erfolgsstory gepriesen worden; nicht zuletzt von seiten der deutschen Hochschulen waren die Klagen über das ERASMUS-Programm in diesen Hinsichten enorm. Man verwandt viele dieser Probleme, denn als entscheidend wurde eher verstanden, was das Förderungsprogramm bei den Hochschulen und bei den teilnehmenden Studierenden auslöste: Die Prozesse des Austausches und die damit verbundenen Prozesse der organisatorischen und wissenschaftlichen Unterstützung, die Studien- und Lebenserfahrungen im Gastland, die sprachlichen, kulturellen und wissenschaftlichen Erträge der Auslandsstudienphase und deren Wirkungen auf den weiteren Studien- und Berufsweg.

9.2 Die quantitativ-strukturellen Ziele und Erträge

Mit dem ERASMUS-Programm sollte die temporäre Studienmobilität in Europa wesentlich vermehrt werden. Zugleich war beabsichtigt, eine möglichst breite Beteiligung am Auslandsstudium zu sichern. Das sollte, was das Herkunftsland angeht, durch Quotierung erreicht werden. Es war aber auch beabsichtigt, dazu beizutragen, dass sich die Studierenden vieler Hochschulen und Fachrichtungen beteiligen, dass keine sozialen Barrieren ein Auslandsstudium verhinderten und dass die Verteilung nach Gastländern nicht allzu ungleich ausfiel.

Dem mit der Etablierung des Programms verkündeten Ziel, dass zehn Prozent der Studierenden in den beteiligten europäischen Ländern eine Studienphase in einem anderen europäischen Land verbringen sollten, lag die Zielzahl von jährlich 150 000 Studierenden zugrunde (bei damals geschätzten etwa sechs Millionen Studierenden in den Mitgliedsländern und einer durchschnittlichen Studiendauer von vier Jahren). Die Zielzahl wurde nicht erreicht: In den ersten sieben Jahren betrug die tatsächliche, jährlich ansteigende Zahl der ERASMUS-Studierenden insgesamt etwas über 210 000. Es zeigte sich jedoch, dass die Studierenden im vierten Jahr des ERASMUS-Programms die betreuenden Leistungen der Hochschulen und die Erträge der Auslandsstudienphase etwas weniger positiv einschätzten als im zweiten Jahr des ERAS-

MUS-Programms; es ist zu vermuten, dass eine größere und schnellere Ausdehnung des Programms Probleme qualitativer Art aufgeworfen hätte.

In der öffentlichen Darstellung des ERASMUS-Programms erweckte die Europäische Kommission den Eindruck, dass die Beteiligung am ERASMUS-Programm höher sei. Sie veröffentlichte meistens jeweils die Zahl der »erwarteten« ERASMUS-Studierenden. Diese basierte auf den Zahlen, die vorab in den Anträgen von Netzwerken genannt wurden, denen eine Förderung zugesprochen wurde. Sie betrug für die ersten sieben Jahre insgesamt etwa 354 000. Die tatsächlich realisierte Mobilität (die *take up-rate*) betrug 67 Prozent im Jahre 1989/90 und im Jahre 1993/94 nur noch 54 Prozent dieser angeblich »erwarteten«, aber in Wirklichkeit nicht erwarteten Zahlen: Die Finanzmittel waren selbst bei der realisierten Mobilität knapp.

Die Bemühungen, eine Balance in der Wahl der *Gastländer* zu fördern, stießen in erster Linie wegen der ungleichen Vorkenntnisse in der Sprache des Gastlandes auf Grenzen. Großbritannien und Irland waren in klar überproportionalem Maße die Gastgeber, und auch die Hochschulen in frankophonen Gebieten waren häufig Gastgeber von ERASMUS-Studierenden. Deutschland lag mit einer »Import-Export-Quote« von etwa 70 Prozent im Durchschnitt der übrigen Länder. Zu bedenken ist jedoch, dass die Wahl des Gastlandes im Rahmen von ERASMUS weitaus weniger unbalanciert war, als das bei der individuellen Mobilität von Studierenden der Fall ist.

Nach *Fächern* sticht eine hohe Beteiligung in den Wirtschaftswissenschaften, in den Fremdsprachen (seit 1990/91 durch LINGUA gefördert) und in einigen europabezogenen Spezialisierungen heraus. Die anderen Fächergruppen waren zwar unterrepräsentiert, aber insgesamt gelang es dem ERASMUS-Programm, ein breites Interesse in vielen Fächern zu wecken. Die Betonung einer möglichst breiten Beteiligung des gesamten Hochschulsystems hatte auch zur Folge, dass die Studierenden der deutschen Fachhochschulen am ERASMUS-Programm fast im gleichen Maße partizipierten wie Studierende an Universitäten.

Der Anteil der *Frauen* unter den ERASMUS-Studierenden lag zwischen 1987/88 und 1993/94 konstant über 50 Prozent und damit über der Frauenquote an allen Studierenden in Europa, die im Durchschnitt der EU-Länder knapp unter 50 Prozent lag. Die Befragungen um 1990 ließen den Schluss zu, dass damals die ERASMUS-Studierenden im Hinblick auf den *Bildungshintergrund der Eltern* und deren finanzielle Lage dem Durchschnitt der europäischen Studierenden entsprachen. Grenzen der Offenheit ließen sich eher nach anderen Kriterien nennen: So waren an dem ERASMUS-Programm selten ältere Studierende und solche, die familiäre und berufliche Verpflichtungen hatten, beteiligt.

Was angesichts der üblichen Darstellung aggregierter Statistiken zum ERASMUS-Programm oft übersehen wird, ist die Tatsache, dass die Zahl der Studierenden, die *gemeinsam* von einem Fachbereich und einer Hochschule zu einem Partnerbereich in einem anderen europäischen Land gingen, in den meisten Fällen recht gering war. Im Jahre 1992/93 betrug die *durchschnittliche Zahl der ERASMUS-Stipendiaten* 44 je beteiligter Hochschule, 25 je Netzwerk und fünf je Partner-Fachbereich eines Netzwerkes. Wir stellten fest, dass in 45 Prozent der Fälle ein Fachbereich innerhalb eines Netzwerkes insgesamt nur ein bis drei Studierende ins Ausland sandte und in weiteren 40 Prozent vier bis zehn Studierende. Oft war also (selbst wenn wir berücksichtigen, dass die Fachbereiche durchschnittlich an zwei Netzwerken beteiligt waren) die Teilnehmerzahl pro Fachbereich so gering, dass sich aufwendige organisatorische Routinen und Abklärungen zum Studienangebot kaum zu »lohnen« schienen.

9.3 Finanzierung und Kosten

In den ersten sieben Jahren des ERASMUS-Programms hatten die Zusatzstipendien, die eine Hin- und Rückreise zur Gasthochschule sowie die zusätzlichen Kosten für den im Durchschnitt etwa siebenmonatigen Aufenthalt decken sollten, durchschnittlich insgesamt zwischen 2 000 und 2 400 DM betragen. Danach sank die Förderung pro Studierenden ein wenig. Der Betrag, den die deutschen Studierenden erhielten, lag in den Anfangsjahren meist über und später etwa ebenso hoch wie der europäische Durchschnitt.

Klagen über die geringe *Höhe des ERASMUS-Stipendiums* waren von Anfang an verbreitet. Die beiden Befragungen der Studierenden in den Jahren 1988/89 und 1990/91 zeigten jedoch überraschenderweise, dass die ERASMUS-Förderung die zusätzlichen Kosten, die durch die Auslandsstudienphase entstanden, rechnerisch zu decken schienen. Allerdings gaben viele Eltern, deren Kinder während des Studiums daheim wohnten, diese Wohngelegenheit nicht an ausländische Studierende weiter, wenn ihre Kinder im Ausland studierten, und auch die Möglichkeit zum Nebenverdienst im Ausland war während des Studiums in der Regel geringer. Auch zeigte die Analyse große Unterschiede von Fall zu Fall: Während bei einem Drittel der Studierenden das ERASMUS-Stipendium 50 Prozent und mehr über den zusätzlichen Kosten lag, deckte es bei einem Viertel der Studierenden höchstens die Hälfte. Etwa 20 Prozent der ERASMUS-Studierenden berichteten von großen finanziellen Problemen während der Auslandsstudienphase, und wir wissen nicht, wie viele potenziell mobile Studierende wegen der begrenzten Förderung vor einem temporären Studium in einem anderen europäischen Land zurückschreckten.

Auch die Verantwortlichen für den Studentenaustausch in den Fachbereichen und Hochschulen betonten häufig, dass die *finanzielle Unterstützung* der Kommission für Organisation, Infrastruktur und besondere Aktivitäten der Netzwerke und Fachbereiche zu gering sei und dass man sich obendrein frage, ob diese Aktivitäten angesichts des damit verbundenen administrativen Aufwands gerechtfertigt seien. De facto überwog jedoch offenkundig der Eindruck, dass man sich der Beteiligung nicht entziehen könne, um von dem Internationalisierungsschub des Programms zu profitieren.

9.4 Situation und Erfahrungen während des Auslandsaufenthalts

Als Bedingung für die Förderung im Rahmen des ERASMUS-Programms wurde lediglich genannt, dass die beteiligten Bereiche bereit sein müssten, die Studienleistungen nach der Rückkehr anzuerkennen. Aber in der Auswahl unter den sich bewerbenden Netzwerken bzw. in der Förderungshöhe spielten auch die Erfahrungen mit den »Gemeinsamen Studienprogrammen«, die als Pilotprogramm vor der Einrichtung von ERASMUS gefördert worden waren, eine Rolle. Intensive wissenschaftliche und organisatorische Betreuung galten als die besten Voraussetzungen für den Erfolg während des Auslandsstudiums sowie curriculare Konzepte, die die Auslandsstudienphase in den gesamten Studiengang einordneten.

Insgesamt äußerten sich die ERASMUS-Studierenden recht positiv über ihre *Erfahrungen* während der Auslandsstudienphase in einem anderen europäischen Land. Es wäre jedoch übertrieben zu behaupten, dass sie nur marginale Probleme empfanden. Je ein Fünftel nannte ernsthafte Probleme im Hinblick auf Wohnen, Finanzen, zu viele Kontakte zu Personen des eigenen Landes, Verwaltungsangelegenheiten und die Anerkennung von Studienleistungen.

Die ERASMUS-Studierenden, die nach Großbritannien und nach Irland gegangen waren, äußerten sich insgesamt über die Bedingungen des Studiums an der Gasthochschule und des Lebens im Gastland wesentlich positiver als die Studierenden, die andere Länder gewählt hatten. Deutschland lag in dieser Hinsicht im Mittelfeld; am negativsten waren diesbezügliche Aussagen zu Italien.

Tabelle 9.1: Ausgewählte Probleme der ERASMUS-Studierenden 1990/91 während der Auslandsstudienphase, nach Gastland(in Prozent*)

	B	D	DK	E	F	GR	I	IRL	NL	P	UK	Ges.
Fragen der Anerkennung und des Transfers der anerkannten Studienleistungen	15	19	11	21	17	18	23	19	20	12	18	18
Teilnahme an Veranstaltungen in der Fremdsprache	7	14	11	11	8	24	14	5	11	24	8	10
Unterschiede in den Lehr-/Lernmethoden zwischen Herkunfts- und Gasthochschule	11	12	12	14	18	3	21	7	10	14	10	13
Bereitschaft der Lehrenden, auf die ausländischen Studierenden einzugehen	10	16	1	16	19	13	26	4	3	8	5	12
Verwaltungsangelegenheiten	10	27	9	23	22	15	37	3	11	17	7	18
Finanzielle Angelegenheiten	12	18	26	31	20	26	30	25	11	7	21	21
Beratung hinsichtlich inhaltlicher Fragen des Studiums	16	17	4	19	18	19	18	5	8	28	9	14
Beratung in allgemeinen Fragen	11	10	14	13	13	24	15	6	5	8	4	10
Wohnung	15	20	13	37	22	25	29	26	21	21	15	22
Klima, Ernährung, Gesundheit usw.	4	5	3	4	6	8	6	6	4	5	15	8
Allgemeiner Lebensstil im Gastland	4	6	1	2	3	0	6	1	2	2	8	5
Umgang zwischen/mit Studierenden des Gastlandes	12	13	13	8	16	13	11	5	9	10	12	12
Zu viel Kontakt zu Personen des eigenen Landes	10	23	11	16	21	16	16	19	7	15	25	20
Zu wenig Zeit zum Reisen	7	14	17	12	14	13	13	12	11	7	16	14

* Kategorien 1 und 2 auf einer Skala von 1 = »sehr große Schwierigkeiten« bis 5 = »überhaupt keine Schwierigkeiten«

Quelle: ERASMUS-Studierendenbefragung 1990/91.

Tabelle 9.2: Wissenschaftliches Niveau und Erträge des Auslandsstudiums, nach Gastland (Prozent und Mittelwerte)

	Verhältnis von mehr (+) zu weniger (-) anspruchsvollen Lehrveranstaltungen*	Große Schwierigkeiten an der Gasthochschule aufgrund des hohen Niveaus der Lehrveranstaltungen	Verhältnis von besseren (+) zu schlechteren (-) Leistungen der Gaststudierenden (Programmbeauftragte)	Grad der Nicht-Verlängerung	Studienerfolg im im Ausland**	Meinung der Studierenden*** nach dem Auslandsstudium über die Hochschulbildung im Gastland
B	+0,9 %	2 %	+6 %	58 %	2,5	2,6
D	+5,3 %	5 %	+9 %	58 %	2,5	2,3
DK	-0,5 %	5 %	+1 %	67 %	2,6	2,1
E	-12,0 %	4 %	-12 %	56 %	2,5	3,0
F	-8,3 %	5 %	+5 %	43 %	2,7	2,9
GR	-8,7 %	0 %	-17 %	45 %	2,5	3,4
I	-3,0 %	3 %	-7 %	52 %	2,7	3,1
IRL	-6,6 %	4 %	-22 %	51 %	2,4	2,4
NL	-4,8 %	2 %	+5 %	61 %	2,3	2,1
P	-13,4 %	3 %	-16 %	70 %	2,8	2,6
UK	-8,9 %	2 %	-26 %	57 %	2,4	2,6

* An der Gasthochschule im Vergleich zur Herkunftshochschule
** Auf einer Skala von 1 = »viel besser« bis 5 = » viel geringer«
*** Auf einer Skala von 1 = »sehr positive Meinung« bis 5 = » sehr negative Meinung«

Quelle: Befragung der ERASMUS-Verantwortlichen 1991/92 (nur dritte Spalte); ERASMUS–Studierendenbefragung 1990/91

Von den ERASMUS-Studierenden, die 1990/91 an deutschen Hochschulen zu Gast waren und auf die schriftliche Befragung antworteten,

- berichteten einundeinhalb mal so viele wie der Durchschnitt aller ERASMUS-Studierenden, dass sie ernsthafte Probleme mit Verwaltungsangelegenheiten und mit dem hohen Anspruchsniveau der Lehrveranstaltungen hatten;
- nannten etwas mehr als der Durchschnitt der Studierenden ernste Probleme sprachlicher Art im Studium, auch im Hinblick darauf, die Lehrenden zu treffen und Hilfe von ihnen zu erhalten, sowie generell bei der Studienberatung;
- erwähnten durchschnittlich viele Studierende Probleme im Hinblick auf Wohnen, auf die Kommunikation mit anderen Studierenden und mit der Bevölkerung sowie im Hinblick auf den Lebensstil;
- nannten unterdurchschnittlich viele Studierende Probleme mit dem Klima, der Kost, der Gesundheit usw. (siehe Tabelle 9.1).

Die Antworten auf verschiedene Fragen zeigen, wie die *Qualität von Lehre und Studium an der Gasthochschule* eingeschätzt wurde (siehe Tabelle 9.2): zum Beispiel die Aussagen der Studierenden, zu welchem Anteil anspruchsvollere oder weniger anspruchsvolle Lehrveranstaltungen im Ausland als daheim besucht wurden, ob sich Probleme wegen hoher wissenschaftlicher Ansprüche im Gastland ergaben, ob sie während des Auslandsstudiums einen größeren wissenschaftlichen Fortschritt machten als daheim und wie sie das Hochschulwesen des Gastlandes insgesamt beurteilten. Daneben wurden die Verantwortlichen für die ERASMUS-Programme gebeten, die Studienleistungen der ausländischen ERASMUS-Studierenden mit denen der eigenen Studierenden zu vergleichen. Betrachtet man die Antworten zusammenfassend, so liegt der Schluss nahe, dass das wissenschaftliche Niveau in Lehre und Studium an den deutschen Hochschulen als am höchsten empfunden wurde; es folgten Dänemark, die Niederlande und Belgien. Die Einschätzung von Irland, Frankreich, Spanien, Italien und Großbritannien fiel durchschnittlich etwas negativer aus. Am negativsten waren die Beurteilungen von Griechenland und Portugal (andere Länder waren zur Zeit der Befragung noch nicht beteiligt). Insgesamt ist jedoch festzustellen, dass die studienbezogenen Erträge des Auslandsstudiums durchgängig überwiegend positiv bewertet wurden. Die Unterschiede in der wissenschaftlichen Qualität der Studienangebote schienen zwischen den Ländern der EU nicht so gravierend zu sein, wie es Skeptiker bei der Einrichtung des ERASMUS-Programms befürchtet hatten; hinzu kommt, dass die durch die Auswahl passender Partnerfachbereiche möglicherweise im Durchschnitt bestehenden Unterschiede zwischen den Ländern weniger zur Geltung kamen.

Die Ergebnisse der Befragungen machen deutlich, dass die Verantwortlichen in den Netzwerken und einzelnen Fachbereichen eher als die Studierenden Mängel im Förderungsprogramm, in dessen Administration durch die Kommission und in den finanziellen Bedingungen betonten als die Studierenden. Die Studierenden ihrerseits machten darauf aufmerksam, dass sie auch dort Verbesserungsmöglichkeiten sahen, wo die Hochschulen zuständig waren. So zum Beispiel bewerteten sie im Durchschnitt die Angebote der Hochschulen zur Vorbereitung auf die Auslandsstudienphase keineswegs überschwänglich positiv.

Natürlich liegt es im Rahmen einer solchen Studie nahe zu fragen, welche Maßnahmen, die die Hochschulen zur Unterstützung des Auslandsstudiums ergriffen, sich als am wirkungsvollsten erwiesen haben. Unsere detaillierte Analyse legt den Schluss nahe, dass nicht einzelne Faktoren durchgreifende Wirkungen versprechen. Gerade eine Fülle von intensiven Aktivitäten zur administrativen Unterstützung vor und während der Auslandsstudienphase, zur inhaltlichen Vorbereitung und wissenschaftlichen Betreuung u.a.m. scheinen insgesamt eine Atmosphäre geschaffen zu haben, die den Studienerfolg während der Auslandsstudienphase erhöhten.

9.5 Verwendung der Sprache des Gastlandes

Die Europäische Kommission versuchte, mit der Förderung des temporären Studiums im Ausland zugleich das Lernen von *Fremdsprachen* populärer zu machen. Zwar stand den Hochschulen und Fachbereichen frei, ob sie die Studienangebote für ERASMUS-Studierende in der Sprache des Gastlandes oder in einer anderen Sprache anboten; eindeutig wurde jedoch angenommen, dass eine Integration in das Studium an der Gasthochschule und in das Leben im Gastland am besten gelingen kann, wenn die Sprache des Gastlandes beherrscht wird.

Nach eigenen Aussagen hatten die ERASMUS-Studierenden des Studienjahres 1990/91 drei Viertel der Veranstaltungen an der Gasthochschule besucht, in denen die Sprache des Gastlandes Unterrichtssprache war. Ungefähr 40 Prozent der besuchten Kurse wurden in englischer Sprache, etwa 20 Prozent in französischer Sprache und 40 Prozent in den übrigen Sprachen angeboten.

Von den befragten ERASMUS-Studierenden, die ihren Auslandsstudienaufenthalt in Deutschland verbrachten, nahmen 61 Prozent ausschließlich an Lehrveranstaltungen in deutscher Sprache teil; 38 Prozent hatten ein sprachlich gemischtes Studienprogramm mit Veranstaltungen in Deutsch und in mindestens einer weiteren Sprache (oft Englisch). Nur ein Prozent wurde überhaupt nicht in Deutsch unterrichtet. Das entsprach mehr oder weniger der Situation in Frankreich, Italien, Spanien und Portugal. In den anglophonen Ländern dagegen dominierte klar die Sprache des Gastlandes. Umgekehrt spielte die Sprache des Gastlandes für ERASMUS-Studierende, die in weitere EU-Länder gingen, allenfalls eine untergeordnete Rolle.

Etwa ein Sechstel der ERASMUS-Verantwortlichen, die zum Studienjahr 1991/92 befragt worden waren, betonten, dass viele ERASMUS-Studierende, die an ihre Hochschule kamen, *Sprachschwierigkeiten* hatten. Seitens der Studierenden berichteten jeweils etwa zehn Prozent, dass sie große Probleme gehabt hätten, den Lehrveranstaltungen in der Sprache des Gastlandes zu folgen bzw. darin Prüfungen abzulegen. Nur etwa 50 Prozent derjenigen, die auch Lehrveranstaltungen in der Sprache des Gastlandes besuchten, fühlten sich bereits zu Beginn des Auslandsaufenthaltes gut auf diese vorbereitet. Am Schluss schätzten etwa 90 Prozent ihre sprachlichen Kompetenzen gut ein. ERASMUS-Studierende, die ihre Auslandsstudienphase in Deutschland verbrachten, nannten überdurchschnittlich häufig sprachliche Probleme.

9.6 Erträge des Studiums in einem anderen europäischen Land

Die Frage der späteren *Anerkennung* dessen, was während des Auslandsstudiums an Leistungen erbracht wurde, ist verständlicherweise zum wichtigsten Kriterium für die Förderung im Rahmen des ERASMUS-Programms gemacht worden. Dadurch wurde unterstrichen, dass diese Phase des Studiums in einem anderen europäischen Land als integraler Bestandteil des gesamten Studiengangs verstanden werden sollte und nicht als eine »Zusatzqualifikation«.

Ob das Studium an einer anderen Hochschule im Ausland nach der Rückkehr (oder auch bei einem Übergang zu einer anderen Hochschule) anerkannt wurde, hing vor allem von drei Faktoren ab:

– inwieweit der *Lehrstoff des Studienangebots* an der Gasthochschule als *adäquat* zum Studienangebot an der Herkunftshochschule angesehen wurde. Hier mögen die beteiligten Fachbereiche auf eine möglichst große Ähnlichkeit oder gerade auf einen Kontrast zwischen dem Angebot im Ausland oder daheim Wert gelegt haben, sie mögen auf ein detailliertes Ausbuchstabieren der Äquivalenz geachtet oder vieles im gegenseitigen Vertrauen offen gelassen haben, und sie mögen die Wahl der Veranstaltungen weitgehend geregelt, die Studierenden individuell beraten, aber eine klare Absprache verlangt, oder die Entscheidung für die Studierenden weitgehend offen gelassen haben;

- inwieweit das *Studium* im Ausland in ausreichender *Qualität und Intensität* erfolgte; hier mag die Qualität des Studienangebots, die organisatorischen und wissenschaftlichen Bedingungen (so die Betreuung der ausländischen Studierenden) für das Studium und das Verhalten der Studierenden selbst eine Rolle gespielt haben;
- inwieweit *Modalitäten der Leistungsbewertung, Dokumentation und Anrechnung* gefunden wurden, die eine Erwartungssicherheit für die Anerkennung des Studiums in einem anderen europäischen Land schafften.

Tatsächlich stellen wir fest, dass sehr viele Partnerfachbereiche Fragen der Äquivalenz des Studiums intensiv miteinander zu klären suchten. In manchen Fällen sind daraus integrierte europäische Studienangebote erwachsen, die zuweilen sogar eine doppelte Diplomierung – im Gastland und im Herkunftsland – vorsahen. Überwiegend wurde die Anerkennung durch intensive Kooperation, Bewertung der Lehrveranstaltungen und eingehende Beratung der Studierenden gesichert. Die »lange Leine« eines Vertrauens in die Korrespondenz und Äquivalenz der Veranstaltungen und in eine große Wahlfreiheit der Studierenden war seltener, und im Ganzen schienen die Studierenden eher auf eine hohe Anrechnung vertrauen zu dürfen, wenn Absprachen und Regelungen verbindlich waren.

Beobachtbar ist aber auch, dass die Mehrzahl der Fachbereiche eine eindeutige Entscheidung, auf eigene Lehrveranstaltungen und Prüfungen im Umfange der Auslandsstudienphase zu verzichten und durch Studienanteile im Ausland zu ersetzen, auf die eine oder andere Weise zu umgehen suchten. Sie erwarten z. B. von den Studierenden, die Pflichtveranstaltungen daheim zu belegen und nur Wahlveranstaltungsteile des Lehrplans durch Lehrveranstaltungen im Ausland zu ersetzen, im Ausland Praktika, die Arbeit am Examen oder Ähnliches vorzusehen, daheim mehr Lehrveranstaltungen zu besuchen als Studierende, die nicht ins Ausland gingen, oder das Studium insgesamt doch in gewissem Umfang wegen der Auslandsstudienphase zu verlängern.

Nach den Ergebnissen unserer Befragungen schätzten die Koordinatoren bzw. die Verantwortlichen an den einzelnen Hochschulen, dass die an der Gasthochschule erreichten Studienleistungen im Durchschnitt zu 90 Prozent nach der Rückkehr angerechnet wurden. Die ERASMUS-Studierenden berichteten dagegen, dass etwa nur drei Viertel der im Auslandsstudium erbrachten Leistungen nach der Rückkehr angerechnet wurden (wir bezeichneten das als »*Grad der Anrechnung*«). Ähnlich wurde geschätzt, dass die angerechneten Leistungen ungefähr drei Viertel dessen entsprachen, was in einem gleich langen Zeitraum an den Herkunftshochschulen zu leisten gewesen wäre (»*Grad der Übereinstimmung*«). Trotz dieser Diskrepanz zwischen den Schätzungen der Verantwortlichen für die Lehre und der Studierenden könnte es als bemerkenswerter Erfolg angesehen werden, dass die Studienergebnisse in der Auslandsstudienphase etwa einem Dreiviertel der daheim zu erwartenden Studienergebnisse entsprachen. Denn die ERASMUS-Studierenden belegten im Ausland im Durchschnitt etwa ein Sechstel weniger Lehrveranstaltungen als daheim; viele hatten zu Beginn Schwierigkeiten, dem Unterricht sprachlich voll zu folgen, und es gab mancherlei andere Anforderungen beim Studium und Leben in einem anderen Land. Schließlich beobachteten die Studierenden, dass die Lehrveranstaltungen, die sie im Ausland besuchten, zu jeweils etwa einem Viertel deutlich anspruchsvoller oder weniger anspruchsvoll waren als gewöhnlich daheim.

Manches an diesen Anrechnungen scheint jedoch trügerisch zu sein. Nicht anders ist zu erklären, dass die befragten ERASMUS-Studierenden vermuteten, dass sich die Gesamtdauer ihres Studiums infolge des Auslandsstudiums um 45 Prozent der Dauer der Auslandsstudienphase verlängern würde (in diesem Sinne lässt sich Anerkennung als »*Grad der Nichtverlängerung*« des Studiums bestimmen). Nach dem Studienabschluss schätzten ehemalige ERASMUS-Studierende, dass sich im Durchschnitt tatsächlich eine Verlängerung um etwa 40 Prozent ergeben hatte. Das bedeutet bei einem siebenmonatigen Aufenthalt eine Verlängerung des Studiums um etwa drei Monate.

In Deutschland zeigte sich bei der Anrechnung ein markanter Unterschied nach Hochschularten. Während die Fachhochschulen überdurchschnittlich zur Anrechnung der im Ausland erbrachten Studienleistungen bereit waren, lag die Anrechnung seitens der Universitäten deutlich unter dem Durchschnitt. Im Detail zeigt sich, dass die Bereiche an Fachhochschulen, die sich an ERASMUS beteiligten, zu deutlicheren Regelungen und oft sogar zu Pflichtphasen des Auslandsstudiums in besonderen Studiengängen neigten, um einen Erfolg des Auslandsstudiums sicherzustellen. Dagegen überließ ein nicht unbeträchtlicher Teil der Fachbereiche an Universitäten ihren Studierenden weitgehend die Gestaltung der Auslandsstudienphase und hielt auch häufiger klare Regeln und Verfahren der Anrechnung für überflüssig.

Im Rahmen des ECTS-Programms fiel der *credit transfer* in der Tat höher aus; auch wurde eine geringere Verlängerung des Studiums erwartet. Gegenüber dem Idealbild einer hundertprozentigen Anrechnung der Studienleistungen und einer völligen Vermeidung von Studienzeitverlängerung war im Falle von ECTS der »Verlust« im Durchschnitt nur halb so hoch wie im Durchschnitt der Hochschulkooperationsprogramme (HKP). Allerdings war festzustellen, dass bei den Netzwerken, die sich durch ein hohes Maß organisatorischer Unterstützung und curricularer Integration auszeichneten, die Anerkennung im Durchschnitt fast ebenso hoch war wie im Rahmen von ECTS.

Bemerkenswert ist, dass die Mehrheit der befragten ERASMUS-Studierenden davon überzeugt war, dass der *wissenschaftliche Ertrag der Auslandsstudienphase* höher war als der einer entsprechenden Studienphase daheim. Nur ein Fünftel schätzte den Ertrag niedriger ein. Selbst wenn wir daran erinnern, dass Studierende in Befragungen oft ihre Leistungen überschätzen, so erlauben die Ergebnisse den Schluss, dass nicht alle Erträge des Studiums in einem anderen europäischen Land, die die Studierenden als solche wahrnehmen, von ihren Hochschulen anerkannt werden. Zu fragen ist, ob die Leistungen des Auslandsstudiums, übliche wissenschaftliche Ansätze eher zu hinterfragen, gewohnte Perspektive zu relativieren sowie den Horizont und das Reflexionsvermögen zu erweitern, höher bewertet werden könnten.

Insgesamt veranschlagten die ERASMUS-Studierenden die *kulturellen Erträge* der Studienphase in einem anderen europäischen Land – etwa das Verständnis für andere Gesellschaften und Kulturen, Kenntnisse über das Gastland oder die Umgangsfähigkeit mit ungewohnten Situationen und Menschen – und den *Gewinn an Fremdsprachenkenntnis* höher als die wissenschaftlichen Ergebnisse und die beruflichen Wirkungen. Einige Jahre später schätzten ehemalige ERASMUS-Studierende den kulturellen und fremdsprachlichen Wert der Auslandsstudienphase noch ebenso positiv ein, während ihre Urteile über den wissenschaftlichen Ertrag und den beruflichen Wert im Durchschnitt noch etwas vorsichtiger ausfielen (siehe Tabelle 9.3).

Allerdings ist anzumerken, dass sich die Einstellungen der ERASMUS-Studierenden zu Kultur und Gesellschaft des Gastlandes oder die Wertschätzung der Internationalität nach eigenen Einschätzungen durch die Auslandsstudienphase nur geringfügig verschoben. Schon frühere Untersuchungen hatten darauf hingewiesen, dass unter Auslandsstudierenden viele sind, die bereits vorher internationale Erfahrungen hatten, und dass sich solche Einstellungen in längeren Fristen entwickeln.

Die Anrechnung des Studiums und die Bewertung des wissenschaftlichen Ertrages der Auslandsstudienphase unterschieden sich nach den Herkunfts- und Gastländern der Studierenden. Hier war ein gewisses Nord-Süd-Gefälle erkennbar. Allerdings waren die Unterschiede so begrenzt, dass der Studentenaustausch im Rahmen von ERASMUS insgesamt als Austausch auf ähnlichem wissenschaftlichen Niveau verstanden werden kann.

Tabelle 9.3: Persönlicher Wert des Auslandsstudiums für die ERASMUS-Studierenden (Mittelwert**)

	ERASMUS-Studierende			
	1988/89			1990/91
	Kurz nach der Rückkehr	Drei Jahre später	Fünf Jahre später	Kurz nach der Rückkehr
Studium				
Erfahrung anderer Lehrmethoden	1,9	2,0	*	2,1
Neue Denkweisen	*	*	2,0	*
Erweiterung des wissenschaftlichen/beruflichen Wissens	*	*	2,1	*
Studieninhalte, die an der Herkunftshochschule nicht angeboten wurden	2,4	2,6	*	2,5
Studienfortschritt während des Auslandsstudiums	*	2,6	*	2,5
Studienfortschritt nach der Rückkehr	2,5	2,7	*	2,7
Beruf				
Karriereaspekte	1,8	2,0	2,5	2,0
Bedeutung für Beschäftigung	*	*	2,5	*
Bedeutung für das spätere Einkommen	*	*	3,5	*
Fremdsprache				
Fremdsprachenkompetenz	1,4	1,4	1,5	1,4
Kulturell/persönlich				
Bekanntschaften mit Menschen eines anderen Landes	1,4	1,5	*	1,4
Persönlichkeitsentwicklung	*	*	1,5	*
Kenntnisse und Verständnis des Gastlandes	1,5	1,6	1,7	1,5
Gelegenheit zum Reisen	1,7	1,7	*	1,7
Veränderung der gewohnten Lebensumstände	1,7	1,8	*	1,7
Neue Sicht des eigenen Landes	2,1	2,3	2,0	2,2

* Item nicht enthalten
** Auf einer Skala von 1 = »sehr wertvoll« bis 5 = »überhaupt nicht wertvoll«

Quelle: ERASMUS-Studierendenbefragungen 1988/89 und 1990/91; ERASMUS-Studierendenbefragung – drei bzw. fünf Jahre später.

9.7 Weiteres Studium und Berufsstart

Als das ERASMUS-Programm etabliert wurde, unterstrich der Rat der Europäischen Gemeinschaften, dass Europa in Zukunft Absolventen benötige, »die das wirtschaftliche und gesellschaftliche Leben anderer Mitgliedstaaten unmittelbar kennen gelernt haben«, und dass Absolventen mit solchen Qualifikationen für eine europäische Zusammenarbeit im wirtschaftlichen und sozialen Bereich von Bedeutung seien. Zweifellos wurde erwartet, dass sich ein wachsender Bedarf an Hochschulabsolventen ergeben werde, die auf internationaler und europäischer Ebene agieren können und die unterschiedliche Ansätze ihres Faches und ihrer Profession in verschiedenen Ländern kennen.

Mit Hilfe von Befragungen, in denen der weitere Weg von ehemaligen Studierenden des zweiten ERASMUS-Jahrgangs über fünf Jahre nachgezeichnet wurde, konnte gezeigt werden, dass die ERASMUS-Studierenden auf ihrem *weiteren Studienweg* sehr erfolgreich waren. Über 90 Prozent schlossen ihr Studium ab, und ein ungewöhnlich großer Anteil entschied sich für ein weiteres Studium bzw. für eine Promotion.

Fast ein Zehntel der ehemaligen ERASMUS-Studierenden wurde *im Gastland ihres Auslandsstudienaufenthalts tätig*; von denjenigen, die in Deutschland eine Weile studiert hatten, nahmen fast doppelt so viele hier eine Berufstätigkeit auf. Ebenfalls fast ein Zehntel der ERASMUS-Studierenden wurden später in dritten Ländern berufstätig. Auch berichtete jeweils über die Hälfte der Berufstätigen, dass sie fremdsprachliche Kenntnisse, Erfahrungen im Ausland sowie fachliche Qualifikationen, die sie während der Auslandsstudienphase erworben hatten, *beruflich verwenden konnten*. Allerdings sind hierbei große Unterschiede nach dem Gastland des Auslandsstudiums festzustellen: Diejenigen, die ihre ERASMUS-Studienphase in einem der kleineren europäischen Länder verbracht hatten, sahen weitaus seltener einen unmittelbaren beruflichen Nutzen als diejenigen, die eines der größeren Länder gewählt hatten.

Fast drei Viertel der erwerbstätigen ehemaligen ERASMUS-Studierenden meinte, dass ihnen das Auslandsstudium bei der Suche nach einem Arbeitsplatz hilfreich gewesen sei. Etwa die Hälfte sah eine klare Verbindung zwischen ihrem Studium im Ausland und ihren späteren beruflichen Aufgaben. Aber nur etwa ein Viertel meinte, dass es ihnen in Status und Einkommen besser ginge als gleich Qualifizierten ohne Auslandsstudium, wogegen ein Zehntel sogar eine Verschlechterung der beruflichen Situation infolge des Auslandsstudiums konstatierte.

Natürlich können Selbsteinschätzungen täuschen, und eine solche Studie kann ohnehin nicht nachweisen, inwieweit der *berufliche Erfolg* der Befragten durch die Studienphase im Ausland bewirkt wurde. Dennoch wird der letztgenannte Befund sicherlich manche enttäuschen, die von einem Auslandsstudium einen klaren beruflichen Vorteil erwarteten. Der Befund kann jedoch auch anders interpretiert werden: Öffentliche Mittel sind erfolgreich dafür eingesetzt worden, und das Risiko und die Kosten für die Betroffenen sind erfolgreich dafür verringert worden, dass Qualifizierung für grenzüberschreitende Aufgaben in größerem Umfang erfolgt und sich neben anderen zu einem normalen Bestandteil des Qualifikationsspektrums entwickeln konnte.

9.8 Mobilität der Lehrenden

ERASMUS ist bekannt geworden für seine Förderung der studentischen Mobilität. Weniger bekannt ist, dass jährlich auch immerhin über 1.000 Lehrende oder Administratoren ein anderes europäisches Land besuchten, um neue grenzübergreifende Aktivitäten vorzubereiten oder um eine kurze Zeit an einer anderen europäischen Universität zu lehren. Hinzu kommen noch weitere größere Zahlen von Reisen zur Koordination laufender Kooperationen.

Mobilität zur allgemeinen Informationsgewinnung und im Rahmen von Forschung ist im Hochschullehrerberuf üblich; oft finden auch Gastvorträge statt. Mobilität zum Zwecke der Durchführung regulärer Lehrveranstaltungen, die das Lehrangebot an der Gasthochschule bereichern und auch den nicht mobilen Studierenden zugute kommen, ist dagegen äußerst selten geblieben.

Im Rahmen des ERASMUS-Programms standen von Beginn an Mittel für *Dozentenmobilität* zur Verfügung. Die Mittel waren jedoch begrenzt, und auch die Nachfrage danach schien nicht sehr hoch zu sein. Tatsächlich wurde jährlich je Netzwerk nicht mehr als ein Dozent für diesen Zweck gefördert.

Sofern Dozentenmobilität realisiert wurde, schien es üblich zu sein, dass die Lehrveranstaltungen in das Studienprogramm der Gasthochschule integriert waren. Allerdings blieben Aufenthalte an der Gasthochschule von einem Monat oder länger, wie sie ursprünglich vor allem gefördert werden sollten, die Ausnahme; wahrscheinlicher war, dass die Dozenten nur zwei oder drei Wochen – oft in zwei Abschnitten – an der Gasthochschule verbrachten.

Nicht nur die Ergebnisse einer Befragung der mobilen Lehrenden, sondern auch weitere Expertisen und Ergebnisse von Fachtagungen machten deutlich, dass Dozentenmobilität zum Zwecke der Lehre sich kaum zu einem bedeutenden Element des europäischen und internationalen Studienangebots entwickeln wird, wenn allein Reisegelder zur Verfügung gestellt werden. Größere Schritte in der Personal- und Lehrveranstaltungsplanung dürften in Zusammenarbeit verschiedener Hochschulen erforderlich sein, um die Mobilität der Lehrenden aus einem Schattendasein herauszuführen.

10 ERASMUS-Evaluation 2000 (2003)

10.1 Zum Verhältnis von Evaluation und Begleitforschung

In den achtziger und neunziger Jahren hat sich in Europa immer stärker die Überzeugung durchgesetzt, dass sich die Hochschulen regelmäßig den Spiegel vorhalten sollten, um besser zu erkennen, was sie tun, wie sie es tun und welche Wirkungen ihre Aktivitäten zeitigen, und um aus solchen Reflexionen Folgerungen für die Verbesserung ihrer Tätigkeiten zu ziehen. Auch wollen diejenigen, die über die Entwicklungen der Hochschulen entscheiden – etwa staatliche Instanzen oder auch Manager innerhalb der Hochschulen – regelmäßig derartige Informationen haben, um Förderung zu rechtfertigen, Prioritäts- und Posterioritätsentscheidungen zu fällen sowie Anreize für verbesserte Funktionswahrnahme schaffen zu können.

So ein In-den-Spiegel-Blicken oder Den-Spiegel-Vorhalten findet in sehr verschiedener Weise statt:

- Erstens gibt es unterschiedliche *Wege, Informationen zu gewinnen*, so insbesondere (a) Analysen vorliegender Dokumente (z. B. Studienpläne, Zeugnisse u.a.m.), (b) Tests (d. h. gesonderte, systematische, möglichst genaue Messungen), (c) Wahrnehmungen der Beteiligten (z. B. Äußerungen von Studierenden und Dozenten bei schriftlichen Befragungen) und (d) Wahrnehmungen von Experten (z. B. Visitationen von »Peers«).
- Zweitens kann man zwischen unterschiedlichen *Verantwortlichkeiten für die Sammlung von Informationen und deren bewertende Analysen* unterscheiden: (a) Die Hochschulen können sich selbst beobachten und dafür ein Beobachtungs- und Berichtssystem aufbauen (das wird oft als Monitoring bezeichnet); (b) Beobachtung und Analyse können in der Hand unabhängiger Wissenschaftler liegen (dies bezeichnen wir hier als Begleitforschung); (c) die Beobachtung kann im Rahmen gesonderter Prozesse zum Zwecke der Bewertung und der Erarbeitung von Empfehlungen erfolgen (hierfür ist die Bezeichnung Evaluation üblich); (d) Beobachtung und Bewertung können direkt und indirekt durch diejenigen erfolgen, die als Förderer, Aufseher

oder Nutzer Entscheidungen auf der Basis solcher Bewertungen treffen wollen (Controlling o. Ä.).

- Drittens lässt sich unterscheiden, welche *Zwecke* mit Beobachtung und Bewertung verfolgt werden. Diese mögen der Selbstreflexion und damit den eigenen Bemühungen um Verbesserung dienen. Sie können auch zur externen Rechtfertigung gegenüber den Förderern und Aufsichtführenden, zur Kontrolle, als Informationsbasis für Prioritätsentscheidungen und zur Transparenz für Nutzer beitragen.

Evaluationsforschung (gleichgültig, ob sie als Begleitforschung zu Evaluationsverfahren, die nicht primär auf Forschung basieren, durchgeführt wird oder ob sie selbst den Kern der Evaluation bildet) bedient sich – abgesehen von Peer-Beurteilungen – ähnlicher Methoden wie die Evaluation. Sie kann sich auch der Ergebnisse von Evaluationen bedienen oder ihrerseits Informationen für Evaluationen liefern; aber sie hat zweifellos spezifische, charakteristische Ansprüche:

- Sie will systematisch sein, also elaborierte Konzepte der Informationsgewinnung und -analyse erarbeiten und möglichst exakte, zuverlässige und »gültige« Ergebnisse erlangen.
- Sie will sehr reflektiert und sauber mit dem Verhältnis von Information und Bewertung umgehen.
- Sie will kontrolliert mit den Beobachteten umgehen: In vielen Fällen wird zum Beispiel eine anonyme Verwendung von Aussagen der Beobachteten zugesagt, damit diese möglichst offen informieren.
- Sie will die Ergebnisse ihrer Beobachtungen und Analysen einem im Prinzip nicht begrenzten Kreis von Interessenten zur Verfügung stellen.

Evaluationsforschung erlaubt in vieler Hinsicht besonders wertvolle Einsichten. Sie hat aber auch ihren Preis: Der Aufwand für Informationssammlung und Analyse ist groß und der Prozess ist langwierig. Gewöhnlich werden nicht alle Aspekte, die für eine Bewertung von Interesse sind, auf diese Weise abgedeckt. Nicht jede Einzelinformation steht den Interessenten offen. Die durchführenden Wissenschaftler sind oft in Bewertungen relativ zurückhaltend, weil die erwünschten Bewertungen sich nicht voll durch die Analysen begründen lassen. Deswegen wird die Begleitforschung nie vollständig den Wunsch erfüllen können, die Situation ganzer Hochschulen oder Studienangebote übergreifend und mit relativ begrenztem Aufwand zu beurteilen – die »quick and dirty«-Aktivitäten von »Peers« und anderen »Experten« sind aus dem Bereich Evaluation nicht wegzudenken. Evaluationsforschung bietet jedoch für ausgewählte Themenbereiche konzeptionell, methodisch und im

Hinblick auf die Validität der Ergebnisse Analysen, die einen wissenschaftlichen Wert sui generis haben und zugleich Evaluationen bereichern können.

Das Kasseler Wissenschaftliche Zentrum für Berufs- und Hochschulforschung ist in den neunziger Jahren deutlich zunehmenden Anfragen, ob es »Evaluationen« durchzuführen bereit sei, mit der Durchführung von Begleitforschung begegnet, die die evaluativen Ansprüche der Auftraggeber aufnimmt, aber stärker die analytische Qualität betont als die vollständige thematische Abdeckung und weitreichende Empfehlungen. Dabei handelte es sich häufig um Analysen zur internationalen Kooperation und Mobilität, da in diesem Bereich das Interesse an Evaluationsstudien schneller wuchs als in den traditionellen Kernbereichen der Forschungs- und Lehraktivitäten der Hochschulen.

10.2 Die SOKRATES 2000-Evaluation

Als die Europäische Kommission die turnusmäßig fällige Evaluation des ERASMUS-Programms für das Jahr 2000 in Auftrag gab, konnte das Kasseler Zentrum den Ansatz aufnehmen, der bereits der Begleitforschung von 1988 bis 1995 zugrunde gelegen hatte. Inzwischen war das ERASMUS-Programm zu einem Teilprogramm eines größeren Bildungsförderungsprogramms der Europäischen Union geworden, für das der Name SOKRATES gewählt worden war. Die SOKRATES-Evaluation bezog auch andere Bildungsbereiche und solche Förderungsmaßnahmen mit ein, die verschiedene Bildungsbereiche querschnittsmäßig betrafen (siehe Teichler, Gordon und Maiworm 2001). Die Studie zum ERASMUS-Programm führten Friedhelm Maiworm und Ulrich Teichler mit Unterstützung von Annette Fleck durch (siehe Teichler 2002a).

Somit konnte geprüft werden, wie sich die Bedingungen für ein temporäres Studium in einem anderen europäischen Land, die Erfahrungen und Aktivitäten während der Auslandsstudienphase und die Erträge des Auslandsstudiums innerhalb etwa eines Jahrzehnts geändert hatten – in einer Zeit, in der das ERASMUS-Programm dramatisch wuchs, die Internationalisierung der europäischen Hochschulen insgesamt voranschritt, die Hochschulen beim Austausch Routine gewinnen konnten und die Europäische Kommission größere Veränderungen in den Rahmenbedingungen für die studentische Mobilität im Rahmen des ERASMUS-Programms vornahm.

Deshalb konzentriert sich die folgende Analyse auf den Wandel der studentischen Mobilität im Rahmen von ERASMUS von Beginn bis Ende der neunziger Jahre. Zuvor wird das ERASMUS-Programm in seinen Grundzügen sowie die Veränderungen der Rahmenbedingungen erläutert, die die Europäische Kommission in der zweiten Hälfte der neunziger Jahre vorgenommen hat.

10.3 Das ERASMUS-Programm

Seit 1987 wird in der Europäischen Gemeinschaft im Rahmen des ERASMUS-Programms eine wachsende Zahl von Zusatzstipendien für eine temporäre Studienphase von bis zu einem Jahr einem anderen europäischen Land zur Verfügung gestellt. Das Programm förderte im ersten Jahr 3 000 und um das Jahre 2000 bereits 100 000 Studierende. Die Studierenden erhalten einen Betrag, der im Idealfall die zusätzlichen Kosten für Reise und Auslandsaufenthalt decken soll.

Das ERASMUS-Programm fördert fast ausschließlich kollektive studentische Mobilität, d. h. Mobilität im Rahmen von Partnerschaften zwischen Hochschulen oder Fachbereichen: Nur in Ausnahmefällen wurden Mittel für so genannte »free movers« vergeben. Gefördert wurden im ersten Jahrzehnt des Programms Netzwerke von kooperierenden Fachbereichen. Diese sollten gewährleisten, dass die in der Auslandsstudienphase erzielten Studienleistungen in der Regel nach der Rückkehr von der Herkunftshochschule anerkannt werden. Auch sollten die Fachbereiche für eine curriculare Einbettung der Auslandsstudien und für eine organisatorische Unterstützung der mobilen Studierenden sorgen. Die Netzwerke erhielten bescheidene Mittel zur Deckung der Ausgaben, die mit den Arrangements für die studentische Mobilität verbunden sind. Darüber hinaus war es möglich, Mittel für den Austausch von Dozenten, die Zusammenarbeit in der Curriculum-Entwicklung und andere Maßnahmen zu erhalten, die für die Kooperation der Partner allgemein wertvoll sein konnten.

Seit 1995/96 ist ERASMUS offiziell ein *Teilprogramm von SOKRATES*, aber erst seit dem Studienjahr 1997/98 gelten in der Tat die veränderten Förderungsbedingungen, die mit der Beschlussfassung von 1995 vorgesehen waren (siehe Kehm 1998b; Lanzendorf und Teichler 2002):

– Neben der Förderung der studentischen Mobilität wurden die Dozentenmobilität und verschiedene Formen der *curricularen Zusammenarbeit* gefördert. Die »*europäische Dimension*« der Studienprogramme sollte gestärkt werden. Damit sollte das Programm auch zunehmend *Erträge für diejenigen Studierenden* bieten, *die nicht mobil sind.*

- Die wichtigsten Veränderungen waren *organisatorischer Natur*. Statt der Fachbereichsnetzwerke wurden nunmehr *einzelne Hochschulen Empfänger der Förderung*; sie hatten jährlich einen einzigen Antrag zu stellen und diesen durch Kooperationsverträge mit den Partnerhochschulen zu untermauern. Die bisherige Förderung der Zusammenarbeit auf Fachbereichsebene entfiel. Die Hochschulen hatten darüber hinaus für die Antragstellung ein *European Policy Statement* (EPS) zu formulieren, in dem sie darzustellen hatten, wie die beabsichtigten ERASMUS-Aktivitäten strategisch in die Gesamtheit der europäischen und internationalen Aktivitäten der Hochschule eingebettet sind.

Die Änderungen der Förderungsbedingungen erscheinen auf den ersten Blick paradox: Curriculare Innovation soll durch ERASMUS stärker vorangetrieben werden, obwohl der zuvor wichtigsten Stütze der curricularen Innovation, den Fachbereichsnetzwerken, der Boden entzogen wird. Die Befürworter dieser Änderungen waren davon überzeugt, dass curriculare Innovation auf andere Weise, durch das Dozentenmodell und andere curriculare Kooperationsaktivitäten, gefördert werden kann. Auch wurde angenommen, dass die früheren Formen der Kooperation nur in der Anfangsphase erforderlich seien. Schließlich schien eine Einbeziehung der Hochschulleitungen unabdingbar angesichts der vielfältigen Initiativen der Hochschulen, ihre internationalen Aktivitäten zu stärken. Auch wurde erhofft, dass die Betreuung der Studierenden durch organisatorische Verantwortung der Hochschulen an Qualität gewinnt.

10.5 Teilnahme am ERASMUS-Programm

Zu den Zielsetzungen des ERASMUS-Programms gehört, möglichst vielen Studierenden eine Chance zu einem temporären Studium in einem anderen europäischen Land zu bieten und dabei jedwede Zugangsbarriere klein zu halten. Seit Beginn sind mehr als die Hälfte der Stipendienempfänger Frauen, was auch damit zu tun hat, dass Studierende der Fremdsprachen, unter denen der Anteil der Frauen besonders hoch ist, im ERASMUS-Programm stark vertreten sind.

Insgesamt belegen die Daten, dass ERASMUS-Studierende in ihrer *Bildungsherkunft* nicht vom Durchschnitt aller Studierenden abweichen. Von den Befragten des Jahres 1998/99 berichteten 24 Prozent, dass beide Elternteile ein Hochschulstudium abgeschlossen haben, und bei 22 Prozent hatte entweder der Vater oder die Mutter einen Hochschulabschluss. Um 1990 war der

Anteil der ERASMUS-Studierenden, deren Eltern studiert hatten, geringer gewesen; hier macht sich die Hochschulexpansion der letzten Jahrzehnte bemerkbar. Auch damals entsprach die Zusammensetzung der ERASMUS-Studierenden weitgehend dem Durchschnitt aller europäischen Studierenden.

Die vorliegenden Daten sprechen jedoch dafür, dass ein besonders großer Anteil der ERASMUS-Studierenden bereits *vorher internationale Erfahrungen* gesammelt hat. Mehr als drei Viertel von ihnen hatten zum Beispiel seit dem Alter von 15 Jahren Perioden von mindestens einem Monat im Ausland verbracht (im Durchschnitt insgesamt sieben Monate).

Die meisten Studierenden verbrachten die Auslandsstudienphase im zweiten oder dritten Jahr ihres Studiums; sie waren im Durchschnitt bei Beginn der Auslandsstudienphase 23 Jahre alt. Die geförderte Studienzeit betrug 1998/99 in 57 Prozent der Fälle bis zu einem halben, in 43 Prozent der Fälle bis zu einem ganzen Studienjahr.

10.5 Antragstellung und Finanzierung

Die ERASMUS-Studierenden 1998/99 hatten im Durchschnitt sieben Monate vor der Auslandsstudienphase einen Antrag zu stellen. Sie erfuhren zwar im Durchschnitt nach weniger als drei Monaten, dass sie mit einer Förderung rechnen konnten, und erhielten weitere drei Monate später eine genauere Auskunft über die Höhe der Förderungssumme; aber die erste finanzielle Unterstützung erhielten sie im Durchschnitt erst, nachdem sie schon fast zwei Monate im Ausland waren. Trotz vieler Klagen über die lange Dauer des Prozesses und die *späte finanzielle Förderung* und trotz einiger organisatorischer Veränderungen, die den Prozess abkürzen sollten, ist der Zeitplan seit Beginn des ERASMUS-Programms für die Studierenden nicht günstiger geworden.

Im Jahre 1990/91 hatten die ERASMUS-Studierenden – laut offizieller Statistik der Europäischen Kommission – im Durchschnitt 1.220 ECU für die Reise ins Ausland und zurück sowie für die Zusatzkosten für durchschnittlich etwa sieben Monate Aufenthalt erhalten. Im Jahre 1998/99 lag dieser Betrag – laut Befragung der Studierenden – nur noch bei 1.038 ECU. Um 1990 deckte der Betrag laut Aussagen der Studierenden im Durchschnitt fast die Ausgaben für die einmalige Reise und für die zusätzlichen Kosten im Ausland; 1998/99 wurden im Durchschnitt mehr als ein Drittel der Zusatzkosten nicht durch das ERASMUS-Stipendium getragen.

1990/91 hatte das ERASMUS-Stipendium im Durchschnitt 32 Prozent der Ausgaben während der Auslandsstudienphase gedeckt. 18 Prozent wurden von anderen Stipendien und Darlehen, 44 Prozent von den Studierenden selbst bzw. ihren Angehörigen getragen und sechs Prozent kamen aus anderen Quellen. 1998/99 deckte das ERASMUS-Stipendium im Durchschnitt nur noch 22 Prozent der durch das Auslandsstudium zusätzlich entstehenden Kosten; andere Stipendien oder Darlehen behielten den gleichen Stellenwert. Die Studierenden und ihre Eltern mussten mit 53 Prozent etwa das zusätzlich tragen, was an Leistungen des ERASMUS-Stipendiums abgeschmolzen war (siehe dazu Tabelle 10.1). Die Europäische Kommission entschied sich offenkundig dafür, ein höheres Wachstum der Teilnehmerzahlen zu fördern, und zwar so, dass den Teilnehmenden stärkere Eigenbeteiligung abverlangt wird, statt das Wachstum im Einklang mit der Förderungshöhe je Studierendem zu steigern. Diese Politik war kein Misserfolg: Sie gefährdete nicht die Attraktivität des Programms.

Tabelle 10.1: ERASMUS-Förderung des Auslandsstudiums 1990/91 und 1998/99 in ECU bzw. € (Durchschnitt und Prozent)

	1990/91	1998/99
Monatliche Ausgaben während des Studiums zuhause (ECU/€)	363	406
Veränderung gegenüber 1990/91 (1990/91 = 100)	(100)	(112)
Monatliche Ausgaben während des Studiums im Ausland (ECU/€)	581	712
Veränderung gegenüber 1990/91 (1990/91 = 100)	(100)	(123)
Zusätzliche monatliche Ausgaben im Ausland (ECU/€)	218	306
Veränderung gegenüber 1990/91 (1990/91 = 100)	(100)	(140)
Monatliche ERASMUS-Förderung (ECU/€)	194	158
Veränderung gegenüber 1990/91 (1990/91 = 100)	(100)	(81)
Zusätzliche monatliche Kosten, die von ERASMUS nicht abgedeckt waren (ECU/€)	24	148
Veränderung gegenüber 1990/91 (1990/91 = 100)	(100)	(616)
Durchschnittliche Dauer des Aufenthalts im Ausland (Monate)	6,9	7,0
Gesamte zusätzliche Kosten, die nicht von ERASMUS gedeckt wurden (ECU/€)	166	1.036

Quelle: Teichler 2002a.

10.6 Erfahrungen an der europäischen Partnerhochschule

ERASMUS fördert *»organisierte« studentische Mobilität.* Als »good practice« gilt, dass Herkunfts- und gastgebende Hochschule den Studierenden das Auslandsstudium organisatorisch leicht machen, z. B. durch Beratung und Unterstützung in praktischen Fragen des Alltags, durch Hilfe bei administrativen Problemen, durch Bereitstellung einer Wohnmöglichkeit bzw. durch intensive Hilfe bei der Suche. Insbesondere für den Start der Auslandsstudienphase gilt diese Unterstützung als wichtig. Ebenso gilt es als wünschenswert, dass die Herkunfts- und gastgebenden Hochschulen die Studierenden eingehend beraten und bei der Lehrveranstaltungswahl unterstützen – bis hin zur Vorab-Festlegung des gesamten Kursprogramms.

Tatsächlich berichten 42 Prozent der befragten ERASMUS-Studierenden, dass ihr *Studienprogramm im Ausland vorher festgelegt* war. In Bezug auf 14 verschiedene Aspekte stellen 33 Prozent fest, dass sie von der gastgebenden Hochschule substanzielle Unterstützung und Beratung erhalten haben; als gering wird die Unterstützung von 42 Prozent und als marginal oder nicht vorhanden von 25 Prozent eingestuft. Die geleisteten Unterstützungen und Beratungen wurden im Durchschnitt zu 47 Prozent als positiv bewertet. Besonders positiv wurden in dieser Hinsicht die gastgebenden Hochschulen in Finnland und Schweden eingestuft, besonders negativ die Hochschulen in Griechenland, Frankreich und Italien. Die deutschen Hochschulen wurden etwas positiver als der Durchschnitt bewertet; 1990/91 war die Bewertung durchschnittlich ausgefallen; deutlich überdurchschnittliche Aussagen fanden sich bei der Unterstützung in Wohnangelegenheiten.

ERASMUS fördert in erster Linie *»integrierte« studentische Mobilität.* Als weit verbreitet und wünschenswert gilt, dass die ERASMUS-Studierenden im Ausland gemeinsam mit Studierenden der gleichen Stufe des Studiums in der Sprache des gastgebenden Landes bzw. der Region studieren. Hinzu kommt, dass die Auslandsstudienphase als Teil des regulären Studiums anerkannt wird. Tatsächlich:

- berichteten 71 Prozent der ERASMUS-Studierenden des Jahres 1998/99, dass sie alle *Lehrveranstaltungen gemeinsam mit Studierenden der gastgebenden Hochschule* besuchten; 1990/91 waren dies nur 62 Prozent gewesen,
- gaben 62 Prozent an, dass alle von ihnen besuchten Kurse zum *regulären Studienprogramm* der gastgebenden Hochschule gehörten; auch das war etwas mehr als acht Jahre früher,
- nahmen 59 Prozent ausschließlich und 27 Prozent teilweise an Veranstaltungen teil, die *in der Landessprache* der gastgebenden Hochschule angeboten wurden (siehe Tabelle 10.2). 1990/91 hatte der erstere Wert mit 65 Prozent

etwas höher gelegen; allerdings ist zu bedenken, dass seitdem einige kleinere EU-Länder und die mittel- und osteuropäischen Länder hinzugekommen sind.

Insgesamt sprechen die Daten dafür, dass die Integration der ERASMUS-Studierenden nicht – wie als Folge der Veränderungen im Rahmen von SOKRATES von vielen Beteiligten befürchtet wurde – zurückgegangen ist. Im normalen Studienprogramm im Ausland zu studieren, bedeutet allerdings nicht automatisch, dass das wissenschaftliche *Niveau der Kurse* an der gastgebenden Hochschule dem daheim gewohnten Niveau entspricht. Die ERASMUS-Studierenden des Jahres 1998/99 beurteilten (ähnlich wie die Studierenden acht Jahre zuvor) 47 Prozent der besuchten Kurse im Ausland als mehr oder weniger gleich in den Anforderungen wie die Kurse daheim. 22 Prozent der Kurse hielten sie für anspruchsvoller und 31 Prozent für weniger anspruchsvoll als daheim.

Tabelle 10.2: Unterrichtssprache* im Auslandsstudium – laut Auskunft der ERASMUS-Studierenden 1998/99 (in Prozent)

Sprache des	AT	BE	DE	DK	ES	FI	FR	GR	IE	IT	NL	PT	SE	UK	NO	CEE**	Ges.
Gastlandes	32	26	63	12	69	0	68	24	75	85	2	58	8	93	29	16	59
Herkunftslandes	6	11	2	0	0	0	2	0	0	0	13	5	8	0	0	9	2
Herkunfts- und des Gastlandes	15	0	6	3	0	7	6	0	8	1	7	7	0	1	0	19	4
Herkunftslandes und andere	8	0	1	3	0	1	1	15	0	0	7	0	0	0	0	6	1
Gastlandes und andere	30	32	23	38	22	39	20	25	17	11	21	30	39	4	32	19	20
Herkunfts-, Gastlandes u. a.	6	4	4	8	8	4	2	0	0	2	3	0	3	3	0	0	3
Andere	3	27	2	36	1	50	0	35	0	1	46	0	42	0	38	31	11
Gesamt	100	100	100	100	100	100	100	100	100	100	100	100	100	100	100	100	100
(n)	(32)	(47)	(189)	(39)	(117)	(48)	(220)	(24)	(42)	(97)	(84)	(25)	(55)	(281)	(18)	(14)	(1330)

* Wenn die Sprache an Gast- und Herkunftshochschule identisch war, wurde »Sprache des Herkunftslandes« kodiert.
** Zentral- und osteuropäische Länder (Central and Eastern European Countries)
AT: Österreich, BE: Belgien, DE: Deutschland, DK: Dänemark, ES: Spanien, FI: Finnland, FR: Frankreich, GR: Griechenland, IE: Irland, IT: Italien, NL: Niederlande, PT: Portugal, SE: Schweden, UK: Großbritannien, NO: Norwegen.
Quelle: ERASMUS-Studierendenbefragung 1998/99.

In Reaktion auf eine Liste möglicher *Probleme*, die sie während der Studienzeit in einem anderen europäischen Land erfahren hatten, nannten jeweils etwa ein

Fünftel der ERASMUS-Studierenden ernsthafte Probleme im Hinblick auf Verwaltungsangelegenheiten, Wohnungsangelegenheiten, Anrechnung der im Ausland erbrachten Studienleistungen und Credit Transfer, finanzielle Angelegenheiten und wissenschaftliche Studienberatung an der gastgebenden Hochschule. Studierende, die ihr Auslandsstudium in Frankreich und Italien verbrachten, nannten insgesamt am häufigsten Probleme. Studienbezogene Probleme wurden daneben am häufigsten von Studierenden genannt, die an spanischen Hochschulen zu Gast waren, dagegen am seltensten von Studierenden, die in Großbritannien waren. Sprachprobleme nannten vor allem diejenigen, die ihre Auslandsstudienphase in Norwegen, Deutschland und Finnland verbrachten, und organisatorische Probleme ergänzend diejenigen, die in Griechenland, Österreich und den mittel- und osteuropäischen Ländern zu Gast-waren.

Insgesamt bestätigte die Studie, dass europäische Studierende das Studienklima in Großbritannien und Irland besonders mögen und von der wissenschaftlichen Qualität in der Mehrzahl der nordischen Länder sowie in den Niederlanden und Deutschland beeindruckt sind. Da obendrein in einigen nordischen Ländern die Unterstützung der ausländischen Studierenden besonders groß ist, fallen die Urteile über das Studium in diesen Ländern insgesamt besonders gut aus. Umgekehrt kumuliert die Kritik an den Hochschulen in Italien und Frankreich und in manchen Dimensionen auch in Griechenland und Spanien.

10.7 Erträge und Anerkennung des temporären Auslandsstudiums

Die meisten ERASMUS-Studierenden betrachteten die Studienphase in anderen europäischen Ländern als wertvoll. Dabei wurden die kulturellen und fremdsprachlichen Erträge von ihnen am höchsten eingeschätzt. Auch waren die Studierenden nach der Rückkehr überzeugt, dass das Auslandsstudium für die Persönlichkeitsentwicklung wichtig sei, und recht optimistisch, dass es ihnen für ihre spätere Berufstätigkeit von Nutzen sein werde. Der unmittelbare Ertrag für den wissenschaftlichen Fortschritt im Studium wurde dagegen im Durchschnitt zurückhaltender beurteilt.

Insgesamt gaben 93 Prozent an, dass sie mit dem Auslandsstudium insgesamt *zufrieden* waren. Nur zwei Prozent äußerten sich zusammenfassend unzufrieden. Diese Aussagen der Studierenden von 1998/99 unterscheiden sich nicht signifikant von denen der Studierenden acht Jahre zuvor.

Bei Beginn des Auslandsstudiums fühlte sich nur etwa die Hälfte der ERASMUS-Studierenden, die während des Auslandsstudiums überwiegend oder ständig eine *Fremdsprache* benutzten, gut auf ein Studium in der Fremdsprache vorbereitet. Am Schluss des Studiums fühlten sich dagegen etwa 90 Prozent in dieser Hinsicht gut qualifiziert. Auch hier gab es kaum Unterschiede zwischen den Studierenden des Jahres 1990/91 und 1998/99. Auch schätzten die meisten Studierenden ihre *Kenntnis des gastgebenden Landes* vor dem Auslandsaufenthalt relativ gering ein. Nachher fühlten sie sich in der Regel gut informiert.

Insgesamt waren 55 Prozent der Befragten des ERASMUS-Jahrgangs 1998/99 davon überzeugt, dass ihre *Auslandsstudienphase ertragreicher war als eine korrespondierende Studienphase* daheim. 27 Prozent waren der Ansicht, dass die Erträge gleich hoch einzuschätzen seien, und nur 18 Prozent glaubten, dass ihre Studienerträge im Ausland bescheidener waren. Ähnlich hatten sich die Aussagen mit 53, 27 und 20 Prozent im Jahre 1990/91 verteilt.

Es gibt keine eindeutige Messung der *Anerkennung* des Studiums (siehe dazu Teichler 1991). Wir können davon ausgehen, dass eine vollständige Anrechnung der Studienleistungen erfolgt, wenn alle Leistungen, die an der gastgebenden Hochschule nachgewiesen wurden, nach der Rückkehr an die Herkunftshochschule als leistungsadäquat zu entsprechenden dortigen Anforderungen betrachtet werden. Dies ergibt jedoch mindestens aus zwei Gründen kein vollständiges Bild: Zum einen kann es sein, dass Studierende zwar alle im Ausland nachgewiesenen Leistungen daheim anerkannt bekommen, insgesamt aber weniger Studienleistungen angerechnet bekommen als an der Herkunftshochschule, weil sie im Ausland weniger Veranstaltungen besucht haben. Zum anderen mögen die Studierenden zwar offiziell bestimmte Leistungen anerkannt bekommen, aber trotzdem keine entsprechende Menge von Leistungsnachweisen daheim erlassen bekommen; dann würde sich der Umfang der erforderlichen Leistungsnachweise insgesamt erhöhen und dadurch möglicherweise die Gesamtstudiendauer verlängern.

Daher sind bereits in den früheren Befragungen drei Kriterien für Anerkennung geprüft worden:

- der *Grad der Anrechnung*, d. h. das Ausmaß, bis zu dem die an der gastgebenden Hochschule erbrachten Leistungen tatsächlich nach der Rückkehr von der Herkunftshochschule angerechnet oder in anderer Weise als gleichwertig anerkannt werden;
- der *Grad der Übereinstimmung*, d. h. das Ausmaß, zu dem die angerechneten Leistungen während des Auslandsstudiums dem Umfang der Leistungen entsprechen, die in einer entsprechend langen Studienphase daheim erwartet werden;

- der *Grad der Nichtverlängerung*, d. h. die Einschätzung der Studierenden, wie wenig sich die Gesamtdauer des Studiums durch die Auslandsstudienphase verlängern wird.

Tatsächlich zeigte sich, dass die ERASMUS-Studierenden des Jahres 1998/99 ihre im Ausland erreichten Studienleistungen nach der Rückkehr zu etwa vier Fünfteln anerkannt bekamen und dass dies auch zu vier Fünfteln dem Umfang der Leistungsnachweise entspricht, die daheim zu erbringen waren. Diese Werte lagen beim Jahrgang 1990/91 etwas niedriger.

Als das ERASMUS-Programm begann, war es üblich, dass jede gastgebende Hochschule nach ihren Gebräuchen die Studienleistungen bescheinigte und die Herkunftshochschulen die Äquivalenz zu prüfen hatten. Seit Ende der achtziger Jahre förderte die Europäische Kommission zunächst auf experimenteller Basis das *European Credit Transfer System (ECTS)*, mit dem durch eine bessere »Buchführung« über Studienleistungen die Anrechnung erleichtert werden sollte. Die Befragung der Studierenden von 1998/99 zeigte (siehe Tabelle 10.3), dass

- Studierende, deren Studienleistungen nicht in Form von Credits von der gastgebenden Hochschule bescheinigt werden, eine durchschnittliche Anrechnung von 74 Prozent nach der Rückkehr erhalten. Dieser Wert war gegenüber der Befragung von 1990/91 unverändert geblieben;
- Studierende, deren Studienleistungen in Credits verbucht werden, einen »Credit transfer« von 87 Prozent erhielten; d. h., die verbesserte »Buchführung« beseitigte die Hälfte der Nichtanrechnung;
- die Anrechnung für alle ERASMUS-Studierenden von 74 Prozent im Jahre 1990/91 auf 81 Prozent im Jahre 1998/99 gerade dadurch und nur deshalb stieg, weil die Vergabe von europäischen Credits sich von einem kleinen Modellversuch auf die Hälfte der ERASMUS-Studierenden ausdehnte.

Ein weiterer Befund lässt jedoch Zweifel aufkommen, ob sich die Anerkennung tatsächlich erhöht hat. 1990/91 hatten die ERASMUS-Studierenden nach der Rückkehr geschätzt, dass sich die Gesamtstudiendauer infolge des Auslandsstudiums durchschnittlich um 45 Prozent der Dauer der Auslandsstudienphase verlängern werde. Die ERASMUS-Studierenden des Jahres 1998/99 erwarteten sogar eine durchschnittliche Verlängerung von 55 Prozent. Eine Absolventenstudie (Maiworm und Teichler 1996) zeigte allerdings, dass die ehemaligen ERASMUS-Studierenden die Verlängerung des gesamten Studiums durch die Auslandsstudienphase später ein wenig geringer einschätzten als kurz nach der Auslandsstudienphase.

Wenn die Anrechnung der Leistungen der Auslandsstudienphase steigt, so wäre im Normalfall zu erwarten, dass die Verlängerung des Gesamtstudiums durch die Auslandsstudienphase sinkt. Der gegenteilige Befund lässt den Schluss zu, dass die »Papiertiger«-Anrechnung zugenommen hat: Es wird zwar bescheinigt, dass die im Ausland erbrachten Leistungen akzeptiert werden, aber den Studierenden wird nicht wirklich die Möglichkeit eingeräumt, dafür daheim entsprechend weniger Studienaufwand zu betreiben.

Insgesamt bleibt die Frage, warum die Anrechnung des Auslandsstudiums nicht noch höhere Werte erreicht und das Auslandsstudium überhaupt häufig zu einer Studienzeitverlängerung führt, wenn die Studierenden selbst den Ertrag der Auslandsstudienphase überwiegend höher einschätzen als den des Studiums von entsprechender Dauer an der Herkunftshochschule. Zu vermuten ist, dass die von den Studierenden hoch eingeschätzten Veränderungen der wissenschaftlichen Betrachtungsweisen von den Dozenten nicht entsprechend bewertet werden, sondern eher eine Prüfung erfolgt, inwiefern das im Auslandsstudium Erlernte dem daheim vorgesehenen fachlichen »Stoff« entspricht.

Tabelle 10.3: Anerkennung der im Ausland erbrachten Studienleistungen – nach Angaben der ERASMUS-Studierenden 1990/91 und 1998/99 (in durchschnittlichen Prozenten)

	1990/91	1998/99
Grad der Anerkennung		
ECTS-Studierende	95	87
Andere ERASMUS-Studierende	74	74
Alle ERASMUS-Studierenden	(75)*	81
Grad der Übereinstimmung		
ECTS-Studierende	84	81
Andere ERASMUS-Studierende	72	80
Alle ERASMUS-Studierenden	(73)*	80
Grad der Nicht-Verlängerung		
ECTS-Studierende	77	53
Andere ERASMUS-Studierende	54	37
Alle ERASMUS-Studierenden	(55)*	45

* Addition aus verschiedenen Studien.

Quellen: Befragungen von ECTS-Studierenden 1990/91; ERASMUS-Studierenden-Befragungen 1990/91 und 1998/99.

Erwähnenswert ist, dass sich die deutschen Universitäten (zu beiden Befragungszeitpunkten) als besonders anerkennungsunfreundlich erwiesen. Dagegen hoben sich die deutschen Fachhochschulen in dieser Hinsicht wenig vom europäischen Durchschnitt ab.

10.8 Mehr Stabilität als Änderungen

Die Erfahrungen und Erträge von Studierenden, die in ihrem Studium temporär mit Unterstützung von ERASMUS mobil waren, haben sich von Beginn der neunziger Jahre bis Ende der neunziger Jahre kaum verändert. Die Zusammensetzung der Studierenden nach Bildungsabschluss der Eltern ist repräsentativ für alle Studierenden geblieben; eine etwas stärkere Beteiligung von Frauen war ein dauerhaftes Phänomen. Die Bedingungen des Studiums im Ausland wurden in vieler Hinsicht ähnlich eingeschätzt. Es blieb dabei, dass die kulturellen Erträge, die Beiträge zur Persönlichkeitsentwicklung und die wissenschaftliche Horizonterweiterung im Allgemeinen besonders hoch und die fachlichen Studienerträge zurückhaltender bewertet wurden. Auch blieb es dabei, dass mehr als die Hälfte der Studierenden die Studienerträge in der Auslandsstudienphase höher einschätzten als in einer entsprechenden Phase daheim.

Zwei dazu durchgeführte Absolventenstudien (Maiworm und Teichler 1996; Jahr und Teichler 2002) lassen ebenfalls auf eine gewisse Stabilität der Befunde schließen. Ein Auslandsstudium eröffnet eher den Weg zur Berufstätigkeit im Ausland und zu solchen Berufstätigkeiten daheim, die deutliche internationale Komponenten haben. Ein Auslandsstudium erleichtert nach den Einschätzungen der Befragten auch den Übergang in den Beruf; ob es allerdings eine bessere Karriere verspricht, kann nicht mit Sicherheit bestimmt werden.

Zwei Änderungen fallen jedoch ins Auge: Erstens ist die durchschnittliche *Höhe der ERASMUS-Zusatzstipendien zurückgegangen*; während diese 1990/91 noch 32 Prozent der Gesamtausgaben des Auslandsaufenthalts deckten, waren es 1998/99 nur noch 22 Prozent. Zweitens hat die Verwendung von ECTS zugenommen: Dadurch ist die Anrechnung der im Ausland erzielten Studienleistungen von 75 Prozent auf 81 Prozent angestiegen.

Als eine Folge der verschiedenen Veränderungen in den Modalitäten der ERASMUS-Förderung in der zweiten Hälfte der neunziger Jahre, als ERASMUS in das SOKRATES-Programm eingegliedert wurde, war erwartet worden, dass sich die organisatorische Betreuung der Studierenden verbessern, die curriculare Integration sich aber möglicherweise verringern werde. Die hier dargestellte Studie konnte Veränderungen dieser Art nicht registrieren. Das mag daran liegen, dass Studierende des zweiten Jahrgangs im veränderten System befragt wurden. Die neuen Bedingungen für ERASMUS im Rahmen von SOKRATES wurden erst 1997/98 eingeführt – also zu einem Zeitpunkt, zu dem die vermuteten Veränderungen vielleicht noch gar nicht gegriffen haben; dagegen musste die Befragung der ERASMUS-Studierenden des Jahrgangs 1998/99 schon früh erfolgen, um bereits im Jahre 2000 Ergebnisse vorlegen zu können. Möglich ist aber auch, dass die Studienangebote und -bedingungen für mobile Studierende weitaus weniger von solchen Bedingungen beeinflusst werden als gewöhnlich angenommen wird.

Die Situation für ERASMUS-Studierende hat sich zwischen dem Beginn und dem Ende der neunziger Jahre wenig geändert, was die Erfahrungen im Ausland angeht. Die finanziellen Belastungen für diese Phase sind größer geworden. Die Anerkennung der Studienleistungen im Ausland nach der Rückkehr scheint leicht gewachsen zu sein; allerdings bezweifelten die Studierenden, dass dies wirklich zählt, wenn es am Schluss des Studiums zur »Abrechnung« kommt.

Mit den neuen Rahmenbedingungen von ERASMUS als Teilprogramm von SOKRATES sollte die organisatorische Stabilität der studentischen Mobilität erhöht werden. Auf der anderen Seite wurde auf die Mechanismen verzichtet, die in der Vergangenheit die Verantwortung der Lehrenden für die curriculare Integration stimulierte. Inwieweit dies tatsächlich für die Qualität des temporären Studiums in einem anderen europäischen Land von Bedeutung ist, konnten die 1999 durchgeführten Analysen nicht ermitteln, weil dazu die Zeitspanne zwischen Einführung des neuen Systems und dem Termin der Analyse zu kurz war.

Vergleichen wir die Ergebnisse der verschiedenen Befragungen zu ERASMUS mit anderen Analysen von mobilen Studierenden, so können wir feststellen, dass die ERASMUS-Studierenden ähnliche Erträge berichten wie Studierende, die unter anderen Bedingungen temporär im Ausland studieren; hier und da scheinen die Erträge eher unter dem Durchschnitt zu liegen. ERASMUS verspricht keine überdurchschnittliche Qualität des Auslandsstudiums; der besondere Wert liegt vielmehr darin, größere Zahlen von Studierenden zu mobilisieren und damit insgesamt ein temporäres Studium im Ausland zu einer normalen Option für europäische Studierende zu machen.

10.9 Folgerungen aus der Evaluationsstudie

Die Europäische Kommission nahm die empirischen Ergebnisse dieser Studie positiv auf. Die Analysen wurden als eine valide Situationsbilanz interpretiert, die bei allen Entscheidungen über die Zukunft des Programms zu berücksichtigen sei. Jedoch beschritt sie andere Wege für zukünftige Analysen und Bewertungen. Erstens kam sie zu dem Schluss, dass Erhebungen über die Vorstellungen und Erfahrungen der Geförderten ebenso wie statistische Erhebungen von den nationalen Durchführungsstellen des SOKRATES-Programms übernommen werden könnten. Daneben forderte sie die Regierungen der Mitgliedsländer auf, ihrerseits nach drei Jahren (im Jahre 2003) eine Zwischenevaluation durchzuführen, deren Ergebnisse in die Entscheidungen über die Aufgaben des SOKRATES-Programms nach 2006 eingehen könnten. Zweitens verstärkte die Kommission die Förderung von Projekten, in denen die beteiligten Lehrenden Bestandsaufnahmen mit curricularen Entwicklungsaktivitäten verbinden. Das geschah nicht nur in der Fortführung der Förderung der so genannten »thematischen Netzwerke«, sondern auch in größeren gesonderten Projekten. Bekannt wurde insbesondere das TUNING-Projekt.

Als Resümee ist angebracht: Ein anspruchsvolles Beispiel von Evaluationsforschung kann bei den Auftraggebern zu dem Schluss führen, dass eine gute empirische Basis für den Entscheidungsprozess wertvoll ist, aber das führt nicht notwendigerweise zu der Einschätzung, dass dies als externe Begleitforschung zu leisten ist. Im Falle von SOKRATES ist vielmehr eine Präferenz dafür erkennbar, solche Analysen »intern« – d. h. in direkter Regie der an Verwaltung und Entscheidungen Beteiligten – durchzuführen. Daneben zeigt sich, dass für eine Evaluation seitens der politischen Akteure eine breitere Behandlung des Themas und ein stärkeres Einlassen auf den politischen Diskussionsprozess gewünscht werden als das »Evaluationsforschung« leisten würde.

11 Der berufliche Ertrag temporärer Mobilität im Studium (2006)*

11.1 Ziele und Anlage der Studie

Mobilität von Studierenden ist nicht nur für die Lernprozesse und -ergebnisse innerhalb der Hochschulen bedeutsam, sondern darüber hinaus wird von einem zeitweiligen Studienaufenthalt in einem anderen europäischen Land erwartet, dass er zum Leben nach dem Studienabschluss und zu Beschäftigung und Arbeit einen positiven Beitrag leistet.

Im Rahmen der Evaluation des Teilprogramms ERASMUS des SOKRATES-Programms im Zeitraum von 2000 und 2006 förderte die Europäische Kommission eine Studie über den beruflichen Ertrag der ERASMUS-Auslandserfahrung. Befragt wurden im Winter 2005/06 etwa 4 600 Personen, die im Studienjahr 2000/01 – also etwa fünf Jahre zuvor – mit Unterstützung von ERASMUS eine Studienphase in einem anderen europäischen Land verbracht hatten.

Vier verschiedene *Dimensionen eines möglichen beruflichen Ertrags* (»professional value«) wurden in der Befragung angesprochen. Vermutet wurde, dass die ERASMUS-Mobilität sich auswirken kann auf:

- generelle und *internationale Kompetenzen* der ehemaligen ERASMUS-Studierenden;
- den *Übergang* in die Erwerbstätigkeit;
- erste und folgende Erwerbstätigkeiten (Beschäftigungs- und Arbeitsbedingungen);
- *internationale Aspekte von Beruf und Beschäftigung.*

Darüber hinaus wurden auch *wissenschaftliche Erträge* betrachtet, die von einem Studienaufenthalt im Ausland erwartet werden können, denn diese können sich ihrerseits indirekt als ertragreich für den Beruf erweisen. In die Analyse einbezogen wurden vor allem:

- Wissenserwerb auf Gebieten, welche an der Herkunftshochschule gar nicht oder nur auf einem niedrigeren Niveau gelehrt werden;

* Koautor(inn)en: Oliver Bracht, Constanze Engel, Kerstin Janson und Harald Schomburg.

- Sammlung und Erfahrung von praktischem Wissen über Wirtschaft, Gesellschaft und Kultur des Gastlandes;
- erfolgreiches Studium von Fächern, die per se grenzüberschreitend sind (z. B. internationales Recht);
- die Aneignung von international komparativen Ansätzen;
- Horizonterweiterung und vertiefte Reflexion kontrastierender Erfahrungen aus verschiedenen Ländern, wissenschaftlichen Kulturen usw.;
- Erwerb internationaler und interkultureller Kommunikationskompetenzen.

Dabei war es möglich, den Wandel der beruflichen Erträge des ERASMUS-Programms zu prüfen, denn vorher waren bereits ähnliche Studien durchgeführt worden: Erstens war eine repräsentative Auswahl von ERASMUS-Studierenden der Studienjahre 1988/89 kurz nach ihrer Rückkehr und erneut etwa drei Jahre später und etwa fünf Jahre später (1994) befragt worden (Maiworm und Teichler 1996). Zweitens waren über 30 000 Hochschulabsolventen der Studienjahre 1994/95 aus elf europäischen Ländern etwa vier Jahre später (1999) befragt worden; das ermöglichte einen Vergleich der beruflichen Situation von ehemals mobilen und nicht mobilen Studierenden. Darüber hinaus wurde bei ehemals mobilen Studierenden aus vier Ländern eine Zusatzerhebung mit detaillierten Fragen zu den Erträgen der Auslandsstudienerfahrungen durchgeführt (Jahr und Teichler 2002).

In den Jahren 2005 und 2006 wurde der berufliche Ertrag des temporären Studiums nicht nur durch Befragung der ehemaligen ERASMUS-Studierenden zu ermitteln gesucht, sondern es wurden auch Vertreter von Hochschulleitungen, Vertreter von Personalabteilungen aus Unternehmen und anderen beschäftigenden Organisation und verschiedene Experten befragt sowie Seminare mit Experten zur Auswertung der Befunde und Suche nach Lösungen zur weiteren Verbesserung des ERASMUS-Programms durchgeführt. Somit war eine Triangulations-Analyse möglich.

Schließlich wurde in ähnlicher Weise der *berufliche Ertrag einer temporären Dozententätigkeit* im Rahmen des ERASMUS-Programms analysiert. Dies war auch Gegenstand der Befragung von Hochschulleitungen und Experten. Selbst wenn nicht erwartet werden kann, dass die Mobilität von Dozenten, die kürzer ist als die der Studierenden und zu einem späteren Zeitpunkt in der Biographie stattfindet, ähnlich weitreichende Wirkung hat, war von Interesse, wieweit sich bei den mobilen Dozenten Änderungen in folgenden Aspekten ergeben:

- allgemeine wissenschaftliche Kompetenzen und Lehrkompetenzen;
- internationale und interkulturelle Kompetenzen;
- Aktivitäten an der Herkunftshochschule im Rahmen des ERASMUS-Programms;

- vertikale und horizontale Mobilität sowie
- internationale Mobilität.

Insgesamt etwa 750 Dozenten, die in den Studienjahren 2000/01 im Rahmen von ERASMUS in einem anderen europäischen Land gelehrt hatten, beantworteten im Winter 2005/06 den diesbezüglichen Fragebogen.

11.2 Übergang vom Studium in die Erwerbstätigkeit

Zeitweilige Mobilität im Rahmen des Studiums erhöht offensichtlich das *Interesse an weiterführender Bildung.* Zwei von fünf der ERASMUS-Studierenden von 2000/01 – ungefähr so viele wie in vorhergehenden Jahrgängen – begannen ein weiterführendes Studium während der ersten fünf Jahre nach ihrem Auslandsstudium – die meisten direkt nach Studienabschluss.

ERASMUS-Studierende der Jahre 2000/01 begannen etwas später mit der *Jobsuche* als frühere Jahrgänge, und die Gesamtdauer der Suche war mit vier Monaten etwas kürzer als in früheren ERASMUS-Studien. Wir wissen nicht, ob diese Veränderung spezifisch bei ERASMUS-Studierenden eingetreten ist oder ob dies generelle Veränderungen signalisiert.

Viele Befragte glauben, dass der ERASMUS-Aufenthalt *hilfreich für die erste Anstellung* nach dem Studium war. Allerdings scheint dieser positive Einfluss geringer zu werden: 71 Prozent der befragten ERASMUS-Studierenden der Jahre 1988/89 stimmten fünf Jahre nach ihrem Auslandsstudium dieser Aussage zu. Dagegen taten dies nur noch 66 Prozent derjenigen, die 1994/95 ihr Studium abschlossen, und 54 Prozent der aktuell befragten Generation der ERASMUS-Studierenden von 2000/01 (siehe Tabelle 11.1).

In den ersten Jahren der Erwerbstätigkeit – zum Befragungszeitpunkt waren die Befragten im Durchschnitt weniger als drei Jahre beschäftigt – haben über die Hälfte der ehemaligen ERASMUS-Studierenden *ihren Arbeitgeber* mindestens einmal *gewechselt.* Nach Ergebnissen vorhergehender Studien ist dieser frühe Wechsel von Arbeitgebern unter ehemaligen ERASMUS-Studierenden verbreiteter als unter nicht mobilen Studierenden.

Tabelle 11.1: Wahrgenommener positiver Einfluss eines ERASMUS-Studienaufenthaltes auf die Erwerbstätigkeit und Arbeit nach Einschätzung ehemaliger Studierender – ein Vergleich mit früheren Studien (in Prozent*)

Einfluss auf	ERASMUS-Studierende 1988/89 befragt 1993	Absolventen 1994/95 befragt 1999	ERASMUS-Studierende 2000/01 befragt 2005
die erste Anstellung	71	66	54
die Arbeitsaufgaben	49	44	39
das Einkommensniveau	25	22	16

Frage H1: Welchen Einfluss hatte das Auslandsstudium auf Ihre Arbeit?
* Antworten 1 und 2 auf einer Fünferskala.
Quelle: Maiworm und Teichler 1996; Jahr und Teichler 2002; INCHER-Kassel, VALERA-Befragung ehemaliger ERASMUS-Studierender 2005.

Die jüngste Befragung der ERASMUS-Studierenden sowie die Befragung von Arbeitgebern bestätigt, dass *Arbeitgeber* auf die wissenschaftlichen Leistungen und die Persönlichkeit der Absolventen bei der Bewerberauswahl höchsten Wert legen. Die genannten Befragungen zeigen jedoch, dass im Vergleich zu früheren Studien weitere Kriterien an Bedeutung gewonnen haben, z.B. Computerkenntnisse und Fremdsprachenkenntnisse. Die Hälfte der befragten ehemaligen ERASMUS-Studierenden glaubte, dass ihre Auslandserfahrung ein wichtiges Kriterium für ihren Arbeitgeber war, sie einzustellen. Ein Drittel der befragten Arbeitgeber bestätigte, dass Auslandserfahrung der Bewerber zu den wichtigen Einstellungskriterien für Hochschulabsolventen gehört.

11.3 Berufsverlauf und Berufsstatus

Sechs Prozent der ehemaligen ERASMUS-Studierenden der Jahre 2000/01 berichteten fünf Jahre nach ihrem Auslandsaufenthalt, dass sie *arbeitslos* sind. Dieser Prozentsatz ist höher als der von ERASMUS-Studierenden 12 Jahre früher, als nur vier Prozent fünf Jahre nach ihrer Teilnahme am ERASMUS-Programm arbeitslos waren.

Die ERASMUS-Studierenden der Studienjahre 2000/01 erreichten relativ schnell nach ihrem Berufsstart *stabile Beschäftigungsbedingungen*. Während 57 Prozent auf ihrer ersten Position nach Studienabschluss zeitlich befristet beschäftigt waren, traf dies zum Zeitpunkt der Befragung – durchschnittlich etwa drei Jahre später – nur noch für 35 Prozent zu. Gleichzeitig ging der Anteil der Teilzeitbeschäftigten von 17 Prozent auf zehn Prozent zurück. Von den

ERASMUS-Studierenden der Jahre 1988/89 waren allerdings fünf Jahre nach ihrem Auslandsaufenthalt weniger – 24 Prozent – befristet beschäftigt.

72 Prozent der jüngst Befragten meinen, dass *ihre Position und ihr Einkommen ihrem Ausbildungsniveau entsprechen.* Frühere Studien kamen zu ähnlichen Ergebnissen, wobei ehemals mobile Absolventen ihre Stellung häufiger als adäquat einschätzen als Absolventen, die während des Studiums nicht mobil waren (siehe Tabelle 11.2).

Tabelle 11.2: Zusammenhang zwischen Studium und Beruf nach Einschätzung ehemaliger ERASMUS-Studierender – ein Vergleich mit früheren Studien (in Prozent)

	ERASMUS-Studierende 1988/89 befragt 1993	ERASMUS-Absolventen 1994/95 befragt 1999	Nicht mobile Absolventen 1994/95 befragt 1999	ERASMUS-Studierende 2000/01 befragt 2005
Hohe Nutzung des erworbenen Wissens	67	44	47	61
Fachrichtung ist die einzig mögliche/beste Fachrichtung	*	31	39	41
Angemessenes Niveau	72	76	67	72
Hohe Arbeitszufriedenheit	52	74	63	67

* Unterschiedliche Formulierung oder die Frage war nicht enthalten.
Quelle: Maiworm und Teichler 1996; Jahr und Teichler 2002; INCHER-Kassel: VALERA-Befragung ehemaliger ERASMUS-Studierender 2005.

Dagegen geht die Zahl ehemaliger ERASMUS-Studierender zurück, die schätzen, dass ihr *Einkommen* höher ist als das ihrer nicht mobilen Kollegen: sie sank von 25 Prozent unter den ERASMUS-Studierenden der Studienjahre 1988/89 auf 22 Prozent der ERASMUS-Studierenden, die 1994/95 ihr Studium abgeschlossen hatten, und auf 16 Prozent der ERASMUS-Studierenden der Jahre 2000/01. In der neuesten Studie ist sogar der Prozentsatz derer höher, die glauben, weniger zu verdienen als ihre nicht mobilen Kollegen.

Die *befragten Arbeitgeber* schätzten den Berufsverlauf von Hochschulabsolventen, die während des Studiums mobil gewesen waren, sehr positiv ein. Mehr als 40 Prozent sind überzeugt, dass international erfahrene Absolventen mit höherer Wahrscheinlichkeit Aufgaben mit hoher beruflicher Verantwortung übernehmen. Zehn Prozent glauben, dass international erfahrene Absolventen schon bei der Einstellung ein höheres Einkommen erwarten können als nicht mobile Absolventen. Auch die befragten Experten und Hochschulleiter sind überwiegend davon überzeugt, dass ERASMUS-Studierende bessere Chancen auf dem Arbeitsmarkt haben. Die meisten Hochschulleiter meinten sogar, dass der berufliche Wert eines Auslandsstudiums im letzten Jahrzehnt gestiegen sei.

11.4 Kompetenzen bei Studienabschluss und spätere Tätigkeiten

Im Rückblick schätzten die ERASMUS-Studierenden der Jahre 2000/01 in der fünf Jahre später durchgeführten Befragung ihre *Kompetenzen zur Zeit ihres Studienabschlusses* in vielen Aspekten als hoch ein. Viele beurteilten sich selbst als sehr kompetent hinsichtlich ihres wissenschaftlichen Kenntnisstandes, ihrer Fremdsprachenkenntnisse sowie verschiedener Arbeitshaltungen und Arbeitsweisen. Bei der Befragung der Absolventen von 1994/95 hatten die ehemaligen ERASMUS-Studierenden lediglich ihre Fremdsprachenkenntnisse durchweg höher bewertet als diejenigen nicht mobiler Studierender; ansonsten fielen ihre Einschätzungen insgesamt sehr vorsichtig aus, und nur selten stuften sie sich etwas besser ein als ihre nicht mobilen Kommilitonen.

Wir wissen nicht, ob dies eine allgemeine Erhöhung des Studienerfolgs oder höhere Erträge des Auslandsstudiums signalisiert, aber eines ist offensichtlich: Die aktuellste Studie bezog eine Reihe von mittel- und osteuropäischen Ländern ein, in denen die Befragten den beruflichen Ertrag eines ERASMUS-Auslandsaufenthaltes oder auch andere internationale Erfahrungen positiver bewerten als Befragte aus westeuropäischen Ländern.

Alles in allem bewerteten die Arbeitgeber die Kompetenzen ehemals mobiler Studierender ähnlich positiv wie die ehemaligen ERASMUS-Studierenden selbst (siehe Tabelle 11.3). Festzustellen sind jedoch Unterschiede hinsichtlich der einzelnen Dimensionen. Insgesamt halten die Arbeitgeber international erfahrene Absolventen häufiger und im Hinblick auf eine größere Zahl von Aspekten für besser qualifiziert als ihre nicht mobilen Kollegen, als das bei den ehemals mobilen Absolventen selbst der Fall ist. Demnach scheint ein Auslandsstudium die Anpassungsfähigkeit, die Initiative und die Planungs- und Organisationsfähigkeit zu erhöhen. 15 Prozent der befragten Arbeitgeber gaben sogar an, dass sie die Kompetenzen ehemaliger ERASMUS-Studierender höher einschätzen als die Kompetenzen von mobilen Studierenden, die in anderem Rahmen als dem ERASMUS-Programm ein Auslandsstudium absolviert hatten.

Tabelle 11.3: Bewertung der Kompetenzen von jungen Absolventen mit internationaler Erfahrung durch Arbeitgeber und Selbsteinschätzung der Kompetenzen durch die Absolventen (in Prozent)

	Arbeitgeber-Bewertung der Kompetenzen	Ehemalige ERASMUS-Studierende Selbsteinschätzung der Kompetenzen
Fachspezifisches theoretisches Wissen	62	77
Fachspezifisches Methodenwissen	64	64
Fremdsprachenkenntnisse	88	78
Computerkenntnisse	69	57
Analytische Kompetenzen	70	73
Fähigkeit zur Problemlösung	70	75
Initiative	79	71
Durchsetzungsfähigkeit, Entschlossenheit, Beharrlichkeit	75	70
Konzentrationsfähigkeit	63	76
Genauigkeit, Detailaufmerksamkeit	59	74
Planen, Koordinieren, Organisieren	67	71
Befolgen von Regeln und Richtlinien	58	62
Loyalität, Integrität	66	78
Persönliche Involvierung	79	78
Fähigkeit zur schriftlichen Kommunikation	70	77
Anpassungsfähigkeit	81	83
Anzahl (n)	(187)	(4342)

Studentenfragebogen, Frage B7: In welchem Maße verfügten Sie zum Zeitpunkt Ihres Abschlusses über die folgenden Kompetenzen?
Arbeitgeberfragebogen: Frage C4: Bitte bewerten Sie die Kompetenzen von jungen Absolventen in ihrem Unternehmen/in ihrer Organisation. In welchem Maße verfügen Sie im Durchschnitt über Kompetenzen in den folgenden Bereichen?
* Antworten 1 und 2 auf einer Fünferskala von 1 = »in sehr hohem Maße« bis 5 = »überhaupt nicht«.
Quelle: INCHER-Kassel: VALERA Befragung ehemaliger ERASMUS-Studierender und Arbeitgeberbefragung 2005.

61 Prozent der im Jahre 2006 beschäftigten ERASMUS-Studierenden der Jahre 2000/01 gaben an, dass sie ihre im Studium angeeigneten Fertigkeiten und das *erworbene Wissen* bei ihren derzeitigen Arbeitsaufgaben weitgehend *nutzen* können. Von den ERASMUS-Studierenden der Jahre 1988/89 hatten dies fünf Jahre später noch 67 Prozent angegeben. Die Befragung der Absolventen der Jahre 1994/95 ist nicht ganz vergleichbar, aber die Ergebnisse dieser Studie zeigen, dass ehemals mobile Studierende keinen engeren Zu-

sammenhang zwischen Studium und Beruf sehen als Absolventen, die während ihres Studiums nicht mobil waren.

39 Prozent der ERASMUS-Studierenden von 2000/01, die fünf Jahre später beschäftigt waren, gaben an, dass der ERASMUS-Aufenthalt einen positiven Einfluss auf ihre *Arbeitsaufgaben* hatte. Wieder ist dieser Anteil gesunken, und zwar von 49 Prozent bei den fünf Jahre nach dem ERASMUS-Aufenthalt befragten ERASMUS-Studierenden von 1988/89 und von 44 Prozent der ERASMUS-Studierenden, die 1994/95 das Studium abgeschlossen haben.

Die in der jüngsten Studie ebenfalls befragten Experten schätzen diesen Zusammenhang ähnlich positiv ein. 41 Prozent glaubten, dass ehemalige ERASMUS-Studierende bessere Chancen haben, Arbeitsaufgaben zu übernehmen, die ihrem wissenschaftlichen Kompetenzniveau entsprechen, als nicht mobile Studierende.

Etwa drei Viertel der 2005 befragten ehemaligen ERASMUS-Studierenden waren mit ihrer Arbeits- und Beschäftigungssituation sehr *zufrieden*. Gefragt nach ihrer beruflichen Situation, berichteten die meisten, dass sie Möglichkeiten haben, die Arbeit selbständig zu gestalten und ihre Kompetenzen einzusetzen, dass die Arbeitsaufgaben herausfordernd sind und dass Möglichkeiten zur Weiterbildung bestehen. Die Mehrheit der befragten Experten gab sogar an, dass ehemalige ERASMUS-Studierende bessere Möglichkeiten als nicht mobile Studierende haben, selbständig Arbeitsaufgaben zu übernehmen. Fast die Hälfte glaubte zudem, dass Arbeitsaufgaben der ehemaligen ERASMUS-Studierenden herausfordernder sind.

11.5 Internationale Aufgaben ehemaliger ERASMUS-Studierender

Alle bisher durchgeführten Studien über den beruflichen Wert eines Auslandsstudiums haben gezeigt, dass ehemals mobile Studierende später weitaus häufiger internationale Arbeitsaufgaben übernehmen als ehemals nicht mobile. Die Ergebnisse der vorliegenden Studie bestätigen diesen stabilen Befund.

18 Prozent der ERASMUS-Studierenden der Jahre 2000/01, die fünf Jahre später beschäftigt waren, sind nach ihrem Abschluss zumindest *für einige Zeit im Ausland beschäftigt* gewesen – etwa ebenso viele wie in den vergangenen Jahren. Zum Vergleich: In Europa sind nur etwa drei Prozent aller Erwerbstätigen mit Hochschulabschluss im Ausland tätig. Ergänzt werden sollte, dass zwölf Prozent der aktuell befragten ehemaligen ERASMUS-Studierenden von ihren

Arbeitgebern für einige Zeit ins Ausland geschickt wurden; dieser Anteil war in früheren Befragungen deutlich geringer.

Von den ERASMUS-Studierenden der Jahre 2000/01 hatte immerhin etwa die Hälfte eine *Beschäftigung im Ausland erwogen*, und etwa ein Viertel hat aktiv eine Stelle im Ausland gesucht. Diese Werte waren allerdings deutlich geringer als in früheren Befragungen von ERASMUS-Studierenden.

Über die Hälfte der befragten ERASMUS-Studierenden von 2000/01, die zum Zeitpunkt der Befragung beschäftigt waren, gaben an, dass ihre *beschäftigende Organisation eine internationale Ausrichtung* hat. Ein noch höherer Prozentsatz berichtete über intensive internationale Aktivitäten. Fast ein Drittel der Absolventen gab an, dass ihre *Arbeit in einen internationalen Kontext eingebettet ist*, und ein noch höherer Anteil bewertete seine internationalen Kompetenzen als wichtig für die alltägliche Arbeit. Etwa zwei Drittel schätzten die *Kommunikation in einer Fremdsprache* und die *Arbeit mit Menschen aus verschiedenen Kulturkreisen* als wichtig für ihre Arbeit ein. Für mehr als die Hälfte war das Wissen und das Verstehen internationaler Unterschiede in Kultur und Gesellschaft wichtig, und fast die Hälfte bewertete ihr Wissen über andere Länder als bedeutsam für ihre tägliche Arbeit.

Auf die Frage, in welchem Maße die Absolventen ihre *internationalen Kompetenzen in der täglichen Arbeit tatsächlich nutzen*, fielen die Antworten bescheidener aus. Nur etwa ein Drittel kommuniziert regelmäßig in einer Fremdsprache, etwa ein Viertel nutzt Wissen über andere Länder und Kulturen, und nur einer von sieben Befragten reist regelmäßig in andere Länder (siehe Tabelle 11.4). Die in der vorliegenden Studie befragten ehemaligen ERASMUS-Studierenden schätzen die Bedeutung ihrer internationalen Kompetenzen zwar höher ein als ERASMUS-Studierende in früheren Studien; sie nutzen diese Kompetenzen jedoch weniger häufig.

Frühere Befragungen zeigen, dass ehemalige ERASMUS-Studierende doppelt so häufig deutlich internationale Arbeitsaufgaben übernehmen wie nicht mobile Studierende. Dieses entspricht auch dem Ergebnis der Arbeitgeberbefragung. Auch die befragten Experten glaubten, dass ehemals mobile Studierende derartige Aufgaben deutlich häufiger übernehmen als nicht mobile Studierende.

Tabelle 11.4: Häufige ERASMUS-bezogene Arbeitsaufgaben von ehemaligen ERASMUS-Studierenden – ein Vergleich mit früheren Studien (in Prozent)

	ERASMUS-Studierende 1988/89 befragt 1993	Absolventen 1994/95 befragt 1999	ERASMUS-Studierende 2000/01 befragt 2005
Anwendung der Sprache des ERASMUS-Gastlandes in arbeitsspezifischen Tätigkeiten	47	42	38
Anwendung der Sprache des ERASMUS-Gastlandes beim Lesen/Schreiben von geschäftsbezogenen Notizen, Berichten etc.	47	40	38
Anwendung der Kenntnisse über das ERASMUS-Gastland	30	25	25
Anwendung des Wissens über die Kultur und die Gesellschaft des ERASMUS-Gastlandes	30	32	24
Geschäftsreisen in das ERASMUS-Gastland	17	18	14

Frage F6: In welchem Maße beinhaltet Ihre Arbeit die folgenden Tätigkeiten?
* Antworten 1 und 2 auf einer Fünferskala von 1 = »in hohem Maße« bis 5 = »überhaupt nicht«.
Quellen: Maiworm und Teichler 1996; Jahr und Teichler 2002; INCHER-Kassel: VALERA-Befragung ehemaliger ERASMUS-Studierender 2005.

11.6 Weitere Beobachtungen zum beruflichen Ertrag des Auslandsstudiums

Bei der Betrachtung der Kompetenzen, des Übergangs zur ersten Beschäftigung und der Arbeitsaufgaben darf nicht vergessen werden, dass dies *nicht ausschließlich durch den ERASMUS-Auslandsaufenthalt beeinflusst wird.* Die berufliche Laufbahn und der Berufserfolg kann in vielerlei Hinsicht genauso durch andere Faktoren beeinflusst werden:

– mobile Studierende sind mit einer höheren Wahrscheinlichkeit schon *vor Beginn ihres Studiums mobil* gewesen als nicht mobile Studierende. Mobilität zu einem frühen Zeitpunkt scheint einen wesentlichen Einfluss auf das Interesse an weiterer Mobilität zu haben und internationale Kompetenzen zu erhöhen;

- ERASMUS-Studierende sind zu einem gewissen Grad eine *selektive Gruppe* – hinsichtlich ihrer Studienleistungen, ihres Interesses an einem Auslandsstudienaufenthalt, ihrer Fremdsprachenkenntnisse und auch hinsichtlich ihrer Möglichkeiten zur (teilweisen) Finanzierung eines Auslandsaufenthalts;
- die Hälfte der ERASMUS-Studierenden ist im Laufe ihres Studiums *über den ERASMUS-Studienaufenthalt hinaus mobil.*

In vielerlei Hinsicht hat ERASMUS sicherlich eine mobilisierende und verstärkende Wirkung und ist für die berufliche Laufbahn generell und insbesondere für die internationale Mobilität und spätere internationale Berufsaufgaben ertragreich, aber dieser Einfluss von ERASMUS ist nicht so stark, wie allein der Blick auf erfolgreichere Berufsverläufe und stärker internationale Karriereaspekte von ehemaligen ERASMUS-Studierenden vermuten lässt.

Das ERASMUS-Programm ist darauf ausgerichtet, allen Studierenden aus allen Partnerländern mehr oder weniger das Gleiche zu bieten. Aber es ist sicherlich so, dass *Absolventen einiger Länder mehr von dem Programm profitieren* als Absolventen anderer Länder. Zwischen den einzelnen Ländern gibt es bemerkenswerte Unterschiede. Das augenfälligste Ergebnis in diesem Zusammenhang ist, dass ehemalige ERASMUS-Studierende aus mittel- und osteuropäischen Ländern häufiger vorteilhafte Beschäftigungs- und Arbeitsbedingungen und internationale Arbeitsaufgaben vermelden als solche aus anderen Ländern. Ehemalige ERASMUS-Studierende aus Mittel- und Osteuropa sind eine selektivere Gruppe als solche aus anderen Ländern, aber sie profitieren auch stärker von ihrem Auslandsstudium.

Des Weiteren gibt es *Unterschiede nach Fachrichtungsgruppen* hinsichtlich des beruflichen Ertrags eines Studiums in einem anderen europäischen Land. Aber insgesamt sind diese weder so bedeutend noch so stark, dass man den beruflichen Ertrag in manchen Fachrichtungen als nichtig und in anderen als überwältigend betrachten könnte.

11.7 Der berufliche Ertrag für mobile Dozenten

Das ERASMUS-Programm wird von Studierenden hoch eingeschätzt, denn eine relativ lange Zeitspanne unter anderen Lebensbedingungen als zu Hause zu verbringen, wird zu einem frühen Zeitpunkt der Entwicklung berufsrelevanter Kompetenzen als sehr einflussreich hinsichtlich vieler Aspekte angesehen. Die Bedingungen für einen Auslandsaufenthalt von Dozenten sind jedoch vollkommen anders. Menschen, die in der Mitte ihrer Karriere stehen (Durchschnittsalter 47 Jahre) und in der Regel schon Auslandserfahrung besitzen, verbringen hier mit Unterstützung des ERASMUS-Programms im Durchschnitt zwei Wochen im Ausland. Es wäre daher nicht überraschend, wenn der berufliche Ertrag der internationalen Mobilität von Dozenten deutlich geringer eingeschätzt würde als bei international mobilen Studierenden.

Dennoch sahen die befragten ehemals mobilen Dozenten einen beträchtlichen beruflichen Ertrag ihres Auslandsaufenthaltes. Zeitweiliges Lehren im Ausland bewerteten die Befragten als wertvollen *Beitrag zur Verbesserung ihrer eigenen wissenschaftlichen Tätigkeit.* 58 Prozent heben einen *positiven Einfluss auf ihre eigene berufliche Entwicklung* im Allgemeinen hervor. Im Einzelnen:

- sahen 65 Prozent eine allgemeine Verbesserung ihrer Forschungskontakte;
- erweiterten 60 Prozent ihre wissenschaftlichen Kompetenzen während des Auslandsaufenthaltes;
- wurden 53 Prozent in wissenschaftliche Diskussionen einbezogen, deren Ursprung im Gastland oder in ihrer Gasthochschule lag;
- verbesserten 45 Prozent ihre Lehrfähigkeiten durch ihren Auslandsaufenthalt;
- entwickelten und verwendeten 40 Prozent nach ihrer Rückkehr neue Lehrmethoden.

Diese Ergebnisse zeigen, dass der wissenschaftliche Wert eines Lehraufenthaltes im Ausland *nicht auf Curriculumentwicklung und Lehrmethoden beschränkt* ist. Im Gegenteil betont ein großer Anteil der Dozenten den Wert des Lehraufenthalts im Ausland für die Forschung und für allgemeine akademische Aktivitäten, die sowohl die Lehre als auch die Forschung betreffen. Die zu Beginn der Studie befragten Experten sahen hingegen eine stärkere Auswirkung auf nachfolgende Innovationen in der Lehre als auf die Verbesserung der Forschung und der allgemeinen wissenschaftlichen Aktivitäten.

Ebenso glaubten die befragten Experten, dass ein Lehraufenthalt im Ausland einen positiven Einfluss auf das allgemeine akademische Wissen hat. Die Mehrheit von ihnen gab an, dass mobile Dozenten höhere akademische Kompetenzen besitzen als deren Kollegen ohne Lehrerfahrungen im Ausland.

Die ehemals mobilen Dozenten bewerteten ihren Lehraufenthalt ebenso als nützlich bezüglich einer internationalen Ausrichtung ihrer weiteren beruflichen Tätigkeit. In den auf den Lehraufenthalt folgenden Jahren verbrachten die meisten von ihnen im Durchschnitt einen Monat pro Jahr im Ausland – meistens zur Teilnahme an Konferenzen, aber oft auch zu Forschungszwecken oder um zu lehren. Auf die Frage nach dem Zusammenhang zwischen internationalen Aktivitäten und ihrem ERASMUS-Lehraufenthalt sah etwa die Hälfte der Dozenten einen Zusammenhang zwischen ERASMUS und ihren erweiterten internationalen Forschungskooperationen, während etwa ein Drittel sowohl mehr Einladungen aus dem Ausland als auch vermehrte Forschungskooperationen als positive Folge ihres ERASMUS-Aufenthaltes nannte.

Die befragten Experten zeigten eine sogar noch positivere Sichtweise bezüglich der Verbesserung der internationalen Kompetenzen mobiler Dozenten. Mehr als drei Viertel gaben an, dass ehemals mobile Dozenten bezüglich ihres Wissens über das Hochschulsystem des Gastlandes, ihres interkulturellen Verständnisses und ihrer interkulturellen Kompetenzen sowie bezüglich ihrer Fremdsprachenkenntnisse ihren nicht mobilen Kollegen überlegen sind.

Außerdem war die Mehrheit der mobilen Dozenten überzeugt, dass die Mobilität von Lehrenden im Rahmen des ERASMUS-Programms auch einen positiven *Einfluss auf die Hochschule* hat. Mehr als die Hälfte von ihnen berichtete, dass Dozentenmobilität hilfreich war, um die Beratung der mobilen Studierenden zu verbessern und Wissen über andere Länder bereitzustellen. Fast die Hälfte der Befragten betrachtete Dozentenmobilität als hilfreich, um die Koordination der Studienprogramme zwischen den Partnerhochschulen zu verbessern, das Angebot von Fremdsprachenkursen zu erweitern, neue Studienkonzepte zu entwickeln und der zunehmenden Bedeutung von komparativen Ansätzen zu entsprechen.

Auch die befragten Hochschulleitungen berichteten über einen positiven Effekt der Dozentenmobilität auf ihre Hochschule. Mehr als drei Viertel äußerten die Ansicht, dass sie zur internationalen Reputation ihrer Hochschule beigetragen hat. Mehr als die Hälfte sah einen positiven Effekt auf die internationalen Forschungsaktivitäten, und etwa die Hälfte nahm positive Effekte auf unterschiedliche Dimensionen des Lehrens und Lernens wahr.

Schließlich sollte hier angemerkt werden, dass neun Prozent der befragten ehemals mobilen Dozenten zum Zeitpunkt der Befragung *beruflich in einem anderen Land tätig* war als dem Land, in dem sie vor ihrem ERASMUS-Aufenthalt beschäftigt waren. In vielen Fällen war das Land ihrer aktuellen Beschäftigung ihr ehemaliges Gastland. Dies ist ein höherer Grad an Mobilität, als im Allgemeinen in der Mitte der Karriere erwartet werden konnte. Unter den befragten Experten glaubten sogar mehr als zwei Drittel, dass ein Lehraufenthalt im Ausland die Möglichkeiten für weitere internationale wissenschaftliche Mobilität erhöht.

Der berufliche Ertrag eines Lehraufenthaltes im Ausland bezüglich *Status und Einkommen* sieht auf den ersten Blick geringer aus. Als Konsequenz aus ihrem Lehraufenthalt im Ausland berichteten

- drei Prozent über eine Gehaltssteigerung,
- sechs Prozent über eine Verlängerung eines befristeten Vertrags und

– zwölf Prozent über den Aufstieg in höhere administrative Positionen.

Bei der Betrachtung dieser Zahlen ist zu beachten, dass zum einen die Gesamtzahl der Dozenten, die seit ihrem Lehraufenthalt in eine höhere Position aufgestiegen ist, sehr gering ist und zum anderen, dass mehr als ein Drittel der befragten Dozenten angaben, ihr Lehraufenthalt im Ausland habe ihre Karriereperspektiven verbessert. Dies zeigt, dass ein größerer Anteil der mobilen Dozenten kleinere Effekte oder Anzeichen für zukünftige Änderungen als Ergebnis des Lehraufenthaltes bemerkte.

Die befragten Hochschulleiter nahmen eine eher kritische Position bezüglich der Auswirkungen eines Lehraufenthaltes im Ausland auf die Karriere der Dozenten ein. Nur elf Prozent sahen als Effekt einen beruflichen Aufstieg, und nur zwei Prozent berichteten, dass ein höheres Gehalt als Folge eines Lehraufenthaltes im Ausland üblich ist. Im Gegensatz dazu erwarteten die befragten Experten häufiger positive Auswirkungen auf das Einkommen (12 Prozent), den Aufstieg auf eine bessere Position an einer anderen Hochschule (19 Prozent) oder den Aufstieg an der eigenen Hochschule (44 Prozent).

Insgesamt scheint der berufliche Ertrag eines Lehraufenthaltes in einem anderen europäischen Land wesentlich höher für Dozenten aus *Mittel- und Osteuropa* zu sein als für ihre Kollegen aus westeuropäischen Ländern. Dieser Unterschied ist bei weitem höher als bei den Studierenden. Zur Illustration:

– zehn Prozent der Dozenten aus Mittel- und Osteuropa aber nur ein Prozent aus Westeuropa berichteten über eine Verbesserung des Gehalts;
– 30 Prozent der ersteren Gruppe, aber nur sieben Prozent der zweiten Gruppe hoben hervor, dass sie als Konsequenz des Lehraufenthaltes im Ausland eine höhere Position bekommen haben;
– 81 Prozent der ersteren Gruppe, aber nur 53 Prozent der zweiten Gruppe verzeichneten einen positiven Ertrag für die allgemeine berufliche Entwicklung.

Diese Unterschiede sind beeindruckend, aber sie besagen nicht, dass der berufliche Ertrag für westeuropäische Dozenten allgemein gering ist. Zum Beispiel gaben 60 Prozent der westeuropäischen Dozenten an, dass ihr Lehraufenthalt im Ausland ihnen geholfen hat, ihre internationalen Forschungskontakte zu verbessern. Dies ist zwar geringer als bei den Dozenten aus Zentral- und Osteuropa (80 Prozent), aber es ist dennoch beachtlich hoch.

Obwohl der berufliche Ertrag der Mobilität von Lehrenden im Rahmen des ERASMUS-Programms als außerordentlich hoch angesehen wird, betrachteten die befragten Dozenten, Hochschulleiter und Experten die augenblickliche Situation keinesfalls als ideal. Die häufigste Kritik war, dass die mobilen Dozenten ihren Lehraufenthalt zusätzlich zu ihren übrigen Verpflichtungen absolvieren müssen, d.h. als zusätzliche Arbeitsbelastung anstatt als Teil ihrer normalen beruflichen Aufgaben. Darüber hinaus wurde von einer hohen Zahl von Befragten gefordert, dass die Lehraufenthalte im Ausland in der beruflichen Laufbahn stärker positiv berücksichtigt werden sollen.

11.8 Der Ertrag insgesamt und Empfehlungen

Insgesamt erbrachten die Erhebungen, die im Rahmen des VALERA-Evaluationsprojekts durchgeführt worden sind, fünf besonders bemerkenswerte Befunde:

- Die *Triangulation der Einschätzungen* zeigt, dass die einbezogenen Experten, Hochschulleiter und Arbeitgeber den beruflichen Effekt der durch ERASMUS geförderten Studienphase in einem anderen europäischen Land höher einschätzen als die ehemals mobilen Studierenden selbst. Wir können nicht eindeutig feststellen, ob erstere eher zu einer Überschätzung oder letztere eher zu Unterschätzung der Erträge neigen.
- Diese jüngste Evaluationsstudie *bestätigt die Ergebnisse früherer Erhebungen*: Auch frühere ERASMUS-Studierende glauben, dass die Auslandsstudienphase häufig internationale Mobilität, internationale Kompetenzen und sichtbar internationale berufliche Aufgaben zur Folge hat, aber kaum höhere Positionen oder höheres Einkommen im Vergleich zu nicht mobilen Studierenden nach sich zieht. Die meisten anderen Befragten sind allerdings der Ansicht, dass ERASMUS auch zu Karrierevorteilen führt.
- Ein Vergleich der Antworten, die die ERASMUS-Studierenden des Jahres 2000/01 fünf Jahre später gaben, mit den Antworten, die frühere Generationen von ERASMUS-Studierenden bei vorangehenden Befragungen gegeben hatten, lassen den Schluss zu, *dass der Vorteil*, den ERASMUS-Studierende im Hinblick auf internationale Beschäftigung und Berufstätigkeit haben, *im Laufe der Zeit in vieler Hinsicht sinkt*. Je mehr internationale Berufstätigkeiten zunehmen und je mehr alle Studierenden mehr internationale Kompetenzen gewinnen, desto weniger kann ein herausgehobener Wert von ERASMUS erwartet werden.
- Der berufliche Wert einer ERASMUS-geförderten Auslandsphase ist für mobile Studierende wie für mobile Dozenten aus *mittel- und osteuropäischen Ländern* offenkundig deutlich höher als für Westeuropäer. Gegenüber diesen Unterschieden nach Ländern sind die Differenzen nach Disziplinen gering.

- Obwohl die *mobilen Dozenten* in der Regel bereits vorher international erfahren waren, zur Zeit des Auslandsaufenthalts meist bereits im Beruf gut etabliert sind und zumeist mit Hilfe von ERASMUS nur eine sehr kurze Phase im Ausland lehren, berichten sie von einem bemerkenswert hohen beruflichen Ertrag dieser Lehrtätigkeit im Ausland. Die Mehrheit von ihnen ist dadurch stärker in internationaler Forschungskooperation eingebunden und ist der Ansicht, dass sich ihre wissenschaftlichen Kompetenzen dadurch insgesamt gesteigert hätten; etwas geringer ist der Anteil derjenigen, die wertvolle Erträge für ihre spätere Lehrtätigkeit sehen. Einige ehemals mobile Dozenten sehen positive Auswirkungen auf ihre beruflichen Karrieren, und einige entscheiden sich, ihre Berufstätigkeit in einem anderen Land fortzusetzen, dabei in den meisten Fällen in dem Land, in dem sie mit Hilfe von ERASMUS gelehrt haben.

Insgesamt unterstreichen die Ergebnisse der VALERA-Evaluationsstudie die *Relevanz* des ERASMUS-Förderungsprogramms. Wie auch frühere Studien gezeigt haben, hilft ein temporäres Studium in einem anderen Land, internationale Kompetenzen zu erhöhen, fördert die berufliche Mobilität der Absolventen und führt die ehemaligen ERASMUS-Studierenden an internationale Berufsaufgaben heran. Die Studie zeigt darüber hinaus, dass Arbeitgeber international erfahrene Absolventen gegenüber anderen Absolventen in vielen Kompetenzbereichen als überlegen einschätzen und auch annehmen, dass sie im Laufe ihrer Karriere erfolgreicher sind. Die Relevanz von ERASMUS wird schließlich in dieser Studie dadurch unterstrichen, dass die mobilen Dozenten einen hohen beruflichen Wert der ERASMUS-geförderten Phase des Lehrens konstatieren. Die befragten Universitätsleiter sind davon überzeugt, dass dies deutlich zur Internationalisierung wie zur Reputation der Hochschule beiträgt. Die vorliegenden Befunde lassen den Schluss zu, dass ERASMUS einem Bedarf des Beschäftigungssystems entspricht wie auch seitens der Hochschulen, die sich der an sie gerichteten gesellschaftlichen Erwartungen bewusst sind.

Diese Evaluationsstudie bestätigt das Ergebnis früherer Untersuchungen, dass ERASMUS darin *effektiv* ist, dass es große Zahlen von Personen mit im Einzelfall relativ bescheidenen Mitteln unterstützt. Allerdings sind auch viele in die Analyse einbezogene Akteure und Experten davon überzeugt, dass eine Qualitätsverbesserung erreichbar wäre, wenn die Lehrenden jeweils eine höhere finanzielle Unterstützung erhielten, um längere Phasen im Ausland zu lehren, und wenn mehr Unterstützung für curriculare Aktivitäten in enger Verknüpfung zu studentischer Mobilität vorgesehen würden.

Was die *Wirkung* von ERASMUS angeht, ist bereits aus früheren Studien erkennbar, dass der »vertikale« berufliche Wert des temporären Studiums in einem anderen europäischen Land begrenzt, aber der „horizontale" Wert eindrucksvoll ist. Ehemalige ERASMUS-Studierende können kaum damit rechnen, dass sie höhere Positionen und ein höheres Einkommen als andere Absolventen erreichen werden, aber der Übergang in die Berufstätigkeit ist erleichtert, sie sind in größerer Zahl international beruflich mobil, und sie übernehmen in hohem Maße sichtbar internationale berufliche Aufgaben. Nur die früheren ERASMUS-Studierenden aus den mittel- und osteuropäischen Ländern können überwiegend auch mit größeren Karriereerfolgen rechnen. Die jüngst durchgeführten Erhebungen zeigen darüber hinaus, dass die Experten und Arbeitgeber, die angesprochen wurden, nicht die Förderung der Kompetenzen durch ERASMUS schätzen, die für internationale Berufsrollen wichtig sind, sondern das überdurchschnittliche generelle Kompetenzniveau von früheren ERASMUS-Studierenden in vielen Bereichen des wissenschaftlich-fachlichen Wissens, der generellen intellektuellen Kompetenzen, der berufsbezogenen Werte und Einstellungen und der sozio-kommunikativen Befähigungen.

Im Hinblick auf die temporäre Mobilität von Dozenten konnte diese Studie beachtliche Erträge benennen. Die meisten mobilen Lehrenden beobachten weitreichende Wirkungen im Hinblick auf ihre späteren Forschungs- und Lehrtätigkeiten. Die befragten Hochschulleiter und andere Experten sind sogar der Ansicht, dass die mobilen Lehrenden danach aktiver und intellektuell anspruchsvoller werden und in manchen Fällen danach auch bemerkenswerte Karriereerfolge haben.

Was die *Dauerhaftigkeit* des ERASMUS-Programms angeht, sind die meisten befragten Akteure und Experten davon überzeugt, dass ERASMUS auch in Zukunft eine große Rolle spielen wird, wenn die Grundzüge des Programms unverändert bleiben. Sie fordern jedoch Verbesserungen im Rahmen der erprobten Praktiken, z.B. eine bessere Vorbereitung der Studierenden, eine stärkere studienbezogene, administrative und finanzielle Unterstützung während des Auslandsaufenthaltes, verbesserte Anerkennung der Studienleistungen nach der Rückkehr, bessere Zusammenarbeit zwischen Hochschule und Beschäftigungssystem, mehr Geld und weniger Bürokratie von Seiten der Europäischen Kommission und zu guter Letzt stärkere Bemühungen, die Stärken des ERASMUS-Programms außerhalb der Hochschulen bekannt zu machen. Zur Mobilität der Dozenten wird vorgeschlagen, Bemühungen zu unternehmen, damit längere Phasen des Lehrens in anderen Ländern realisiert werden können; auch wird empfohlen, die temporäre Lehre im Ausland stärker bei Personalentscheidungen zu berücksichtigen, so bei Berufungs- und Beförderungsentscheidungen.

Diese Studie hat jedoch auch Befunde erbracht, die die Dauerhaftigkeit der »Erfolgsstory ERASMUS« in Frage stellen. Der berufliche Ertrag des temporären Studiums in einem anderen Land ist im Laufe der Jahre deutlich zurückgegangen. Die jüngste Befragung ehemaliger ERASMUS-Studierender zeigt im Vergleich zu ähnlichen früheren Studien, dass das temporäre Studium weniger zu einem leichteren Übergang in das Beschäftigungssystem, zum Erreichen eines höheren Einkommens und zum Zugang zu internationalen Berufsaufgaben beiträgt als in der Vergangenheit. Das ist wahrscheinlich durch eine wachsende generelle Internationalisierung verursacht, die die Einzigartigkeit der ERASMUS-Erfahrung erodieren lässt.

Die Autoren dieser Studie kommen zu dem Schluss, *dass das ERASMUS-Programm in Zukunft größere Chancen hat, wenn es im Hinblick auf die Qualität der Auslandsstudienphase wieder anspruchsvoller wird.* Es gab gute Gründe in der Vergangenheit, warum das ERASMUS-Programm sich allmählich von einer engen Verzahnung von studentischer Mobilität und Studiengangsentwicklung zu einem administrativ gut funktionierenden Programm für große Zahlen von Studierenden entwickelt hat. Aber jetzt sinkt der Wert der Auslandsstudienphase an sich. Darüber hinaus sehen die Akteure und Experten, die an dieser Studie im Hinblick auf Fragen der einzelnen Studienfächer beteiligt waren, große Spielräume, den Wert des temporären Auslandsstudiums durch eine bessere zeitliche Einbettung in den Studienverlauf und gezieltere curriculare Akzente zu erhöhen. So scheint die Zeit reif zu sein für einen Richtungswandel in der Akzentuierung des ERASMUS-Programms, wobei anspruchsvollere Ideen zur Studiengangsgestaltung mit der Förderung der mobilen Studierenden verbunden werden sollten.

Teil IV
Evaluationsstudien zu anderen Mobilitätsformen und Kooperationsstrukturen

12 Europäische Mobilität am Beginn der Forschungskarriere (1991/1998)*

12.1 Frühe Förderungsprogramme

Lange bevor die Europäische Gemeinschaft mit der Förderung studentischer Mobilität begann, war sie schon in Förderung der europäischen Mobilität des wissenschaftlichen Nachwuchses involviert. Schon 1958 wurden erste Schritte zur Förderung individueller Wissenschaftler mit dem Ziel unternommen, »Forschungstraining durch Forschung« zu verbessern (siehe dazu Teichler, Lewison und Massimo 1991). Zunächst erfolgte diese Förderung im Rahmen des EURATOM-Vertrags für jüngere Wissenschaftler im Bereich der Atomenergie, die einige Zeit als Stipendiaten in den Europäischen Joint Research Centres tätig wurden. Um 1970 wurden etwa 100 Stipendiaten pro Jahr gefördert. Ab 1977 wurde der geförderte Themenbereich erweitert, und ab 1986 wurde in jedem Bereich der Forschungsförderung vorgesehen, einen Teil der Mittel für junge mobile Wissenschaftler zu reservieren (*sectoral fellowships*).

Anfangs wurden auch Mittel für Studierende vorgesehen, aber sehr bald konzentrierte sich die Förderung auf zwei Kategorien:

- *Junior fellows*, die sich auf die Promotion vorbereiteten und sich dafür zwei Jahre in einem anderen europäischen Land aufhielten, und
- *Senior fellows*, die vor nicht langer Zeit promoviert hatten und für ein Jahr oder etwas länger in einem Labor in einem anderen europäischen Land tätig sein wollten.

1985 etablierte die Europäische Kommission ein zusätzliches Stipendienprogramm, das sich in den Zielen von den bis dahin bestehenden Programmen deutlich unterschied. Das *International Scientific Co-operation (ISC) Programme* bot die Möglichkeit, etablierte Wissenschaftler vor allem aus asiatischen, lateinamerikanischen und Mittelmeerländern für etwa ein Jahr als Gäste an europäische Forschungseinrichtungen einzuladen. Bereits vorher hatte es ähnliche Förderungsangebote im Rahmen des Science and Technology for Development

* Koautor: Friedhelm Maiworm.

Programmes gegeben, das Forschung in den Bereichen tropische Landwirtschaft sowie tropische Medizin unterstützte und Wissenschaftlern vor allem aus Afrika, der Karibik und dem Pazifik Fördermöglichkeiten bot.

Ende der achtziger Jahre wuchs die Überzeugung, dass die Mobilität des Forschungsnachwuchses in größerem Umfange gefördert werden sollte. Auch hatten sich die Stimmen gemehrt, dass ein gesondertes Programm für den Forschungsnachwuchs vielleicht erfolgreicher sein könnte, als das in der Vergangenheit bei einer weit gestreuten Ansiedlung von Stipendien der Fall war. In der Tat wurden im *Dritten Rahmenprogramm zur Forschungs- und Technologieförderung* im April 1990 518 Million ECU für die Unterstützung von »human capital and mobility« über einen Zeitraum von fünf Jahren reserviert. Damit sollte die Zahl der jährlich zu vergebenden Stipendien von etwa 350 auf etwa 1 000 erhöht werden. Tatsächlich entstand 1992 das Förderungsprogramm Humankapital und Mobilität. Ein Jahr später wurde es in »Training and Mobility of Researchers«-Programm (TMR) umbenannt, und schließlich erhielt es Ende der neunziger Jahre unter dem Namen Marie Curie-Programm einen wachsenden Bekanntheitsgrad.

12.2 Die erste umfassende Bestandsaufnahme

Im Bereich der Forschungsförderung der Europäischen Kommission entwickelte sich sehr früh die Praxis, die Förderungsprogramme und deren Erträge regelmäßig extern evaluieren zu lassen. Als die Mobilitätsförderung bei jungen Wissenschaftlern einen gewissen Umfang erreichte, wurden Anfang der achtziger Jahre (Levaux u. a. 1984) und Mitte der achtziger Jahre (vgl. Malmborg u. a. 1988) jeweils für Teilbereiche Evaluationsstudien in Auftrag gegeben, die sich mit Hilfe verschiedener Vorgehensweisen, z. B. mit Interviews bei ausgewählten Betreuern in den gastgebenden Institutionen, ein Bild zu machen suchten.

Im Jahre 1989, als die Europäische Kommission ihre Forschungsevaluation insgesamt mit dem *MONITOR-SPEAR-Programm* stärker systematisiert hatte, wurde eine Evaluationskommission eingesetzt, die über die Zukunft der Mobilitätsförderung für jüngere Wissenschaftler beraten sollte. Um die Informationsgrundlage für diese Kommission zu verbessern, gab das Wissenschaftsdirektorat der Europäischen Kommission eine externe Evaluationsstudie in Auftrag, die dem weiteren Weg der früheren Stipendienempfänger nachgehen sollte. Die Evaluationskommission formulierte später ihre Empfehlungen für die zukünftige Förderung (siehe Pfeiffer u. a. 1990) mit starkem Bezug auf die

Ergebnisse dieser – im Folgenden als Trainig-Fellowship-Studie bezeichneten – Studie (siehe Teichler u. a. 1990 sowie die zusammenfassenden Darstellungen der Ergebnisse in Teichler 1991 und Teichler, Lewison und Massimo 1991).

Zunächst mit Hilfe der Förderungsakten und später über Anfragen an die gastgebenden Forschungseinrichtungen und mit Hilfe einer bibliographischen Suchstudie wurde der Versuch unternommen, nicht nur alle fast 1 300 Stipendiaten zu erreichen, die zwischen 1966 und 1988 (zum Schluss Stipendiaten, bei denen die Förderung im Jahre 1988 endete) gefördert worden waren, sondern auch die etwa 400 Personen, die das bewilligte Stipendium nicht angenommen hatten (Ablehnungsquote von 24 %). Tatsächlich antworteten 45 Prozent der ehemaligen Stipendiaten und 44 Prozent der Ablehner auf den ihnen zugesandten Fragebogen. Da sich herausstellte, dass manche Stipendienempfänger nicht mobil waren und manche schon vor dem Stipendium eine Forschungstätigkeit in dem Gastland aufgenommen hatten, wurde die Auswertung auf die echten Fälle der Mobilitätsförderung eingegrenzt: 472 ehemalige Stipendiaten und 140 Ablehner. Zusätzlich wurde eine Befragung der ISC Fellows und ihrer Gastgeber durchgeführt; obwohl bei diesen Erhebungen aus Terminknappheit auf wiederholte Anschreiben verzichtet wurde, waren die Antwortquoten (47 % und 62 %) recht hoch. Auf die ISC-Studie soll im Folgenden nicht näher eingegangen werden.

Der Training Fellowship-Fragebogen umfasste 13 Seiten mit 64 – überwiegend geschlossenen – Fragen. Der Fragebogen an die Ablehner war nicht halb so lang, weil damit zu rechnen war, dass diejenigen, die letztlich nicht gefördert worden waren, nicht in gleichem Maße bereit sein würden, eine Evaluationsstudie dieses Programms durch ihre Auskünfte zu unterstützen.

12.3 Ergebnisse der Training Fellowship-Studie

Vor der Qualifizierungsphase im Ausland: Die Mobilitätsförderung für jüngere Wissenschaftler war bis in die achtziger Jahre nicht – wie das zum Beispiel beim ERASMUS-Programm der Fall war – mit Hilfe großer öffentlicher Informationskampagnen angekündigt worden. So berichteten fast die Hälfte der Stipendienempfänger, dass sie von ihrem vorherigen Betreuer über das Stipendium informiert worden waren; nicht wenige wussten nicht einmal, welche Institution die finanziellen Mittel bereit stellte. Nur etwa ein Fünftel hatte die Ankündigungen der Europäischen Kommission gelesen. Die erstgenannte Methode erwies sich auch darin erfolgreich, dass die Förderung unter diesen

Bedingungen eher angenommen wurde; etwa ein Drittel der Ablehner hatten über die Förderungsmöglichkeit durch Ankündigungen der Europäischen Kommission erfahren.

Die meisten Wissenschaftler, die durch die Training Fellowships gefördert worden waren, berichteten im Rückblick, dass für sie sowohl der Wunsch nach wissenschaftlicher Weiterqualifizierung (82 %) als auch der Wunsch bedeutsam war, internationale Erfahrungen zu sammeln (85 %). Daneben wurden vor allem wissenschaftliche, berufliche und Karrieremotive genannt. Die Ablehner des Stipendiums schienen wissenschaftlich eher höher motiviert und fanden die Förderungsbedingungen weniger attraktiv.

Für die nachfolgenden Überlegungen zur Zukunft des Stipendienprogramms waren die Befunde zum Wahl- und Entscheidungsverhalten der jungen Wissenschaftler von großem Interesse. Tatsächlich berichteten 74 Prozent der Stipendiaten (und 88 % der Ablehner), dass sie andere Aktivitäten erwogen hatten, als sie sich für die Förderung bewarben, darunter

- 39 Prozent (50 %) eine Beschäftigung im Herkunftsland,
- 12 Prozent (21 %) eine Beschäftigung in einem anderen Land,
- 23 Prozent (22 %) ein Stipendium im Herkunftsland,
- 24 Prozent (27 %) ein Stipendium in einem anderen Land,
- 6 Prozent (7 %) andere Aktivitäten im Herkunftsland und
- 3 Prozent (4 %) andere Aktivitäten in anderen Ländern.

41 Prozent der Stipendienempfänger und ein geringerer Anteil der Ablehner hatten die europäische Förderung als attraktiv empfunden. Später berichteten die Stipendiaten, dass das Stipendium 90 Prozent ihrer Ausgaben im Ausland getragen hatte, aber dieser Befund besagt nur bedingt etwas über die finanzielle Attraktivität der Stipendien.

Die meisten Stipendiaten waren über die Bewilligung innerhalb von 3 bis 6 Monaten nach der Antragstellung informiert worden. 39 Prozent der Ablehner im Gegensatz zu 16 Prozent der Stipendiaten meinten später, die Zeitspanne von der Antragstellung bis zur Bewilligung sei für sie problematisch gewesen.

Die Trainingsphase in einem anderen europäischen Land: Etwa zwei Drittel der Stipendiaten äußerten sich im Rückblick zufrieden über die Qualifizierungsphase. Je etwa ein Viertel hatten bis zu einem Jahr, bis zu zwei Jahren und langer als zwei Jahre mit Hilfe des Stipendiums in einem anderen europäischen Land verbracht. 18 Prozent hatten wissenschaftliche Probleme mit ihren Betreuern, 16 Prozent bewerteten die Betreuung als schlecht, und 14 Prozent sahen Probleme beim Zugang zu den Ressourcen des Gastlabors. Jeweils etwa ein Zehntel nannten Probleme in der generellen Kommunikation außerhalb der gastgebenden Institution, in wissenschaftlichen Kontakten im Gastland sowie mit der Finanzierung und Unterkunft. Weitaus seltener wurden Probleme genannt, im Ausland zu leben und mit administrativen Fragen zurechtzukommen.

Die Hälfte kommunizierten im gastgebenden Labor vollständig in Englisch und ein weiteres Fünftel teilweise in Englisch. Nicht selten spielten auch andere Sprachen eine Rolle, und die meisten Stipendiaten versuchten, die Sprache des Gastlandes mindestens zum Zwecke der Alltagskommunikation zu erlernen.

Späterer Karriereweg und Erträge der Trainingsphase: Ein beachtlicher Anteil der Stipendiaten berichtete sichtbare Erträge des Auslandsaufenthalts unmittelbar danach:

- 47 Prozent Zeitschriftenpublikationen,
- 42 Prozent Konferenzvorträge und
- 42 Prozent einen höheren wissenschaftlichen Abschluss.

Etwa drei Viertel waren unmittelbar nach der Förderungsphase weiterhin in der Forschung tätig – davon zehn Prozent nach wie vor in dem gastgebenden Labor im Ausland. Zum Zeitpunkt der Befragung war noch die Hälfte in der Forschung tätig. Im Durchschnitt verliefen die wissenschaftlichen Karrieren der Ablehner etwas eindrucksvoller als die der Stipendienempfänger. Zum Zeitpunkt der Befragung waren 21 Prozent der ehemaligen Stipendiaten (18 % der Ablehner) in einem anderen Land der Europäischen Gemeinschaft und neun Prozent (15 %) in anderen Ländern tätig.

Insgesamt äußerten sich Stipendiaten recht positiv über ihre Qualifizierungsphase im Ausland. In der Reihenfolge wurde am positivsten bewertet: Internationale Erfahrung, Förderung der wissenschaftlichen Kompetenz, positivere Einstellung zu Europa und zur Europäischen Kommission, Verbesserung der sozio-kommunikativen Fähigkeiten und der Beitrag zur Etablierung einer wissenschaftlichen Reputation. Etwas vorsichtiger fielen die Aussagen über Erträge für die weitere Karriere aus.

Reserviertheit gegenüber dem gewählten Weg kommt eher in den Antworten auf die Frage zum Ausdruck, was die ehemaligen Stipendiaten tun würden, wenn sie noch einmal wählen könnten. Wie Tabelle 12.1 zeigt, würden 44 Prozent eine andere Lösung vorziehen, davon fast die Hälfte ein Stipendium in den USA. Umgekehrt gaben 20 Prozent der Ablehner an, dass sie, wenn sie noch einmal wählen könnten, das europäische Stipendium diesmal annehmen würden.

Tabelle 12.1: Wahlentscheidung der Training Fellowship-Stipendiaten, wenn sie noch einmal wählen könnten, nach Art des Stipendiums (in Prozent)

	Student	Junior	Senior	Gesamt
Die gleiche Wahl	64	56	47	56
Andere Aktivität im Herkunftsland	4	1	0	2
Anderes Labor im Gastland	5	6	7	6
Anderes Land der Europäischen Gemeinschaft	7	11	11	10
Stipendium für die USA	14	20	28	20
Stipendium für Europa und die USA	1	1	3	1
Stipendium für anderes Land	1	2	3	2
Anderes	4	3	3	3
Insgesamt	100	100	100	100
(n)	(83)	(286)	(75)	(444)

Quelle: Befragung von Training Fellowship-Stipendiaten 1989/90.

12.4 Folgerungen aus der Training Fellowship-Studie

Die Autoren der Studie schlossen aus den Ergebnissen, dass die Befragung keine besonders deutlichen Schwächen des Training Fellowship-Programms aufgezeigt hat. Am eindeutigsten dränge sich die Schlussfolgerung auf, dass von Beginn an ein Stipendium nicht für ein Jahr vergeben und dann verlängert werden sollte, wenn es um eine Qualifizierung für eine Promotion ginge; in diesem Falle sollte *von Beginn an ein längeres Stipendium vergeben* werden. Am wichtigsten für die Zukunft des Programms sei der Befund, dass ein nicht unbeträchtlicher Anteil möglicher Kandidaten für ein solches europäisches Mobilitätsstipendium dieses nicht als die attraktivste Lösung betrachte: Ob dies durch Verbesserung in den Bedingungen des Stipendiums zu verändern oder wenig zu beeinflussen sei, weil Karrieren daheim immer sicherer und Stipendien in den USA unabdingbar als wissenschaftlich ertragreicher angesehen würden, sei zu erörtern.

Die Evaluationskommission beschloss auf der Basis der Studie einige *Verbesserungen in den finanziellen Bedingungen und in der Administration des Programms*, darunter auch eine von Beginn an längere Förderung, wenn der Aufenthalt voraussichtlich mehr als ein Jahr dauern sollte. Insgesamt sah die Kommission die Möglichkeit, das Stipendienprogramm auszuweiten, und empfahl dabei, auch die – bis dahin nicht berücksichtigten – Geistes- und Sozialwissenschaften einzubeziehen. Nicht zuletzt sollte etwas geschehen, damit das Programm eine *höhere öffentliche Sichtbarkeit* erhielt – hier hatten die guten Erfahrungen mit »ERASMUS« zweifellos Spuren hinterlassen. Empfohlen wurde, den Namen EINSTEIN-Programm (European International Science and Technology Exchanges and Integration Network) zu wählen. Mit Ausnahme des vorgeschlagenen Namens zeitigten alle Empfehlungen Wirkung.

12.5 Die zweite Bestandsaufnahme

Nachdem die Förderung der europäischen Mobilität junger Wissenschaftler ausgeweitet und in der Organisation unter dem Namen »Human Capital and Mobility« (HCM) systematisiert worden war, hielt die Europäische Kommission es für angebracht, sehr bald wieder eine ähnliche Studie durchführen zu lassen. Die Studie sollte so rechtzeitig realisiert werden, dass die Ergebnisse bei der Entscheidung über die Weiterführung des Programms ab 1997 berücksichtigt werden konnten.

Um den Übergang von den vorangegangenen Bedingungen auf das HCM-Programm prüfen zu können, wurden diejenigen Stipendiaten befragt, die noch zu den damaligen Bedingungen gefördert worden waren, aber bei der früheren Studie nicht befragt wurden. Die Fragebogen wurden an alle Stipendiaten versandt, deren Förderung zwischen 1987 und 1993 begonnen hatte und bis spätestens Frühjahr 1995 zu einem Abschluss gekommen war: insgesamt fast 3 900 geförderte Wissenschaftlerinnen und Wissenschaftler. Es antworteten 1 984, d. h. 61 Prozent derjenigen, von denen gültige Adressen vorgelegen hatten. Auch ihre Betreuer wurden befragt: Dabei beantworteten 2 124 von fast 3 000, d. h. 71 Prozent. Im Gegensatz zu dieser überraschend hohen Beteiligung der Förderungsempfänger und ihrer Betreuer antworteten mit 700 Verwaltungsleitern der gastgebenden Institutionen nur etwa 30 Prozent auf den dritten Fragebogen dieser Studie, die von Sommer 1995 bis Jahresanfang 1996 durchgeführt wurde.

Festzustellen war, dass in diesem Zeitraum von Jahr zu Jahr der Anteil der Doktoranden, die im Durchschnitt zwei Jahre gefördert wurden, von anfangs etwa der Hälfte auf ein Viertel zurückging. Gleichzeitig etablierte sich HCM immer mehr als Förderung von Postdocs, und deren durchschnittliche Förderungsdauer erhöhte sich von früher nicht mehr als einem Jahr auf 19 Monate.

Diese zweite Studie (Maiworm und Teichler 1997) wird als *Human Capital and Mobility-Studie* bezeichnet. Sie schloss zwar auch Geförderte der Vorgängerprogramme ein, aber diese waren in der Zahl geringer. Ergänzt sei, dass die Studie nur Geförderte einbezog, deren Förderung die Europäische Kommission direkt verwaltete. Daneben wurden auch manche jüngere europäische Wissenschaftlerinnen und Wissenschaftler, die in Europa mobil waren, mit Mitteln der Europäischen Kommission gefördert, wobei die gastgebenden Institutionen selbst die Geförderten auswählten und die Mittel verwalteten.

12.6 Ergebnisse der Human Capital and Mobility-Studie

Vor dem Auslandsaufenthalt: Die HCM-Geförderten hatten am häufigsten (28 %) durch die gastgebenden Labors von dem Programm erfahren – im Gegensatz zu früheren Studien, bei denen die heimatlichen Betreuer die häufigste Informationsquelle darstellten. Das spricht dafür, dass die gastgebenden Institutionen häufig auf die Forderung der Europäischen Kommission eingingen, sie sollten die Fördermöglichkeit bekannt machen und auch passende Kandidaten vorschlagen.

Tatsächlich wurde berichtet, dass in etwa der Hälfte der Fälle vorher Kontakte zwischen der Herkunftsinstitution und der gastgebenden Institution bestanden hatten. Wenn auch die Fragen etwas anders formuliert waren, ließen die Daten der neueren Studie daraus schließen, dass mit den Veränderungen der Programmbedingungen die »Passung« der Qualifikation der Kandidaten und der Forschungsakzente der gastgebenden Institutionen und ihrer Betreuer zugenommen hatten. 93 Prozent der Betreuer sahen einen engen Zusammenhang zwischen ihrer Expertise und dem Arbeitsthema der mobilen jüngeren Wissenschaftler. 61 Prozent der Stipendiaten waren davon überzeugt, dass gastgebende Institution eine von wenigen sei, an denen ihr Thema gut aufgehoben sei, und weitere 36 Prozent sahen ihre gastgebende Institution als eine von mehreren in Frage kommenden Institutionen.

Auch die Aussagen über die Motive für die Bewerbung auf die HCM-Förderung kann als Erfolg der veränderten Programmgestaltung interpretiert werden. Zwar wurden ähnlich wie früher der allgemeine wissenschaftliche Qualifikationsgewinn und der internationale Erfahrungsgewinn am häufigsten genannt, aber

- die hohe wissenschaftliche Reputation der Gastinstitution wurde häufiger als Motiv für die Bewerbung genannt: 61 Prozent im Vergleich zu 36 Prozent bei der früheren Erhebung;
- ebenso wurden die Förderungsbedingungen häufiger als zuvor – 59 Prozent im Vergleich zu 41 Prozent – als attraktiv bezeichnet.

Wiederum hatten über drei Viertel andere Optionen erwogen. Der Anteil derjenigen, die sich durch Bewerbung aktiv um andere Optionen bemühten, war sogar von etwa einem Viertel auf etwa die Hälfte der späteren HCM-Stipendiaten gestiegen. Tatsächlich hat aber von denjenigen, die ein Förderungsangebot erhalten hatten, dies nur ein Zehntel abgelehnt. Dieser im Vergleich zu früherer Zeit – die zwischen Mitte der sechziger Jahre und Mitte der achtziger Jahre angebotenen Training Fellowships waren, wie bereits berichtet, von einem Viertel abgelehnt worden – geringe Anteil zeigt zweifellos einen Attraktivitätsgewinn von Human Capital and Mobility gegenüber dem vorangegangenen Förderungssystem an.

Erfahrungen während der Trainingsphase: Die Forschungsarbeiten der mobilen Wissenschaftlerinnen waren in einem hohen Maße in Forschungsteams an der gastgebenden Institution eingebettet. Mehr als zwei Drittel waren in solchen Teams mit durchschnittlich sechs Personen eingebunden. Jeweils fast ein Sechstel arbeitete nur mit anderen Fellows zusammen bzw. arbeitete allein. Die Betreuung wurde besser eingestuft als früher: Nur zwölf Prozent berichteten von wissenschaftlichen Problemen, und nur acht Prozent kritisierten die Ausstattung des gastgebenden Labors.

Die HCM-Geförderten benutzten an der gastgebenden Institution im Durchschnitt zwei Sprachen. Die Sprache des Gastlandes dominierte nicht nur erwartungsgemäß in Großbritannien und Frankreich, sondern auch in Spanien und Italien. Englisch dominierte zwar in Deutschland und Portugal, aber die Sprache des Gastlandes war eine wichtige Ergänzung. In allen anderen Ländern dominierte Englisch eindeutig in der Kommunikation zwischen Gastgebern und Geförderten.

Insgesamt wurde häufig unterstrichen, dass es vielerlei Kontakte zu anderen Wissenschaftlern im gastgebenden Land und auch sonst zur Bevölkerung gab. Größere Probleme wurden seltener genannt als früher: Jeweils ungefähr ein Zehntel nannten Probleme der Finanzierung, Verwaltungsprobleme mit der gastgebenden Institution und auch mit den Behörden des Gastlandes, Unterkunft, getrenntes Leben von Angehörigen und das Klima im Gastland.

Die finanzielle Förderung war im Rahmen des HCM deutlich verbessert worden. Etwa ein Drittel wurde von der gastgebenden Institution angestellt; auch erhielt ein großer Teil der weiteren Fellows verschiedene Sozialleistungen. Nur sieben Prozent äußerten sich über die Finanzierung sehr unzufrieden – also deutlich weniger als bei der vorangehenden Befragung. Häufig wurde sogar darauf verwiesen, dass die HCM-Geförderten mehr Geld für ihre Lebenshaltung zur Verfügung hätten als gleichrangige Beschäftigte der gastgebenden Institution und dass dies oft Gefühle der Ungleichbehandlung ausgelöst habe. Allerdings nahm der Anteil der Befragten zu, die kritisierten, dass die

Entscheidung über die Förderung erst lange Zeit nach der Bewerbung gefallen sei (37 %) und dass die finanzielle Förderung erst sehr spät einsetzte (27 %).

Späterer Karriereweg und Erträge der Trainingsphase: Drei Viertel der HCM-Geförderten meinten, dass sie, wenn sie noch einmal die Wahl hätten, sich wieder um dieses europäische Mobilitätsstipendium bewerben würden. Dass dies etwa 20 Prozent mehr sagten als die Stipendiaten der Vorgängerförderungen, ist ein eindeutiges Zeichen für die gewachsene Attraktivität. Der Anteil derjenigen, die bei einer erneuten Wahl ein Stipendium in den USA vorgezogen hätten, hatte noch bei der Vorgängerstudie 20 Prozent betragen, lag nunmehr aber nur noch bei sieben Prozent.

Auch die meisten Betreuer gaben an, dass sie die HCM-Geförderten wieder aufnehmen würden, wenn sie noch einmal die Wahl hätten. 72 Prozent meinten, dass die Qualität ihrer Forschungstätigkeit über dem Durchschnitt der Arbeiten der an ihrer Institution tätigen Wissenschaftler gelegen habe.

Jeweils fast drei Viertel der Geförderten berichteten, dass aus ihrem Auslandsaufenthalt unmittelbar eine höhere Qualifikation, Publikationen und Forschungsberichte hervorgegangen seien. Auch diese Werte lagen höher als bei der vorangegangenen Befragung.

Dagegen hatten die Stipendiaten der neueren Generation größere Schwierigkeiten als ihre Vorgänger, nach dem Auslandsaufenthalt eine Beschäftigung zu finden. Von den HCM-Geförderten war nur etwa die Hälfte beschäftigt oder selbständig tätig. Ein Viertel hatte ein anderes Stipendium erhalten. Darüber hinaus waren 13 Prozent arbeitslos, und elf Prozent setzten Studien auf eigene Kosten oder mit familiärer Unterstützung fort.

Dabei zeigte sich, dass der Anteil der ehemaligen Stipendiaten, die kurz nach dem Ende der europäischen Förderung weder beschäftigt waren, noch ein anderes Stipendium erhalten hatten, innerhalb weniger Jahre erheblich gestiegen war. Auch war deutlich, dass jüngere Wissenschaftler, die bei Antritt der Förderung noch nicht promoviert waren, unmittelbar nach dem Stipendienabschluss größere Probleme der Beschäftigung und Finanzierung hatten als Postdoc-Geförderte und bereits erfahrene Wissenschaftler.

Zweifellos trägt die europäische Mobilitätsförderung junger Wissenschaftler und Wissenschaftlerinnen zur europäischen und internationalen Mobilität auf dem weiteren Berufs- und Lebensweg bei. Kurz nach dem Stipendium hatten sich 42 Prozent weiter im Ausland aufgehalten, und zum Zeitpunkt der Befragung war das ebenfalls bei 42 Prozent der Fall. Die entsprechenden Werte waren bei der Vorgängeranalyse der Stipendiaten, die zwischen Mitte der sechziger Jahre und Mitte der achtziger Jahre ein europäisches Mobilitätsstipendium erhalten hatten, mit 28 Prozent bzw. 30 Prozent deutlich geringer.

Auch schätzten die HCM-Geförderten die Erträge für sich selbst höher ein als ihre Vorgänger das taten. Das gilt auch, wie Tabelle 12.2 zeigt, für die Beschäftigungs- und Karriereaussichten.

Tabelle 12.2: Positive Erträge der europäischen Wissenschaftler-Mobilität für die Geförderten nach deren Selbsteinschätzung (in Prozent)

Art des Ertrags	Training Fellowship-Geförderte	HCM-Geförderte
Höheres internationales Bewusstsein und internationale Erfahrung	87	89
Höhere wissenschaftliche Kompetenz	79	92
Höhere sozio-kommunikative Befähigungen	71	66
Höhere wissenschaftliche Reputation	52	76
Karrierevorteile in der Forschung	42	74
Hilfe für die Beschäftigungssuche nach der Förderung	42	51
Karrierevorteile in der Industrie	31	26

Quelle: Befragung von Training Fellowship-Stipendiaten 1989/90 und von HCM-Geförderten 1995/96.

Zusammenfassend lässt sich feststellen, dass der Schritt von einer eher gestreuten Vergabe von Stipendien für ein Forschungstraining in anderen europäischen Ländern zu einem europäischen Mobilitätsprogramm für jüngere Wissenschaftlerinnen und Wissenschaftler bei gleichzeitiger Erhöhung der Fördermittel je Person sich eindeutig in *höherer Attraktivität der Förderung* und in vielerlei Hinsicht in *höheren Erträgen* niedergeschlagen hat. Allerdings ist bei dem Vergleich einschränkend zu bemerken, dass die früheren Training Fellowships für einen Forschungsaufenthalt an einem der vier Europäischen *Joint Research Centres* vergeben worden waren und dass dies nicht in allen dieser Fälle als sehr attraktiv galt; insofern fand das HCM auch deshalb positivere Reaktionen, weil eine stärkere Öffnung für eine große Breite qualitativ anspruchsvoller gastgebender Institutionen gegeben war.

Im Rahmen der Studie war auch der Versuch unternommen worden, mit Hilfe multipler Regressionsanalysen zu klären, welche *Bedingungen am stärksten positive Erträge* nach sich ziehen. Insgesamt ist festzustellen, dass sich nur wenige statistische Zusammenhänge nachweisen lassen. Am ehesten noch waren auf mehr als einer Dimension Erträge nachweisbar, wenn bei der Entscheidung für den Auslandsaufenthalt die Qualität der Betreuer oder der gastgebenden Institutionen eine Rolle gespielt hatte, wenn die Unterstützung an der gastgebenden Institution groß war, wenn die Qualität der Betreuung hoch eingeschätzt wurde, wenn die Forschungsaktivitäten im Ausland für die Industrie als relevant bewertet wurden, wenn die Stipendiaten sich im Ausland wissenschaftlich gut integriert sahen und wenn der Auslandsaufenthalt zur Etablierung beruflicher Kontakte außerhalb der gastgebenden Institution beitrug.

Eine deutliche Ausnahme ist jedoch zu nennen: Die Übergangsprobleme zur Beschäftigung und anderweitige Finanzierung der weiteren Forschungsqualifizierung waren größer geworden. Sicher spielt hier eine Rolle, dass eine kleinere Zahl von Stipendiaten früher oft von ihren Herkunftsinstitutionen zum Auslandsaufenthalt ermuntert worden war und zum Teil an diese zurückkehren konnte. Von größerem Gewicht dürfte sein, dass die Karrieren in der Wissenschaft mit der Ausweitung des Forschungssektors und der Zunahme von Promovierten im Laufe der Zeit eher prekärer geworden sind.

12.7 Wissenschaftler-»Brain drain« in Europa?

Die europäische Mobilität jüngerer Wissenschaftlerinnen und jüngerer Wissenschaftler war von der Europäischen Kommission nicht – ähnlich wie beim ERASMUS-Programm für Studierende – mit der Absicht gefördert worden, eine möglichst gleiche Mobilität zwischen den beteiligten Ländern zu schaffen. Die früheren Training Fellowships wurden, wie bereits ausgeführt, in erster Linie für Forschungsaufenthalte an den Europäischen *Joint Research Centres* vergeben. Von den Stipendiaten, die 1989/90 sich an der Befragung beteiligt hatten, waren 41 Prozent in Ispra (Italien), elf Prozent in Karlsruhe (Deutschland), neun Prozent in Petten (Niederlande) und fünf Prozent in Geel (Belgien) gewesen.

Daneben waren neun Prozent an verschiedenen französischen Institutionen, acht Prozent an britischen, sechs Prozent an weiteren belgischen und fünf Prozent an weiteren deutschen Institutionen und sechs Prozent an Institutionen in anderen Ländern gewesen. Umgekehrt war ein besonders großer Anteil der Stipendiaten – 35 Prozent – aus Italien gekommen (Teichler u. a. 1990, S. 28).

Von den Förderungsempfängern (insgesamt, d. h. einschließlich derer, die den Fragebogen nicht beantworteten) der Jahre 1987 bis 1993 kamen je 16 Prozent aus Deutschland und Frankreich, je 14 Prozent aus Italien und Spanien, zehn Prozent aus Griechenland, jeweils fünf bis sieben Prozent aus Großbritannien, Belgien, den Niederlanden und Portugal sowie fünf Prozent aus anderen Ländern.

Häufigste gastgebende Länder waren Großbritannien (32 %), Frankreich (24 %), Deutschland (10 %) sowie Belgien, Italien und die Niederlande (6-8 %).

Nur noch fünf Prozent der Förderungsempfänger waren zu einem der Joint Research Centres gegangen (siehe Maiworm und Teichler 1997, S. 17-22).

Insgesamt gilt es für die Förderung der Mobilität jüngerer Wissenschaftler für normal, dass – im Vergleich zur Bevölkerungsgröße – ein relativ großer Anteil der Geförderten aus Ländern kommt, die in der Forschungsqualität erst auf dem Wege sind, zum europäischen Durchschnitt aufzuschließen. Überrepräsentiert waren von 1987 bis 1993 in der Tat Griechenland und Portugal, aber auch Spanien und Italien. Die Geförderten aus diesen Ländern hoben häufiger hervor, dass die hohe Reputation der Gastinstitution für sie wichtig war und dass die Qualität der Ausstattung, Betreuung usw. an der gastgebenden Institution sehr hoch gewesen sei.

So können auch die unterschiedlichen Beurteilungen der gastgebenden Institutionen je nach deren Land nicht völlig überraschen:

- Geförderte, die zu Institutionen in südeuropäischen Ländern gegangen waren, berichteten in relativ großer Zahl, dass sie die wissenschaftliche Reputation der gastgebenden Institutionen nicht als exzellent einschätzten. Sie schätzten die Erträge relativ bescheidener ein, betonten aber den Wert kultureller Aktivitäten und die hohe soziale Integration während des Auslandsaufenthalts.
- Die Erfahrungen bei den Auslandsaufenthalten und deren Erträge wurden im Schnitt ungefähr gleich positiv bewertet von Stipendiaten, die in die drei großen gastgebenden Länder – Großbritannien, Frankreich und Deutschland – gegangen waren.
- Besonders positiv hervorgehoben wurden vielerlei Unterstützung und hohe soziale Integration in Irland, die gute Betreuung und Ausstattung in der Schweiz (ein Viertel war dort am CERN) und sowohl gute Forschungsbedingungen als auch gute administrative Unterstützung in Schweden.

Einen Beitrag zur Angleichung der wissenschaftlichen Qualität in Europa kann Mobilitätsförderung eher leisten, wenn ein großer Teil der Förderungsempfänger nicht im gastgebenden Land verbleibt und in ein drittes Land geht, sondern zurückkehrt. Tatsächlich zeigte sich jedoch, dass 46 Prozent der 1987 bis 1993 Geförderten kurz nach der Förderungsphase *nicht zurückgekehrt waren* (Tabelle 12.3 zeigt die Verteilung für diejenigen, die kurz nach Ende der Förderung berufstätig waren), ein weiteres Stipendium hatten oder sich auf eigene Kosten weiter qualifizierten. Zum Zeitpunkt der Befragung hielten sich noch 42 Prozent im gastgebenden Land oder in einem dritten Land auf. Daher wurde bei der Diskussion der Ergebnisse unter den zuständigen Instanzen der Europäischen Kommission die Besorgnis laut, dass das Human Capital and Mobility-Programm in gewissem Maße zu einem *Brain drain fort von den südeuropäischen Ländern* beitrage.

Tabelle 12.3: Land der Tätigkeit kurz nach der HCM-Förderung nach Art der Förderung und Tätigkeitsbereichen (in Prozent)

	Doktoranden Stip.	Doktoranden Besch.	Postdocs Stip.	Postdocs Besch.	Erfahrene Wissen. Selbstf.	Gesamt
Herkunftsland	22	57	48	68	88	57
Gastland	59	27	37	20	4	29
Anderes EG/ EFTA Land	13	13	10	9	6	11
USA	4	2	2	2	2	2
Anderes Land	2	1	3	1	-	1
Ingesamt	100	100	100	100	100	100
(n)	(144)	(289)	(117)	(372)	(49)	(971)

Erfahrene Wissen. = erfahrene Wissenschaftler, Stip. = weitere Stipendienempfänger, Selbstf. = Weiterqualifizierung auf eigene Kosten, Besch. = Beschäftigte

Quelle: Befragung von HCM-Geförderten 1995/96.

Dabei spielte der Befund eine Rolle, dass Postdocs und erfahrene Wissenschaftler in größerer Zahl in die Herkunftsländer zurückgekehrt waren als jüngere Wissenschaftler, bei denen die Förderung der Dissertation gegolten hatte. In der Tat wurde seitens der Europäischen Kommission entschieden, den Anteil der Förderung für Doktoranden zu senken, um insgesamt die »Brain drain«-Effekte des Förderungsprogramms zu reduzieren. Erst später kam wieder die Diskussion auf, ob die Europäische Kommission Doktoranden in stärkerem Maße fördern sollte. Diese Reaktion belegt gerade im Vergleich zur Diskussion über das ERASMUS-Programm, wie schwierig in Europa die Balanceakte zwischen einer Unterschiede ausgleichenden und einer Gemeinsamkeiten postulierenden Politik sind.

13 Das TEMPUS-Programm in den ersten Jahren – Ergebnisse einer Evaluationsstudie (1996)*

13.1 Das TEMPUS-Programm

In der Folge der politischen Veränderungen von 1989 in Mittel- und Osteuropa wurde ein umfassendes Programm finanzieller Unterstützung und Expertise vom Rat der Europäischen Gemeinschaften verabschiedet, um den betroffenen mittel- und osteuropäischen Ländern bei der Erneuerung ihrer ökonomischen und politischen Systeme zu helfen. So wurde im Dezember 1989 das Phare-Programm eingerichtet, das den Rahmen für die Gemeinschaftshilfe bildete, mit dem die ökonomischen und sozialen Reformprozesse in Mittel- und Osteuropa unterstützt werden sollten. Die Phare-Aktivitäten begannen 1990.

Im Januar 1990 legte die Kommission dem Rat und dem Europäischen Parlament zwei Vorschläge für Aktivitäten im Rahmen von Phare vor: das TEMPUS-Programm zu etablieren und eine Europäische Stiftung für Berufsbildung zu gründen. Zu Beginn – so der offizielle Text – wurde vorgeschlagen,

- »die Koordinierung der Unterstützung der in Betracht kommenden Länder auf dem Gebiet des Austauschs und der Mobilität, insbesondere der Hochschulstudenten und -lehrer, zu erleichtern, und zwar unabhängig davon, ob diese Unterstützung von der Gemeinschaft, ihren Mitgliedstaaten oder den in Artikel 9 bezeichneten Drittländern (d. h. die übrigen G24-Staaten) gewährt wird;
- zu einer Verbesserung der Ausbildung in den in Betracht kommenden Ländern beizutragen und ihre Zusammenarbeit mit Partnern in der Gemeinschaft zu fördern;
- die Möglichkeiten des Lehrens und des Erlernens der in der Gemeinschaft verwendeten und vom LINGUA-Programm abgedeckten Sprachen in den in Betracht kommenden Ländern und umgekehrt zu verbessern;
- Studenten aus den in Betracht kommenden Ländern in die Lage zu versetzen, in den Mitgliedstaaten der Gemeinschaft während eines bestimmten

* Koautor(inn)en: Barbara M. Kehm und Friedhelm Maiworm.

Studienabschnitts an einer Hochschule zu studieren oder ein Betriebspraktikum abzuleisten, wobei die Chancengleichheit für männliche und weibliche Studenten in Bezug auf die Mobilität sicherzustellen ist;

- Studenten aus der Gemeinschaft in die Lage zu versetzen, eine gleichartige Studien- oder Praktikumszeit in einem der in Betracht kommenden Länder zu verbringen;
- den Austausch und die Mobilität von Lehr- und Ausbildungspersonal als Teil des Kooperationsprozesses zu fördern«.

Das tatsächlich schnell etablierte TEMPUS-Programm wurde von den mittel- und osteuropäischen Ländern (MOE) aus den Mitteln finanziert, die sie im Rahmen des Phare-Programms erhalten hatten. Das Phare-Budget für jedes der MOE-Partnerländer wurde jährlich von der Europäischen Kommission auf der Grundlage allgemeiner Kriterien und nach Abstimmung mit den nationalen Behörden der Partnerländer festgelegt. Insgesamt standen im TEMPUS-Programm von 1990 bis 1999 300 Millionen ECU zur Verfügung.

Die *Administration des TEMPUS-Programms* war dezentralisiert und bezog Hauptakteure verschiedener Ebenen ein. Die übergeordnete Verantwortung lag bei der Task Force Humanressourcen, allgemeine und berufliche Bildung und Jugend der EU-Kommission (später Generaldirektorat XXII). Wesentliche Programmentscheidungen wurden auf Gemeinschaftsebene vom TEMPUS-Verwaltungsausschuss unterstützt, der aus je zwei Vertretern eines jeden EU-Mitgliedstaates bestand und vom TEMPUS-Verantwortlichen der EU-Kommission geleitet wurde. In jedem Mitgliedstaat der EU wurde eine nationale Kontaktstelle eingerichtet, die die Unterstützung, Information und Beratung aller Institutionen und Organisationen übernimmt, die an einer TEMPUS-Teilnahme interessiert sind; in jedem der MOE-Partnerländer wurde ein Nationales TEMPUS-Büro (NTO) eingerichtet, das für die Administration des TEMPUS-Programms auf nationaler Ebene verantwortlich war und den teilnehmenden Institutionen die erforderliche Unterstützung gewährte.

Das TEMPUS-Programm bestand zu Beginn aus drei *Aktionen*:

- *Gemeinsame Europäische Projekte* (GEP): Etwa 90 Prozent des Budgets waren für Aktivitäten von Konsortien reserviert, die aus mindestens einer Hochschule aus einem MOE-Land und Partnerorganisationen aus mindestens zwei verschiedenen EU-Mitgliedstaaten (darunter mindestens eine Hochschule) bestanden. Gefördert wurden die strukturelle Entwicklung der Hochschule, Kooperationsmaßnahmen im Lehr- und Ausbildungsbereich und Mobilität und Austausch von Studierenden und Lehrenden.

- *Mobilitätszuschüsse* sollten darüber hinaus die Mobilität von Lehrenden und Studierenden aus Hochschulen sowie von Ausbildern aus Unternehmen in beide Richtungen unterstützen.
- *Ergänzende Maßnahmen* dienten Projekten, die sich mit Informationen, Publikationen und anderen Forschungsaktivitäten über TEMPUS-Angelegenheiten befassten (CME-Projekte), ferner der Integration von Hochschulvereinigungen aus MOE-Ländern in entsprechende europäische Vereinigungen. Hinzu kamen Jugendaustauschprojekte (YEX) und Aktivitäten im Rahmen von Gemeinsamen Europäischen Netzwerken (GEN).

Die erste Phase von TEMPUS sollte elf mittel- und osteuropäische Länder fördern. Von westlicher Seite konnten die EU-Mitgliedstaaten als Partner teilnehmen sowie Australien, Island, Japan, Kanada, Liechtenstein, Neuseeland, Norwegen, die Schweiz, die Türkei und die USA. Teilnahmeberechtigt waren Hochschulen, Unternehmen sowie verschiedene andere Organisationen.

13.2 Die Evaluationsstudie

In den Jahren 1994 und 1995 wurde die erste größere externe Evaluation des TEMPUS-Programms durchgeführt. Dabei sollte ein breites Themenspektrum analysiert werden:
- die politischen Rahmenbedingungen für das TEMPUS-Programm;
- die Administration des Programms auf der nationalen und der supra-nationalen Ebene;
- die beteiligten Institutionen und der institutionelle Rahmen;
- die finanzielle Situation der Gemeinsamen Europäischen Projekte (GEP);
- die Kooperation innerhalb der GEP;
- die Administration der GEP;
- die Mobilitätsaktivitäten sowie die übrigen lehr- und lernbezogenen Aktivitäten und schließlich
- die Erträge und Wirkungen des TEMPUS-Programms insgesamt.

Neben umfangreichen Dokumenten- und Datenbankanalysen wurden schriftliche Befragungen durchgeführt, in deren Rahmen etwa 1 700 Partner innerhalb der geförderten Kooperationsprojekte sowie mehr als 100 Hochschulleiter auf Fragebogen antworteten, die die Ziele, Prozesse und Ergebnisse der Kooperation zum Gegenstand hatten. Darüber hinaus erfolgten Besuche und Interviews mit Schlüsselpersonen in allen mittel- und osteuropäischen Ländern, die in das TEMPUS/Phare-Programm einbezogen waren.

Im Anschluss an diese erste Evaluationsstudie wurde von demselben Team eine Studie zum TEMPUS-Projekt in den Jahren 1994 bis 1995 durchgeführt, deren Ergebnisse, die in die abschließende Publikation einbezogen sind (siehe Kehm u. a. 1997), werden hier nicht behandelt.

13.3 Die quantitative und strukturelle Entwicklung

In den ersten Jahren von TEMPUS nahmen die *Zahl der Gemeinsamen Europäischen Projekte*, die Zahl der beteiligten Organisationen und Institutionen sowie die Zahl der Partner kontinuierlich zu. Im vierten Jahr wurden jedoch nur wenige Anträge in die Förderung aufgenommen. Insgesamt wurden innerhalb der ersten vier Jahre (von 1990/91 bis 1993/94) 749 Gemeinsame Europäische Projekte gefördert. Etwa 6 150 Partner von insgesamt 2 200 Organisationen und Institutionen nahmen an TEMPUS I-GEP teil.

Gemeinsame Europäische Projekte hatten im Durchschnitt *acht Partner*. Zwei bis drei der Partner kamen aus den mittel- oder osteuropäischen, die Mehrzahl aus den westeuropäischen Ländern. Etwa 80 Prozent der Partner waren Hochschuleinrichtungen, acht Prozent Unternehmen und zwölf Prozent andere Organisationen.

Dabei waren Polen (34 %), Ungarn (28 %) und die ehemalige Tschechoslowakei (etwa in der gleichen Anzahl) diejenigen mittel- und osteuropäischen Länder, die am häufigsten an Gemeinsamen Europäischen Projekten beteiligt waren. Umgekehrt waren die baltischen Staaten und Albanien jeweils nur in etwa zwei Prozent der GEP involviert.

Von den EU-Mitgliedstaaten nahm Großbritannien am häufigsten an TEMPUS- GEP teil (62 %). Deutschland war an 47 Prozent der GEP beteiligt und Frankreich an 41 Prozent. Auch die Niederlande (31 %) waren stark repräsentiert. Die Länder der G24-Gruppe, die nicht Mitglied der EU sind und auch keine TEMPUS-Förderung für ihre Aktivitäten erhielten, waren jeweils in weniger als fünf Prozent der GEP vertreten.

Insgesamt wurde etwa ein Viertel der TEMPUS-GEP von Partnern aus den mittel- und osteuropäischen Ländern *koordiniert*. Der Anteil stieg von 28 Prozent der GEP im zweiten auf 32 Prozent im dritten TEMPUS-Jahr und auf 52 Prozent im vierten TEMPUS-Jahr. Unter den Partnern dominierten solche aus Großbritannien in der Rolle als GEP-Koordinatoren und/oder -Kontraktoren; viele andere Koordinatoren und Kontraktoren kamen aus Frankreich, Deutschland und den Niederlanden, wobei die Häufigkeit dieser beiden Managementfunktionen im Großen und Ganzen die Häufigkeit der Beteiligung seitens des jeweiligen EU-Mitgliedstaates widerspiegelte.

In der Laufzeit von TEMPUS I wurden im Rahmen der Gemeinsamen Europäischen Projekte *zwei Fachgebiete* stark unterstützt: Ingenieur- und Technikwissenschaften (20 %) und Betriebswirtschaft (18 %). Zweifellos wurden diese beiden Fachgebiete als die für die ökonomische Entwicklung der mittel- und osteuropäischen Länder wichtigsten Bereiche angesehen. Alle anderen Fächer bzw. Fachgebiete waren mit jeweils weniger als zehn Prozent vertreten.

Die meisten GEP führten Aktivitäten in mehr als einem der drei großen Förderbereiche durch: 15 Prozent der GEP erhielten TEMPUS-Förderung für alle drei Bereiche (kooperative Bildungs- und Ausbildungsmaßnahmen, strukturelle Entwicklung der MOE-Hochschuleinrichtungen, Mobilität von Studierenden und Lehrenden). Mehr als die Hälfte der GEP erhielten Förderung für jeweils zwei Bereiche und etwa ein Drittel für nur einen Bereich.

Insgesamt wurde 16 891 *Studierenden* ein Mobilitätszuschuss im Rahmen Gemeinsamer Europäischer Projekte bewilligt. Die große Mehrheit dieser Zuschüsse (87 %) wurde Studierenden aus Mittel- und Osteuropa für eine Auslandsstudienphase in einem EU-Mitgliedstaat bewilligt. Von Beginn an sollte TEMPUS vorrangig Studierende aus den MOE-Ländern unterstützen.

TEMPUS-Mobilitätszuschüsse für Lehrende und Verwaltungspersonal wurden für ein breites Spektrum an Aktivitäten bereitgestellt. In der ersten Phase von TEMPUS erhielten insgesamt rund 26 000 *Lehrende und Verwaltungsfachleute* eine Mobilitätsförderung. Ungefähr 60 Prozent von ihnen kamen aus den mittel- und osteuropäischen Ländern und gingen in die EU-Mitgliedstaaten. Die Mobilität von Westen nach Osten war bei Lehrenden und Verwaltungspersonal erheblich häufiger als bei Studierenden.

Aufgrund des Vollkostenansatzes in TEMPUS sowie der ehrgeizigen und kostenintensiven Aktivitäten, die gefördert wurden, erhielten die Gemeinsamen Europäischen Projekte durchschnittlich 400 000 ECU im Laufe der dreijährigen Förderung. Die *durchschnittliche Förderung pro Jahr* erhöhte sich von 100 000 ECU im ersten auf 150 000 ECU im zweiten und auf 166 000 ECU im dritten Förderungsjahr.

Die für die Bereitstellung von *Ausstattung und Geräten* verfügbaren TEMPUS-Mittel blieben in den drei GEP-Förderjahren im Großen und Ganzen gleich (etwa 30 000 ECU pro Jahr). Ihr Anteil am Gesamtbudget sank allerdings von 30 Prozent im ersten Förderjahr auf 20 Prozent im dritten Förderjahr. Mobilitätsmittel stiegen beträchtlich an, von etwa 30 000 ECU im ersten GEP-Förderjahr auf 86 000 ECU im dritten Förderjahr.

In jedem der ersten drei Jahre wurden etwa 40 Projekte im Rahmen der Ergänzenden Maßnahmen bewilligt (Jugendaustauschprojekte nicht eingeschlossen). In 1993/94 sank die Zahl der neu bewilligten Projekte auf 19. Etwas weniger als die Hälfte der Projekte, die im Rahmen der Ergänzenden Maßnahmen gefördert wurden, beschäftigten sich mit Umfragen und Studien, etwa ein Drittel mit Publikationen und der Bereitstellung von Informationen, und etwa ein Viertel der Projekte wurde gefördert, um die Gründung und Pflege von Hochschulvereinigungen und -konsortien zu unterstützen.

In der ersten Phase von TEMPUS wurden *Jugendaustauschprojekte* zwischen MOE-Partnerländern und westlichen Ländern gefördert. Die Förderung solcher Projekte wurde am Ende von TEMPUS I eingestellt, weil ihre Aktivitäten kaum in Verbindung zu den anderen im Rahmen des TEMPUS-Programms geförderten Aktivitäten standen.

13.4 Die Administration des TEMPUS-Programms in den MOE-Partnerländern

Das TEMPUS-Programm genoss sehr bald ein hohes Ansehen in den MOE-Partnerländern. Dennoch machte die Europäische Kommission »vorsichtshalber« viele Vorgaben und hielt das eigene Motto einer Entwicklung »von der Unterstützung zur Partnerschaft« nicht durch. Die zunehmende Expertise, die in mehreren der MOE-Partnerländer hinsichtlich der Aneignung von notwendigem Wissen für eine erfolgreiche Teilnahme und lokale Administration der europäischen Bildungsprogramme vorgefunden wurde, wurde seitens der westlichen Hauptakteure nicht immer hinreichend anerkannt.

TEMPUS konnte als ein Programm charakterisiert werden, das einen kontinuierlichen formalen wie informellen *Dialog aller beteiligten Akteure erforderte.* Die Verfahren, die in allen MOE-Partnerländern eingeführt wurden, um die notwendigen TEMPUS-Entscheidungen zu fällen, trennten nicht sehr scharf zwischen den Akteuren und Ebenen der Entscheidung (z. B. supra-nationale, nationale, institutionelle Ebene), sondern hatten im Gegenteil eher die Bemühungen um Koordinierung und Kooperation verstärkt.

In allen MOE-Ländern wurden vergleichbare Modelle und Verfahren für die erforderlichen Koordinierungsprozesse entwickelt. In allen Ländern wurden Gremien geschaffen – *TEMPUS-Ausschuss* oder TEMPUS-Steuerungskomitee genannt –, in denen alle wichtigen Akteure vertreten waren. Die Hauptfunktionen dieser Ausschüsse waren die Herstellung einer Balance zwischen den verschiedenen Interessen und die Legitimierung von Entscheidungen im Rahmen der nationalen TEMPUS-Politik. Die Nationalen TEMPUS-Büros spielten eine bedeutende Rolle für die politische Gestaltung des

TEMPUS-Programms sowie die damit verbundenen Entscheidungen, die weit über ihre offiziellen und vorrangig administrativen Aufgaben hinausgingen. In Konfliktfällen zwischen den Hauptakteuren von TEMPUS übernahmen sie häufig Mittlerfunktionen.

Gegen Ende der TEMPUS I-Phase konnte in fast allen MOE-Partnerländern ein verhältnismäßig reibungsloses Funktionieren der TEMPUS-Politik festgestellt werden. Aufgrund der zunehmenden Professionalisierung der Nationalen TEMPUS-Büros und der Arbeit der nationalen TEMPUS-Ausschüsse gab es einen hohen Grad an Stabilität und Kontinuität in der Durchführung des Programms auf nationaler Ebene.

Die Rolle der *Bildungsministerien* in den TEMPUS-bezogenen Prozessen der politischen Gestaltung und Entscheidung variierte von Land zu Land, war aber im Allgemeinen nicht sehr aktiv. Viele der mit diesen Verantwortlichkeiten verbundenen Aufgaben wurden an die TEMPUS-Ausschüsse delegiert, die gewöhnlich von einem Vertreter des Bildungsministeriums geleitet wurden. Das Fehlen nationaler Hochschulentwicklungspläne in den meisten MOE-Partnerländern hatte dazu beigetragen, dass es keine richtige Grundlage für eine gezielte und übergreifende Strategie gab, die einen Rahmen für die TEMPUS-Aktivitäten hätte bilden können.

Hinsichtlich des tatsächlichen Einflusses der *Phare-Vertreter* auf das TEMPUS-Programm sind widersprüchliche Schlussfolgerungen zu ziehen:

- In einigen MOE-Ländern traten Konflikte zwischen Phare- und TEMPUS-Akteuren über die Richtung und Administration des TEMPUS-Programms auf, jedoch war die verhältnismäßig reibungslose Kooperation bei der Festlegung des TEMPUS-Budgets im Großen und Ganzen bemerkenswert. Im Vergleich zu den anderen Phare-Programmen wurden beträchtliche Mittel für TEMPUS zur Verfügung gestellt.
- Inhaltliche Kriterien oder Bedingungen hatten keine sehr große Bedeutung für die Budgetverhandlungen. Im Allgemeinen erfolgte die Festlegung des TEMPUS-Budgets als Pauschalsumme.
- Im Laufe der Jahre richtete sich die Aufmerksamkeit einiger Phare-Verantwortlicher zunehmend auf das Ziel, Hochschulförderung stärker mit Maßnahmen der ökonomischen Umstrukturierung abzustimmen.

Der Prozess der *Festlegung nationaler TEMPUS-Prioritäten* ist im Laufe der TEMPUS I-Phase verbessert worden, und die Prioritäten wurden weitgehend akzeptiert und anerkannt. Zweifel an der Gültigkeit der veröffentlichten Prioritäten für die Auswahl von Anträgen wurden nur in den Fällen geäußert, in welchen die Prioritäten seitens der EU-Kommission verändert und dann ohne Rücksprache mit den nationalen Akteuren publiziert wurden.

Die TEMPUS-Förderung tendierte im Laufe der ersten Jahre zu einer gewissen Konzentration und öffnete damit die *Schere zwischen den Gewinnern und den Verlierern*. Das galt sowohl bei den Hochschuleinrichtungen als auch bei den Fakultäten und Fachbereichen und selbst bei den einzelnen Lehrenden hinsichtlich der Verfügung über neues Wissen und internationale Kontakte.

Die *Höhe der Mittel* für TEMPUS-Aktivitäten galt meistens als ausreichend und zufriedenstellend. Größere Probleme ergaben sich aus Verzögerungen im Transfer der Fördermittel und Mobilitätszuschüsse.

13.5 Politische und finanzielle Bedingungen für lehr- und lernbezogene Aktivitäten

Wahrnehmungen des politischen Rahmens: An den meisten mittel- und osteuropäischen Hochschulen wurde das TEMPUS-Programm vor allem in den ersten Jahren als ein vom Himmel fallendes Manna wahrgenommen: Man konnte nicht ganz erklären, warum und wie es kam, es war viel (für die, die damit gesegnet waren), und es war nur wenigen Auserwählten verfügbar.

Das *komplexe Verfahren zur Festlegung allgemeiner Regeln* für das TEMPUS-Programm, ihre jährlichen Modifikationen und Spezifikationen seitens der Europäischen Kommission, die gegebenenfalls jährlich (sowohl in ihren distinkten wie in ihren vagen Elementen) revidierten nationalen Prioritäten, eine Vielfalt von Gerüchten über die zugrunde liegenden »wirklichen« politischen Intentionen und Auswahlkriterien sorgten anfänglich für ein beträchtliches Maß an Irritation. Erstens gab es häufige Klagen über den Mangel an Informationen, insbesondere in den ersten Jahren der TEMPUS-Förderung im jeweiligen Land. Anfänglich gab es einen bemerkenswerten Anteil von Anträgen, deren Autoren sich der Zielbereiche, der nationalen Prioritäten und der öffentlich genannten Auswahlkriterien offensichtlich nicht bewusst gewesen waren. Zweitens wurden und werden weiterhin das abrupte Ende der Förderung, die Einbeziehung des Fachgebiets X und die Ausschließung des Fachgebiets Y o. Ä. als ein wenig willkürlich angesehen.

Viele potentielle Teilnehmer aus den MOE-Ländern hielten es für entscheidend, erfahrene, angesehene und mächtige *Partner im Westen* zu finden, selbst wenn deren Kenntnis der Bedürfnisse ihrer Partner in den MOE-Ländern begrenzt war. Viele hofften, dass die richtigen Beziehungen zur nationalen Regierung oder zu den verschiedenen Ebenen der TEMPUS-Administration wesentlich für eine Bewilligung ihres Antrags waren.

Die von der Kommission festgelegten Stoßrichtungen der TEMPUS-Förderung wurden weitgehend als Vorbedingungen angesehen, die man nicht in Frage stellen konnte. In mancher Hinsicht wurde der Geldgeber für so allmächtig gehalten, dass man ihn nicht hätte kritisieren können. Viele der Begünstigten und auch viele der Verlierer im Wettbewerb um Förderung betrachteten jedoch ihre unmittelbaren Bedürfnisse im Hinblick auf Ausstattung und auf Chancen, das Hochschulwesen im Westen kennen zu lernen, als dringlicher denn die Verfolgung übergeordneter Ziele im Bereich der Curriculumentwicklung, der Umstrukturierung von Fakultäten oder der Mobilität von Studierenden. Einige verhielten sich opportunistisch, viele akzeptierten schließlich das Bündel von Fördermaßnahmen als vernünftige Strategie für ihre Entwicklung. Verwunderung und Kritik löste nicht zuletzt die strikte Betonung der Kommission einer Förderung der Lehre ohne Förderung der Forschung aus.

Im Laufe der Zeit stellten die Empfänger der Förderung in den MOE-Ländern jedoch fest, dass die Bedingungen für eine Förderung relativ offen waren und spezielle Stoßrichtungen der Innovation ermöglichten.

Über die Art und Weise, wie die Hochschulen die nationale TEMPUS-Politik seitens der Regierungen in ihren Ländern erlebten und wahrnahmen, war im Rahmen der Evalutionsstudie kaum eine generelle Aussage möglich. Insgesamt war jedoch festzustellen, dass *häufige Regierungswechsel und die Vagheit der nationalen Politik* in den Interviews öfter kritisiert wurden als eine sehr zielgerichtete TEMPUS-Politik seitens der Regierung. Die nervösen Debatten und der häufige politische Wechsel in einigen der MOE-Länder beeinträchtigten jedoch die Kontinuität der GEP-Förderung über einen Zeitraum von drei Jahren erheblich weniger als ursprünglich befürchtet. Wie bereits gezeigt werden konnte, war die Phare-Unterstützung für TEMPUS in den meisten Ländern relativ stabil, und Verschiebungen in den nationalen Prioritäten führten selten zu einer Reduktion oder zum Aussetzen der TEMPUS-Förderung bereits bewilligter GEP nach dem ersten oder zweiten Förderjahr.

Insgesamt lässt sich an den Hochschulen ein hohes Maß an Vertrauen feststellen, was die Information, die Beratung und die Unterstützung durch die meisten Nationalen TEMPUS-Büros angeht. Sie wurden im Allgemeinen als sehr hilfreich in ihrem Verhalten gegenüber Fachbereichen angesehen, die um Beratung baten. Die meisten der in TEMPUS einbezogenen Akteure und Teilnehmenden sowie der externen Beobachter schienen darin übereinzustimmen, dass die im Rahmen der ersten vier Jahre von TEMPUS geförderten Aktivitäten mehr oder weniger eine Angelegenheit der jeweiligen Fakultäten und Fachbereiche in den MOE-Partnerländern waren. Die Hochschule als Institution spielte in den MOE-Ländern keine große Rolle.

An verschiedenen Hochschulen konnte eine Stärkung der Büros für internationale Angelegenheiten beobachtet werden. Dies wurde als hilfreich für den Zugang zu Informationen und die Verbesserung einiger administrativer Prozesse angesehen.

Finanzielle Bedingungen: Die Mehrheit der mittel- und osteuropäischen Partner in Gemeinsamen Europäischen Projekten beurteilte die zur Verfügung gestellten Mittel als »großzügig«. Allerdings war der Anteil derjenigen, die die finanziellen Bedingungen positiv bewerteten, deutlich kleiner als der Anteil derjenigen, die die Bildungserträge der GEP-Aktivitäten lobten. Obwohl die Summen eindrucksvoll schienen, kamen immer auch die Grenzen ins Bild: Mehr wäre hilfreich. Dennoch bestätigten auch die Interviews, dass die Empfänger einer TEMPUS-Förderung eher die Höhe der verfügbaren Mittel anerkannten als die verbleibende Knappheit zu beklagen.

Es wurde deutlich, dass von den Empfängern finanzielle Probleme vorrangig hinsichtlich der *Mittelverwaltung* geäußert wurden:

- Die Verzögerung in der Bereitstellung der Mittel seitens der Europäischen Kommission wurde am häufigsten als großes Problem genannt. Die Beteiligten nannten auch Verzögerungen, die durch die Koordinatoren und Kontraktoren der GEP (14 %), die Bankprobleme (20 %) und die Hochschulverwaltung in den MOE-Ländern verursacht wurden, aber die von der Kommission verursachten Verzögerungen waren eindeutig der am meisten missbilligte Aspekt (24 %).
- Die Probleme beim Transfer von Mitteln in die MOE-Länder waren besonders in den ersten Jahren ernst und hielten in einigen Ländern über längere Zeit an. Häufig mussten Bargeld mitgeführt, Ausstattung und Geräte persönlich geliefert, Fahrkarten und Flugscheine im Westen gekauft und per Post geschickt werden.
- Eine beträchtliche Zahl der Partner aus den MOE-Ländern stellte mit Erstaunen fest, dass ein relativ hoher Anteil der TEMPUS-Mittel letztlich wieder im Westen anlangte.
- Einige der Interviewpartner kritisierten die administrativen Regeln, weil keine Möglichkeit bestand, ursprünglich für bestimmte Aktivitäten vorgesehene Mittel letztlich für andere Aktivitäten zu verwenden.
- Häufig gab es Unsicherheit hinsichtlich der Kontinuität der Förderung. In der Praxis wurden jedoch die im Rahmen von TEMPUS I bewilligten GEP für einen Zeitraum von durchschnittlich 2,8 Jahren gefördert.

Insgesamt spielte die TEMPUS-Förderung am Ende von TEMPUS I erstaunlich unterschiedliche Rollen im Gesamtrahmen der finanziellen Unterstützung von Hochschulreformen in den verschiedenen MOE-Partnerländern. Während sie in einigen Ländern eine der verfügbaren Quellen zur Unterstützung von Innovation und Erneuerung war, stellte sie in anderen MOE-Partnerländern die Hauptförderung jenseits des bloßen Existenzminimums dar.

Die Kooperation innerhalb der GEP: Der größte Teil der TEMPUS-Mittel wurde für Bildungsaktivitäten zur Verfügung gestellt, die innerhalb von Netzwerken, bestehend aus Partnern aus den MOE-Ländern und aus Partnern aus den westlichen Ländern, durchgeführt wurden. In den meisten Fällen wurde die Kooperation innerhalb der GEP von den Verantwortlichen aus den beteiligten Fachbereichen der MOE-Länder positiv bewertet.

Die Initiative für eine Kooperation kam häufig von den westlichen Partnern. Die meisten der Interviewpartner aus den MOE-Ländern betonten, dass die Szene anfänglich von den westlichen Partnern dominiert wurde. Doch waren viele MOE-Partner dankbar für die Initiative, die Inspiration und die Bemühungen, die von den westlichen Partnern unternommen wurden.

Nicht selten wurden jedoch auch Vorbehalte zum Ausdruck gebracht. Es gab viele Fälle großen Lobes, aber auch einige Fälle *bitterer Kritik*:

- Die westlichen Partner wurden oft für zu dominant gehalten, insbesondere zu Beginn der Kooperation. Einige der MOE-Partner unterstrichen, dass sie unkritisch Reformkonzepte und Vorschläge für Aktivitäten akzeptiert und dies später bereut hätten. Die Kommunikation war häufig durch ein Statusungleichgewicht geprägt. Wenn MOE-Partner eine geringe akademische Qualität der Unterstützung seitens der westlichen Partner feststellten, wagten sie oft nicht, ihre Besorgnis zum Ausdruck zu bringen oder den betreffenden Partner fallen zu lassen. Im Laufe der Jahre schien sich allerdings die Haltung der westlichen Partner ein wenig zu ändern.
- Wie bereits dargelegt, stellte eine beträchtliche Zahl der Partner aus den MOE-Ländern mit Überraschung fest, dass ihre westlichen Partner substantielle Anteile der TEMPUS-Förderung für sich reservierten, obwohl eine dramatische Knappheit der Mittel auf Seiten der MOE-Partner offensichtlich war. Zweifellos hatte man angesichts der Probleme der Hochschulen in den MOE-Ländern mehr Solidarität erwartet.
- In Antwort auf den Fragebogen berichteten etwa je ein Drittel der MOE-Partner, dass sie nicht vollständig über die Details der Finanzpläne und Mittelverwaltung informiert wurden und dass sie keine Kopien der an die Kommission geschickten Berichte erhalten hatten. Etwa ein Zehntel äußerte nachdrückliche Kritik am Ungleichgewicht der Mittelverteilung zwischen den GEP-Partnern.

Offensichtlich gab es in der Kooperation der GEP-Partner untereinander eine allgemeine Dynamik. Die Minimalkonfiguration mit zwei westlichen Partnern bestand nicht selten nur auf dem Papier. In diesen Fällen trug ein westlicher

Partner die Verantwortung, während der andere als »schlafender Partner« diente, um die offiziellen Anforderungen zu erfüllen. Ferner zeigte sich: Je mehr Partner aus dem Westen offiziell am Netzwerk beteiligt waren, desto geringer war der Anteil der aktiven Kooperationspartner.

13.6 Lehr- und lernbezogene Aktivitäten und ihre Erträge

Aktivitäten: Die meisten der an Gemeinsamen Europäischen Projekten Beteiligten waren offiziell in alle vier Hauptaktivitäten involviert, die in TEMPUS I-GEP gefördert wurden, d. h. Bildungs- und Ausbildungsmaßnahmen, strukturelle Entwicklung, Mobilität von Lehrenden und Mobilität von Studierenden. Manche hielten die gleichzeitige Beteiligung an den verschiedenen Aktivitäten zweifellos für einen überzeugenden Reformansatz. Andere hatten klare Präferenzen für einige dieser Aktivitäten, wurden aber aufgrund der Zusammenhänge des Fördersystems in die anderen hineingezogen und legten schließlich einen Schwerpunkt auf die Kombination aller Aktivitäten. Es gab auch einige Beteiligte, für die die Präferenzen bestehen blieben, sodass die anderen Aktivitäten nur nominal verfolgt wurden.

Insgesamt gab es Unterschiede in dem Ausmaß, in welchem ehrgeizige Reformziele erfolgreich verfolgt, aber nicht erfolgreich umgesetzt oder vielmehr behauptet wurden. Die meisten Beobachter scheinen jedoch darin übereinzustimmen, dass der Anteil wirklicher Erfolgsgeschichten bemerkenswert ist und dass nützliche Veränderungen festgestellt werden konnten. 92 Prozent der befragten GEP-Beteiligten in den MOE-Ländern brachten ein hohes Maß von Zufriedenheit über das zum Ausdruck, was letztlich erreicht wurde.

Personalentwicklungsaktivitäten und Intensivkurse wurden als kollektive Maßnahmen für nützlich gehalten, um Partner in anderen Ländern, ihre Aktivitäten und ihre Denkweisen kennen zu lernen. Im Allgemeinen werden sie für ähnlich wertvoll gehalten wie die Mobilität von Lehrenden.

Curriculumentwicklung und die Herstellung von Lehrmaterial variierten in ihrer Intensität. Mehr als die Hälfte der Antwortenden gaben an, substantielle Veränderungen vorgenommen zu haben. Es gab aber auch eine ganze Anzahl von Antwortenden, die nur einzelne Kurse modifiziert oder Texte von nur geringer Relevanz für den betreffenden Kurs produziert hatten. In einigen Fällen gab es bloß eine Vereinbarung zur Nutzung von Material auf Kommissionsbasis (Franchise): die westlichen Partner hatten nur ihren eigenen Kurs und ihre eigenen Materialien an die MOE-Partner weitergegeben.

Neue *Geräte und Ausstattung* waren der Stolz der einzelnen Fachbereiche in den MOE-Ländern, oft ein Anlass für Neid seitens ihrer Nachbarn in den jeweiligen Hochschulen und manchmal sogar seitens ihrer westlichen Partner. Während die neue Ausstattung in einigen Fällen in engem Zusammenhang mit den Bildungsaktivitäten stand, wurde sie in den meisten Fällen als eine davon unabhängige Verbesserung gesehen, d. h. nützlich für die Erleichterung der zukünftigen internationalen Kooperation und für die Unterstützung der Forschungsinfrastruktur.

Der *Austausch von Studierenden* wurde als hilfreich für diejenigen angesehen, die ins Ausland gingen, war aber insgesamt wenig mit den anderen Reformaktivitäten verbunden. In einigen Fällen wurden Studierende oder Doktoranden gefördert, die bei ihrer Rückkehr zum wissenschaftlichen Nachwuchs gehören sollten.

Erträge: Der bedeutendste Ertrag der TEMPUS-Aktivitäten war sichtlich die Integration der MOE-Partner in die internationale Gemeinschaft der Wissenschaftlerinnen und Wissenschaftler und in einigen Fällen auch der Verwaltungsfachleute. Sie wurden mit diesem Rahmen vertraut und darin flexibel, sie wurden in Netzwerke aufgenommen, sie erhielten zusätzliche Ausbildung und verbesserten ganz allgemein ihre Fähigkeiten und ihren Status.

Die TEMPUS-Förderung sicherte den meisten Empfängern einen bedeutenden Zuwachs an Geräten und Ausstattung. In einer erheblichen Zahl von Fachbereichen wurden weit reichende curriculare Innovationen eingeführt, und auch die Entwicklung neuen Lehrmaterials von strategischer Natur konnte oft realisiert werden.

Die Erträge wurden am höchsten eingeschätzt in den Ländern, Institutionen und Fachbereichen, die weder besonders reich und anerkannt noch besonders arm und von geringem Interesse für die westlichen Beteiligten waren.

Die *Erfolge* werden zumeist als etwas angesehen, das auf ausgewählten Inseln der Innovation erreicht wurde, welche das Privileg hatten, im Rahmen des TEMPUS-Programms ausgewählt zu werden. Die Wirkungen auf andere Bereiche der Hochschule wurden nur in wenigen Fällen als groß veranschlagt.

13.7 Der Stellenwert für die beteiligten Hochschulen

TEMPUS hat Hochschulen in Mittel- und Osteuropa unterstützt, die sich seit 1990 erheblich verändert haben. Nach Aussagen von Verantwortlichen in der Hochschulleitung waren etwa 40 Prozent der 1995 angebotenen Studiengänge neu eingeführt worden. Fast 30 Prozent hatten sich in dem angesprochenen

Zeitraum beträchtlich verändert, und nur etwas mehr als 30 Prozent waren mehr oder weniger unverändert geblieben.

Die auf der zentralen Ebene der Hochschulen verantwortlichen Personen berichteten, dass TEMPUS besonders zur Herstellung internationaler Kontakte und zum Austausch von Lehrenden beigetragen habe (siehe Tabelle 13.1). Oft war der Beitrag von TEMPUS zur Verbesserung der Ausstattung und zur Umsetzung unterschiedlicher bildungsbezogener Reformziele bemerkenswert. Die Wirkung von TEMPUS war jedoch geringer auf die Personalentwicklung, die Reorganisation von Studiengängen und das Management der Hochschule.

Tabelle 13.1: Einschätzungen des Beitrags von TEPMUS zu Veränderungen an den Hochschulen in Mittel- und Osteuropa (in Prozent der Institution)

	Beträchtliche Veränderungen an den Hochschulen vorgenommen*	Beträchtlicher Beitrag von TEMPUS zu Veränderungen**
Aufbau internationaler wissenschaftlicher Kontakte	83	70
Zunahme des Dozenten-/Personalaustauschs	68	96
Verbesserung der Ausstattung, z.B. Computerzentren, Laboratorien, Bibliotheken usw.	78	64
Einführung neuer Lehrmethoden	60	51
Einrichtung neuer Studiengänge	59	71
Zunahme des Studentenaustauschs	58	61
Einführung neuer Studieninhalte/Paradigmen	57	66
Aufbau internationaler Forschungskooperationen	34	49
Erneuerung von Programmen zur Personalentwicklung und Personalweiterbildung	33	33
Einrichtung neuer Fakultäten/Fachabteilungen	27	56
Veränderungen in der Struktur der Studien-Abschlüsse	25	42
Reorganisation des Hochschulmanagements	11	24
Aufbau/Reorganisation der Kooperation zwischen Ihrer Hochschuleinrichtung und der Wirtschaft	10	16
Einrichtung von Technologietransferstellen oder -zentren	9	19
Reorganisation administrativer Strukturen und Abläufe an Ihrer Hochschule	7	23

* In Prozent der Befragten, die 1 und 2 ankreuzten auf einer Skala von 1 = »sehr substantielle Veränderungen« bis 5 = »keine Veränderungen«

** In Prozent der Befragten, die 1 und 2 ankreuzten auf einer Skala von 1 = »sehr substantieller Beitrag« bis 5 = »überhaupt kein Beitrag«

Quelle: Fragebogen über die Entwicklungen und Umstrukturierungen von an TEMPUS teilnehmenden Hochschulen.

Häufig war festzustellen, dass die Hochschulleitung internationale Aktivitäten ermutigte, Projektaktivitäten administrativ unterstützte und verschiedene, damit in Verbindung stehende Dienstleistungen anbot. Die meisten Institutionen sagten aus, dass es eine strategische Planung gebe, in die einige oder alle TEMPUS-Aktivitäten eingebunden seien. Eine finanzielle Unterstützung wurde allerdings kaum angeboten.

Von den befragten Verantwortlichen berichteten viele, dass in der Hochschule insgesamt Maßnahmen ergriffen und Vereinbarungen getroffen wurden, die von der TEMPUS-Förderung ausgelöst worden seien: So Partnerschaftsvereinbarungen mit Hochschulen (60 %), Aufbau von Fremdsprachenangeboten (34 %), die Etablierung eines Systems zur Anerkennung der im Ausland erreichten Studienleistungen (32 %) und die Einrichtung von Weiterbildungskursen für das wissenschaftliche Personal (30 %).

13.8 Zusammenfassende Überlegungen

Die Etablierung des TEMPUS-Programms war plötzlich erfolgt, um in einem einsetzenden gesellschaftspolitischen Transformationsprozess in den mittel- und osteuropäischen Ländern die erforderlichen Hochschulreformen und -strukturverbesserungen zu unterstützen. Es war von Anfang an klar, dass ein solches »Crash«-Programm auch großen Belastungen ausgesetzt ist:

- Es war nicht einfach, einen Abstimmungsmechanismus zwischen den beteiligten politischen Instanzen in Ost und West zu etablieren, der über das Ausmaß und die Akzente der Hochschulförderung entscheidet und sowohl Gemeinsamkeiten eines Programms entwickelt als auch die besonderen Wünsche und Bedürfnisse der einzelnen Länder aufnimmt.
- Instanzen für die Administrierung des Programms mussten in einem so großen Tempo auf supra-nationaler, nationaler und hochschulischer Ebene aufgebaut werden, dass eine professionelle Qualität nicht von Beginn an gesichert war.
- Gemessen an der Größe der intendierten Veränderungen und an dem Wunsch, in der Qualität der Ressourcen sehr schnell aufzuholen, konnten die beachtlichen Fördermittel fast nur als Tropfen auf den heißen Stein eingeschätzt werden. Die nahe liegenden Entscheidungen, die Mittel auf eine begrenzte Zahl von Fachbereichen an ausgewählten Hochschulen zu konzentrieren und nur für ausgewählte Zwecke zur Verfügung zu stellen, mussten natürlich auch auf Kritik treffen: Warum erhalten einige Manna

vom Himmel? Warum nur für so kurze Zeit? Warum werden nicht andere wichtige Zwecke stärker berücksichtigt?

- Ein zentraler Gesichtspunkt des TEMPUS-Programms war, dass die mittel- und osteuropäischen Hochschulen in dem Transformationsprozess vom Westen lernen sollten. Das betraf die Schwerpunkte der geförderten Fächer, die zentralen Förderungsbereiche, die Dominanz der West-Ost-Strömung bei der Mobilität der Lehrenden und die Dominanz der Ost-West-Strömung bei der Mobilität der Studierenden und schließlich auch die starke Stellung der westlichen Partner. Spannungen, was angemessene Dominanz und unangemessene Aufdringlichkeit seitens der westlichen Partner sind, konnten nicht ausbleiben.
- Die Bedürfnisse und Wunschvorstellungen änderten sich in diesem dynamischen Prozess so schnell, dass es schwer war, für die bereits Geförderten ein Mindestmaß von Stabilität zu sichern und für alle anderen eine Transparenz des Fördersystems zu bieten.

Bedenkt man diese Umstände und akzeptiert man diese Ziele, so erscheinen die ersten fünf Jahre des TEMPUS-Programms als recht erfolgreich. Die meisten der aufgetretenen Probleme erscheinen als normale »Reibungsverluste« eines solchen ambitionierten und dynamischen Prozesses. Zugleich war davon auszugehen, dass nach einigen Jahren das TEMPUS-Programm keineswegs in ein stabiles Fahrwasser kommen konnte:

- Je weiter die gesellschaftspolitische Transformation voranschritt und je mehr Veränderungen an den Hochschulen in Mittel- und Osteuropa eintraten, desto mehr war auch in den politischen Beratungs- und Entscheidungsprozessen ein Druck in Richtung stärkerer »Dezentralisierung« zu erwarten.
- TEMPUS als Programm zur Unterstützung eines spezifischen historischen Wandlungsprozesses unterschied sich grundlegend von anderen Förderungsprogrammen im Hochschulbereich: *Je erfolgreicher das Programm war, desto mehr machte es sich selbst überflüssig.*

So war bereits Mitte der neunziger Jahre die Zeit gekommen, über einen grundlegenden Wandel des Stellenwerts des TEMPUS-Programms nachzudenken. Die Autoren dieser Studie formulierten die möglichen zukünftigen Hauptrichtungen im Jahre 1996 wie folgt:

- »Die erste Richtung kann als ›Dezentralisierung und Nationalisierung‹ charakterisiert werden. Der Trend, TEMPUS-bezogene Aufgaben und Verantwortlichkeiten den MOE-Partnerländern zu übertragen, setzt sich fort. Dies kommt nicht nur dem unterschiedlichen Ausmaß von Stabilität und ökonomischer Entwicklung entgegen, das in den MOE-Ländern erreicht worden ist, sondern auch den unterschiedlichen Foki hinsichtlich der TEMPUS-Aktivitäten. In der Folge würde TEMPUS zwangsläufig sehr heterogen werden. Das Potential für regionale Erträge und Kooperation der MOE-Länder untereinander würde weiter verringert und die europäische Dimension der Aktivitäten würde schwach bleiben oder sogar schwächer werden.

- Die zweite Richtung kann als ›Sokratisierung und Residualisierung‹ charakterisiert werden. Das bedeutet, dass einige MOE-Länder sich – wie derzeit bereits sichtbar – in die Richtung einer Teilnahme am SOKRATES- (und LEONARDO-)Programm bewegen würden, und die übrigen MOE-Länder die restlichen TEMPUS-Partnerländer bilden würden. Dieses Szenario stimmt mit weitverbreiteten Ambitionen einiger MOE-Länder überein, obwohl viele der in TEMPUS unterstützten Bildungsaktivitäten in SOKRATES nicht stark vertreten sind. Jene MOE-Länder mit Ambitionen in diese Richtung sind gegebenenfalls auch noch nicht in der Lage, die für eine Teilnahme an SOKRATES erforderlichen Komplementärmittel zur Verfügung zu stellen. Es ist aber häufig eine Frage des Prestiges und des Gefühls, sich mit den Hochschuleinrichtungen in den EU-Mitgliedstaaten messen zu können, die hierbei als entscheidende Faktoren ins Spiel kommen.
- Die dritte Richtung kann als ›Europäisierung‹ des TEMPUS-Programms charakterisiert werden, verbunden mit einer Umstrukturierung der Aufgaben und der Administration. Die EU könnte die Führung bei der Stimulierung von Aktivitäten mit einer starken europäischen Dimension und einer mindestens mittelfristigen Dauer übernehmen, während den einzelnen MOE-Ländern die Möglichkeit gegeben wird, die verbleibende Anlaufförderung zu übernehmen, die in ihrer Orientierung kurzfristig und ihrem Ansatz national ist. Dies könnte dem TEMPUS-Programm einen höheren Grad an Permanenz verleihen, obgleich vermutlich zusätzliche finanzielle Mittel erforderlich werden, die nicht aus dem nationalen Phare-Budget kommen und in den nationalen Entscheidungsprozessen, die für die Allokation der Phare-Mittel für das TEMPUS-Programm geschaffen wurden, bisher noch nicht berücksichtigt sind.« (Kommission der europäischen Gemeinschaften 1996, S. 31)

Mit dieser vorsichtigen Formulierung der drei Optionen wurde die Angemessenheit des Wunsches mancher mittel- und osteuropäischen Länder in Frage gestellt, das TEMPUS-Programm möglichst schnell zu verlassen oder es sogar möglichst bald einzustellen. Diese Länder wünschten, möglichst bald als gleichberechtigter Partner an den bestehenden Förderungsprogrammen der

Europäischen Kommission im Bildungsbereich partizipieren zu können. Dies erschien den Autoren dieser Evaluationsstudie als zu sehr vom Wunsch der gleichberechtigten Anerkennung beseelt zu sein. Denn das hätte zum einen das Ende der Förderung in vielen Bereichen bedeutet, in denen nach Ansicht der Evaluatoren für viele Hochschulen in Mittel- und Osteuropa solche Förderung weiterhin sehr dringlich gewesen wäre. Auf der anderen Seite hätte die gleichberechtigte Beteiligung an den bestehenden europäischen Bildungsprogrammen den mittel- und osteuropäischen Ländern erhebliche zusätzliche Kosten für die Beteiligung an einem – nach den Gegenständen der Förderung – relativ engeren Förderungsprogramm verursacht.

Die vorsichtige Polemik in der 1996 veröffentlichten Evaluationsstudie in dem Sinne: »Wollt Ihr wirklich eine Sokratisierung« zeigte in der Tat Wirkung. Die Formulierung »Sokratisierung« sicherte Aufmerksamkeit. Tatsächlich erfolgte eine politische Entscheidung, dass diejenigen mittel- und osteuropäischen Länder, die sich sehr schnell an dem SOKRATES-Programm und dem LEONARDO DA VINCI-Programm beteiligen wollten, weiterhin am TEMPUS-Programm in den Bereichen beteiligt bleiben konnten, in denen innerhalb der erstgenannten Programme keinerlei Förderung vorgesehen war. Insofern konnte die Evaluationsstudie nicht nur die Entwicklung der ersten Jahre bilanzieren, die Erträge würdigen und gelegentliche Hinweise für Optimierungen bieten, sondern an einer wichtigen Stelle eine weichenstellende Entscheidung auslösen.

So erfolgte allmählich ein »weicher« Übergang von der besonderen Förderung im Transformationsprozess zur gleichberechtigten Partnerschaft in den Programmen der Europäischen Union. Zugleich begann das TEMPUS-Programm zu »wandern«: Es bezog in den nachfolgenden Jahren weitere Länder (Russland, Zentralasien, Mittelmeeranrainer) ein, in denen die Absicht bestand, die Hochschulsysteme in Qualität und Orientierung stärker den Hochschulsystemen im Westen Europas und in anderen ökonomisch fortgeschrittenen und hochschulpolitisch »modernen« Ländern anzunähern.

14 Die Internationale Frauenuniversität – Potenziale und Risiken eines Reformexperiments (2003)

14.1 Zum Anlass der Evaluationsstudie

Die Internationale Frauenuniversität (*ifu*) – ein Pilotprojekt einer dreimonatigen Sommeruniversität, das im Sommer 2000 in Hannover realisiert wurde – gehörte zu den Reformexperimenten, die ein ungewöhnlich breites Bündel von Zielen avisieren (zur Darstellung des Ansatzes siehe Neusel 2000). Auch waren die Ambitionen offenkundig enorm hoch gewesen.

Realisiert werden sollten neue Praktiken von Lehren, Lernen und Kommunikation in einem homosozialen Raum von Frauen. Fragen von Internationalität, Interkulturalität, Interdisziplinarität und Geschlechterverhältnissen sollten neue Perspektiven in der wissenschaftlichen Bearbeitung verschiedener Themenbereiche eröffnen. Eine intensive Begegnung von Wissenschaft und Kunst sollte verwirklicht werden. Lehrende und Lernende aus aller Welt, aus Wissenschaft und Praxis, mit unterschiedlicher wissenschaftlicher und praktischer Vorerfahrung in den zentralen Themenbereichen und in den übergreifenden Perspektiven sollten sich aneinander abarbeiten. Das Programm sollte ein breites Spektrum neuer Kenntnisse anbieten, aber auch Forschungsprojekten die Chance zur Vertiefung eröffnen. Neue Organisationsformen und ein neues Modell von Serviceleistungen sollten erprobt und virtuelle Elemente sollten verstärkt werden. Und das war in einer befristeten, fluiden Organisation mit temporär dafür zuständigem Personal, bei einer dezentralen Standortstruktur und unter Einbeziehung einer Fülle von Akteuren zu realisieren. Dabei sollten die drei Monate der *ifu* Grundlagen für nachhaltige Wirkungen schaffen. Die *ifu* 2000 sollte für sich erfolgreich sein und zugleich die Basis für eine dauerhafte Institutionalisierung bieten. Maximale Ziele und temporärer Charakter waren also die herausragenden Merkmale.

Da die Komplexität, die Heterogenität und die relativ anarchischen Organisationsprinzipien von Hochschulen gewöhnlich hochfliegende Veränderungspläne auf bescheidene Dimensionen herunterstutzen, kann es nahe liegen, das Programm der *ifu* als überladen oder – freundlicher – als maximalistisch zu bezeichnen. Jedoch lassen sich, will man die Erträge eines solchen ambitionierten Ansatzes prüfen, drei verschiedene Maßstäbe heranziehen:

- Erstens können wir annehmen, dass die Verantwortlichen des Experiments in der Tat *die ambitionierten Ziele* für sich und Andere *als Maßstab* sehen. Eine Analyse nimmt unter diesen Umständen die Ziele zum Ausgangspunkt und fragt, wieweit die Institution ein »fitness for purpose« bewiesen und inwieweit sie das Zielbündel erreicht hat. Wenn das die Vorstellung ist, mögen die »Außergewöhnlichkeit« und »Einmaligkeit« so sehr das Bewusstsein der Beteiligten prägen, dass sie sich gegen eine Aufarbeitung der Erfahrungen immunisieren.
- Zweitens lässt sich auch annehmen, dass es sich um ein *»Lasst 100 Blumen blühen«-Experiment* – man könnte es auch »Cafeteria-Experiment« nennen – handelt. Zu erwarten ist, dass die Erfolge wesentlich bescheidener sein werden, aber der maximalistische Anspruch verspricht erstens hohe Mobilisierung und zweitens wird das vielfältige Experimentieren als notwendig erachtet, weil vorab nicht zu klären ist, welche der Ziele große Verwirklichungschancen haben und welche auf hohe Barrieren stoßen. Eine Aufarbeitung der Erfahrungen mag zum Beispiel helfen herauszufinden, was die Ergebnisse des Experiments waren und ob den weniger erfolgreichen Bemühungen eine irrtümliche Konzeption über die Stärken des Experiments zugrunde lag oder ob es Hemmnisse gab, die »nicht in der Natur der Sache« begründet sind.
- Drittens kann das sehr ambitionierte Experiment sich als *überladen* erweisen. Die Belastungen sind zu groß, die Menge der Ziele erlaubt keine hinreichende Unterstützung der jeweils einzelnen Ziele; die Ziele sind konfligierend. In diesem Falle bliebe wiederum für eine Analyse die Aufgabe zu klären, wieweit ein solches Experiment die zugrunde liegenden Annahmen über Ursachen von Wirkungen von Reformmaßnahmen in Frage stellt oder inwieweit die im Vergleich zu den Zielen relativ bescheidenen Erträge primär der überladenen Konstellation zuzuschreiben sind.

Da die Präsidentin der *ifu*, Aylâ Neusel, als Mitglied des Kasseler Wissenschaftlichen Zentrums für Berufs- und Hochschulforschung selbst jahrelang Implementationsprobleme von Hochschulreformen beforscht hat, lässt sich ohne Risiko vermuten, dass das enorm breite Zielbündel und die enorm hohen Ambitionen im Wissen der damit verbundenen Risiken gewählt wurden. Sicherlich handelte es sich um ein »100 Blumen-Experiment«, das auch dann als Erfolg wahrgenommen werden kann, wenn nur ein Teil der Ziele in hohem

Grade verwirklicht werden. Daher war es auch verständlich, dass eine hohe Bereitschaft bestand, Evaluationsstudien zu unterstützen.

In diesem Beitrag wird ein Teil der Evaluationsforschung dargestellt, die die *ifu* im Jahr 2000 begleitet hat. Zuvor sei das Reformexperiment dargestellt (vgl. dazu Bradatsch 2002).

14.2 Ziele, Struktur und Organisation der *ifu*

Die *ifu* bot im Sommer 2000 für ca. 700 Nachwuchswissenschaftlerinnen aus 115 Ländern in sechs interdisziplinären Projektbereichen – ARBEIT, INFORMATION, KÖRPER, MIGRATION, STADT und WASSER – ein englischsprachiges Studienprogramm an. Das Projekt wurde in Kooperation mit sechs Partnerhochschulen realisiert (die Universitäten Hannover, Hamburg und Kassel sowie die Fachhochschule Nordostniedersachsen waren Veranstaltungsorte und ergänzend die Technische Universität Clausthal und die Universität Bremen beteiligt). Sitz von *ifu*-Präsidium und -Verwaltung sowie Ort der zentralen gemeinsamen Veranstaltungen war Hannover.

Ziele dieses Pilotprojekts einer monoedukativen Hochschuleinrichtung in Deutschland waren:

- Erschließung und Präsentation des innovativen Potenzials der Frauenforschung und der Lehre zu den sechs interdisziplinären Themenfeldern durch Frauen;
- Impulse für die Wissenschafts- und Kunstentwicklung durch Kombination kritischer Fragestellungen der Frauenforschung in Naturwissenschaften, Technik und Medizin mit künstlerischer Herangehensweise zu geben;
- gemeinsame Forschung und Lehre einer internationalen Wissenschaftlerinnengruppe zu zentralen Fragestellungen von globaler Bedeutung;
- Ermutigung etablierter und junger Wissenschaftlerinnen zu dauerhafter internationaler Vernetzung.

Teilnehmerinnen und Dozentinnen: Das Lehrkollegium bestand je Projektbereich aus etwa 30 bis 60 Dozentinnen und Künstlerinnen. Die Auswahl der Lehrenden, die weltweit rekrutiert worden waren, war nach den Leitideen der Interdisziplinarität und Internationalität erfolgt; zugleich repräsentierten diese in den meisten Projektbereichen regionale und inhaltliche Schwerpunkte.

Internationalität als Programm: Eine breite internationale Zusammensetzung der Teilnehmerinnengruppe zu erreichen, war ein besonders wichtiges Ziel der *ifu*. Mit Hilfe des Deutschen Akademischen Austauschdienstes konnte ein weltweites Bewerbungs- und Auswahlverfahren für die Studienplätze der *ifu* durchgeführt werden. Teilnehmerinnen, die den Studienaufenthalt in Deutschland nicht aus eigenen Mitteln bestreiten konnten, wurden mit einem Stipendium gefördert.

Die sechs Projektbereiche, die in der *ifu*-Organisation den Stellenwert von Studiengängen hatten, waren der wissenschaftliche und soziale Mittelpunkt der *ifu*. Sie zeichneten sich aus durch

- ein problemzentriertes Forschungs- und Studienprogramm mit verschiedenen Wissenschaftsdisziplinen je Projektbereich;
- einen Curriculumsentwurf aus geschlechtersensibler Perspektive;
- einen interkulturellen, transnationalen Kontext von Lehre und Studium.

Zentrale gemeinsame Leitideen der Projektbereiche waren *Internationalität*, *Interdisziplinarität*, *Gendersensibilität*, *Theorie-Praxis-Verbindung* und ein *Dialog mit der Kunst*, darüber hinaus waren die Projektbereiche jedoch relativ selbständig im Entwurf und der Realisierung ihrer Lehrprogramme. Als Leiterinnen der Projektbereiche fungierten jeweils zwei Dekaninnen (eine deutsche, eine internationale); in den meisten Fällen waren diese schon im Vorfeld der *ifu* verantwortlich für die Konzeption der Curricula.

Betreuungskonzept: Ein Service Center mit mehreren Zweigstellen sorgte dafür, dass von der ersten Kontaktaufnahme der Teilnehmerinnen mit der *ifu* bis zu deren Rückreise alle Aufgaben »rund um die Studentinnen« in einer Hand lagen. Die Vor-Ort-Betreuung der Teilnehmerinnen wurde mit Hilfe eines Tutorinnen-Programms realisiert.

Über die unmittelbaren Studieninhalte hinaus gab es ein reiches *Rahmenprogramm* zu den genannten Themen der Projektbereiche. Acht öffentliche Großveranstaltungen fanden in Hannover statt, ein Filmprogramm der *ifu*, öffentliche Präsentationen von Kunstprojekten und anderen Forschungsergebnissen, Exkursionen der Studentinnen innerhalb Deutschlands zu Hochschul- und anderen öffentlichen Einrichtungen, Vorträge, Veranstaltungen an den gastgebenden Hochschulen und vieles mehr begleiteten die *ifu*.

14.3 Ansatz der Evaluation und Charakter des Untersuchungsgegenstands

Die hier resümierte Studie über die Erfahrungen und Bewertungen der an der *ifu* beteiligten Teilnehmerinnen und Dozentinnen (siehe Maiworm und Teichler 2002a, 2002b, Maiworm und Teichler in Zusammenarbeit mit Fleck 2002) war von zwei Vorstellungen geprägt. Auf der einen Seite war beabsichtigt, die Charakteristika des Reformexperiments und damit die Frage nach »fitness for purpose« aufzunehmen. Auf der anderen Seite war von vornherein – in Arbeitsteilung mit anderen Studien (siehe Metz-Göckel 2000, 2002b) – vorgesehen, sich lediglich auf die Vorstellungen und Erfahrungen von Teilnehmerinnen und Dozentinnen zu stützen, wie sie in einer schriftlichen Befragung erhoben werden können.

Unter den – bereits zu Beginn dargestellten – Charakteristika des Gegenstandsbereichs wurden dem »maximalistischen« Reformanspruch und dem temporären Charakter der Institutionalisierung als wichtigen Strukturmerkmalen für Potenziale und Grenzen der Erträge der *ifu* besondere Aufmerksamkeit geschenkt. Dies stellt nicht in Frage, dass der – oben dargestellte und in einer anderen Studie (Metz-Göckel 2002a) behandelte – »substanzielle« Reformanspruch für die Gesamtbeurteilung des Reformexperiments von größerer Bedeutung ist. Jedoch kann Hochschulforschung auch zeigen, dass es oft Faktoren jenseits des »Eigentlichen« der Substanz der Hochschulen sind, die bedeutsam dafür sind, welche Verwirklichungschance Reformansprüche haben.

Verbreitet ist die These, dass eine Evaluation von Institutionen mit einem besonderen Reformprofil deren Programmatik am ehesten gerecht wird, wenn sie das Ausmaß der Zielerreichung als zentrales Kriterium wählt. Angebracht sei nicht die Messung an konventionellen Ansprüchen von Hochschulen allgemein, sondern eine Prüfung von »fitness for purpose«. Auch die hier dargestellte Analyse, die im Rahmen der – vom Bundesministerium für Bildung und Forschung geförderten und von der *ifu* organisierten – Evaluation der *ifu* nimmt deren eigene Ziele zum Ausgangspunkt. Aber sie ist in fünf Hinsichten über eine einfache Prüfung des Grades der Zielerreichung hinausgegangen.

- Erstens werden die Reformansätze *nicht allein an der Höhe ihrer eigenen Ansprüche gemessen*; so können auch Wirkungen deutlich werden, die zwar im Lichte der selbst gesetzten hohen Ambitionen als marginal erscheinen, aber aus anderer Perspektive erwähnenswert sein mögen.
- Zweitens berücksichtigt die Studie, dass die Ziele des Pilot-Projekts *ifu* trotz seiner relativ deutlichen und detaillierten Formulierung keineswegs völlig eindeutig und festgelegt waren. Es bot sich an, *Präzisierungen und Veränderungen der Ziele im Prozess* zu beobachten.
- Drittens war für die Studie die Frage nach der *Konfiguration der Ziele* zentral. Es ging dabei nicht nur um Klärung, in welcher Richtung die Erträge groß waren und in welcher Richtung begrenzt, sondern auch um die Frage, welche Folgen die große Fülle der Ziele hatte und in welchem Maße sich die Ziele als kompatibel bzw. konfligierend erwiesen.

- Viertens ist die *Heterogenität der Teilnehmerinnen* ein zentraler Gesichtspunkt der Analyse: Für wen war die *ifu* besonders ertragreich, und für wen am wenigsten?
- Fünftens wurde, wie bereits angesprochen, den Konsequenzen des *temporären Charakters* der *ifu* nachgegangen: Wie werden die dreimonatige Zeitspanne der Aktivitäten und die temporäre Organisation in Zielsetzung und Anlage der *ifu* aufgenommen? Welchen Stellenwert haben sie für die Prozesse, und inwieweit lassen sich daraus die Erträge erklären?

Die Sicht der Teilnehmerinnen wurde in einer ersten schriftlichen Befragung kurz vor Beginn und einer zweiten Befragung gegen Ende der dreimonatigen Phase ermittelt. Themen der insgesamt mehr als 80 Fragen waren insbesondere der sozio-biographische Hintergrund, Bildungs- und Berufsweg der Teilnehmerinnen, die Vorbereitung und die Erwartungen an die *ifu*, die Studien- und anderen Aktivitäten an der *ifu*, die Serviceangebote, das Studienprogramm in seinen wahrgenommenen Stärken und Schwächen sowie die Einschätzung der Erträge. Von den insgesamt 673 Teilnehmerinnen (zu deren Profil siehe Lasch 2002) beantworteten 496 (74 %) den ersten und 345 (51 %) den zweiten Fragebogen.

Die Sicht der Dozentinnen war Gegenstand der nachträglich durchgeführten schriftlichen Befragung. Von den insgesamt 350 Dozentinnen antworteten nur 132 (38 %). Allerdings waren viele Dozentinnen sehr kurz am Programm der *ifu* beteiligt; von den wenigen, die mindestens eine Woche beteiligt waren, antworteten mehr als die Hälfte.

14.4 Größte Erträge: sozio-kommunikative Erfahrung, kulturelle Vielfalt, Horizonterweiterung

Fast alle Teilnehmerinnen bewerteten die *ifu* insgesamt als eine positive Erfahrung: 80 Prozent äußerten sich in einer Gesamtbewertung zufrieden, und 72 Prozent meinten, dass sie, wenn sie die Zeit zurückdrehen könnten, sich auf jeden Fall wieder für die Teilnahme an der *ifu* entscheiden würden. Solch hohe Quoten der Zufriedenheit werden sonst selten im Hinblick auf ein gesamtes Studium geäußert; sie sind eher für ungewöhnliche Erlebnisse typisch – so zum Beispiel für Auslandsstudienphasen, gelungene *summer schools*, besondere Tagungen. Die meisten Teilnehmerinnen erlebten sicherlich die *ifu* als ein solches außergewöhnliches Ereignis.

Im Einzelnen nach den Erträgen gefragt, hoben die Teilnehmerinnen am häufigsten hervor, dass die *ifu* zur Persönlichkeitsentfaltung (87 %), zur Herstellung von Kontakten (50 % bis 91 % zu drei verschiedenen Fragen) und zur Steigerung der eigenen interkulturellen Kompetenz (76 %) beigetragen habe. Die Vielfalt der Begegnungen insbesondere mit anderen Teilnehmerinnen sowie die Erfahrung anderer Kulturen und Betrachtungsweisen waren für sie zugleich sozio-kommunikatives Erlebnis und Denkanstoß.

Demgegenüber fielen die Aussagen zu Gender-Fragen, zur Interdisziplinarität und zu den wissenschaftlichen Erträgen zurückhaltender aus; organisatorische Aspekte wurden nicht mit der gleichen Begeisterung kommentiert wie sozio-kommunikative Aspekte. Fragen des Kontakts zwischen Teilnehmerinnen und Dozentinnen sowie der Lehrstile hatten ein gemischtes Echo, und die Dozentinnen, die offenkundig in der Relation von sozio-kommunikativen und wissenschaftlichen Erträgen stärker als die Teilnehmerinnen auf Letzteres achteten, waren in ihrer Gesamtbeurteilung der *ifu* nicht ganz so häufig enthusiastisch. Ein ähnliches Bild zeigt sich auch in anderen Untersuchungen sowohl zu Auslandsstudienphasen als auch bei Aufbaustudiengängen und weiterbildenden Angeboten mit einer heterogenen Teilnehmerschaft. Kürzere außergewöhnliche »Events« und Lernen in heterogenen Teilnehmergruppen können offenkundig sehr wertvoll sein, um Neues zu erfahren, den Horizont für bisher wenig Beachtetes oder für andere Denkansätze zu erweitern; vertiefende Weiterentwicklung ist jedoch nicht ohne weiteres gewährleistet.

14.5 Diverse Wahrnehmung der Gender-Fragen

Die meisten Teilnehmerinnen hielten das Experiment eines Lernens in einer Hochschule speziell für Frauen für gelungen. Auch kam die Mehrheit von ihnen zu dem Schluss, dass die Gender-Perspektive einen hohen Stellenwert in der Bearbeitung der zentralen Themenbereiche der *ifu* hatte. So betonten zum Beispiel auf die Frage nach den Stärken und Schwächen der übergreifenden inhaltlichen Akzente des Programms 73 Prozent, dass die Behandlung von Gender-Fragen zu den erfolgreichen realisierten Stärken gehört habe (siehe Tabelle 14.1); interdisziplinäre Aspekte wurden von 53 Prozent und interkulturelle Aspekte von 61 Prozent als Stärken genannt.

Tabelle 14.1: Von den ifu-Teilnehmerinnen wahrgenommene Stärken in den übergreifenden inhaltlichen Akzenten des Lehrprogramms der Projektbereiche – nach Projektbereich (in Prozent)

	Projektbereich						
	Information	Körper	Wasser	Arbeit	Stadt	Migration	Gesamt
geschlechtsspezifische Aspekte	62	82	66	83	57	85	73
interdisziplinäre Aspekte	69	45	64	48	44	46	53
internationale/ interkulturelle Aspekte	78	63	82	36	53	46	61
Verbindung von wissenschaftl. und künstler. Aspekte	19	10	44	9	11	33	21

Frage 2.5: What strengths and weaknesses did you observe in the programme and the way it was realised in your project area?
Quelle: Befragung »*ifu*-Students: Experiences and Outcome«.

Bedenken wir jedoch, dass Gender-Fragen in den Zielsetzungen der *ifu* den prominentesten Platz haben, so liegt es nahe, einige Relativierungen des positiven Gesamturteils nicht unbeachtet zu lassen.

Erstens scheinen die verschiedenen Aspekte von Gender-Fragen – die wissenschaftliche Arbeit in einer Institution für Frauen, die Erfahrung einer Organisation in der Hand von Frauen, das sozio-kommunikative Ambiente während der *ifu*, die Befassung mit und die Weiterentwicklung von Gender-Studien, das Einbringen von Gender-Perspektiven in verschiedene wissenschaftliche Themenbereiche – für alle Beteiligten, insgesamt wie im Gewicht der einzelnen Aspekte, vorher sehr unterschiedlich bewertet gewesen und auch später von *unterschiedlicher Bedeutung* geblieben zu sein. Manche betonten diese Aspekte mit großer Emphase, während sie für andere erfreulich, aber nicht unbedingt wesentlich waren.

Zweitens waren Gender-Aspekte häufig auch Ausgangspunkt für die größten *Kontroversen*. Manche empfanden diese als positiv, andere als irritierend. Manche wollten für ihre Positionen größeres Verständnis gewinnen, manche wollten auf jeden Fall etwas durchsetzen, manche störten sich an Dogmatismen. Manche hielten politische Aktivitäten und Stellungnahmen im Rahmen der *ifu* für wichtig, andere empfanden das als weniger wichtig oder als unangemessen. Unterschiedliche Vertrautheit mit Gender-Forschung und Gender-Politik wurde zum Teil im Laufe der Zeit reduziert, setzte sich aber auch in vielen Fällen fort und führte zuweilen zu großen Konflikten. Das hohe Engagement in dieser Frage wurde von vielen Beteiligten oft als vorantreibend, aber auch nicht selten als fragwürdig und belastend empfunden.

Drittens wurde eine solche Sommerhochschule für Frauen zwar zumeist als positive Erfahrung gesehen, aber weniger als die Hälfte der Teilnehmerinnen (32 % vor und 42 % nach der *ifu*) und Dozentinnen (45 %) plädierten für einen strikt *homosozialen Raum*. Mehr als die Hälfte waren dafür, dass die *ifu* zumindest für einschlägig interessierte Männer offen sein sollte.

Viertens spielte die *Gender-Perspektive in den sechs Projektbereichen* eine unterschiedliche Rolle. Trotz gegenteiliger Einzelbeispiele kann generell festgestellt werden, dass die Gender-Perspektive desto weniger zum Tragen kam, je höher das Gewicht natur- und ingenieurwissenschaftlicher Ansätze für den Projektbereich war, und dass sie bei Natur- und Ingenieurwissenschaftlerinnen unter den Dozentinnen und Teilnehmerinnen überwiegend ein deutlich geringeres Gewicht hatte als bei den Geistes- und Sozialwissenschaftlerinnen.

Fünftens hat sich die Erwartung, dass eine Hochschule von und für Frauen *eine ganz eigene kommunikative und organisatorische Welt* – mit eher flachen Hierarchien, weniger konkurrierendem Verhalten und höherer Kommunikationsbereitschaft – darstellt als die gewöhnliche, stark von Männern geprägte Hochschule, sicherlich teilweise mit der Begeisterung der meisten Teilnehmerinnen über das kommunikative Klima unter den Teilnehmerinnen bestätigt. Aber kritische Aussagen zur Kommunikation sind so häufig, dass das Erreichte offenkundig oft hinter den hohen Erwartungen zurückblieb.

14.6 Probleme von Dialog und Partizipation

Versuchen wir, aus der Sicht der Studierenden die vorherrschenden Lehr- und Lernstile zu einem Gesamtbild zusammenzufassen, so stellen wir fest, dass die *ifu* in vieler Hinsicht wie eine typische *lehrbetonte Hochschule* empfunden wurde: großes Gewicht lag auf den Vorlesungen, der regelmäßigen Anwesenheit und auf den Dozenten als Hauptinformationsquellen – dies sind die drei am häufigsten hervorgehobenen Merkmale (siehe Tabelle 14.2).

Zum Prozess des Lehrens und Lernens wurden zwei Kritiken bereits während des dreimonatigen Programms der *ifu* vorgetragen: Viele Dozentinnen legten primär Wert auf Referieren und förderten kaum einen eingehenden Dialog. Das Programm sei insgesamt so voll mit Vorträgen gewesen, dass wenig Zeit für Anderes geblieben sei.

Tabelle 14.2: Starke Betonung ausgewählter Aspekte der Lehre und des Lernens in den Lehrveranstaltungen nach Wahrnehmung der ifu-Teilnehmerinnen – nach Projektbereich (in Prozent*)

	Projektbereich						
	Information	Körper	Wasser	Arbeit	Stadt	Migration	Gesamt
Erwerb von Faktenwissen	28	41	40	44	43	36	38
Verständnis von Theorien, Konzepten, Paradigmen	51	44	52	51	50	44	48
Regelmäßige Anwesenheit	90	73	73	96	78	98	84
Dozentin als Hauptinformationsträger (lehrzentriert)	31	67	52	62	70	53	55
Vorlesungen (classroom teaching)	53	64	50	75	80	71	65
Freiheit der Teilnehmerinnen bei der Wahl der Lehrveranstaltungen	58	64	55	51	30	51	53
Kommunikation zwischen Teilnehmerinnen und Dozentinnen außerhalb der Veranstaltungen	48	57	58	35	33	36	46
Selbständiges Arbeiten	39	42	40	54	50	44	44
Feldforschung	36	34	57	39	41	54	43
Teamarbeit mit anderen Teilnehmerinnen	84	55	84	39	63	63	65
Anzahl (n)	(61)	(74)	(56)	(47)	(46)	(59)	(343)

Frage 2.9: Which of the following aspects of teaching and learning were emphasised in the courses and lectures at the *ifu*?
* Skalenpunkte 1 und 2 auf einer Skala von 1 = »strongly emphasised« bis 5 = »not at all emphasised«.
Quelle: Befragung »*ifu*-Students: Experiences and Outcomes«.

Diese Kritik lässt sich als Abbild der allgemeinen Spannung von Anspruch und Wirklichkeit des Wissenschaftsbetriebs interpretieren. Die Klage über einen Mangel an *Interaktion und Diskurs* in Lehrveranstaltungen und Konferenzen ist mehr oder weniger universal, aber die meisten Vortragenden, die diese Kritik teilen, wenn sie in der Rolle der Hörenden sind, verlassen sich, wenn sie selbst dozieren, auf die Bedeutung des vorgetragenen Worts. Auch bei der *ifu* zeigte sich ein an Hochschulen übliches Problem: Zwischen den Dozentinnen und Teilnehmerinnen bestand eine deutliche Kluft in der Wahrnehmung, wie Lehren und Lernen an der *ifu* gewöhnlich vonstatten ging.

Vielleicht ist jedoch die Reproduktion dieser Problematik an der *ifu* nicht einfach die Fortsetzung des Gewöhnlichen, sondern in gewissem Maße auch einem spezifischen Zielkonflikt der *ifu* geschuldet. Auf der einen Seite sollte den Teilnehmerinnen die Chance geboten werden, viele Dozentinnen – oft Koryphäen in ihrem Feld – und damit eine Vielzahl von Perspektiven kennen zu lernen. Auf der anderen Seite sollten intensive Dialoge zur Weiterentwicklung neuer Perspektiven, interdisziplinäre Kooperation und intensive Bearbeitung von wissenschaftlichen Projekten der einzelnen Teilnehmerinnen gefördert werden. Das musste zu Konflikten im Zeitbudget der Teilnehmerinnen führen. Obendrein war unter diesen Umständen der Anteil der Dozentinnen groß, die nur zu einer kurzen Visite zur *ifu* kamen, daher nur begrenzt zur Relativierung ihrer gewohnten Lehrstile in der Lage waren und zum Dialog nur kurz zur Verfügung standen.

Bei den drei übergreifenden Perspektiven in der wissenschaftlichen Arbeit innerhalb der Projektbereiche schätzten die Teilnehmerinnen die Erträge im Hinblick auf *Interdisziplinarität* am geringsten ein. Hier drängt sich die Frage auf, ob deren Förderung anderer Akzente in der Anlage des Programms und in der didaktischen Stützung bedurft hätte: weniger Kurzgastspiele von Dozentinnen; mehr kooperative Lehrveranstaltungen mit expliziter Konfrontation verschiedener disziplinärer Perspektiven; mehr Projekte unter Einbeziehung von Dozentinnen; keine Auswahl unter den Bewerberinnen unter Berücksichtigung ihrer vorher ausgearbeiteten Projekte, sondern Entwicklung von Projekten der Teilnehmerinnen während der *ifu* und Ähnliches.

Die Kritik an den vorherrschenden Lehrstilen und Programmakzenten war nicht selten mit dem Ausdruck des Bedauerns verbunden, dass die Lernenden zu sehr als »Studierende« und zu wenig als jüngere Wissenschaftlerinnen (bzw. in manchen Fällen als erfahrene Wissenschaftlerinnen und Praktikerinnen) betrachtet wurden und dass es kaum Gelegenheit gegeben habe, auf die Organisation Einfluss zu nehmen. Die Kritik unterstreicht teils Kontraste zwischen Wunsch und Wirklichkeit in der Beziehung von Teilnehmerinnen und Dozentinnen. Teils kommt hier der temporäre Charakter der *ifu* ins Spiel. Auch bedauerten manche Dozentinnen, dass sie Konzept und Arbeitsweise der *ifu* nicht stärker beeinflussen konnten. Eine kurze Phase des Lehrens und Lernens, zu der die Teilnehmerinnen und Dozentinnen aus aller Welt zusammenkommen, die aber auf Vorbereitung von langer Hand und dabei auf Lenkung durch eine kleinere Zahl von Personen angewiesen ist, ist sperrig gegen die Formen formeller und informeller Partizipation, die bei Hochschulen mit längeren Programmen und überwiegend festem Personal üblich sind.

14.7 Erfahrung der Organisation

Dies lenkt den Blick auf die Frage, wie die Teilnehmerinnen und die Dozentinnen die Organisation der *ifu* erlebten (siehe dazu auch Hanft und Müskens 2002). Für außenstehende Betrachter ist schnell deutlich, dass die *ifu* hohen organisatorischen Aufwand und enorme organisatorische Qualität erforderte. Die Etablierung eines temporären organisatorischen Apparats, die Verzweigungen nach Projekten und Standorten, die Einbeziehung einer Fülle von Dozentinnen, die Betreuungsnotwendigkeiten für ausländische Beteiligte und für Personen mit zeitlich begrenzter Aufenthaltsdauer generell usw. – all dies unterstreicht die Unabdingbarkeit eines organisatorischen Kraftakts. Für Dozentinnen, die wenige Tage oder wenige Wochen zur *ifu* kamen, und für Teilnehmerinnen, deren Aufenthalt drei Monate betrug, war die Organisation der *ifu* etwas anderes als die Organisation von Hochschule, die sie gewöhnlich erleben. Sie waren der Organisation der *ifu* – im positiven wie im negativen Sinne – stärker ausgeliefert: Sie waren meist auf deren Dienstleistungen angewiesen, und sie konnten wenig ändern, wenn sie die Organisation als unbefriedigend empfanden, weil sich – trotz großer Flexibilität in manchen Fällen – dazu in der kurzen Zeitspanne oft keine Gelegenheit ergab.

Überwiegend waren die Aussagen der Teilnehmerinnen und Dozentinnen zu den Services und zur Organisation der *ifu* insgesamt positiv (siehe dazu auch Bülow-Schramm und Schindler 2002). Zum Beispiel bewertete etwa die Hälfte der Teilnehmerinnen die Dienstleistungen und Unterstützungen durch die *ifu* insgesamt positiv. Vieles wurde geschätzt, auch wenn eine Fülle von Kritik geäußert wird.

Nach Alltags- und Organisationsproblemen gefragt, erwähnten die Teilnehmerinnen am häufigsten finanzielle Probleme, Verwaltungsangelegenheiten, Finden eines Arbeitsplatzes außerhalb der Veranstaltungsräume sowie zu wenig Zeit für Reisen. Daneben wurden nicht selten Fragen der EDV-Nutzungsmöglichkeiten und -Services, des Mangels an geeigneten Plätzen zur Kommunikation sowie Probleme mit der Bereitstellung von Informationen genannt. Die Dozentinnen kritisierten vor allem die technische Ausstattung für die Lehre; Kontakte mit Wissenschaftler(inne)n der gastgebenden Hochschule und über die Hochschule hinaus wurden nicht selten vermisst; schließlich kamen Reibungspunkte im Umgang mit den Dekaninnen, Tutorinnen und dem Service Center sowie Probleme mit der Finanzadministration zur Sprache.

Die Mehrzahl der Teilnehmerinnen und Dozentinnen sah ihre Zeit an der *ifu* jedoch nicht von solchen Problemen überschattet. In den Gesamturteilen stehen positive Erfahrungen der Kommunikation und Erträge in der Substanz im Vordergrund. Und in den negativen Bewertungen sprechen die Teilnehmerinnen vor allem Fragen der wissenschaftlichen Erträge und die Dozentinnen Probleme infolge der Heterogenität der Teilnehmerinnen an. Die Alltagssituation und die Organisationswirklichkeit der *ifu* wurden nicht als Erlebnis oder Sorge ersten Ranges empfunden.

14.8 Wissenschaftliche Erträge und Probleme

Die schriftlichen Befragungen im Sommer und Herbst 2000 und deren Analysen konnten die wissenschaftlichen Erträge der *ifu* nicht umfassend in den Blick nehmen. Manche Erträge dürften sich erst langfristig, z. B. in der wissenschaftlichen Aufarbeitung der curricularen Substanz, in Publikationen der Dozentinnen oder in Karrieren von Teilnehmerinnen, erkennen lassen. Auch war es bei dem größeren Teil der begleitenden Studien, wie bereits erwähnt, nicht das Ziel, die Substanz der Erträge selbst zu prüfen. Jedoch können die Einschätzungen der Beteiligten, der lernenden Teilnehmerinnen und der Dozentinnen, Anhaltspunkte zum wissenschaftlichen Ertrag der *ifu* liefern.

Die Hälfte der Teilnehmerinnen (50 %) konstatierte bei sich als Ergebnis der *ifu*-Teilnahme eine deutliche *Verbesserung der wissenschaftlichen Kenntnisse.* Weit mehr als die Hälfte sahen eine hohe Zunahme der Kenntnisse in Gender-Themen (67 %) und weniger als die Hälfte (44 %) verstärkte interdisziplinäre Sichtweisen; andere Bereiche potenzieller Erträge wurden seltener genannt. Das kann als Erfolg gesehen werden. Dass die Einschätzung dieser Sacherträge überwiegend verhaltener positiv ausfällt als die zu den sozio-kommunikativen Erfahrungen, zum interkulturellen Lernen und zu den Beiträgen zur Persönlichkeitsentwicklung, entspricht den Erfahrungen, die beim ERASMUS-Programm gewonnen wurden (Teichler und Maiworm 1997).

Ein Drittel der Teilnehmerinnen konstatierte allerdings, dass sie große Probleme infolge eines geringen *wissenschaftlichen Niveaus* an der *ifu* gehabt hätten. Etwa 40 Prozent sahen die *ifu* vor allem auf Bachelor-Ebene, also unterhalb der Eingangsstufe der *ifu*, angesiedelt (siehe Tabelle 14.3).

Ebenfalls 40 Prozent der Teilnehmerinnen bewerteten das wissenschaftliche Niveau der *ifu* insgesamt als zu niedrig; weitere 40 Prozent hielten es für genau richtig und 20 Prozent (allerdings über ein Drittel der Teilnehmerinnen aus Entwicklungsländern) für hoch. Die Dozentinnen nannten als häufigstes Problem die Heterogenität der Teilnehmerinnen, wobei offenkundig zum Teil die Vielfalt der Kulturen, Disziplinen und Ähnliches gemeint zu sein scheint, daneben aber die wissenschaftlichen Kompetenzen der Teilnehmerinnen.

Die Kritik am wissenschaftlichen Niveau der *ifu* ist unterschiedlich begründet. Die Teilnehmerinnen und Dozentinnen wurden in ihren Leistungen als sehr heterogen empfunden. Auch wurde die Betreuung der Teamarbeit der Teilnehmerinnen und oft auch der individuellen Arbeiten durch die Tutorinnen keineswegs durchgängig als wissenschaftlich bereichernd bewertet.

Tabelle 14.3: Ausbildungsniveau, dem die angebotenen Lehrveranstaltungen an der ifu nach Einschätzung der Teilnehmerinnen entsprachen, nach Projektbereich (Mittelwert der Prozentangaben)

	Projektbereich						
	Information	Körper	Wasser	Arbeit	Stadt	Migration	Gesamt
Bachelor oder vergleichbares Niveau	55,4	30,7	35,8	43,8	42,3	31,1	38,9
Master oder vergleichbares Niveau	28,7	39,4	27,6	31,2	33,8	40,4	34,0
Promotion oder vergleichbares Niveau	10,1	18,6	22,0	19,4	16,6	21,5	18,2
Postdoc-Niveau	5,8	11,3	14,7	5,6	7,4	7,0	8,9
Anzahl (n)	(47)	(63)	(50)	(37)	(40)	(54)	(291)

Frage 2.11: Which educational level was addressed by teachers in your project area? Please state percentages of the overall programme.
Quelle: Befragung »*ifu*-Students: Experiences and Outcomes«.

Hier ist jedoch festzuhalten, dass Evaluationsstudien von Weiterbildungen, Aufbaustudiengängen und ähnlichen Lehr- und Lernangeboten, die zum Ziel haben, Wissensbestände aus unterschiedlichen Bereichen neu zu verknüpfen und einer heterogenen Teilnehmerschaft etwas anzubieten, oft Kritik am wissenschaftlichen Niveau aufdecken. Solche Konstellationen erweisen sich in der Regel zwar als fruchtbar, den Beteiligten neue Anstöße in solchen Bereichen oder für solche Aspekte zu geben, mit denen sie vorher wenig vertraut waren; dagegen wird der Fortschritt in denjenigen Bereichen, die den Teilnehmern bereits vertraut waren, häufig als enttäuschend empfunden, und die Integration der Wissensgebiete und Perspektiven gelingt nicht durchgängig.

14.9 Variationsbreite der Einschätzungen

Natürlich fielen die Bewertungen der Erfahrungen mit der *ifu* nicht einheitlich aus. Dies war bereits mit den Aussagen der Teilnehmerinnen zum wissenschaftlichen Niveau zu illustrieren: Jeweils 40 Prozent schätzten es als niedrig und gerade richtig ein, während es 20 Prozent als hoch (zum Teil als zu hoch) empfanden. Dabei fielen die Einschätzungen nach Projektbereichen unterschiedlich aus. Allgemein waren die Teilnehmerinnen des Projektbereichs Wasser mit den Prozessen und Erträgen am zufriedensten; auch waren die Äußerungen zum wissenschaftlichen Niveau im Bereich Migration besonders positiv. Die Unterschiede in der Bewertung können aber sicherlich nicht als extrem hoch bezeichnet werden: Wird eine große Zahl von Indikatoren herangezogen, so zeigt sich, dass zu den am stärksten kritisierten Bereichen immerhin etwa drei Viertel so viele positive Aussagen erfolgten wie zu dem am positivsten eingeschätzten Bereich.

Nur in wenigen Aspekten führten Unterschiede nach regionaler Herkunft, Bildungsabschluss, Tätigkeit in Wissenschaft, Berufspraxis oder Alter zu deutlich unterschiedlicher Einschätzung der *ifu* und ihrer Erträge. Wie nicht weiter überraschen dürfte, zeigte sich, dass diejenigen, die sich nach eigenen Aussagen sehr aktiv an den Lehrveranstaltungen beteiligten und sich stark in das wissenschaftliche Leben an der *ifu* integriert gefühlt hatten, auch die wissenschaftlichen Erträge der *ifu* für sich besonders hoch einschätzten. Die Teilnehmerinnen aus Deutschland, anderen westeuropäischen Ländern und Nordamerika äußerten sich in manchen Aspekten etwas kritischer als die Teilnehmerinnen aus anderen Regionen; der größte Unterschied ergab sich darin, dass die Teilnehmerinnen aus Afrika sich mit Abstand zufriedener über die *ifu* äußerten und die Erträge der *ifu* mit Abstand am positivsten einschätzten.

Insgesamt erwecken die Aussagen auch nicht den Eindruck, dass es unter den Teilnehmerinnen stark unterschiedliche Typen im Umgang mit den Angeboten der *ifu* gab oder dass die Erträge eng mit solchen Weisen des Umgangs zusammenhingen. Die beobachtbaren Unterschiede sind eher graduell.

14.10 Potenziale und Risiken eines maximalistischen Reformprojekts

Die Ergebnisse der schriftlichen Befragungen von Teilnehmerinnen und Dozentinnen verdeutlichen, dass die *ifu* ein bedeutsames Erlebnis für fast alle Beteiligten war. Die meisten Teilnehmerinnen registrierten bei sich bemerkenswerte sozio-kommunikative Erfahrungen, wertvolles interkulturelles Lernen und wichtige Beiträge zur Persönlichkeitsentwicklung. In vieler Hinsicht hielten sie die Gender-Aspekte bei der *ifu* für bereichernd. Das Lernen in einem »homosozialen Raum« wurde überwiegend als ertragreich empfunden. Die wissenschaftliche Qualität insgesamt sowie die Entwicklung interdisziplinärer Perspektiven wurden häufig kritisiert, aber die meisten Teilnehmerinnen berichten, dass sie wichtige wissenschaftliche Erträge zumindest in ausgewählten Aspekten bei sich feststellten.

Die *ifu* 2000 war ein Pilotprojekt, das offenkundig viele Impulse gegeben hat. Und sie erweckte bei den Dozentinnen und Teilnehmerinnen den Eindruck, dass sie ein Startpunkt für weitere Entwicklungen sein könne. Viele Grundideen der *ifu* haben durch die Erfahrung Ermutigung gefunden – etwa, dass Lehren und Lernen in einem institutionellen Rahmen ausschließlich oder primär von und für Frauen und die darin sich entwickelnde Kommunikation für die Beteiligten stimulierend wirken oder dass sich für viele Themen durch eine stärkere Berührung mit Gender-Perspektiven neue Horizonte eröffnen.

Gemessen an den hohen Ambitionen des Reformexperiments mögen manche Ergebnisse dieser Studie als »ernüchternd« empfunden werden, wie dies auch in zwei öffentlichen Diskussionen der Ergebnisse sichtbar wurde. Dies ist jedoch das gewöhnliche Schicksal der Mehrzahl von Studien, die mit Evaluation und Implementation von Hochschulreformen zu tun haben, wie der bekannte Buchtitel »Great Expectations – Mixed Performance« (Cerych und Sabatier 1986) zum Ausdruck bringt. Gerade das Aufzeigen der »mixed performance« im Detail kann jedoch für die Suche nach verbesserten Lösungen ertragreich sein. Dies kann, wie einleitend ausgeführt, bei einem ambitionierten Experiment als Erfolg angesehen werden, dem eher eine »Lasst 100 Blumen blühen«-Vorstellung zugrunde lag als die Vorstellung, dass alle Ziele voraussichtlich weitgehend erfüllt würden.

Die Analyse von schriftlichen Befragungen, die nur in aggregierter Form auf die Substanz des Reformexperiments eingingen und in stärkerem Maße Informationen zu »nicht eigentlichen« Aspekten – die Organisation, die Lebensverhältnisse, die Prozesse des Lehrens und Lernens, die Kommunikation zwischen Beteiligten und anderes mehr – erbringen, lässt nur Empfehlungen für die Zukunft des Experiments *ifu* zu. Jedoch liegen einige Schlussfolgerungen auf der Hand: Die Teilnehmerschaft sollte weniger heterogen sein, um die Voraussetzungen der Lernenden stärker zur Ausgangsbasis des Lehrangebots machen zu können; eine längerfristige Einbindung eines größeren Teils der Lehrenden bietet sich an; längere Prozesse von Lehren und Lernen böten wohl auch Chancen, dass die Lernenden eine aktivere Rolle im Lehr- und Lernprozess gewinnen könnten; und schließlich sind fluide Organisationsbedingungen keine langfristige organisatorische Lösung.

Teil V
Unterstützende Maßnahmen und »neue« Mobilität

15 Anerkennung und Anrechnung des Auslandsstudiums in Europa – Erfahrungen und Probleme (1990)

15.1 Zur Entstehung der Studie

Im Rahmen der zunehmenden Europäisierung vieler Bereiche und der verstärkten Förderung des Auslandsstudiums wird die Frage immer wichtiger, unter welchen Bedingungen und in welchem Maße die im Ausland erbrachten Studienleistungen als gleichwertig zum Studium im eigenen Land bzw. an der Heimathochschule anerkannt werden. Im Rahmen der Begleitforschung zum ERASMUS-Programm zur Förderung studentischer Mobilität in der Europäischen Gemeinschaft entstand eine Studie zur Lage und zu den Problemen der Anerkennung von Auslandsstudien; deren Befunde sind im Folgenden kurz zusammengefasst.

Ausgewertet wurden dabei in erster Linie Ergebnisse von Forschungsarbeiten über Auslandsstudienprogramme, die bereits vor der Etablierung des ERASMUS-Programms vorlagen; die Ergebnisse dieser Arbeiten, an denen der Autor beteiligt war, sind zum Teil in die Entscheidungen über die Gestaltung des ERASMUS-Programms eingeflossen. Berücksichtigt werden daneben ausgewählte Berichte und andere Dokumente, die von den Koordinatoren der seitens des ERASMUS-Programms 1987/88 geförderten Hochschulkooperationsprogramme zur Verfügung gestellt wurden. Diese offiziellen Berichte und Dokumente, die ein weites Spektrum von Themenschwerpunkten behandeln, gehen häufig auf Fragen der Anerkennung ein, denn ein gewisses Mindestmaß an Anerkennung der im Ausland erbrachten Studienleistungen ist eine zentrale Förderungsvoraussetzung im Rahmen des ERASMUS-Programms. Schließlich wurden Tagungen von Koordinatoren der Hochschulkooperationsprogramme und von Studierenden, die ein ERASMUS-Stipendium erhalten hatten, ausgewertet.

15.2 Verschiedene Bedeutungen von »Anerkennung«

Beschäftigt man sich mit der Anerkennungsproblematik im Rahmen des Studentenaustausches zwischen Staaten der Europäischen Gemeinschaft, so stellt man eine recht unterschiedliche Verwendung des Begriffes »Anerkennung« fest. Es lassen sich vier weit verbreitete Bedeutungen beobachten:

- »Anerkennung«, verstanden als die *prinzipielle Bereitschaft*, die im Ausland erbrachte Studienleistung im eigenen Land als gleichwertig zu akzeptieren bzw. anzuerkennen;
- »Anerkennung«, verstanden als die *Regelungen und Mechanismen*, in deren Rahmen die im Ausland erbrachten Leistungen als gleichwertig zu Studienleistungen im Herkunftsland eingestuft werden; hier wäre es zutreffender, von »Anrechnung« zu sprechen;
- »Anerkennung« als *Anerkennung von Studiengängen*, die eine Auslandsstudienkomponente beinhalten; im deutschen Kontext wäre es angemessener, hier von »Genehmigung« von Studienordnungen mit Auslandsstudienanteilen zu sprechen;
- »Anerkennung« als *Zertifizierung* kann von einer schriftlichen Bestätigung der Auslandsstudienphase im Rahmen des Diplomzeugnisses oder als ergänzende Bescheinigung bis hin zu einer sogenannten Doppeldiplomierung reichen, d. h. der Verleihung eines Hochschulgrades sowohl durch die Gasthochschule als auch durch die Herkunftshochschule.

Unseres Erachtens sollte der Begriff »Anerkennung« also *nur in der ersten Bedeutung* verwendet werden. Daneben ist die Unterscheidung zwischen »*Anerkennung*« und »*Anrechnung*« hilfreich. Auf Fragen der »Genehmigung« und der »Zertifizierung« wird im Rahmen dieser Studie nur am Rande eingegangen.

15.3 Zwecke von »Anerkennung« und »Anrechnung« im Kontext von Auslandsstudienprogrammen

Anerkennung und Anrechnung im Rahmen von Auslandsstudienprogrammen kann man nach ihrer Zwecksetzung in drei Typen klassifizieren:

- Anerkennung und Anrechnung des Studiums, das *der Auslandsstudienphase vorangeht* (sie erfolgen durch die ausländische Partnerhochschule); dies bereitet im Einzelfalle dann die geringsten Probleme, wenn sich zwei oder mehr Hochschulen über ein Austauschprogramm geeinigt haben, da die

Verantwortung für den Studienerfolg ja insgesamt bei der Herkunftshochschule liegt.

- Anerkennung und Anrechnung *der Studienleistungen der Auslandsstudienphase an sich (seitens der Herkunftshochschule)*; dies ist der Kern der »Anerkennungs«- und »Anrechnungs«-Problematik bei einem zeitweiligen Studium im Ausland und steht im Mittelpunkt der folgenden Überlegungen.
- Anerkennung und Anrechnung der Studienleistungen *seitens der ausländischen Partnerhochschule in dem Falle, dass diese den Studienabschluss verleiht.* Hier geht es um die Sonderfälle, dass die gastgebende Hochschule schließlich den Studienabschluss verleiht – sei es, dass das Auslandsstudienprogramm eine Doppeldiplomierung oder einen Wechsel zwischen der Hochschule des Studienbeginns und des Studienabschlusses in der Regel vorsieht, oder sei es, dass einzelne Studierende während des Auslandsstudiums zu dem Entschluss kommen, an der Gasthochschule das Studium abschließen zu wollen.

15.4 Die Bedeutung der Anerkennung

Aus vier Gründen kann man feststellen, dass Anerkennung und Anrechnung eine wichtige Rolle für die Erweiterung von Auslandsstudienangeboten und für die Teilnahme von Studierenden an Auslandsstudienprogrammen spielen.

- Eine weitestgehende Anerkennung von im Ausland erbrachten Studienleistungen *reduziert* erstens für die Studierenden die mit dem Auslandsstudium verbundenen Risiken bzw. »Kosten«.
- Zweitens ist die *»Gefahr« einer Verlängerung der Studienzeit geringer.*
- Drittens führen Bemühungen, die Anerkennung des Auslandsstudiums zu sichern, in der Regel dazu, *die Qualität der Auslandsstudienangebote zu verbessern.*
- Viertens werden Studienphasen und Studiengänge, die genuin international oder spezifisch auf Europa bezogen sind (»Europastudien«, Internationales Recht o. Ä.), dadurch besser abgesichert.

15.5 Hindernisse für eine Anerkennung des Auslandsstudiums

In der Realität existieren jedoch etliche Hindernisse gegenüber einer völligen Anrechnung von Auslandsstudienphasen:

- Probleme, die Studierende mit dem *Leben und Lernen im Ausland* haben (Studium in einer Fremdsprache, Zeitaufwand für Umzug, Integrationsprobleme im Ausland usw.);
- *Unterschiede zwischen der Herkunfts- und Gasthochschule hinsichtlich der Lehr- und Lernmethoden* und der Beurteilungspraxis;
- Diskrepanzen in der Dauer bzw. in der konkreten Zeitspanne zwischen der *Auslandsstudienphase* einerseits und den an der Gasthochschule üblichen Lern- und Prüfungsphasen andererseits;
- *inhaltliche Diskrepanzen* zwischen den Studienschwerpunkten während der Auslandsstudienphase und den Studienschwerpunkten, die von den Studierenden in einem Studium an ihrer Herkunftshochschule verlangt worden wären;
- *Qualitätsunterschiede* in den Studienangeboten der Herkunfts- und Gasthochschule und
- nicht zuletzt auch *administrative und organisatorische Probleme* (zum Beispiel Zulassungsbeschränkungen bei bestimmten Lehrveranstaltungen an der Gasthochschule).

15.6 Zum Ausmaß der Anrechnung

Zur Frage, in welchem Umfang die Austauschprogramme, die eine ERASMUS-Förderung erhalten, die genannten Hindernisse bewältigen, d. h. inwieweit den Studierenden, die Empfänger eines ERASMUS-Stipendiums sind, tatsächlich eine Anerkennung ihres Auslandsstudiums in einem anderen Mitgliedstaat der Europäischen Gemeinschaft nach der Rückkehr gewährt wurde, erlaubten die zum Zeitpunkt der Analyse verfügbaren Daten noch keine validen Aussagen, weil das ERASMUS-Programm noch zu neu war und erste Evaluationsstudien dazu erst durchgeführt wurden. Drei vor der Etablierung des ERASMUS-Programms unternommene und in den Jahren 1986 und 1988 veröffentlichte Studien (siehe insbesondere Teichler, Smith und Steube 1988; Teichler und Opper 1988) deuteten darauf hin, dass zwischen 60 und 75 Prozent der dort untersuchten Auslandsstudienprogramme die Studienleistungen im Ausland voll anrechneten. Gewisse Vorbehalte gegenüber diesen Befunden sind jedoch angebracht, da *die befragten Studierenden den Umfang der Anrechnung ihrer Studienleistungen deutlich eingeschränkter wahrnahmen als die Leiter der untersuchten Programme.*

Aussagen über den Anteil an Auslandsstudienprogrammen, bei denen eine volle Anrechnung nach der Rückkehr erfolgt, müssen auf jeden Fall mit großer

Vorsicht betrachtet werden, denn »volle Anerkennung« oder »*volle Anrechnung*« kann auf verschiedene Weise definiert werden:

(a) Gemeint sein kann, dass *sämtliche erfolgreiche Arbeit im Ausland* später angerechnet wird.

(b) Möglich ist auch, dass sich die Definition auf eine Anrechnung in dem Umfang von Studienleistungen bezieht, der von den Studierenden in einer *entsprechenden Zeit an der Herkunftshochschule* gewöhnlich erwartet wird (gleichgültig, ob alle diese Leistungen durch »Scheine«, »credits« oder ähnlich zertifiziert werden oder nicht).

(c) Schließlich kann als Kriterium für »volle« Anrechnung gesetzt werden, dass die Studienphase im Ausland zu *keiner Verlängerung* der Gesamtstudiendauer führt.

In vielen empirischen Untersuchungen zum Auslandsstudium wurden unterschiedliche Vorstellungen darüber, was »volle« Anrechnung bedeuten kann, nicht beachtet. In einer Mitte der achtziger Jahre durchgeführten Studie zu Auslandsstudienprogrammen in Großbritannien, Frankreich, Schweden, den USA und der Bundesrepublik Deutschland zum Beispiel gaben 38 Prozent der Studierenden an, dass sie keine volle Anrechnung bekamen, und 45 Prozent erwarteten eine Verlängerung der gesamten Studiendauer infolge des Auslandsstudiums (Teichler und Opper 1988, S. 72-74).

15.7 Strategien der Hochschulen angesichts der Anerkennungsprobleme

Angesichts der aufgezeigten Probleme kann es nicht überraschen, dass bei einer Reihe von Programmen Strategien eingeschlagen werden, entweder eine volle Anrechnung durch besondere Hürden oder *Umwege* zu erreichen oder gar nicht anzustreben. Mindestens sieben verschiedene Strategien solcher Art lassen sich identifizieren:

- die *Elitenstrategie*: Leistungsstarke Studierende mit großer Kompetenz in der Sprache des Gastlandes und hoher Anpassungsfähigkeit an neue Situationen werden ausgewählt in der Überzeugung, dass ihre Qualität jede Schwäche des Studiums in einem anderen Lande ausgleichen wird;
- die *Belastungsstrategie*: Von den Studierenden wird erwartet, dass sie, wenn sie ins Ausland gehen, eine höhere Arbeitsbelastung – zur Vorbereitung oder während des Auslandsstudienaufenthalts – auf sich nehmen, als sie dies an ihrer Herkunftshochschule gewöhnlich tun würden;

- die *Additionsstrategie*: Von den Studierenden wird erwartet, dass sie mehr und länger studieren – in Bezug auf die Gesamtstudiendauer – , dafür aber auch eine zusätzliche Qualifikation oder eine sich von der »normaler« Studierender unterscheidende Qualifikation erreichen; zum Beispiel: ein regulärer Studiengang in Betriebswirtschaft an der Universität X dauert drei Jahre, ein Studiengang an derselben Universität, der ein Auslandsjahr einschließt, dauert vier Jahre und führt zu einer vom dreijährigen Studiengang verschiedenen Qualifikation, die sich »European Business« nennt;
- die *Strategie der »Aufhebung von Wahlmöglichkeiten«*: Von den Studierenden wird erwartet, dass sie alle Pflichtkurse in den Studienjahren an der Herkunftshochschule belegen und alle ihre Wahlfächer und offenen Studienzeiten auf die Auslandsstudienphase konzentrieren; Anrechnung erfolgt in dem Sinne, dass das Auslandsstudium die freiwilligen Studienkomponenten an der Herkunftshochschule ersetzt;
- die *Homogenisierungsstrategie*: Veranstaltungen im Ausland sind so zu belegen oder werden in Absprache mit der Gasthochschule so gestaltet, dass sie so identisch wie denen an der Herkunftshochschule sind;
- die *Strategie der »stillschweigenden Duldung«*: Es wird hingenommen, dass die belegten Veranstaltungen im Ausland nicht auf demselben Niveau sind oder nicht den gleichen Umfang haben wie die an der Herkunftshochschule; dies wird stillschweigend in der Überzeugung geduldet, dass die Studierenden dafür andere, schlecht zu bewertende, aber genauso wichtige Erfahrungen und Qualifikationen während ihres Auslandsaufenthalts erlangen;
- die *Teilanerkennungsstrategie*: Die Studienleistung im Ausland wird in der Regel nur teilweise anerkannt.

Angesichts der Vielfalt der praktizierten Anrechnungs- und Anerkennungsstrategien dieser Art empfiehlt die Studie, dass die Europäische Kommission weiterhin die volle Anrechnung des Studiums an der Gasthochschule auf das Studium an der Herkunftshochschule als Ziel fordern, aber flexibel in der Interpretation von Anrechnung je nach den Gegebenheiten sein sollte. Denn eine zu starke Betonung der »vollen« Anrechnung und eine entsprechende Überprüfung könnten zu einem bürokratischen Zirkel führen, wobei nicht wenige Programme aus opportunistischen Gründen – um sich der ERASMUS-Unterstützung zu versichern – volle Anerkennung gewähren, selbst wenn Zweifel an der Äquivalenz des Auslandsstudiums zum Studium an der Herkunftshochschule bestehen. Auch könnten unter solchen Bedingungen rigide Strategien zur Gestaltung des Auslandsstudienaufenthalts gewählt werden, um eine Anerkennung sicherzustellen, wodurch manche Potenziale des Auslandsstudiums ausgeschlossen würden – z. B. die Suche nach Kontrasterlebnissen zum Studium oder zu den gesellschaftlichen Bedingungen im Herkunftsland oder die Motivierung solcher Studierender zu einer Studienphase im Ausland, denen eine solche Option schwerfällt.

15.8 Häufigkeit der Anerkennungsprobleme im ERASMUS-Programm

In etwas über 20 Prozent der Erfahrungsberichte, die die Koordinatoren der ERASMUS-Hochschulkooperationsprogramme 1987/88 vorlegten, wurden entweder Anerkennungsprobleme explizit genannt, oder es wurde auf Probleme hingewiesen, die die Anerkennung möglicherweise erschweren. Dabei wurden vor allem Disparitäten inhaltlicher und struktureller Art zwischen Herkunfts- und Gasthochschule genannt wie auch unterschiedliche Beurteilungs- und Prüfungsmodalitäten, Abstimmungsprobleme mit hochschulexternen Instanzen, die auf Studienordnungen Einfluss nehmen, Diskrepanzen zwischen der Gast- und Herkunftshochschule in Dauer und Zeitpunkt des Beginns von Studienphasen (z. B. Semester, Prüfungszeitpunkte) und schließlich individuelles Scheitern von Studierenden an den geforderten Standards. Einige der von den Programmkoordinatoren genannten Probleme beziehen sich stärker auf allgemeine Charakteristika des Bildungssystems des jeweiligen Gastlandes als auf Besonderheiten der einzelnen teilnehmenden Hochschulen. Probleme der Anerkennung waren dabei häufiger anzutreffen, wenn die Studiengänge an der Herkunftshochschule einen hohen Anteil von Pflichtkursen und eine große Anzahl von Zwischenprüfungen vorsahen.

15.9 Zusammenhänge zwischen Programmorganisation und Anrechnung des Auslandsstudiums

Das ERASMUS-Programm fördert im Wesentlichen Studentenmobilitätsprogramme »organisierter« Art; Umfang und Art der Organisiertheit eines Programms können große Auswirkungen auf die Anrechnungsmodalitäten und den Grad der Anerkennung haben. In der Studie werden organisatorische Maßnahmen und strukturelle Merkmale der Programme (z. B. Information, Vorbereitung, Beratung, Zertifizierung und Zeitpunkt des Auslandsstudienaufenthalts) typologisiert, die an dieser Stelle nicht im Einzelnen erläutert werden sollen. Die Analyse der organisatorischen Merkmale der Programme lässt zwei eindeutige Schlüsse zu:

- Wenn die organisatorische Verantwortung für die Programme von der Fakultäts- oder Fachbereichsebene auf die zentrale Ebene der Hochschulleitung und -verwaltung verlagert würde, würden sich wahrscheinlich die Bemühungen um Studiengangsentwicklung verringern. Damit würde das ERASMUS-Programm auch weniger als bisher zur Entwicklung neuer europäischer und internationaler Qualifikationsprofile beitragen.
- Bei der Entwicklung von Kooperationsprogrammen wird deutlich, dass gerade beim Studium in einem anderen Land zusätzlich zu den wissenschaftlichen Aspekten andere Aspekte eine wichtige Bedeutung haben, so insbesondere das Lernen einer Fremdsprache sowie kulturelles und soziales Lernen. Die Anrechnung kann in einem größeren Umfang oder vollständig gewährt werden, wenn Aspekte wie Reifungsprozesse, die Erweiterung der Reflexionsfähigkeit, die Bewältigung von neuen und unbekannten Situationen und Aufgaben u. Ä. als wertvolle Erträge des Studiums bewertet werden, die in einem gewissen Umfang andere wissenschaftliche Erträge des Studiums ausgleichen könnten. Dies hat möglicherweise auch Rückwirkungen auf vorherrschende Vorstellungen über die Aufgaben des Studiums generell – also nicht nur auf die Aufgaben des Studiums, zu dem eine Auslandsstudienphase gehört.

15.10 Zusammenhänge zwischen inhaltlicher Gestaltung der Auslandsstudienphase und Anrechnung ihrer Ergebnisse

Die Anrechnung des Studiums in einem anderen Land nach der Rückkehr ist zweifellos davon beeinflusst, wie diese Phase curricular in den Studiengang an der Herkunftshochschule eingebettet ist. Frühere Forschungsarbeiten weisen darauf hin, dass ein hoher Grad der Anerkennung am wahrscheinlichsten ist, wenn der wissenschaftliche Ertrag des Auslandsstudiums ein stark betontes Ziel des Programms ist, wenn die Veranstaltungen, die im Ausland belegt werden, weitgehend vorgeschrieben sind, wenn die Auslandsstudienphase obligatorischer Bestandteil des Studiengangs an der Herkunftshochschule ist und wenn Herkunfts- und Gasthochschule in curricularen und anderen Aspekten des Programms eng kooperieren (siehe Teichler und Opper 1988, S. 258-265). Man kann die Bedeutung der curricularen Einbettung der Auslandsstudienphase auf der Grundlage von fünf Dimensionen skizzieren:

- Grad der *curricularen Integration*,
- *spezielle Zertifizierung* des Auslandsstudiums (in manchen Fällen eine doppelte Diplomierung),

- Auslandsstudium als *freiwilliger bzw. obligatorischer Bestandteil* des Studienganges,
- Ausmaß der *Verschiedenheit bzw. Ähnlichkeit der Inhalte und Strukturen der Studienangebote* an der Herkunfts- und Gasthochschule,
- Ausmaß der *Pflichtveranstaltungen*, die in der Auslandsstudienphase belegt werden müssen.

15.11 Leistungsbewertung in der Auslandsstudienphase und Modalitäten der Anrechnung des Auslandsstudiums

Wie bereits angedeutet, gibt es ein großes Spektrum von Arrangements und Prozeduren für die Anerkennung und Anrechnung von Studienphasen im Ausland. Als wichtigste sind zu nennen:
- *Verträge* und andere formelle Vereinbarungen zu Anerkennungsfragen zwischen der Herkunfts- und der Gasthochschule bzw. zwischen Einheiten der kooperierenden Hochschulen;
- *umfassende Beurteilung der Studienleistungen* während der Auslandsstudienphase durch die Gasthochschule (etwa Abschlussprüfung am Ende der Auslandsstudienphase);
- *zusammenfassende Zertifizierung* der Veranstaltungen und Prüfungen im Ausland (Abschlussbescheinigung der Gasthochschule, in der die einzelnen Aktivitäten und Leistungsnachweise bestätigt werden);
- Entwicklung eines *Anerkennungsverfahrens an der Herkunftshochschule* für die zurückkehrenden Studierenden (automatisch oder auf Wunsch eingeleitet);
- Etablierung eines *Verfahrens zur Beurteilung der Studienleistungen im Ausland* durch die Herkunftshochschule (etwa Festsetzung und Prüfung von Listen anerkennbarer Lehrveranstaltungen, Umrechnung von Noten usw.);
- *Angebote zur Wiederholung von Veranstaltungen und Prüfungen*, an denen im Ausland ohne Erfolg teilgenommen wurde;
- *Verfahren zur expliziten Erklärung der Äquivalenz* von Studienleistungen bzw. Studienphasen im Ausland;
- explizite Bezugnahme auf das Auslandsstudium in den *Examensurkunden.*

Nach den Erfahrungen früherer Forschungsarbeiten erscheint die Förderungspolitik des ERASMUS-Programms sinnvoll, den gut organisierten und integrierten Programmen, die eine angemessene Anerkennung als Regel vorsehen, eine gewisse Priorität einzuräumen, daneben aber Spielraum für die Förderung von Programmen zu erhalten, die weniger strukturiert sind und bei denen ein hoher Grad der Anrechnung nicht in gleichem Maße gesichert ist.

15.12 Einige Konsequenzen

Einige praktische Konsequenzen sowohl für die Beurteilung eigener Auslandsstudienprogramme als auch für die Evaluation im Rahmen der Förderung von Auslandsstudienprogrammen lassen sich aufgrund der vorangehenden Befunde und Überlegungen hervorheben:

(a) Für die Beurteilung, in welchem Maße eine Anrechnung der Studienphase im Ausland erfolgt, haben drei Maßstäbe ihre jeweils spezifische Bedeutung: der Grad der Anrechnung der in der Auslandsstudienphase absolvierten Kurse und Leistungsnachweise; die Relation zwischen angerechneten Ergebnissen des Auslandsstudiums zu den üblicherweise an der Heimathochschule erwarteten Studienergebnissen für eine entsprechende Phase des Studiums; mögliche Verlängerungen der gesamten Studiendauer infolge des Auslandsstudiums (siehe dazu Kapitel 17 in diesem Band).

(b) Für die Etablierung von Auslandsstudienprogrammen sollte zwar die Frage der Anrechnung nach der Rückkehr hohe Bedeutung haben, aber Entscheidungen über das Auslandsstudium sollten auch *nicht von vornherein zu eng auf Fragen der Anerkennung ausgerichtet sein.* Denn unter Umständen ändern sich gerade aufgrund der Erfahrungen, die mit dem Auslandsstudium im Laufe der Zeit gewonnen werden, die Vorstellungen darüber, was anerkennenswert ist.

(c) Schließlich ist eine *Vorsicht gegenüber allzu strukturierten Rezepten* angebracht, wie die »richtigen« Anerkennungs- und Anrechnungsprozeduren auszusehen haben. Wenn auch ein hoher Grad an Formalisierung und Integration der Auslandsstudienprogramme in vielen Fällen zu hoher Anrechnung führt, gibt es doch auch eine ganze Reihe von Programmen mit sehr »lockerer« Struktur, bei denen eine volle Anrechnung üblich ist. Außerdem würden durch zu unflexible und vereinheitlichte Anerkennungs- und Anrechnungsrezepte Besonderheiten der einzelnen Länder und auch Hochschulen im Hinblick auf Formen des Lehrens und Prüfens nicht berücksichtigt und somit auf die Dauer eine starke Vereinheitlichung der europäischen Hochschulsysteme erforderlich – eine Konsequenz, die gerade dem Ziel entgegensteht, durch Mobilität in Europa eine Vielfalt der Hochschulen kennenzulernen.

16 Verborgene Informationen von Zertifikaten freilegen – Ein Vorschlag zur Einführung eines Hochschuldiplom-Supplements (1988)*

16.1 Einführung

In Europa besteht weitgehender Konsens, dass die Mobilität der Studierenden an Hochschulen und die berufliche Mobilität von Hochschulabsolventen in den siebziger und achtziger Jahren eine wachsende Rolle gespielt hat und in Zukunft eine noch größere Rolle spielen wird. So wird von den Hochschulen in zunehmendem Maße erwartet, dass sie Studierende aufnehmen, die anderswo ein Studium begonnen haben und es hier abschließen wollen, die anderswo ein weiterführendes Studium aufnehmen wollen oder die ihr gesamtes Studium in einem Land durchführen wollen, in dem sie nicht die Zugangsvoraussetzungen für ein Studium erworben haben. Auch Arbeitgeber stehen zunehmend vor der Herausforderung, bei Stellenbewerbern auch solche zu bewerten, die einen Teil oder das ganze Studium in einem anderen Land verbracht haben.

Derzeit müssen mobile Studierende und Absolventen mit erheblichen Mobilitätsbarrieren rechnen, wozu nicht zuletzt die Schwierigkeit gehört, die erworbenen Zertifikate angerechnet zu bekommen. Sofern diese Probleme eindeutig politischer Natur sind – wie zum Beispiel bei Berufen, die nur Absolventen mit heimischen Studienabschlüssen aufnehmen –, können angemessene Lösungen nur durch Veränderungen von Gesetzen und ähnlich gewichtigen anderen Regelungen erreicht werden. Oft sind jedoch die Probleme, denen mobile Studierende und Absolventen in Hinblick auf Anerkennung ihrer Studienleistungen ausgesetzt sind, fast zufällig. Sie hängen häufig mit dem Mangel an Informationen über das von ihnen besuchte Studium zusammen und dabei oft mit den apokryphen Angaben auf den Urkunden.

Im Prozess der Hochschulexpansion und dem damit verbundenen Wandel der gesellschaftlichen Ansprüche an die Hochschulen haben sich die Hochschulsysteme in Europa stärker differenziert. Verschiedene Typen von Institu-

---

* Koautorin: Carin Berg.

tionen und Programmen sind jeweils in von Land zu Land unterschiedlicher Weise entstanden. Auch sind neue interdisziplinäre Studienprogramme etabliert worden: So erhöhte sich insgesamt die Zahl der Studiengänge und -abschlüsse; die Differenzierung des Wissens hat ebenfalls dazu beigetragen. Obendrein sind in den jeweiligen Fachrichtungen oft kürzere Studiengänge hinzugefügt worden – sei es, um früher benachteiligten Lernenden einen Zugang zu einer höheren Bildung einzuräumen, oder sei es, um damit dem wachsenden Bedarf an Möglichkeiten zum lebenslangen Lernen nachzukommen. Dies alles hat, zumindest an der Oberfläche, zu einer verwirrenden Vielfalt von Hochschulen, Studiengängen und Zertifikaten geführt, die kaum noch von Experten durchschaut wird und noch weit weniger von denjenigen, die Studierende und Absolventen »aufnehmen« – gleichgültig, ob diese aus dem eigenen Land oder aus anderen Ländern kommen.

Die Urkunden, die den erfolgreichen Abschluss eines Studienprogramms zertifizieren, haben mit dieser Entwicklung nicht mitgehalten. Im Gegenteil: Sie werden oft nach wie vor *so abgefasst, dass sie sich nur den Insidern erschließen.* Oft sind sie äußerst *informationsarm.* Manche Dokumente, die einen erfolgreichen Studienabschluss zertifizieren, nennen nur den Namen der Hochschule, den Namen der Absolventin oder des Absolventen und das Datum des Studienabschlusses. Manche andere nennen die Art des Abschlusses und eine grobe Fachrichtungsgruppe. Andere, die immerhin eine Fachrichtung nennen, geben keine Auskunft über Noten. Die meisten Zertifikate informieren nicht über die erforderliche oder tatsächliche Studiendauer. In vielen Fällen werden Titel vergeben, die im internationalen Zusammenhang zu Missverständnissen führen. »Dottore« und »Dottoressa« in Italien, »Doktor« in der Tschechoslowakei oder auch »Doctorandus« in den Niederlanden werden in anderen Ländern als fortgeschrittener wissenschaftlicher Titel missinterpretiert, obwohl es sich um Bezeichnungen handelt, die mit dem ersten Studienabschluss vergeben werden. *Missverständnisse über den wissenschaftlichen und beruflichen Wert von Hochschuldiplomen* treten heute mit größerer Wahrscheinlichkeit auf als je zuvor. Gleichzeitig wird die angemessene Interpretation von Diplomen – des eigenen Landes oder anderer Länder – immer bedeutsamer, weil die Zulassungsprozesse immer stärker formalisiert werden und weil Zertifikate einen immer größeren Einfluss auf Karrieren haben.

In den letzten Jahren haben daher auf unterschiedlichen Ebenen Bemühungen zugenommen, die Hindernisse für eine Anerkennung von Hochschuldiplomen zu überwinden, um dadurch internationale Mobilität in Studium und Beruf zu fördern. Verschiedene internationale Organisationen haben diese Probleme aufgegriffen, so vor allem die UNESCO, der Europarat und die Europäische Kommission. Dabei wurden verschiedene Maßnahmen gewählt, um Mobilität zu erleichtern: Der Abschluss von Konventionen, die Standardisierung der Hochschulsysteme, Äquivalenz-Vereinbarungen, vergleichende Evaluationen, verbesserte Informationssysteme über Studiengänge und -abschlüsse sowie die Etablierung nationaler Informationsagenturen zur Unterstützung in Anerkennungsfragen.

So wertvoll diese Maßnahmen auch im Einzelnen sein mögen, so sehr ist doch ihre Wirksamkeit dadurch begrenzt, dass es einen grundlegenden Informationsmangel über Studienprogramme und -abschlüsse sowie über das Studium der einzelnen zertifizierten Personen gibt. In diesem Beitrag wird die Einschätzung präsentiert, dass Dokumente, die über den Leistungserwerb im Studium international größere Transparenz bieten, einen wichtigen Beitrag zum Abbau von Mobilitätsbarrieren in Studium und Beruf leisten könnten.

16.2 Erträge und Grenzen von Maßnahmen zur Mobilitätserleichterung

Offensichtlich sind Barrieren gegenüber Mobilität in Studium und Beruf nicht allein auf organisatorische Faktoren zurückzuführen und können auch nicht allein durch organisatorische Maßnahmen beseitigt werden. Eine große Bandbreite von Maßnahmen ist dazu erforderlich. Wie schon erwähnt, wird bereits viel getan und versucht – das ist hilfreich, aber nicht ausreichend.

Der Abschluss von *Konventionen* zur Förderung und Anerkennung von Mobilität ist aus verschiedenen Gründen bedeutsam. Sie machen auf bestehende Probleme aufmerksam, und sie schaffen moralische Verpflichtungen, die auftretenden Probleme zu lösen und weitere Maßnahmen zur Verbesserung zu ergreifen. Aber natürlich sind Konventionen Rahmenvereinbarungen; die Probleme im Einzelfall können dadurch nicht gelöst werden, denn dazu sind weitere Aktivitäten erforderlich.

Maßnahmen zur *Standardisierung* können dazu beitragen, solche Besonderheiten von Studienprogrammen, von Methoden der Leistungsbewertung und von Praktiken der Zertifizierung zu verringern, die nur durch einen Mangel an Abstimmung entstanden sind, obwohl ihnen gar keine bedeutsame Unterschiede zugrunde liegen. In jedem Land liegt es nahe, nach einer Zeit vermeintlich wachsender Vielfalt eine Evaluation vorzunehmen, um zu prüfen, ob funktional ähnliche Studienprogramme und -abschlüsse vereinheitlicht werden können oder ob die Differenzen zu groß sind, um einheitliche Bezeichnungen zu rechtfertigen. Solche Standardisierung ist hilfreich, um Unsicherheiten bei zukünftigen Studierenden, Hochschulen und Arbeitgebern zu verringern. Da

Mobilität in Studium und Beruf eine immer größere Rolle spielt, werden natürlich Fragen der Standardisierung ernster genommen. Aber die Wirkung von Standardisierung wird sich in Grenzen halten, weil der Anreiz zu internationaler Standardisierung gering ist und weil gerade die internationale Diversität der Studienangebote einer der wichtigsten Gründe ist, warum internationale Mobilität attraktiv ist.

Äquivalenzvereinbarungen können dazu beitragen, Mobilität in den Fällen zu ermöglichen, in denen die Hochschulsysteme sich offenkundig voneinander unterscheiden. Akzeptiert wird, dass Unterschiede bestehen, aber man einigt sich auf einen »Wechselkurs«. Die einzelnen Studierenden sollen nicht dem Risiko ausgesetzt werden, dass jede Hochschule des anderen Landes selbst den »Wechselkurs« im Einzelfall bestimmt. In der Regel bleiben jedoch multilaterale Äquivalenzvereinbarungen sehr vage und gehen den schwierigen Äquivalenzfragen aus dem Weg. Bilaterale Vereinbarungen gehen oft weiter, beschränken sich aber häufig auf »Normalfälle«.

Dies alles unterstreicht die Bedeutsamkeit von verbesserten Informationssystemen. *Informationssysteme über Studiengänge und -abschlüsse*, die im Kontext internationaler Mobilität erstellt werden (zum Beispiel Handbücher oder ähnliche Publikationen), haben über Standardisierung und Verträge hinaus zwei Funktionen. Erstens präzisieren und interpretieren sie die Angaben zu Studiengängen und -abschlüssen, die in Verträgen und Standardisierungsregelungen vorgegeben sind. Zweitens füllen sie die Lücken; sie ordnen Studiengänge und -abschlüsse ein, die von Verträgen und Standardisierungen nicht abgedeckt werden. Dabei zeigt sich, dass die Diversität der Einzelfälle so groß ist, dass sich die Bemühungen um Mobilitätserleichterung überwiegend auf die Verbesserung der Einordnung dieser Details richten müssen.

Bereits jetzt spielen Informationssysteme eine wichtige Rolle für die Erleichterung der Mobilität. Sicherlich werden die Informationssysteme auch in Zukunft weiter verbessert werden, aber sie werden immer unvollständig bleiben, weil die bestehenden Hochschulsysteme so vielfältig sind und weil sich bei den schnellen Innovationsprozessen die Zahl der »atypischen« Fälle pausenlos vermehrt.

Die Etablierung *nationaler Agenturen für Information zu Anerkennungsfragen* hat sich als ein sehr wichtiges Mittel erwiesen, um die Kenntnis über die Bildungssysteme anderer Länder zu verbessern. Die gute Zusammenarbeit der Angehörigen dieser Agenturen hat darüber hinaus dazu beigetragen, dass sich das gegenseitige Vertrauen in die Qualität der Studiengänge an den europäischen Hochschulen erhöht hat. Dennoch weisen diese Experten darauf hin, dass oft große Schwierigkeiten bestehen, den Wert bestimmter Zertifikate einzuordnen, weil die vorliegenden Informationen über Zertifikate und deren Grundlagen begrenzt sind.

Wir teilen die Einschätzung, dass Maßnahmen zur Verbesserung der Informationsvermittlung von großer Bedeutung sind, um Mobilität zu erleichtern, und deswegen besonderer Aufmerksamkeit bedürfen. Eine detailliertere Diskussion der Informationssysteme mag erklären, warum wir eine neue Vorgehensweise favorisieren.

16.3 Grenzen der Leistungsfähigkeit allgemeiner Informationssysteme

Generelle Informationssysteme, wie zum Beispiel Handbücher und computerisierte Informationssysteme, haben große Fortschritte gemacht und werden das sicher auch in Zukunft tun. Es gibt jedoch im Hinblick auf den Vergleich von Studien und Abschlüssen einige Schwächen.

Erstens orientieren sich generelle Informationssysteme immer an »normalen« Studiengängen und -abschlüssen. Es lässt sich nicht vermeiden, dass *Informationslücken zu atypischen Studiengängen* bleiben, z. B. zu

- kleinen Studienfächern,
- Ausnahmen bei den üblichen Studienfächern,
- interdisziplinären Einzellösungen,
- neu entstandenen innovativen Studienangeboten,
- Studiengängen, die bald abgeschafft werden oder bereits abgeschafft worden sind, und
- Studienangeboten, die nicht auf normale Diplome zulaufen.

Selbst wenn der Detailliertheitsgrad von Handbüchern in Zukunft zunehmen sollte, zum Beispiel als Folge der Computerisierung, werden solche Unvollständigkeiten infolge der hohen Flexibilität des Hochschulsystems unvermeidbar bleiben.

Zweitens tendieren Handbücher in diesem Bereich dazu, einen Service für Mobilität innerhalb des Hochschulwesens zu leisten, aber die *Informationsbedürfnisse hintanzustellen, die sich bei beruflicher Mobilität ergeben.* Die vorhandenen Informationszentren erfüllen diese beiden Aufgaben ebenfalls nicht in gleicher Weise – sei es aufgrund ihres Mandats oder sei es de facto. Eine Fülle von beschäftigungsrelevanter Information wird überhaupt nicht bereitgestellt, so der Stellenwert von Praxisphasen in den Studiengängen, die Beteiligung von Vertretern des Beschäftigungssystems bei der Entwicklung und bei der Akkreditierung von Studienangeboten und nicht zuletzt der Stellenwert der Hochschulabschlüsse in den verschiedenen Ländern für den Zugang zu bestimmten Berufen.

Drittens haben Handbücher und ähnliche, computerisierte Informationssysteme den Zweck, Informationen über Systeme bereitzustellen, aber *nicht direkt über die Kompetenzen individueller Studierender und Absolventen.* Die Kompetenzen der Studierenden und Absolventen sind aber nur dann durch Systeminformation gut beschrieben, wenn den Studierenden in den Studiengängen strikt vorgeschrieben wird, was sie zu tun haben, und wenn diese sich strikt daran halten. Wenn die Studiengänge den Studierenden jedoch Wahlmöglichkeiten und individuelle Lösungen ermöglichen, werden deren Kompetenzen durch Beschreibungen des Systems nicht adäquat abgebildet. Selbst wenn die Informationssysteme über die vorgesehenen Schwerpunktbildungen innerhalb von Studienfächern Auskunft gäben, könnte die Vielfalt der individuellen Qualifizierungsoptionen nicht dargestellt werden.

Viertens ergeben sich Mobilitätshindernisse in Studium und Beruf oft nicht wegen vorhandener Grenzen in den Leistungen von Informationssystemen, sondern schlicht deshalb, weil die *Information auf den Urkunden zu kurz* gehalten wird. Deswegen liegt eine der Hauptaufgaben der Informationsagenturen darin, eine Entschlüsselung der Mysterien von Urkunden vorzunehmen. Je kryptischer die Diplome sind, desto unabdingbarer sind die Leistungen solcher Agenturen. Diplome erzeugen sogar im eigenen Land Missverständnisse, weil sie eher von Symbolik als von Informationsbereitschaft gekennzeichnet sind und eher die Insider als die interessierte Öffentlichkeit zu informieren suchen. Im internationalen Zusammenhang kann das unüberwindliche Probleme nach sich ziehen.

Fünftens wird zuweilen der bescheidene Informationsrahmen, der von den Diplomen selbst ausgefüllt wird, dadurch erweitert, dass nach dem Studienabschluss auf Anfrage ein *Zusatzdokument* vergeben wird. Das ist jedoch *oft nicht unproblematisch*: Häufig ergeben sich administrative Schwierigkeiten, politische Barrieren (zum Beispiel bei politischen Flüchtlingen), Grenzen der Aufbewahrung von Akten u.a.m.).

16.4 Potenziale des vorgeschlagenen »Diploma Supplement«

Viele der genannten Probleme, die für Informationssysteme typisch sind, könnten wesentlich verringert werden, wenn die Hochschulen ein »Supplement« zusammen mit den offiziellen Urkunden vergeben würden – einen

Anhang, der grundlegende Information explizit macht, die mit der Vergabe der Urkunde im Prinzip verbunden ist. Das Supplement würde

- *eine Vergleichsbasis schaffen*, d. h. den Charakter des Studiengangs und des Abschlusses in einer Weise darstellen, dass der Vergleich und die Bewertung mit korrespondierenden Studiengängen in anderen Ländern erleichtert wird;
- *die individuelle Qualifikation dokumentieren*, d. h. die Qualifikationen, die die Person im Laufe des Studiums erworben hat, die dieses Zertifikat erhalten hat, und erläutern, dass die Person sich im Studium nicht eng an das typische Studienangebot gehalten hat;
- *berufsrelevant informieren*, d. h. grundlegende Informationen zum Studium bereitstellen können, die für die Beschäftiger von Absolventen von besonderer Bedeutung sind.

Das Diploma Supplement wäre eine große Hilfe für die nationalen Informations- und Anerkennungsagenturen, die ausländische Zeugnisse zu beurteilen haben, denn es würde ihnen helfen, in komplizierten Fällen den einzelnen Personen gerechter zu werden. Gleichzeitig würde es allgemein helfen, den *Gehalt von Zertifikaten zu entschlüsseln*, weil es die zur Verfügung stehende Informationsmenge erhöhen würde.

Das Diploma Supplement sollte den Studierenden möglichst *gleichzeitig mit der Abschlussurkunde ausgehändigt* werden, denn zu diesem Zeitpunkt kann alle Information bereitgestellt werden. Damit sind die Studierenden frei, dieses Zusatzdokument jederzeit nach eigenem Bedarf zu nutzen. Es gäbe keine weiteren Diskussionen über Vertraulichkeit bei der Ausstellung und Weitergabe von Information.

Um diese Zwecke erfüllen zu können, muss das Diploma Supplement eine gewisse Bandbreite von Sachverhalten einbeziehen, so über

- die Person, für die die Urkunde ausgestellt worden ist,
- die Institution(en), die das Studienangebot bereitgestellt hat und die Urkunde verleiht,
- die Urkunde selbst,
- die Studienvoraussetzungen,
- das Studienprogramm,
- die erzielten Leistungen und die dabei vergebenen Noten und schließlich
- die mit dem Zertifikat gewöhnlich verbundenen Studien- und beruflichen Berechtigungen.

Gleichzeitig ist jedoch zu *vermeiden*, dass das Diploma Supplement *zu lang und zu kompliziert* ist, denn sonst hat es keine Chance, von allen europäischen Hochschulen ausgestellt zu werden. Die diesbezügliche Information sollte von der Hochschule mit begrenztem Zusatzaufwand und gerade dann erfolgen, wenn die Information leicht zur Verfügung steht.

Das Diploma Supplement sollte auch keine sehr komplizierten Kategorien vorsehen, weil dann die Informationsbereitstellung wahrscheinlich nach uneinheitlichen Maßstäben erfolgen würde. In bestimmten Fällen sind Kategorien, die zur Vereinfachung helfen, jedoch unentbehrlich, so bei der Klassifikation von Arten von Abschlüssen. Auch sollte es, wenn die Hochschule bei einem Abschluss zwei Urkunden für zwei Titel vergibt, nur ein Diploma Supplement geben, das diese Zusammenhänge erklärt.

16.5 Empfohlene Kategorien

Wir empfehlen zur Aufnahme in das Diploma Supplement die Kategorien, die in Schaubild 16.1 dargestellt sind. Dazu einige Erläuterungen.

Schaubild 16.1

DIPLOMA SUPPLEMENT* - Vorschlag 1988

1. Family name	2. Given name(s)	3. Date of birth (Day/month/year)
4. Educational establishment		5. Degree awarded by
6. National document		7. Title conferred
8. Type of Programme		9. Overall grade
10. Length of Programme		11. Type of study
12. Field of Study		13. Practical period
14. Academic status		15. Professional status
16. Date of admission		17. Date of final examination/completion of course programme
18. Complementary Diploma		

19. Programme consisted of the following courses/subjects/examinations
a. Title — b. Workload Units/Credits/Weekly hours, etc. (to be continued on second page if necessary) — c. Grade

20. Exemptions/prior credits/study abroad

wird fortgesetzt

Fortsetzung Schaubild 16.1

21. Dissertation
 a. Title b. Workload c. Grade

Certification:

22. Date 23. Signature

24. Capacity 25. Stamp

(2nd page) COMPLEMENTARY INFORMATION

A. Type of Establishment
B. Entrance requirements
C. Programme requirement
D. Workload
E. System of examination
F. Grading scheme

*Fassung, die von den Mitgliedstaaten der Europäischen Region von der UNESCO 1988 beschlossen worden war (siehe Jablonska Skinder und Teichler 1992, S. 31f.) darin ist der ursprüngliche Vorschlag von Berg und Teichler (1988, S. 23f.) nur leicht sprachlich modifiziert und in Punkt 20 durch »study abroad« ergänzt.

Daten zur Person: Die Informationen zur Person können auf das beschränkt sein, was gewöhnlich bei Urkunden zur eindeutigen Identifikation für notwendig erachtet wird, so Vor- und Zuname und Geburtsdatum. Wenn auf der Urkunde noch weitere Informationen gegeben werden, zum Beispiel der Geburtsort, kann das natürlich in das Diploma Supplement aufgenommen werden – auch, um die Zusammengehörigkeit der beiden Dokumente zu unterstreichen.

Daten zur Hochschule: Um die institutionelle Basis des Studienabschlusses zu identifizieren, wird es in der Regel nicht reichen, nur den Namen der Institution zu nennen. Gegebenenfalls ist auch die Institution zu nennen, die den Abschluss validiert, falls das nicht die Hochschule selbst tut. Zwei oder mehr Hochschulen sind zu nennen, wenn es sich um ein »Joint degree« handelt. Nicht notwendig erscheint es, im Falle eines Wechsels der Hochschule – zum Beispiel bei temporärem Studium im Ausland – die anderen besuchten Hochschulen zu nennen – die Hochschule am Ende der Mobilitätskette erkennt die früheren Leistungen als äquivalent zu ihren Anforderungen an und ist somit der alleinige Garant für die erworbene Kompetenz.

Daten zum Diplom: In vielen Fallen gibt es je einen Namen für den Hochschulabschluss und für den damit erworbenen Titel. Wenn z.B. in Italien mit dem Abschluss der »Laurea« der Titel »Dottore« erworben wird, so ist beides im Diploma Supplement zu nennen.

Daneben sollte etwas zum Typ des Studiengangs über seine reine Bezeichnung hinaus gesagt werden. Wenn über ein deutsches »Diplom« berichtet wird, so ist es zur Einordnung wichtig, dass an den Universitäten je nach Fachrichtung und Berufsziel die gleichwertigen Bezeichnungen »Magister« und »Staatsexamen« existieren und dass auch bei Fachhochschulstudiengängen, die sich in Charakter und Dauer von den universitären Studiengängen unterscheiden, ebenfalls der Titel »Diplom« vergeben wird, so dass sich der Unterschied erst durch ergänzende Informationen über die Hochschulart erschließt. Weitere Bezeichnungen wie »universitärer« oder »nicht-universitärer« Studiengang, »Erststudiengang« und »weiterführender Studiengang« und Ähnliches mögen sinnvoll sein, wenn eine standardisierende Übereinkunft gelingt.

Sinnvoll ist es auch, das Datum der erfolgreichen Beendigung des Studiengangs zu nennen, denn nicht immer wird die Urkunde zeitnah zum Studienabschluss unterzeichnet.

Wie bereits ausgeführt, sollten auch dann weitere Abschlüsse genannt werden, wenn die Absolventen mit dem Studienabschluss zugleich einen weiteren Abschluss oder eine weitere Berechtigung erwerben.

Zugangsvoraussetzungen und Zulassung: Die Zugangsvoraussetzungen stellen einen der wichtigsten Indikatoren für den Qualitätsanspruch eines Studiengangs dar. Allerdings ist es nicht einfach, die Beschreibungen standardisiert nach einer einheitlichen europäischen Messlatte vorzunehmen. Unter anderem wählen die Hochschulen mancher Länder ganz oder weitgehend auf der Basis der nachgewiesenen Zugangsvoraussetzungen aus: In diesem Falle erfolgt die Auswahl der Studierenden in erster Linie durch das Schulsystem. Andere wählen unter denjenigen aus, die bestimmte Zugangsvoraussetzungen erfüllen, und verwenden dabei zusätzliche Auswahlkriterien und -verfahren, so mit Hilfe von Schulnoten oder Zulassungstests. Obwohl zum einen der Zugang zu den Hochschulen heute von verschiedenen Schularten her möglich ist und zum anderen die Hochschulen ihre Studierenden oft mit Hilfe zusätzlicher Kriterien und Verfahren auswählen, sind zwei Informationen über die Vorbildung sicherlich in jedem Falle von Interesse:

– die erforderlichen Jahre der schulischen Vorbildung;
– der Typus der Schule bzw. der Typus des Schulabschlusses (z. B. allgemeine Hochschulreife).

Nicht unbedingt erforderlich ist es, besondere schulische Varianten zu nennen, über die die Absolventen ihren auf die Hochschule zuführenden Schulabschluss erreicht haben. Es ist nicht entscheidend, ob zum Beispiel das Abitur auf einem gewöhnlichen Gymnasium oder auf einem Gymnasium des zweiten Bildungsweges erreicht wurde, denn diese sind im Hinblick auf den Hochschulzugang gleichgestellt.

Studiengangstruktur: Zur Charakterisierung des Studiums ist in jedem Falle die erforderliche Studiendauer wichtig. Man könnte dagegen auf Informationen über die individuelle Dauer des Studiums verzichten, allerdings sind die Übergänge fließend: In manchen Ländern sind die häufigen Überschreitungen der erforderlichen Studienzeiten durchaus als ein Zeichen dafür zu interpretieren, dass de facto mehr Studienzeit als de jure erforderlich ist. Benannt werden sollte auch die Dauer von Praktika, Examenszeiten u. Ä., wenn dies nicht in die erforderliche Studiendauer integriert, aber doch mehr oder weniger erforderlich ist.

Der Typus des Studiums – Vollzeit-, Teilzeit-, Fernstudium u. Ä. – sollte jedoch bezeichnet werden. Dies macht verständlich, dass bei bestimmten Studienarten der Abschluss in der Regel erst nach einer längeren Zeit erreicht wird.

Fachgebiet: Sehr weit auseinander fallen die Praktiken der Benennung von Fachgebieten. Dies kann eine disziplinäre Gruppe (z. B. Naturwissenschaften), eine Disziplin, die Spezialisierung einer Disziplin, eine Kombination von zwei Disziplinen oder ein interdisziplinäres Sachgebiet sein. Auch können Nebenfächer als ein zweitens Studienfach benannt werden oder als ein untergeordnetes Sachgebiet innerhalb des Hauptfaches ungenannt bleiben. In der Regel dürfte es angemessen sein, im Diploma Supplement die Benennung des Studienfachs und der gewählten Schwerpunktsetzung innerhalb des Faches zu benennen. Nur wenn zwei Fächer wirklich gleichgewichtig studiert werden, wäre eine Abweichung davon unabdingbar.

Da manche Zeugnisse sehr detailliert über alle besuchten Lehrveranstaltungen informieren und andere Zeugnisse nur sehr allgemeine Angaben machen, wäre es möglicherweise besser, wenn im Diploma Supplement eine Liste der besuchten Veranstaltungen präsentiert wird. Allerdings ist es auch erforderlich, etwas über den Stellenwert der verschiedenen Teile des Studiums auszusagen. Wenn z. B. die erzielten Leistungen in bestimmten Lehrveranstaltungen in die abschließende Bewertung eingehen, andere jedoch nicht, so sollte das benannt werden, weil dies für das intendierte Qualifikationsprofil relevant ist.

Sichtbar sollte schließlich sein, ob es am Schluss des Studiums eine große Abschlussarbeit gibt, was ggf. ihr Thema ist, wie der erwartete Aufwand dafür ist und welches Gewicht sie für eine Gesamtbenotung hat.

Praxisphasen: Informationen über Praxisanteile sind in diesem Kontext von großer Bedeutung. In vielen Ländern hat die Aufnahme von Praxisanteilen in die Studiengänge zugenommen, aber dies spiegelt sich selten in den Abschlusszertifikaten wider. Da das Diploma Supplement nicht nur wissenschaftliche, sondern auch berufliche Mobilität erleichtern soll, sind Informationen dazu empfehlenswert. Sicher sollten Informationen über die Dauer der Praxisphasen bereitgestellt werden sowie darüber, ob die Dauer in die offiziell erforderliche Studienzeit integriert ist oder nicht, ob die Praxisphase obligatorisch oder optional ist. Auch ist zu benennen, zu welchem Zeitpunkt vor, während und ggf. sogar nach dem Studium die Praxisphase vorgesehen ist.

Bewertungssystem: Es gibt eine verwirrende Vielfalt von Benotungssystemen. Noten können z. B. im Zusammenhang mit einzelnen Lehrveranstaltungen, Bündeln von mehreren Lehrveranstaltungen, einer Etappe eines Studiengangs oder für das gesamte Studium vergeben werden. Auch die Gesamtbenotung kann eine unterschiedliche Basis haben, die von dem Mittel der Benotungen aller Lehrveranstaltungen bis zur Benotung allein der abschließenden Arbeiten und Prüfungen reichen. Durch das Diploma Supplement sollte nicht die Notengebung vereinheitlicht werden, sondern nach allgemeinen Kategorien verständlich werden, wie benotet wird. Dargestellt werden muss zweifellos die Benotungsskala, und es ist auch hilfreich zu wissen, wie die Noten üblicherweise verteilt sind (wenn z. B. eine Bezeichnung »with distinction« gewöhnlich für einen bestimmten Prozentsatz der Studierenden vergeben wird).

Wissenschaftliche und berufliche Berechtigungen: Zertifikate bescheinigen nicht nur den Abschluss eines Studienprogramms, sondern sie stellen oft Voraussetzungen oder sogar Berechtigungen für weitere Studien- und Berufswege dar. Oft ist zum Beispiel mit einem erfolgreichen Abschluss eines nicht-universitären Studiums die Zugangsmöglichkeit zu einem universitären Studium gegeben. Der Abschluss eines Erststudiums ist zumeist die Eingangsvoraussetzung für ein weiterführendes Studium, ohne dass damit eine Zugangsberechtigung verbunden ist. Ein Studienabschluss z. B. im Fach Architektur berechtigt in manchen Ländern zur Berufsausübung in dem korrespondierenden Bereich (effectus civilis), während in anderen eine solche Entscheidung nach weiterer Berufspraxis und ggf. weiteren Prüfungen stattfindet, sei es durch Hochschulen, staatliche Instanzen oder professionelle Organisationen.

Zertifizierung des Diploma Supplements: Ein Diploma Supplement sollte ebenso »besiegelt« sein wie die Urkunde über den Hochschulabschluss. Wenn jedoch die Angaben schwer zu entschlüsseln sind – wenn z. B. die besuchte Hochschule und die zertifizierende Instanz nicht identisch sind, so ist dies im Diploma Supplement zu erläutern.

16.6 Abschließende Überlegungen

Wir sind der Ansicht, dass die Einführung eines solchen Diploma Supplements einen bedeutsamen Beitrag dazu leisten kann, Mobilitätsbarrieren zu verringern. Es wäre eine Hilfe für Studierende, Absolventen und Berufstätige.

Die Diversität der Hochschulsysteme macht es nicht leicht, gemeinsame Deskriptoren zu finden und die jeweiligen Besonderheiten in kurzer Form zu erläutern. Aber es gibt auch keinen Grund, die bestehende Vielfalt übertrieben darzustellen. Die Grundvorstellungen, was ein Studiengang einer Universität leisten soll und welche Kompetenzen am Ende des Studiums erworben sein sollen, sind relativ ähnlich. Es soll eine Kombination von systematischem Wissen und von Methoden erworben werden, die zu eigener wissenschaftlicher Erschließung befähigt. Selbst wenn die Studiengänge sich darin unterscheiden, ob sie eher auf wissenschaftliche Arbeit oder professionelle Praxis vorbereiten sollen, geht es in beiden Fällen um eine wissenschaftliche Anspruchsebene von Wissen, methodischer Grundlegung und Befähigung zu unabhängiger Arbeit. Da es sich im Grunde um Varianten zur Erreichung ähnlicher Ziele handelt, die von den Studierenden und Lehrenden als attraktiv empfunden werden, sollte es auch möglich sein, sie mit einem zumindest weitgehend einheitlichen Kategorien-Set zu beschreiben.

Die Einsicht in grundlegende Ähnlichkeiten statt die Hervorhebung von Differenzen kann zur Entwicklung eines gegenseitigen Vertrauens beitragen, ohne das eine Anerkennung ausländischer Leistungsnachweise nicht denkbar ist. Je mehr eine solche Bereitschaft zu gegenseitigem Vertrauen besteht, desto eher kann eine Informationsverbesserung mit Hilfe des Diploma Supplements tatsächlich dazu beitragen, dass schließlich eine Anrechnung und Anerkennung erfolgt und Studien- und berufliche Mobilität dadurch tatsächlich gefördert werden.

16.7 Postskriptum

Der im Winter 1987/88 formulierte Vorschlag des Diploma Supplements traf sehr schnell auf grundsätzliche Resonanz. Bereits im Sommer 1988 empfahlen die UNESCO und der Europarat den Hochschulen in Europa, dieses Ergänzungsdokument einzuführen. Das geschah auch sehr bald durchgängig in Norwegen und verstreut an einzelnen Hochschulen.

In der Lissabonner Konvention zu Anerkennungsfragen von 1997 wurde erneut die generelle Einführung empfohlen, und bald danach arbeiteten die UNESCO, der Europarat und die Europäische Kommission detaillierte Vorschläge zur einheitlichen Gestaltung aus. Auch in der Bologna-Erklärung der europäischen Erziehungsminister im Jahre 1999 wurde empfohlen, das Diploma Supplement einzuführen. In dem Kommuniqué der Minister auf der nachfolgenden Berlin-Konferenz im Jahre 2003 wurde sogar Übereinstimmung erzielt, dass das Diploma Supplement bis Ende 2005 für alle europäischen Hochschulabsolventen eingeführt werden solle.

In der Bestandsaufnahme der europäischen Reformaktivitäten im Kontext des Bologna-Prozesses, die im Winter 2004/05 vorgenommen wurde, wurde berichtet, dass im Jahre 2004 die Einführung in Belgien, Dänemark, Estland, Finnland, Lettland, Norwegen und Schweden vollzogen sei (Reichert und Tauch 2005, S. 23f.). In Deutschland hatte die Hochschulrektorenkonferenz wiederholt die Einführung des Diploma Supplements empfohlen. Schaubild 16.2 zeigt das Muster, das die HRK empfiehlt (siehe Chválová und Kleinheidt 2004, S. 157-161).

Auch die Kultusministerkonferenz sieht in den Rahmenbedingungen für die neuen Bachelor- und Masterstudiengänge vor, dass das Diploma Supplement zu vergeben ist. Bis zum Wintersemester 2004/05 sahen fast die Hälfte der neuen gestuften Studiengänge, aber insgesamt nur etwa ein Sechstel aller Studiengänge in Deutschland (siehe dazu Rehburg 2006, S. 71) die Vergabe des Diploma Supplements beim erfolgreichen Studienabschluss vor.

Insofern war eine Idee, die von der systematischen Analyse der Situation mobiler Studierender und ihrer weiteren Wege, der Analyse vorhandener Informationspraktiken und der Erörterung von Zertifizierungslogiken beeinflusst war, durchaus wirksam. Der Weg von der Idee zu einer mehr oder weniger vollständigen Implementation scheint jedoch mehr als zwei Jahrzehnte zu dauern.

Schaubild 16.2

Diploma Supplement MUSTER

1. HOLDER OF THE QUALIFICATION
   - 1.1 Family Name / 1.2 First Name
   - 1.2 Date, Place, Country of Birth
   - 1.3 Student ID Number or Code

2. QUALIFICATION
   - 2.1 Name of Qualification (full, abbreviated; in original language)
     Title Conferred (full, abbreviated; in original language)
   - 2.2 Main Field(s) of Study
   - 2.3 Institution Awarding the Qualification (in original language)
     Status (Type / Control)
   - 2.4 Institution Administering Studies (in original language)
     Status (Type / Control)
   - 2.5 Language(s) of Instruction/Examination

3. LEVEL OF THE QUALIFICATION
   - 3.1 Level
   - 3.2 Official Length of Program
   - 3.3 Access Requirements

4. CONTENTS AND RESULTS GAINED
   - 4.1 Mode of Study
   - 4.2 Program Requirements
   - 4.3 Program Details
   - 4.4 Grading Scheme
   - 4.5 Overall Classification (in original language)

See Transcript for list of courses and grades; and »Prüfungszeugnis« (Final Examination Certificate) for subjects offered in final examinations {written and oral), and topic of thesis, including evaluations. General grading scheme cf. Sec. 8.6 - Grade Distribution (Award year) "Sehr gut" (7%) - "Gut" (23%) - "Befriedigend" (50 %) - "Ausreichend" (15%) - "Nicht ausreichend" (5%) Gut Based on Comprehensive Final Examination (written 40%, oral 20%, thesis 40%); cf. Prüfungszeugnis (Final Examination Certificate)

Certification Date: ______________________ Signature

Page X of Y

wird fortgesetzt

Fortsetzung Schaubild 16.2

Diploma Supplement (name) PageX of Y

5. FUNCTION OF THE QUALIFICATION
   5.1 Access to Further Study
   5.2 Professional Status
6. ADDITIONAL INFORMATION
   6.1 Additional Information
   6.2 Further Information Sources
7. CERTIFICATION

This Diploma Supplement refers to the following original documents:

Certification Date: Signature

Page X of Y

8. NATIONAL HIGHER EDUCATION SYSTEM
The information on the national higher education system on the following pages provides a context for the qualification and the type of higher education that awarded it (DSDoc 01/03.00).

17 Zur Einführung von Credits an deutschen Hochschulen: Zwischen Vielfalt und Einheitlichkeit (2001)

17.1 Die Einführung von Credits als ergänzende Reform

Ende der neunziger Jahre setzte sich in Deutschland die Vorstellung durch, dass gestufte Studiengänge und -abschlüsse (Bachelor/Master) zunächst als ein zweites Regelmodell neben die bisherigen Fachhochschul- und Universitätsdiplome sowie Universitätsmagister und Staatsexamen treten und langfristig diese möglicherweise ersetzen sollten. Dabei kam in den Gesetzes-, Erlass- und Empfehlungstexten auch der Wunsch zum Ausdruck, diese Strukturreform durch einige weitere Reformen zu begleiten. Die neuen Studiengänge sollten durch ein neu zu entwickelndes Akkreditierungssystem Anerkennung finden; die Berechnung der Studienleistungen sollte mit Hilfe von Credits erfolgen (siehe Schwarz und Teichler 2000a); schließlich wurde vielfach gefordert, das Studium zu modularisieren, wobei allerdings das Verständnis dessen, was eine »Modularisierung« sei, undeutlich und uneinheitlich blieb.

Die Suche nach einem Credit-System, das möglicherweise in Deutschland brauchbar sein könnte, richtete, obwohl es eine Fülle von Optionen gibt (siehe Dalichow 1997a), die Aufmerksamkeit in erster Linie auf zwei Systeme: Die in den USA vorherrschenden Credit-Systeme (siehe Altbach 2000; Schwarz 2000) und das Europäische Credit Transfer System (ECTS) (Dalichow 1997b; Gehmlich 2000).

Die Reform der Studiengang- und Studienabschluss-Struktur und die Einführung von Credit-Systemen sind nicht notwendigerweise miteinander verbunden. Es gibt gut funktionierende Credit-Systeme in Hochschulsystemen, die nicht durch gestufte Studiengänge und -abschlüsse gekennzeichnet sind, und es gibt gut funktionierende gestufte Studiensysteme, in denen die Leistungen nicht als Credits notiert werden. Es gibt jedoch plausible Gründe, die Etablierung von Credits auf die Einführung gestufter Studiengänge und -abschlüsse »draufzusatteln«:

- Versuche, ein Studium in Deutschland für ausländische Studierende mit Hilfe der Einführung gestufter Studiengänge und -abschlüsse attraktiver zu machen, können gestärkt werden, wenn – mit Hilfe von Credits – *wahrscheinlicher* wird, dass die im Ausland erreichten Studienleistungen grenzüberschreitend *Anerkennung* finden.

– Das Ziel, mittels gestufter Studiengänge und -abschlüsse dem Trend wachsender Studienzeitverlängerungen entgegenzusteuern, kann durch ein Credit-System unterstützt werden, das eine *höhere Übersichtlichkeit über den erreichten Studienerfolg* verspricht und durch studienbegleitende Leistungsnachweise den Schrecken vor den späten großen Prüfungen nimmt.

So liegt es nahe zu prüfen, was durch ein Credit-System erreicht werden kann. Im Folgenden ist der Blick auf ECTS gerichtet – einerseits, weil dieses System noch recht neu und seine Erträge noch nicht sehr bekannt sind, und andererseits, weil es im Rahmen des ERASMUS-Programms bereits an manchen Fachbereichen bzw. Hochschulen in Deutschland ECTS eingeführt war.

17.2 Erfahrungen mit dem ECTS-Programm

Im Studienjahr 1989/90 – dem dritten Jahrgang des ERASMUS-Programms – begann die Europäische Union ein europäisches Credit-System, zunächst auf experimenteller Basis, zu fördern. Jeweils 15 Fachbereiche in fünf Fachrichtungen erhielten besondere Förderung, um ECTS für einige Jahre zu erproben. Dabei ging es nicht nur darum, dass die beteiligten Bereiche die Studienleistungen in Form von Credits berechneten und bescheinigten. Sie verpflichteten sich darüber hinaus, detaillierte Informationsmaterialien zu entwickeln und bereitzustellen, die Studienprogramme der einzelnen mobilen Studierenden im Voraus festzulegen sowie die Studienleistungen der Studierenden, die innerhalb des ECTS-Netzwerks mobil waren, in jedem Falle anzuerkennen.

Nach den ersten drei Jahren dieses Experiments wurden die teilnehmenden Studierenden befragt, um die Wirkungen der Einführung von ECTS zu prüfen (Maiworm und Teichler 1995, Maiworm und Teichler 1997; Teichler, Maiworm und Schotte-Kmoch 1999). Dabei zeigte sich, dass – trotz mancher organisatorischer Unebenheiten und mancher offener curricularer Fragen – eine Anrechnung von Studienleistungen im Umfang von über 90 Prozent erfolgte; die Studierenden erwarteten im Durchschnitt, dass sich die Studiendauer des gesamten Studiums infolge der Auslandsstudienphase um etwa ein Drittel der Dauer der Auslandsstudienphase verlängern werde. Die übrigen ERASMUS-Studierenden, die nicht an dem ECTS-Experiment teilnahmen, konstatierten dagegen um 1990 eine Anrechnung von durchschnittlich etwa 75

Prozent und eine wahrscheinliche Studienzeitverlängerung von durchschnittlich 45 Prozent. Da ansonsten die Bedingungen und Erträge des Auslandsstudiums im Durchschnitt ähnlich waren, *leistete ECTS offenkundig einen Beitrag zur höheren Anrechnung*.

Im Laufe der neunziger Jahre breitete sich die Vergabe von Credits sehr aus. Im Rahmen der repräsentativen Befragung der ERASMUS-Studierenden des Jahrgangs 1998/99 gab die Hälfte an, dass ihre Studienleistungen im Ausland in Form von Credits berechnet und bescheinigt worden sind (Maiworm und Teichler 2001). Andere Informationen stärken jedoch die Vermutung, dass dabei nur zum Teil die Bedingungen erfüllt waren, die für ECTS im Prinzip gelten sollten:

- In vielen Fällen dürfte keine tatsächliche Umstellung der Berechnung der Studienleistungen vom Umfang der Lehrveranstaltungen auf den Lernaufwand erfolgt sein.
- Offen ist auch, wieweit mit der Vergabe von ECTS die Prüfung der Studienleistungen studienbegleitend erfolgt.
- Offen ist schließlich, wieweit die Hochschulen, die die Studienleistungen in Form von Credits notieren, sich gegenüber den Partnerhochschulen im Rahmen von ERASMUS verpflichtet haben, alle Credits aller Partnerhochschulen zu akzeptieren.

Laut Angaben der ERASMUS-Studierenden des Jahres 1998/99 erfolgte im Durchschnitt eine Anrechnung von 75 Prozent, wenn keine Credits vergeben wurden; im Falle der Vergabe von ECTS erfolgte ein Credit Transfer von 87 Prozent. Fast die Hälfte der Nichtanrechnung entfiel also, wenn Credits vergeben wurden. Der Credit Transfer ist zwar im Zuge der Expansion von der Experimentierphase zu einem weit verbreiteten Phänomen etwas gesunken, aber insgesamt ist durch die Expansion der Credit-Vergabe die Anrechnung des Auslandsstudiums für die ERASMUS-Studierenden von etwa drei Viertel auf etwas über 80 Prozent gestiegen.

Allerdings nahmen weitaus mehr ERASMUS-Studierende des Jahres 1998/99 als die des Jahres 1990/91 an, dass die Studienphase in einem anderen europäischen Land die Studiendauer insgesamt verlängern werde: Wenn keine Credits vergeben wurden, wurde 1990/91 seitens der Studierenden eine Studienzeitverlängerung um durchschnittlich 46 Prozent erwartet, 1998/99 dagegen um 63 Prozent der Dauer der Auslandsstudienphase. Die entsprechenden Werte betrugen um Falle der Vergabe von ECTS 23 Prozent im Jahre 1990/91 und 46 Prozent in 1998/99 (siehe Tabelle 17.1).

Tabelle 17.1: Grade der Anrechnung, der Übereinstimmung und der Nicht-Verlängerung bei ERASMUS-Studierenden der Studienjahre 1990/91 und 1998/99 nach Typus der Anerkennung (durchschnittliche Prozente)

		Typus der Anerkennung		
		ECTS	Anderes	Insgesamt
Grad der Anrechnung*	1990/91	95	74	(75)****
	1998/99	87	74	81
Grad der Übereinstimmung**	1990/91	84	72	(73)****
	1998/99	81	80	80
Grad der Nicht-Verlängerung***	1990/91	77	54	(55)****
	1998/99	53	37	45

* Der Grad, zu dem die an der Gasthochschule tatsächlich erbrachten Studienleistungsnachweise nachher (in der Regel von der Herkunftshochschule) angerechnet oder auf andere Weise als gleic Der Grad an Übereinstimmung des Umfangs der im Ausland erbrachten Studienleistungen zu den üblicherweise an der Herkunftshochschule in dem entsprechenden zeitlichen Rahmen erwarteten Studienleistungen.

*** Die Einschätzung seitens der Studierenden, wie wenig sich die Gesamtdauer des Studiums durch die Auslandsstudienphase im Vergleich zur Dauer der Auslandsstudienphase verlängern wird (z.B. 50 %, wenn die Dauer der Auslandsstudienphase ein Jahr beträgt und sich die Gesamtdauer des Studiums infolge der Auslandsstudienphase um ein halbes Jahr verlängert).

**** Im Studienjahr 1990/91 wurden getrennte Surveys für ERASMUS-Studierende mit und ohne ECTS geführt. Der Gesamtwert wurde gewichtet errechnet entsprechend dem damaligen Anteil der ECTS-Studierenden an allen ERASMUS-Studierenden.

Quelle: Maiworm und Teichler 2002, S. 108.

Es blieb dabei, dass ECTS eine höhere wirkliche Anrechnung verspricht als Anrechnungsmodi ohne Credit-System, aber der Anstieg der erwarteten Studienzeitverlängerung ist doch bedenklich – nicht zuletzt, weil die ERASMUS-Studierenden des Jahres 1998/99 ansonsten die Studiensituation und die Qualität der Lernchancen nicht schlechter einschätzten als ihre Vorgänger fast ein Jahrzehnt zuvor. Es spricht einiges dafür, dass es eine »Papiertiger«-Anrechnung gibt: Manches wird nach der Rückkehr angerechnet, ohne zu sichern, dass eine entsprechende Menge von Leistungsnachweisen daheim entfällt. Dies gilt auch für ECTS. Und dieses Problem ist in Deutschland besonders gravierend: Die deutschen Hochschulen lagen 1998/99 sowohl in Hinsicht auf den Grad der Anerkennung als auch im Hinblick auf den Grad der Nichtverlängerung an vorletzter Stelle unter den an ERASMUS beteiligten Ländern (siehe Maiworm und Teichler 2001); vor allem an deutschen Universitäten stießen die Studierenden im Hinblick auf die Anrechnung auf Probleme.

So lassen sich sicherlich zwei Schlüsse aus den Erfahrungen ziehen. Erstens kann ein Credit-System zwar keine Anrechnung sichern; es ist im Prinzip *nicht mehr als eine »Wechselstube«*. Über die »Konvertibilität der Währung« entscheiden dagegen die »Währungshüter« in der Hochschule, zu der die Studierenden – in diesem Falle nach der Auslandsstudienphase – gehen. Die *übersichtliche »Buchführung«* jedoch scheint die Wahrscheinlichkeit der Anrechnung deutlich zu erhöhen.

Zweitens ist eine höhere Anrechnung von Studienleistungen nur bedingt durch das Aufschreiben von Studienleistungen in Form von Credits zu erreichen. Es ist zu prüfen, wie darüber hinaus die Qualität des Credit-Systems gestärkt werden kann: Dazu können – als formale Elemente – der Übergang von einer lehrveranstaltungsbezogenen zu einer *lernaufwandsbezogenen Berechnung der Studienleistungen* und ein starkes Gewicht des *studienbegleitenden Prüfens* beitragen.

17.3 Die Notwendigkeit »mittlerer« Regelung eines Credit-Systems

Die Diskussion über die Einführung eines Credit-Systems bewegt sich in Deutschland zwischen zwei Extremen. Auf der einen Seite wird nicht selten die Vorstellung vertreten, dass es um kaum mehr geht als um ein etwas anderes Aufschreiben von Studienleistungen. Sollte sich diese Vorstellung durchsetzen, so ist zu befürchten, dass sich bei anderen Hochschulen kein Vertrauen in die Bescheinigungen einstellt und dass somit der erhoffte Gewinn an Transparenz und Vereinfachung durch wachsendes Misstrauen vereitelt wird.

Auf der anderen Seite wollen einige Protagonisten von Credit-Systemen so radikale Veränderungen oder so spezifische Lösungen anstreben, dass sich diese Konzeptionen sicherlich nicht allgemein durchsetzen werden. Ein Credit-System erreicht aber nur dann eine hohe Anrechnung, wenn es weithin Anerkennung findet; denn nicht die allgemein akzeptierten Besonderheiten von Credit-Systemen unterhöhlen die Kompatibilität und untergraben somit gerade das, was sie erreichen wollen: die Anrechnung im Mobilitätsfall von einer Hochschule zu einer anderen im Inland wie im Ausland.

Daher wurde auf einer Tagung im Jahr 2000, die die Ansätze in Deutschland zum Aufbau von Credit-Systemen bilanzierte, der Vorschlag unterbreitet, sich in Deutschland auf *Rahmenbedingungen für ein Credit-System* zu einigen. Diese sollten einerseits unterschiedlichen Konzepten und nationalen Besonderheiten Rechnung tragen, aber doch gewisse Mindestgemeinsamkeiten sichern: »Es geht nicht um Einheitlichkeit des Systems, sondern um die internationale Anschlussfähigkeit mit Blick auf Transparenz in Lehre und Studium und auf die Mobilität« (Schwarz und Teichler 2000b).

In dem *Memorandum*, das nach einer weiteren Fachtagung, die einen solchen mittleren Grad der Regelung zu bestimmen suchte, formuliert wurde, sind folgende Vorschläge zur Gestaltung eines Credit-Systems entwickelt worden:

Erstens gewinnt ein Credit-System durch gemeinsame Begriffe. Vorgeschlagen wurde, »*Credits*« als quantitative Maßeinheiten zu verstehen, dagegen »*Studieneinheiten*« als einzelne Blöcke von Lehr- und Studienaktivitäten, zu denen Bescheinigungen über Studienleistungen ausgestellt werden, wobei der für die Einheit erforderliche »Studienaufwand« in Credits bescheinigt wird.

Zweitens sind *Anzahl und Größenordnung* der Credits zu klären. Die Berechnung des jährlich erforderlichen Studienaufwands als 60 Credits sichert den Anschluss an ECTS ohne Umrechnung, aber auch bei einer anderen Zahl von Credits kann eine Umrechnung leicht erfolgen. Erforderlich ist jedoch eine Verständigung, welcher Studienaufwand zugrunde gelegt werden soll; in dem Memorandum werden 1 500 Stunden im Jahr vorgeschlagen.

Drittens wird die Problematik hervorgehoben, dass einerseits bei sehr kleinen Studieneinheiten (etwa in der Größenordnung der bisherigen Lehrveranstaltungen) sehr viele studienbegleitende Prüfungen notwendig werden, andererseits sehr große Studieneinheiten die Mobilität behindern. Daher liegt es nahe, sich auf eine *Höchstgrenze von Credits je Studieneinheit und von der kalendarischen Dauer der Veranstaltungen* zu verständigen. Eine Studieneinheit sollte keinesfalls mehr als 15 Credits und mehr als zwei Semester umfassen.

Viertens wurde hervorgehoben, dass die Einführung eines Credit-Systems ohne die Steigerung des *studienbegleitenden Prüfens* keinen Sinn ergäbe. Allerdings müsse nicht jede Lehrveranstaltung mit einer Prüfung enden; auch müssten Abschlussexamina nicht abgeschafft werden. Denkbar wäre es z. B., eine Vorlesung und eine Übung zu einer Studieneinheit zu verbinden, eine Obergrenze des studienbegleitenden Prüfens (z. B. 80 %) zu definieren und für Examensarbeiten Credits zu vergeben, die dem zeitlichen Aufwand entsprechen.

Schließlich wurden Vorschläge formuliert, was *Bescheinigungen von Credits* enthalten und welche *Aussagen zum Credit-System in Studien- und Prüfungsordnungen* aufgenommen werden sollen. Wiederum wurde ein mittlerer Weg der Spezifizierung empfohlen, der keinen hohen Konsens voraussetzt, jedoch eine hinreichend einheitlich Regelung festlegt, um Transparenz zu schaffen.

Wenn sich eine solche *mittlere Linie der Regelung von Credits* durchsetzen sollte, erübrigt sich die Debatte, ob die am meisten verbreiteten Modi der Credit-Vergabe in den USA, ob ECTS oder ob irgendein anderes System übernommen wird. Denn der vorgeschlagene Rahmen könnte sichern, dass die Credit-Systeme, die sich an deutschen Hochschulen entwickeln, als anschlussfähig zu ECTS und anderen Credit-Systemen verstanden werden.

18 Globalisierung im Hochschulwesen – ein Abschied von etablierten Werten der Internationalisierung? (2003)*

18.1 Internationalisierung – Globalisierung: eine Einführung

Nachdem bis in die 1980er Jahre die Entwicklung zur Massenuniversität die dringlichste Herausforderung für den Hochschulsektor darstellte, konzentriert sich die öffentliche Diskussion über Hochschulfragen inzwischen nicht nur in Europa jedes Jahr deutlicher auf das Thema »Internationalisierung«. Die Internationalisierung ist in den neunziger Jahren weltweit zu einem der tragenden Paradigmen zeitgenössischer Hochschulentwicklung avanciert. Die Hochschulforschung hat den sukzessiven Ausbau internationaler Aktivitäten der Hochschulen und das hiermit verbundene Mehr von grenzüberschreitendem Wissenstransfer ausführlich beschrieben (vgl. z. B. die Ausführungen zu einem Entwicklungsmodell der Internationalisierung bei Teichler 1999 und Hahn 2004a). In jüngerer Zeit hat sich dabei unter dem Schlagwort der Globalisierung ein spezieller Diskurs herausgebildet, dessen Verhältnis zur bisherigen Debatte um Internationalisierung noch weitgehend ungeklärt ist. Knight und Wit zum Beispiel stellen zum Verhältnis von Globalisierung und Internationalisierung fest: »The relationship between the different terms is obvious, the distinction between them is a more complex issue« (Knight und Wit 1995, S. 28). Scott spricht von Internationalisierung als »a condition with which universities have always been comfortable« und von Globalisierung als »a much more volatile and turbulent phenomenon« (Scott 1999b, S. 36).

Unter dem Anfang der 1990er Jahre geprägten Begriff der Globalisierung wird gemeinhin die Erweiterung nicht nur wirtschaftlicher, sondern auch sozialer und kultureller Aktivitäts- und Wirkungsräume in Richtung auf suprana-

---

* Koautorin: Ute Lanzendorf.

tionale Beziehungsgefüge verstanden. In der Praxis bedeutet dies, dass nationale Grenzen der Ausübung von Aktivitäten – beispielsweise dem Besuch einer Hochschule oder dem Angebot von Studiengängen – immer weniger entgegenstehen. Obwohl es unbestritten schon immer derartige geographische und kulturelle Grenzüberschreitungen gegeben hat, so erhalten diese im Rahmen der Globalisierung doch eine neue Qualität. Im Hochschulsektor werden unter »Globalisierung« zwei jüngere Entwicklungstrends erfasst, die die Überschreitung nationaler Grenzen durch Strukturelemente der Hochschulbildung betreffen:

- Zum einen wird unter Globalisierung die rasch zunehmende Präsenz von Studienangeboten und Studienanbietern außerhalb ihrer Ursprungsländer subsumiert – für derartige Grenzüberschreitungen wurde der Begriff *Transnational education* geprägt.
- Zum anderen rechnet man der Globalisierung Ansätze in Richtung auf eine generelle *Öffnung nationaler Hochschulsysteme für ausländische Anbieter* zu, wie sie in dem 1995 unter den Auspizien der Welthandelsorganisation WTO in Kraft getretenen internationalen Abkommen über eine Liberalisierung des Dienstleistungssektors GATS vorgesehen sind.

Mit diesen beiden als globalisierungstypisch verstandenen Phänomenen wird der Trend in Verbindung gebracht, dass außer kulturellen und bildungsbezogenen Zielsetzungen der Hochschulen hinsichtlich internationaler Zusammenarbeit zunehmend auch *ökonomisch und utilitaristisch geprägte Strategien* diskutiert werden, was den Kontakt der Hochschulen mit dem Ausland anbelangt (vgl. z. B. Kehm 2001, S. 267). Das mit Globalisierungstendenzen begründete Zukunftsszenario einer Zunahme hochschulischen Konkurrenzdenkens und Wettbewerbsverhaltens auf einem »weltweiten Bildungsmarkt« ruft an den deutschen Hochschulen breites Unbehagen hervor genauso wie wachsende internationale Aktivitäten von als »Degree mills« bezeichneten Billiganbietern von Hochschulbildung. Es werden Entwicklungen dahingehend befürchtet, dass bestimmte Studienanbieter zukünftig ähnlich wie multinationale Unternehmen omnipräsent in einem »grenzenlosen Raum« werden, sich außerhalb nationaler Regelungssysteme entwickeln und gewachsene kulturelle Traditionen dadurch überformen. Globalisierung wird allgemein mit einer Erosion nationaler Grenzen, der Nivellierung kultureller Differenzen und einer Intensivierung wechselseitiger Abhängigkeiten zwischen Nationalstaaten in Verbindung gebracht.

Die bisherige Internationalisierung hingegen bezieht sich auf den systematisch-strategischen Aufbau von Beziehungen zwischen in ihren nationalen Kontexten verankerten Hochschulen bzw. Hochschulsystemen. Sie geht von der Existenz prägnanter kultureller Eigenheiten innerhalb nationaler Hochschulsysteme aus (vgl. insbes. Scott 1998b, S. 123) und steht für eine fruchtbare Auseinandersetzung mit diesen auf kooperativer Basis. Nach der auf Knight (vgl. 1997, S. 8) zurückgehenden, heute in der Hochschulforschung allgemein akzeptierten Definition von »Internationalisierung« manifestiert sie sich in der Einführung einer internationalen und interkulturellen Dimension in das Lehr-, Forschungs- und Dienstleistungsangebot der Hochschulen. Es wird auch von der Einführung einer internationalen Dimension in hochschulische »Kernfunktionen« gesprochen (Teichler 1999, S. 7). Anschaulich umschreiben lässt sich Internationalisierung zudem als der Trend zur »*Veralltäglichung des Internationalen*« an den Hochschulen.

In Europa vollzieht sich die Internationalisierung seit nunmehr zirka 15 Jahren als ein kontinuierlicher Prozess, der einerseits an den Hochschulen »von unten« entwickelt und andererseits von politischer Seite »von oben« forciert wird. Hochschulintern betrifft er primär die Intensivierung und Systematisierung des Kontakts aller hochschulischen Ebenen mit dem Ausland sowie das Thema des Fremdsprachenerwerbs. Für den Internationalisierungsprozess typische Phänomene sind die internationale Bildung sowie organisierte physische Mobilität und wissenschaftliche Kooperation. Auf Seiten der Bildungspolitik hat die Sorge um die Attraktivität des Studienstandorts Deutschland vor allem eine ständige vergleichende Reflexion nationaler mit ausländischen Lehr-, Lern- und Studienstrukturen sowie eine enge europäische Kooperation in Fragen hochschulischer Strukturreformen zur Folge (für einen historischen Rückblick über die Zusammenarbeit europäischer Staaten vgl. Barblan 2002a, S. 80 ff.).

Werden diese Werte mit der Zunahme globalisierungstypischer Phänomene nun obsolet? Sind *Transnational education* und GATS primär wettbewerbsfördernde Entwicklungen, sodass es zutrifft, dass »the new globalization may be the rival of the old internationalization« (Scott 1998b, S. 124)? Oder lassen sich doch Verbindungslinien ausmachen zwischen den beiden globalisierungstypischen Phänomenen und der traditionellen Hochschulkooperation? Im Weiteren sollen Überlegungen zu diesem Thema nicht aus einer theoretischen, sondern aus einer empirisch-deskriptiven Perspektive heraus und unter besonderer Berücksichtigung der deutschen Situation entwickelt werden.

Globalisierung wird dabei in Anlehnung an Held u. a. (1999) oder Albrow (1998, S. 141 ff.) *als ein primär beschreibendes Konzept* betrachtet. Die Globalisierung im Hochschulwesen wird als ein zu erklärender und empirisch zu erforschender Entwicklungstrend aufgefasst. Ein solcher Zugang ist zu unterscheiden von einer Perspektive, die Globalisierung als kausale Kraft für die Hochschulentwicklung versteht und abstrakte »Globalisierungszwänge« als Erklärungsmuster für bestimmte Veränderungen an den Hochschulen heranzieht (vgl. hierzu auch Dürrschmidt 2002, S. 12).

Letztere, von der des vorliegenden Beitrags abweichende Perspektive nimmt zum Beispiel van der Wende ein (2001a; 2002 oder auch van Vught, van der Wende und Westerheijden 2002). Sie geht davon aus, dass die Internationalisierung im Hochschulwesen eine (notwendige) Reaktion auf die allgemeine Globalisierung in Wirtschaft und Gesellschaft sei. Demgemäß spricht sie von Internationalisierung als »any systematic attempt to align higher education (more closely) with the demands associated with the globalisation of society, economy and the labour market« (van der Wende 1997, S. 19).

Die Globalisierung im Hochschulwesen ist bislang kaum Gegenstand empirischer Forschung gewesen. Im Weiteren werden unter der übergeordneten Fragestellung dieses Beitrags die Ergebnisse von drei um 2000 erschienenen Studien zur Struktur und zum derzeitigen Ausmaß von Studienangeboten der *Transnational Education* zusammengeführt (vgl. Machado dos Santos 2000; Adam 2001 und Schreiterer und Witte 2001). Die Befunde dieser Studien werden sodann um eine Analyse der Entwicklungen in Deutschland in Bezug auf Studienimport und -export ergänzt. Um die Betrachtung der Globalisierung im Hochschulwesen zu vervollständigen, wird anschließend ein Überblick vermittelt über den Aufbau und mögliche Implikationen des internationalen Dienstleistungsabkommens GATS (vgl. dazu Scherrer und Yalçin 2002).

18.2 *Transnational Education*: Studienangebote und -anbieter werden mobil

Der Begriff der *Transnational education* – kurz TNE – bezieht sich auf Studienangebote oder studienbezogene Dienstleistungen, deren Anbieter in einem anderen Land beheimatet sind als ihre Teilnehmer bzw. deren Anbieter überhaupt nicht mehr einem bestimmten Herkunftsland zuzuordnen sind. UNESCO/Council of Europe definieren TNE als »all types of higher education study programmes, or sets of courses of study, or educational services (including those of distance education) in which the learners are located in a country different from the one where the awarding institution is based. Such programmes may belong to the education system of a State different from the State in which it operates, or may operate independently of any national education system« (UNESCO/Council of Europe 1999, S. 5). Im Gegensatz zur etablierten Form der Internationalisierung überschreiten bei der TNE nun nicht mehr Einzelpersonen, sondern Hochschulen bzw. andere Studienanbieter selber nationale Grenzen.

Die wichtigsten Herkunftsländer von Angeboten der TNE sind gegenwärtig Großbritannien und Australien. Die USA sind zwar ebenfalls am Angebot von TNE beteiligt, aber Witte (2001, S. 2) zufolge in deutlich geringerem Umfang. Amerikanische Hochschulen hatten um 1990 in großem Umfang versucht, im Ausland aktiv zu werden, waren dabei allerdings überwiegend gescheitert (vgl. Graves 1995). Zielregion hochschulischer Auslandsengagements ist heute vornehmlich Südostasien.

Angebotsformen der Transnational Education

Wie können Hochschulen im Ausland präsent werden? Zwei gegensätzliche Vorgehensweisen sind zu unterscheiden: Eine Hochschule bzw. ein sonstiger Studienanbieter kann entweder in wissenschaftlichen Angelegenheiten mit einer im Ausland ansässigen Institution zusammenarbeiten – in diesem Fall wird von UNESCO/Council of Europe (1999, S. 4) von *Collaborative arrangements* gesprochen – oder eine eigene Außenstelle im Zielland eröffnen, was als *Non-collaborative arrangement* bezeichnet wird. Im Rahmen von *Collaborative arrangements* führt eine vor Ort ansässige Institution ganze Studiengänge, bestimmte Lehrangebote oder andere bildungsbezogene Dienstleistungen im Auftrag einer ausländischen Institution und nach deren Vorgaben durch. Folgende Formen einer solchen Zusammenarbeit werden bei UNESCO/Council of Europe (1999) unterschieden (vgl. auch Schreiterer und Witte 2001, S. 62 ff.):

(1) Die *Validierung* gilt als die wichtigste Form der *Collaborative arrangements.* Eine Hochschule erkennt hierbei gegen Gebühr ein von einer ausländischen Einrichtung angebotenes Studienprogramm, einzelne Studienabschnitte oder -module als einem eigenen Lehrangebot gleichwertig an. Diese Form der TNE birgt eine große Ungewißheit bezüglich der Qualität des validierten Studienangebots, da es eigenen Angeboten der validierenden Mutterhochschule nicht exakt entsprechen muss und daher gegebenenfalls nur schwer von dieser evaluiert werden kann.

(2) Das *Franchising*: Eine Hochschule autorisiert bei dieser Art der Zusammenarbeit eine Einrichtung im Ausland, ein von ihr entwickeltes Studienangebot gegen eine Gebühr für einen bestimmten Zeitraum anzubieten und auch den entsprechenden Abschlussgrad zu verleihen. Die im Ausland teilnehmenden Studierenden werden – wie in der Regel auch bei validierten Studiengängen – als Studierende der ausländischen Mutterhochschule betrachtet. Der Franchise-Nehmer im Ausland muss keine Hochschule sein, sondern kann beispielsweise ein Unternehmen darstellen. Die Mutterhochschule ist in der

Regel direkt an der Qualitätssicherung des Studienangebots im Ausland beteiligt. Sie kann zum Beispiel eigene Dozenten abordnen für die zeitweilige Lehre im Ausland und die Schulung einheimischer Dozenten sowie Prüfungen selbst abnehmen oder diese zumindest stichprobenartig überprüfen.

(3) Das so genannte *Twinning* – Studierende können nach einem ersten, in ihrem Heimatland absolvierten Abschnitt eines ausländischen Studiengangs die letzten Studienjahre im Herkunftsland des Studiengangs absolvieren – und Doppeldiplomprogramme werden bei UNESCO/Council of Europe (1999, S. 4) als weitere Formen der *Collaborative arrangements* betrachtet. Diese Sicht wird jedoch nicht generell geteilt (siehe Schreiterer und Witte 2001, S. 69; Adam 2001, Pkt. 3.2).

Die Einrichtung eines *Non-collaborative arrangements* – also die unmittelbare Präsenz einer Hochschule im Ausland – kann idealtypisch in Form eines *Branch campus*, einer so genannten *Off-shore institution* oder einer *Fliegenden Fakultät* (dieser Begriff wurde von Schreiterer und Witte 2001, S. 70, geprägt) erfolgen. Im Ausland ansässige Einrichtungen sind nur organisatorisch, nicht aber in Bezug auf akademische Belange beteiligt. Einzelne Varianten zeichnen sich durch folgende Eigenschaften aus:

(a) Ein *Auslandscampus* ist eine selbstständige Einrichtung, die sich auf Dauer wissenschaftlich und ökonomisch selber tragen soll. Der Aufbau eines Auslandscampus ist in der Regel mit der Zielvorstellung verbunden, dass dort die Lehrqualität und die akademische Kultur derjenigen der Mutterhochschule weitgehend entsprechen sollen. Der Auslandscampus muss als eine vergleichsweise aufwendige und riskante Angebotsform der TNE gelten.

(b) Eine *Off-shore institution* ist eine autonome Einrichtung, die nicht notwendigerweise eine Mutterhochschule in dem ausländischen Hochschulsystem hat, dessen Abschlüsse sie vergibt.

(c) Als *Fliegende Fakultät* bezeichnen Schreiterer und Witte (2001, S. 70) eine Angebotsform, bei der Lehrpersonal der Mutterhochschule zur Durchführung von Blockveranstaltungen und zur Abnahme von Prüfungen für bestimmte Zeiten ins Ausland entsandt wird. Auf diese Weise behält die Mutterhochschule die größtmögliche Kontrolle über ihr Studienangebot im Ausland. Gleichzeitig hat diese Form der TNE den Vorteil geringer Fixkosten und relativ hoher organisatorischer Flexibilität.

Weiter sind Anbieter von Hochschulbildung zu nennen, die außerhalb jeglichen nationalen Hochschulsystems operieren. Dazu gehören

- unternehmenseigene Studienanbieter, so genannte *Corporate institutions* wie z. B. British Aerospace Virtual University, Daimler-Benz Corporate University oder Lufthansa Business School (vgl. Deiser 2000) und

- *International institutions*, die ebenfalls Abschlüsse vergeben, die keinem nationalen Hochschulsystem zugehörig sind (z. B. World Maritime University).

Schließlich werden auch virtuelle Hochschulen und das traditionelle Fernstudium zu TNE gerechnet. TNE muss nicht notwendigerweise das Ablegen eines Studienabschlusses ermöglichen. Zum Beispiel hat das amerikanische Massachusetts Institute of Technology (MIT) Curricula und Lehrmaterialien seiner Studienangebote kostenlos im Internet zugänglich gemacht. Ein MIT-Abschluss kann allerdings via Internet nicht erworben werden.

TNE an sich ist mitnichten ein neues Phänomen. Bemerkenswert ist aber die Entstehung neuer Anbieter, die ihre Programme international verkaufen. Dies ist durch die Entwicklung moderner Informations- und Kommunikationstechnologien und der sich daraus ergebenden Möglichkeit erleichtert, räumliche Distanzen zwischen Lernenden und Lehrenden effizienter als zuvor zu überbrücken.

Hochschulische Beweggründe für den Export von Studienangeboten

Es stehen kaum Informationen darüber zur Verfügung, welche Einnahmen und Ausgaben den Hochschulen durch ihre Auslandsengagements entstehen. Sicherlich können die *Validierung* und das *Franchising* den exportierenden Hochschulen Einnahmen verschaffen, die deutlich über den gleichzeitig entstehenden Kosten liegen (vgl. z. B. Witte 2001, S. 8). Im Rahmen von *Collaborative arrangements* können Hochschulen ihre Studienangebote also gegebenenfalls mit Gewinn vermarkten. Warum aber nehmen Hochschulen Aufwand und Risiken eines *Non-collaborative* Auslandsengagements auf sich? Es ist zu bedenken, dass auf einem Auslandscampus angebotene Studiengänge zwar in der Regel gebührenpflichtig, aber nur selten dem *For-profit*-Bereich zuzurechnen sind. In Anlehnung an Larsen und Vincent-Lancrin (2002, S. 11) kann davon ausgegangen werden, dass das Neue an einem kommerziellen Ansatz in Bezug auf das Angebot von Studiengängen im Ausland sei, »to offer educational services to international students at unsubsidised rates covering at least the cost of their education«. Den Mutterhochschulen bei *Non-collaborative*-Auslandsengagements scheinen im günstigsten Fall keine zusätzlichen Kosten zu entstehen, aber sie erwirtschaften kaum Überschüsse.

Schreiterer und Witte (2001, S. 33) berichten für Großbritannien – eines der wichtigsten studienexportierenden Länder –, bislang hätten nur fünf Hochschulen einen eigenen Auslandscampus eröffnet. Zwei dieser Vorhaben hätten infolge finanzieller Schwierigkeiten, rechtlicher Hindernisse und Akzeptanzproblemen in Bezug auf ihre Studienangebote nach nur kurzer Zeit wieder aufgegeben werden müssen.

Für Australien wird beschrieben, dass die selbstständigen Auslandsengagements der dortigen Hochschulen maßgeblich beeinflusst wurden durch eine gesetzliche Erhöhung der Studiengebühren für ausländische Studierende: Die Hochschulen verlangen heute von ausländischen Studierenden anders als von einheimischen Studierenden *kostendeckende* Gebühren für ihre Studienangebote. Durch eine Ausweitung der Studienplätze für ausländische Studierende – wie das auch durch den Aufbau von Außenstellen im Ausland möglich ist – können die Hochschulen zusätzliche Eigenmittel erwirtschaften (vgl. hierzu McBurnie und Pollock 2000).

Als nichtmonetäre Argumente zugunsten eines selbstständigen Angebots von Studiengängen im Ausland durch eine Hochschule können deren Profilierung als internationaler Anbieter und das Gewinnen guter internationaler Absolventen für die eigenen Postgraduierten-Programme angeführt werden. Schreiterer und Witte (2001, S. 13) weisen darauf hin, dass hochschulische Auslandsengagements der strategischen Internationalisierung von Curricula und Kursinhalten zugute kommen können. Auch die Präsenz in wirtschaftlichen Wachstumsregionen wird als ein möglicher Vorteil für die Entwicklung einer Hochschule angesehen. Zudem können auch solche Studienbewerber für sich gewonnen werden, die finanziell nicht in der Lage wären, im Sitzland der einen Studiengang anbietenden Hochschule zu leben.

Festzuhalten ist, dass Hochschulen vor allem dann Auslandsengagements eingehen, wenn sie die Möglichkeit sahen, eine im Zielland unbefriedigte Nachfrage nach Studienabschlüssen oder nach bestimmten Angebotsformen (wie Teilzeit- oder Abendstudium) abzuschöpfen. Hochschulen, die ihre Studiengänge im Ausland anbieten, vermeiden es in der Regel, direkt mit ansässigen Anbietern um Studienbewerber zu konkurrieren.

»Transnational Education« aus Sicht importierender Länder

Wie ist TNE aus Sicht importierender Hochschulsysteme zu beurteilen? Ihr sind durchaus eine Reihe *positiver Auswirkungen* zuzuschreiben, wie zum Beispiel

- eine *Ausweitung von Studienangeboten* und damit der Bildungsmöglichkeiten, was der allgemeinen Entwicklung eines Landes zugute kommen kann;
- die *Einführung innovativer Programme* und Lehr-/Lernformen kann einen Anreiz für traditionelle Hochschulsysteme bieten sich weiterzuentwickeln und zu modernisieren;
- die Präsenz ausländischer Studienanbieter kann dazu herausfordern, *Selbstverständlichkeiten hinsichtlich der Organisationsform des nationalen Hochschulwesens*

und der Rolle von Hochschulen, ihrer Beziehung zu Studierenden und zur Gesellschaft im Ganzen *zu überdenken*;
- einheimische Hochschulen können *von der Zusammenarbeit* mit renommierten ausländischen Hochschulen *profitieren*;
- es kann dem *Brain drain vorgebeugt* werden (vgl. Adam 2001, Pkt. 3.3.1).

Malaysia beispielsweise entschloss sich Mitte der 1990er Jahre, die Ansiedlung renommierter ausländischer Anbieter von Hochschulbildung gezielt zu fördern, um kurzfristig das zur wirtschaftlichen Entwicklung des Landes notwendige Know-how vor Ort vermitteln zu lassen (vgl. hierzu McBurnie und Ziguras 2001). Einen ähnlichen Schritt hat vor kurzer Zeit auch Südafrika eingeleitet (siehe Schreiterer und Witte 2001, S. 12).

Unter folgenden Aspekten kann TNE dem importierenden Hochschulsystem aber auch Probleme verursachen:
- Nichtoffizielle, *unregulierte Hochschulsegmente* können sich außerhalb nationaler Qualitätssicherungsverfahren bilden und ohne interne oder externe Evaluationsprozesse arbeiten.
- Es kann zu einem *Mangel* an *adäquater Studieninformation* für Studieninteressenten, Arbeitgeber und nationale Behörden, die über die Anerkennung von Studienabschlüssen zu entscheiden haben, kommen.
- Möglicherweise kann TNE zu einer *Inflation akademischer Titel* führen.
- Gegebenenfalls *können einheimische offizielle Anbieter nicht wirklich mit transnationalen Anbietern konkurrieren*, da sie im Gegensatz zu Letzteren bei ihren Aktivitäten durch enge gesetzliche Bestimmungen eingeschränkt sind.
- Transnationale Anbieter widmen sich in der Regel *nicht der Forschung*, sondern konzentrieren sich auf die Weitergabe von bestehendem Wissen (vgl. Adam 2001, Pkt. 3.3.2; Machado dos Santos 2000, Pkt. 6).

Neben dem großen Fragezeichen hinter den *Qualitätsstandards* für Angebote der TNE – wer setzt sie und wer kontrolliert ihre Einhaltung – stellt sich für die Absolventen der TNE überdies die Frage nach der *Anerkennung* ihres im Heimatland erworbenen ausländischen Abschlusses. Machado dos Santos (vgl. 2000, Pkt. 5) weist darauf hin, dass internationale Abkommen bislang lediglich die Anerkennung von *im Ausland erworbenen Hochschulgraden* regeln. Demgegenüber wird die Äquivalenz von *im Heimatland erworbenen ausländischen Studienabschlüssen* beispielsweise in der *Lisbon Convention on the Recognition of Qualifications in the European Region* von 1997 besonderen nationalen gesetzlichen Regelungen bzw. speziellen Übereinkommen mit dem Sitzland der Mutterhochschule eines ausländischen Studiengangs überlassen (vgl. Wilson und Vlasceanu 2000, S. 89).

18.3 Empirische Evidenz I: *Transnational Education* in Europa

Vor allem in südeuropäischen Staaten wird TNE angeboten. Ende der 1990er Jahre war Griechenland mit der Präsenz von 130 ausländischen Anbietern und 28.000 teilnehmenden Studierenden das in Europa am stärksten von TNE im Hochschulsektor betroffene Land (vgl. Machado dos Santos 2000, Pkt. 2). Das wichtigste Herkunftsland ausländischer Bildungsangebote in Griechenland ist Großbritannien, gefolgt von Frankreich und den USA. Daneben gab es Ende der 1990er Jahre auch 288 ausländische und damit – da Franchising in Griechenland offiziell unzulässig ist – nicht offiziell anerkannte Studiengänge an griechischen Hochschulen (vgl. Adam 2001, Pkt. 2.8).

Ausländische Anbieter exportieren in die Länder Europas vor allem Studienangebote in den Bereichen Betriebswirtschaft (insbes. MBAs), Informationstechnologien, Informatik (Computer Science) und Weltsprachen. Die erste Studienstufe ist etwas weniger betroffen als die zweite, und ein großer Teil der TNE ist im nichtuniversitären Bereich (siehe ebenda) angesiedelt.

Während einige außereuropäische Staaten für die Registrierung, Lizensierung oder Zulassung ausländischer Bildungsanbieter strikte Bestimmungen erlassen haben, werden ausländische Bildungsanbieter in Europa keinen spezifischen Regelungen unterworfen, sofern sie sich nicht aus eigener Initiative darum bemühen, die offizielle Anerkennung innerhalb eines nationalen Hochschulsystems zu erlangen (siehe ebenda). Insgesamt muss davon ausgegangen werden, dass der überwiegende Teil von Studienangeboten im Bereich der TNE nicht effektiv überwacht wird.

Über alle europäischen Staaten hinweg ist TNE bislang nur als eine Nischenaktivität anzusehen. In Westeuropa wird ihre Bedeutung voraussichtlich auch in Zukunft nur geringfügig zunehmen. Ein deutlicher Ausbau von Aktivitäten der TNE wird hingegen für die Staaten Mittel- und Osteuropas erwartet (zur Bedeutung von TNE beispielsweise für die Tschechische Republik vgl. Hrabinská 2000).

18.4 Empirische Evidenz II: *Transnational Education* in Deutschland

In der deutschen Hochschullandschaft spielt der Import von TNE nur eine sehr geringe Rolle. Da die Nachfrage nach Hochschulbildung im Wesentlichen durch öffentliche Institutionen abgedeckt wird, ist Deutschland wenig attraktiv als Zielland für ausländische Bildungsanbieter. Dazu trägt die (bisherige) Gebührenfreiheit fast aller Studienangebote bei. Eine bemerkenswerte Nachfrage nach ausländischen Studienabschlüssen existiert in Deutschland derzeit nur im Bereich von berufsbegleitenden MBA-Programmen.

Im Folgenden sollen nun zunächst die wenigen derzeit in Deutschland angebotenen ausländischen Präsenzstudiengänge erläutert werden. Anschließend wird dann zusätzlich die noch nicht lange zurückliegende bildungspolitische Initiative zum Export deutscher Studienangebote einer Analyse unterzogen.

Import von Transnational Education in Deutschland

Wie Schreiterer und Witte (2001, S. 24) darstellen, bieten verschiedene kleine private Fachhochschulen Studiengänge an, die zu einem ausländischen – überwiegend niederländischen oder britischen – Abschlussgrad führen. Diese Abschlüsse können auf der Basis von Äquivalenzregelungen einem deutschen Abschluss gleichgestellt werden. Entsprechende Studienangebote finden sich vor allem in der Betriebswirtschaft oder in gesundheitsbezogenen Berufsfeldern. In ersterem Fall sind ausländische Studiengänge insofern besonders attraktiv, als sie eine internationale Ausrichtung des Studiums gewährleisten. In letzterem Fall ermöglicht das Angebot ausländischer Studienabschlüsse eine wissenschaftliche Qualifikation für Tätigkeiten, die in Deutschland bislang nur im Rahmen der beruflichen Bildung angeboten wurden.

Darüber hinaus wurde 1999 in Hannover die *German International Graduate School for Management and Administration (GISMA)* eigens zu dem Zweck gegründet, amerikanische MBA-Studienangebote in Lizenz durchzuführen. Eine Reihe renommierter deutscher und amerikanischer Unternehmen haben mehrjährige vertragliche Vereinbarungen über die Fortbildung ihrer Mitarbeiter mit der GISMA geschlossen. Die GISMA bietet derzeit einen vollzeitlichen und einen teilzeitlichen MBA-Studiengang der *Krannert Graduate School of Management* der amerikanischen Purdue University an. Ergänzend werden auch auf Firmenbedürfnisse maßgeschneiderte Trainingsmaßnahmen für Führungskräfte durchgeführt (vgl. GISMA o. J.).

Die erste Initiative eines ausländischen Anbieters von Hochschulbildung – der börsennotierten amerikanischen Apollo Group – in Deutschland einen *Branch campus* zu etablieren, ist im Spätsommer 2001 auch im dritten Anlauf gescheitert. Die Geschichte der Deutschlandaktivitäten der Apollo Group wurde bezeichnenderweise vom Handelsblatt kritisch begleitet (vgl. Schwertfeger 2001). Sie soll hier nachvollzogen werden, um exemplarisch die Eigenheiten des Engagements einer ausländischen Hochschule in Deutschland zu illustrieren.

Die von der Apollo Group unterhaltene University of Phoenix ist mit 75.000 Studierenden mittlerweile die größte Privatuniversität in den USA. Mit ihrer unkonventionellen Arbeitsweise stellt sie auch in ihrem Heimatland eine Ausnahmeerscheinung dar (vgl. Spiewak 2001): Sie arbeitet rein kommerziell, und ihr Angebot richtet sich an berufstätige Erwachsene.

Im Jahr 2001 plante die Apollo Group, in Deutschland eine private Fachhochschule mit Niederlassungen in Köln und Düsseldorf aufzubauen. Das Modell der University of Phoenix sollte auf eine neue Institution übertragen und gleichzeitig europäischen Verhältnissen angepasst werden. Unter der Bezeichnung »Apollo International University of Applied Sciences (AIUAS)« sollte eine staatlich anerkannte private Fachhochschule ab Ende September mit sechs Professoren den Bachelor für Informationstechnik und den Master of Business Administration anbieten.

Kurzfristig und völlig unerwartet wurde das Vorhaben dann jedoch wieder abgesagt. In der offiziellen Presseerklärung hierzu werden unternehmerische Erwägungen als Begründung für den plötzlichen Rückzug der Apollo Group angeführt. In einem Vergleich mit den Bildungsmärkten Brasiliens, Chinas und Indiens, in denen die Apollo Group den Aufbau von Niederlassungen vorbereitete, seien die Erfolgsaussichten des geplanten Studienmodells in Deutschland ungleich geringer (vgl. Apollo International 2001).

Export deutscher Studienangebote

Wie für die öffentlichen Hochschulen der meisten Staaten weltweit gilt auch für die deutschen Hochschulen, dass sie bislang im Bereich des Angebots eigener Studienabschlüsse im Ausland kaum aktiv waren. Das Engagement deutscher Hochschulen, *Lehrangebote im Ausland* aufzubauen, bezog sich auf eher zufällige, von individuellen Kontakten einzelner Hochschullehrer getragene, punktuelle Aktivitäten (vgl. Schreiterer und Witte 2001, S. 27). Die 1974 gegründete Fernuniversität Hagen kann als der wichtigste Anbieter deutscher Studiengänge im Ausland gelten. Sie verfügt über Außenstellen in Österreich, der Schweiz, Lettland, Ungarn und der Russischen Föderation.

Die unterschiedlichen *Hochschulen* oder hochschulähnlichen Einrichtungen, die weltweit *nach deutschem Muster und zum Teil in Zusammenarbeit mit deutschen Hochschulen* arbeiten, können nicht der TNE zugerechnet werden. Sie gehen überwiegend auf Initiativen entweder der deutschen Wirtschaft, von Auslandshandelskammern oder auch von Institutionen der Entwicklungszusammenarbeit zurück. Deutsche Hochschulen sind in der Regel an ihrem Aufbau beteiligt, ziehen sich aber anschließend wieder zurück.

Eine hochschulische Initiative in Richtung auf eine Anbieterpräsenz im Ausland mit deutscher Beteiligung ging vom internationalen Hochschulnetz *Universitas 21* aus, das von bedeutenden Forschungsuniversitäten 1997 als

Unternehmen gegründet wurde. *Universitas 21* hat derzeit 17 Mitglieder aus zehn Ländern (vgl. Universitas 21 Secretariat 2002). Aus der EU sind neben Deutschland (Universität Freiburg) lediglich Schweden und Großbritannien vertreten. *Universitas 21* ist sowohl im Bereich der Mobilität und Hochschulzusammenarbeit als auch im kommerziellen Angebot von Hochschulbildung im Ausland aktiv. So wurde mit einem weiteren Unternehmen ein Vertrag geschlossen über den Aufbau eines Anbieters von virtuellen Studiengängen, der von Singapur aus operieren soll. Außerdem bietet *Universitas 21* über eine eigene Tochtergesellschaft kommerzielle Dienstleistungen im Bereich der Evaluation von Studienangeboten an.

Auf nationaler Ebene erhielt der Export von Studienangeboten erst im Rahmen einer Initiative der Bundesregierung eine strategische Aufwertung. Anfang 2001 legte das Bundesministerium für Bildung und Forschung (BMBF) das Programm »Zukunftsinitiative Hochschule« auf. Zehn Millionen Euro wurden für ein Teilprogramm der Zukunftsinitiative mit der Bezeichnung »Export deutscher Studienangebote« zur Verfügung gestellt. Laut Ausschreibungstext fördert dieses Programm Studienexporte in Nicht-EU-Staaten, um Deutschland im »weltweiten Wettbewerb um die besten Köpfe« (DAAD 2001a, S. 1) eine gute Ausgangsposition zu verschaffen. Möglich ist dabei, auf bestehende internationale Hochschulkooperationen zurückzugreifen. Die zu fördernden Studienangebote sollen normalerweise im Rahmen von etablierten internationalen Kooperationen heraus verwirklicht werden. Sie sollen »einen deutlichen Bezug zu Deutschland vermitteln« (ebenda) und so angelegt sein, dass sie sich nach drei bis maximal fünf Jahren mithilfe von Studiengebühren und gegebenenfalls ergänzenden Mitteln der Wirtschaft finanziell selber tragen.

Aus insgesamt 123 Anträgen von 107 Hochschulen aller Typen wurden 29 Projekte für eine (Teil-)Förderung aus Bundesmitteln ausgewählt. Mit 22 Projekten ist die ganz überwiegende Mehrzahl der geförderten Vorhaben vielmehr den Ingenieurwissenschaften und der Informatik zuzurechnen. Außerdem wurde jeweils ein Studienangebot aus den Bereichen Entwicklungsforschung, Germanistik, deutsches/europäisches Recht, Gender Studies, Kunst, Musik sowie Sozial- und Geisteswissenschaften allgemein ausgewählt.

Knapp die Hälfte der Projekte intendiert die Gründung von eigenständigen Zentren oder »deutschen Fakultäten« im Ausland. Ungefähr ein Drittel zielt darauf ab, regelmäßig Sommerschulen im Ausland anzubieten. Die übrigen Projekte sehen die Entwicklung eines speziellen Studienmoduls oder eines Studiengangs vor.

Mehrere der geförderten Studienexporte sind den *Collaborative arrangements* zuzurechnen; ihre wissenschaftlichen Belange werden in Zusammenarbeit einer oder mehrerer deutscher und ausländischer Hochschulen realisiert. Oft sind sie mit *Twinning* – also dem Teilstudium von Studenten an der Mutterhochschule in Deutschland – verbunden, aber einige deutsche Hochschulen wollen auch im Eigenbetrieb Studienangebote im Ausland aufbauen.

Zu einem großen Teil stehen die deutschen Studienexporte interessanterweise deutlich in der Tradition bewährter Hochschulzusammenarbeit. Sie zeigen letztendlich auch infolge ihrer Anschubfinanzierung durch die öffentliche Hand nur unscharfe Züge eines unternehmerischen Hochschulengagements auf dem »globalen Bildungsmarkt«. Für die Auswahl von Zielländern und Partnerinstitutionen wird weniger die dortige Bildungsnachfrage potenzieller Studierender, sondern vielmehr der Bedarf an Fachkräften dort ansässiger deutscher und multinationaler Unternehmen bzw. der dortige Fachkräftebedarf für die allgemeine Landesentwicklung als ausschlaggebendes Argument genannt. Viele der geförderten deutschen Studienexporte sind den Projektbeschreibungen zufolge außerdem mit der Hoffnung verknüpft, dass sich eine Forschungszusammenarbeit mit ausländischen Partnern entwickeln werde, was untypisch ist für TNE.

18.5 GATS: Hochschulbildung als Gegenstand internationaler Handelsvereinbarungen

Das *General Agreement on Trade in Services* (GATS), das im Jahr 1994 von 124 Staaten unterzeichnet wurde, verfolgte das Ziel, im Rahmen einer zweiten Verhandlungsrunde bis 2005 eine weitgehende Liberalisierung der grenzüberschreitenden Erbringung von Dienstleistungen aller Art zu vereinbaren. Für das Hochschulwesen stellt GATS einen typischen Schritt in Richtung auf eine Globalisierung dar: Eine der zentralen Zielsetzungen des GATS ist es, Dienstleistungsanbietern – zu denen u. a. auch die Hochschulen gezählt werden – internationale Aktivitäten bzw. das Agieren außerhalb ihres Heimatlandes deutlich zu erleichtern. Dies soll erreicht werden, indem die GATS-Teilhaberstaaten sich auf den Abbau von Bestimmungen verpflichten, die derzeit einer Gleichbehandlung in- und ausländischer Anbieter beispielsweise im Hochschulwesen entgegenstehen. Yalçin und Scherrer (vgl. 2002) haben die Bedeutung des GATS für den Hochschulsektor ausführlich analysiert. Ihre Studie liegt den folgenden Ausführungen zugrunde.

Das GATS zielt auf die Liberalisierung des internationalen Handels mit Dienstleistungen jeglicher Art ab, die »zu kommerziellen Zwecken [und] [...] im Wettbewerb mit einem oder mehreren Dienstleistungserbringern erbracht« werden (WTO 1994, Art. I, Abs. 3c). Dies ist dann der Fall, wenn in einem

Dienstleistungssektor – zum Beispiel dem Hochschulwesen – entweder neben öffentlichen auch quasistaatliche oder private Anbieter aktiv sind, eine Teilprivatisierung stattgefunden hat oder Privatisierung angestrebt wird. Dieser Tatbestand wird in Deutschland in allen Bildungsbereichen erfüllt.

Das GATS unterscheidet neben fünf Bildungsbereichen – einer unter ihnen ist das Hochschulwesen – vier so genannte »Erbringungsarten« von Bildungsangeboten im Ausland:

- die *grenzüberschreitende Erbringung* von Bildungsdienstleistungen zum Beispiel durch das Angebot von Fernstudiengängen;
- die *Inanspruchnahme (von Bildungsdienstleistungen) im Ausland* im Rahmen beispielsweise von Auslandsstudienphasen;
- die *kommerzielle Präsenz* von ausländischen Bildungsanbietern im Inland und
- die inländische *Präsenz natürlicher Personen* (beispielsweise von Wissenschaftlern und Dozenten) aus dem Ausland.

Das GATS bezieht sich damit im Hochschulwesen auf zwischenstaatliche Beziehungen, die von traditionellen Formen des akademischen Austauschs bis hin zu Studienexporten und dem Aufbau hochschulischer Außenstellen im Ausland reichen.

Die GATS-Teilhaberstaaten können sich nach Bildungsbereichen und Erbringungsarten differenziert verpflichten, Anbieter aus den anderen teilnehmenden Ländern gleichzustellen mit inländischen Bildungsanbietern. Sie können aber auch spezielle Einschränkungen hinsichtlich zu liberalisierender Bildungssegmente vornehmen. Die EU-Staaten haben sich 1994 beispielsweise nur im Bereich privat finanzierter Bildungsangebote verpflichtet, ausländischen Anbietern freien Marktzugang zu gewähren. Hingegen wurden Dienstleistungen, die »auf nationaler oder örtlicher Ebene als öffentliche Aufgaben betrachtet werden« ausdrücklich von der Marktöffnung ausgenommen. Die EU hat ihren Mitgliedsländern zudem bislang die Möglichkeit vorbehalten, Bildungsangebote nach eigenem Ermessen zu subventionieren.

Forderungen an eine Überarbeitung des Abkommens wurden bei der Fortführung der Verhandlungen bis 2003 von den USA, Australien, Japan und Neuseeland eingereicht. Australien fordert beispielsweise den Abbau einer Reihe von Hürden für hochschulische Aktivitäten im Ausland im Bereich der Erbringungsarten zwei und vier (vgl. z. B. Sauvé 2002, S. 70). Es werden somit im Zuge der GATS-Verhandlungen unter anderem auch wieder diejenigen Hindernisse für akademische Mobilität diskutiert, um deren Erleichterung sich vor allem die EU-Staaten seit vielen Jahren im Rahmen ihrer etablierten Kooperation bemühen: Visa- und Devisenbestimmungen, Beschränkungen bei der Erteilung einer Arbeitserlaubnis und die Anerkennung von im Ausland erworbenen Abschlüssen. Was die Erbringungsart drei anbelangt – die kommerzielle Präsenz ausländischer Anbieter im Inland – so steht die EU allerdings unter Druck, nicht nur ihre 1994 ausgehandelten Ausnahmebestimmungen aufzugeben, sondern – den Forderungen der USA entsprechend – zusätzlich zu dem unmittelbaren Angebot von Bildungsmaßnahmen auch die Bildungsvermittlung und die Leistungsüberprüfung zu liberalisieren.

Würden die bisher bestehenden Ausnahmeregelungen tatsächlich aufgehoben, könnten sich ausländische Hochschulen und andere Bildungsträger unter gleichen Bedingungen wie die deutschen um Gelder aus öffentlichen Bildungshaushalten bewerben. Inwieweit allerdings ausländische Anbieter von Studienangeboten wirklich daran interessiert wären, in naher Zukunft in Deutschland aktiv zu werden, ist schwer zu beurteilen. Larsen und Vincent-Lancrin (vgl. 2002, S. 39) haben versucht, eine differenzierte Einschätzung der zukünftigen Entwicklung von internationalen Aktivitäten im Bildungssektor vorzunehmen. Bezüglich der kommerziellen Präsenz im Ausland von Anbietern von Hochschulbildung prognostizieren sie für OECD-Länder mit hohem Einkommen eine nur begrenzte Entwicklung, die sich auf solche Länder konzentrieren wird, in denen die Hochschulbildung stark subventioniert wird.

In Bezug auf die Auswirkungen des GATS wird allgemein davon ausgegangen, dass nationale bildungspolitische Handlungsspielräume beschnitten werden könnten. Der Grund hierfür ist, dass unter dem GATS jegliche nationale Neuregelungen, die Auswirkungen für ausländische Anbieter haben, unter den GATS-Mitgliedsländern diskutiert werden müssen. Die Gewerkschaften fordern beispielsweise, im Rahmen von GATS die Möglichkeit zu verankern, bei Arbeitsmarktproblemen oder anderen Marktstörungen die auf nationaler Ebene eingegangenen Verpflichtungen vorübergehend aussetzen zu können.

18.6 Schlussbetrachtung

Die zunehmende Internationalisierung der Hochschulen war von fast allen Beteiligten bis Mitte der 1990er Jahre als ein äußerst positiv einzuschätzender Trend begrüßt worden. Qualität und Innovation in der Wissenschaft gewinnen, wenn Ideen aus aller Welt zur Verfügung stehen, ein Informationsaustausch schnell erfolgt und Kooperation leicht anzubahnen ist. Die Erfahrung des »Anderen« wirkt horizonterweiternd und inspirierend. Eine Mischung aus kosmopolitischem Flair und Stolz auf erfolgreiche Bewältigung des Unbekannten tun ihr Übriges.

Sicher wäre es jedoch unangemessen anzunehmen, dass das Hochschulsystem trotz der Hochschätzung von Innovation und Kosmopolitismus völlig frei wäre von Nationalstolz, Bevorzugung des Vertrauten und Misstrauen gegenüber dem Fremden, von einem Unbehagen gegenüber kultureller Heterogenität und ähnlichen Phänomenen, die in verschiedenen gesellschaftlichen Bereichen zu beobachten sind. So war die Internationalisierung der Hochschulen immer auch begleitet von einer Kampagne ihrer Protagonisten zur Erhöhung des gegenseitigen Vertrauens über Grenzen hinweg.

Mit der terminologischen Akzentverschiebung von »Internationalisierung« zu »Globalisierung«, die seit Mitte der 1990er Jahre an den Hochschulen voranschreitet, tritt also die ambivalente Bewertung der internationalen Einbettung der Hochschulen und ihrer internationalen Aktivitäten nicht neu auf, sondern sie wird nur deutlicher thematisiert. »Globalisierung« signalisiert eine Mischung aus Chancen und Gefahren, und TNE ist derjenige wachsende Bereich von Aktivitäten, bei dem die Gefahren am häufigsten hervorgehoben werden.

Jeder Versuch, das Unbehagen an der Globalisierung der Hochschulen zu analysieren oder zu erklären, kommt zu dem Schluss, dass »Ökonomisierung« ein Schlüsselwort für dieses Unbehagen ist und dass TNE derjenige Aktivitätsbereich ist, bei dem Elemente der Ökonomisierung am stärksten ins Bewusstsein treten. Wenn von »*Ökonomisierung*« der Hochschulen die Rede ist, werden verschiedene Dimensionen angesprochen. Es geht erstens um ein *Abnehmen der Übersichtlichkeit* von Rahmenbedingungen und damit um eine wachsende Unsicherheit, unter der die einzelne Hochschule als Ganze oder der einzelne Wissenschaftler handeln muss (vgl. Barnett 2000). Zweitens kommt damit zum Ausdruck, dass die Beziehungen zu Anderen weniger von Vertrauen auf professionelle Kollegialität oder auf Bereitschaft zu internationaler Kooperation geprägt sind, sondern zunehmend auch von *misstrauischer Konkurrenz*. Drittens wird mit dem Begriff »Ökonomisierung« die Einschätzung thematisiert, dass für die Hochschulen der *Freiraum* zur Verfolgung der wissenschaftlichen Wahrheit und Qualität um ihrer selbst willen *verengt wird* zugunsten von direkten Bemühungen, sich der Gesellschaft als unmittelbar nützlich anzudienen. Viertens geht es um *unlauteren Wettbewerb*: Insbesondere TNE wird als Einfallstor dafür gesehen, dass man sich leichter als zuvor mit Geld den Schein von Qualität und Kompetenz erkaufen kann.

Insgesamt scheint es jedoch nicht angebracht, »Internationalisierung« der Hochschulen als die Inkarnation der gewachsenen Grundwerte hochschulischer Akteure zu betrachten und »Globalisierung« als die Abkehr davon. Der Wandel in der Verwendung der Begriffe zeigt allerdings, dass deutliche Akzentverschiebungen stattgefunden haben. Es wird immer weniger möglich, bestimmte internationale Aktivitäten der Hochschulen eindeutig entweder einer positiven Welt von Kooperation, Vertrauen und kosmopolitischer Wissenschaftskultur zuzurechnen oder aber einer Welt von Misstrauen, Dominanz und unlauteren Qualitätsversprechen.

Wie die nähere Betrachtung deutscher Studienexporte gezeigt hat, lassen sich internationale Aktivitäten der Hochschulen *oft nicht mehr eindeutig einer der beiden Kategorien »internationale Hochschulkooperation« oder »Transnational education« zuordnen.* Aber auch die Bedingungen, Zielsetzungen und Wirkungen unterschiedlich akzentuierter internationaler Aktivitäten der Hochschulen überschneiden sich. Auf der einen Seite wird die Konkurrenz zwischen den deutschen Hochschulen unterstrichen, wenn die Höhe studentischer Mobilität als ein Erfolgsindikator für die leistungsorientierte Mittelzuweisung durch die Länder definiert wird. Auf der anderen Seite öffnet TNE die Chance zu schneller wissenschaftlicher Innovation und zu Horizonterweiterung aus der Erfahrung des Anderen in einem größeren Rahmen, als dies physische Mobilität in der Vergangenheit erreichen konnte.

Die Hochschulen stehen nicht vor der Wahl zwischen der Ausweitung von Aktivitäten mit wünschenswerten Chancen und der Abwehr von Aktivitäten, die eindeutig von Gefahren geprägt sind. Es wäre sicherlich interessant zu untersuchen, wieweit sich unterschiedlich akzentuierte Aktivitäten gegenseitig ergänzen: wie z. B. wachsende traditionelle Mobilität das Interesse an TNE erhöht oder umgekehrt die Präsenz ausländischer Bildungsanbieter in einem Land das Interesse der dortigen Studierenden an einer Studienphase im Ausland beeinflusst (vgl. hierzu Altbach und Teichler 2001). Die Begriffe »Internationalisierung« und »Globalisierung« symbolisieren gegensätzliche Pole in den Kulturen der Hochschulen. Mit Barblan lässt sich jedoch zusammenfassend feststellen, dass die beiden – analytisch differenzierbaren, aber real nicht völlig getrennt existierenden – Kulturen sich *eher ergänzen als ausschließen*: »they aim towards the same goal – internationalisation – an objective they attempt to reach with different although complementary instruments« (Barblan 2002a, S. 92).

Damit ist nicht die Aufgabe der Hochschulen in Frage gestellt, ständig zu prüfen, unter welchen Bedingungen zunehmende Marktregulation, Lenkung durch Anreize und Abbau von Kontrollen zu Hemmnissen von Qualität und Innovation durch destruktives Misstrauen, neue Barrieren gegen Kommunikation oder unlauteren »Verkauf« von Qualität führen. In dynamisch wachsenden Aktivitätsbereichen wie *Transnational education* werden sich neue Konventionen herausbilden müssen, wie solche Grenzziehungen zu erreichen sind.

19 »Mainstreaming« der Internationalisierung an deutschen Hochschulen (2005)*

19.1 Einleitung

Globalisierung, Internationalisierung und Europäisierung – diese Themen sind in vielen europäischen Ländern von höchster hochschulpolitischer Priorität. Begriffe mit der Endung »-sierung« signalisieren einen Prozess von Zunahme und Bedeutungswachstum, aber nicht auszuschließen ist, dass die hochschulpolitische Aufmerksamkeit nur temporär steigt. Wenn wir diese drei Schlüsselbegriffe im Zusammenhang mit dem Hochschulsystem verwenden, dann meinen wir auf der einen Seite eine derartige Veränderung in dem Bedingungsgefüge, in dem die Hochschulen agieren, und auf der anderen Seite Antworten und Änderungen des Hochschulsystems selbst – also eine Globalisierung, Internationalisierung und Europäisierung der Hochschulen.

Wie die europäischen Länder in der Hochschulpolitik und die einzelnen Hochschulen in ihren Strategien mit dieser Thematik umgehen, war in den Jahren 2003 und 2004 Gegenstand einer vergleichenden Studie (Huisman und van der Wende 2004, 2005). Das sogenannte HEIGLO-Projekt, das vom Wissenschaftsdirektorat der Europäischen Kommission gefördert wurde, analysierte die Globalisierungs-, Internationalisierungs- und Europäisierungskontexte sowie -politiken und -strategien in sieben Ländern: Deutschland, Großbritannien, Griechenland, den Niederlanden, Norwegen, Österreich und Portugal.

Die folgende Analyse der Bedingungen, Politiken und Strategien im Hinblick auf die Globalisierung, Internationalisierung und Europäisierung konzentriert sich auf die Situation im deutschen Hochschulwesen. Dabei wird besondere Aufmerksamkeit auf die Entwicklungen seit 1996 gerichtet.

---

* Koautorin: Karola Hahn.

19.2 Wandel von Zielen und Maßnahmen zur Internationalisierung des Hochschulwesens

Seit den späten achtziger Jahren war in verschiedenen Ländern ein *Sprung nach vorn* in Richtung einer stärkeren Internationalisierung vor allem in zweierlei Hinsicht zu beobachten: in einer Zunahme von internationaler Mobilität und Kooperation und einer gewissen De-Nationalisierung der Strukturen und der Steuerung des Hochschulwesens.

Der Begriff *Internationalisierung* wird in der öffentlichen Diskussion gebraucht, um ein enger werdendes weltweites Beziehungsgeflecht bei weiterhin bestehenden nationalen Grenzen darzustellen. Ähnlich bezieht sich der Begriff »Europäisierung« auf eine Region, wobei die zunehmende Beziehungsverflechtung allerdings den Bedeutungsverlust von Grenzen meinen kann. Letzteres gilt auch für den Begriff »Globalisierung«: Manchmal bedeutet er wenig mehr als die modische Ersetzung des Begriffes »Internationalisierung«; auch wird damit der Bedeutungsverlust von Grenzen angesprochen; schließlich wird damit eine zunehmende ökonomische Bestimmtheit der Hochschulumwelt und der Hochschulstrategien in den Vordergrund gestellt.

Internationalisierung im Sinne von zunehmender Kooperation und Mobilität über Ländergrenzen hinweg schien schon lange ein mehr oder weniger kontinuierlicher Prozess zu sein. Dieser Prozess wurde weithin willkommen geheißen oder als irreversibel akzeptiert. Internationalisierung wurde *zu Beginn der neunziger Jahre das Schwerpunktthema der Hochschulpolitik in Deutschland*, sieht man von Besonderheiten der deutschen Vereinigung ab. Mitte der neunziger Jahre erreichte diese Tendenz ein neues Stadium, das sich als Mainstreaming der Internationalisierung bezeichnen lässt. Alle Reformen im Hinblick auf Internationalisierung wurden mit anderen Entscheidungen verknüpft, und bei allen anderen Hochschulpolitiken ging es auch immer darum, was dies im internationalen Rahmen bedeutet. Spätestens seit 1996 wurde Internationalisierung das wichtigste Thema der Hochschulpolitik – zu einem Zeitpunkt, zu dem gleichzeitig der Begriff *Globalisierung* wachsende Popularität gewann.

Das Steuerungssystem des deutschen Hochschulwesens wird oft als so komplex beschrieben, dass es kaum Raum für zügige Reformen lässt. Bemerkenswerterweise konnten Reformen in Richtung einer Internationalisierung der Hochschulen jedoch relativ schnell auf den Weg gebracht werden. Das hing zweifellos damit zusammen, dass die Zielvorstellungen wichtiger Akteure – wie die Ministerien von Bund und Ländern, die Abstimmungsgremien wie die Bund-Länder-Konferenz für Bildungsplanung und Forschungsförderung (BLK) und der Wissenschaftsrat, Dachorganisationen der Hochschulen wie die Hochschulrektorenkonferenz (HRK) und spezielle Agenturen wie der Deutsche Akademische Austauschdienst (DAAD) – in ihren Einschätzungen, Empfehlungen und Maßnahmen viel weniger divergierten, als das bei den meisten hochschulpolitischen Themen in der Vergangenheit der Fall gewesen war.

Diese Hauptakteure der Hochschulpolitik schienen nicht nur darin übereinzustimmen, dass die weltweite Suche nach neuem Wissen sowie die internationale Kooperation und Mobilität sich weiterhin deutlich ausweiten würden, sondern es zeigte sich auch eine weitgehende Übereinstimmung im Hinblick auf Aspekte, die als Mainstreaming, Entnationalisierung und neue Internationalisierungspolitiken bezeichnet werden können:

- *Mainstreaming*: Internationalisierung ist in die allgemeine Hochschulpolitik einzubetten.
- *Entnationalisierung*: Das Hochschulsystem kann immer weniger als geschlossenes nationales System verstanden werden, wie es in der Vergangenheit weitgehend gesehen worden ist.
- *Neue Internationalisierungspolitik*: Nationale Politiken sollen sich darauf konzentrieren, einzelne Hochschulen besser in die Lage zu versetzen, mehr ausländische Studierende und mehr Forschungsressourcen im globalen Wettbewerb zu erreichen.

Zu bedenken ist, dass die Finanzierung und Aufsicht der weitgehend öffentlichen Hochschulen bei den 16 Ländern der Bundesrepublik Deutschland liegt. Diese haben im Laufe der Jahre immer mehr die politischen Initiativen der Bundesregierung mit Misstrauen betrachtet und blockiert. Im Hinblick auf Internationalisierungsentwicklungen haben sich jedoch eher als zu anderen Themen Übereinstimmung und Kooperation entwickelt.

Für Fragen der internationalen Hochschulpolitik und der Förderung der internationalen Hochschulbeziehungen ist in Deutschland die Bundesregierung zuständig, wobei drei Ministerien beteiligt sind: das Auswärtige Amt im Hinblick auf allgemeine Kultur- und Wissenschaftsförderung, das Bundesministerium für Bildung und Forschung im Hinblick auf Hochschulen und Wissenschaft generell und das Bundesministerium für Wirtschaftliche Zusammenarbeit im Hinblick auf Hochschule und Wissenschaft in Entwicklungsländern. Festzustellen ist allerdings, dass das letztgenannte Ministerium seit Jahrzehnten einen Schwerpunkt auf die Förderung beruflicher Bildung in Entwicklungsländern setzt, aber nur wenige Aktivitäten in Hochschule und Wissenschaft fördert.

Der DAAD, eine der weltweit größten Agenturen zur Förderung internationaler Mobilität, ist offiziell eine Mitgliedsorganisation der deutschen Hochschulen. Dies schlägt sich auch in vieler Hinsicht in seinen Strategien und Vergabepolitiken nieder; er erhält jedoch seine Mittel vor allem von den für

Außen-, Hochschul- und Entwicklungshilfepolitik zuständigen Bundesministerien und hat somit mit deren politischen Linien zu tun. Seit Mitte der neunziger Jahre hat sich der DAAD zunehmend als treibende Kraft für die vorherrschende Internationalisierungspolitik profiliert.

19.3 Nationale Internationalisierungsstrategie

Deutschland gehört zu den ökonomisch fortgeschrittenen Ländern, die seit langem im Hinblick auf die Mobilität von Studierenden und Wissenschaftlern sehr aktiv sind. So wurden immer viele Mobile aus anderen Ländern aufgenommen, und viele deutsche Studierende gingen ins Ausland. Mitte der neunziger Jahre wurden in der hochschulpolitischen Diskussion in Deutschland zwei Sorgen häufig formuliert: Erstens, dass Deutschland in Gefahr sei, seine Position als eines der wichtigen gastgebenden Länder für Studierende aus großen Bereichen der Welt und dabei insbesondere für die talentiertesten Studierenden aus den Schwellenländern zu verlieren. Zweitens, dass es einen Brain drain in der Weise gäbe, dass viele befähigte Doktoranden und Nachwuchswissenschaftler Deutschland in Richtung USA verließen.

Sehr bald kündigte das Bundesministerium für Bildung und Wissenschaft (1997) ein Programm zur Förderung der Attraktivität und Wettbewerbsfähigkeit von Hochschule und Wissenschaft in Deutschland an. Der DAAD legte ebenfalls 1997 ein Aktionsprogramm vor und begann mit der Förderung von Studienprogrammen, die sich spezifisch an ausländische Studierende richten. Es sah insbesondere Maßnahmen vor, um mehr Studierende aus anderen Ländern für ein Studium in Deutschland zu gewinnen, u. a. durch mehr Werbung, mehr Fremdsprachenangebote und auch durch eine zukünftige Umstellung der Studiengangstrukturen. In den Jahren 2000 und 2004 folgten weitere Aktionsprogramme des DAAD. Alle Aktionsprogramme sahen die Ausweitung der Förderung der bereits seit langem verbreiteten Mobilitäts- und Kooperationsaktivitäten vor, aber vor allem Akzentverschiebungen in den Begründungen – Wettbewerb, Globalisierung – und in den Aktivitäten in Richtung von mehr Marketing, mehr Import von Studierenden, mehr gestuften Studiengängen mit besonderer Akzentsetzung auf ausländische Studierende, mehr Studienangeboten in englischer Sprache und schließlich auch dem Aufbau von deutschen Hochschulen und Studiengängen im Ausland.

19.4 Internationalisierungspolitik und der sich wandelnde Zeitgeist

In mancher Hinsicht kann die Internationalisierungspolitik im Rahmen des deutschen Hochschulwesens seit Mitte der neunziger Jahre als *Ergänzung der früheren Betonung von Kooperation und Mobilität* verstanden werden. In anderer Hinsicht zeigen sich *Spannungen und Gegensätze*. Nunmehr ist von Globalisierung, Wettbewerb, Marketing und Export von Studienangeboten die Rede.

Die Befürworter der neuen Linie meinen, dass Deutschland zu kurz käme, wenn es nicht in den internationalen Hochschulbeziehungen ähnliche Wege ginge wie Australien und Großbritannien. Bemühungen um Brain gain und Bildungsexport trügen zu Effizienz, wirtschaftlicher Nützlichkeit und Qualitätsverbesserung bei und seien damit für das deutsche Hochschulwesen gewinnbringend. Formulierungen wie »Wissenschaft schafft Märkte« versuchten, sowohl auf die Ökonomisierung der Hochschulen als auch auf die stärkere Ausrichtung der Hochschulen auf ökonomische Ziele hinzuweisen. Die Kritiker einer solchen Akzentverschiebung dagegen sahen die Gefahr, dass das Hochschulsystem insgesamt durch ökonomische Instrumentalisierung gerade sein Potential zur Innovation gefährde, dass mit der Betonung von Personenimporten und Programmexporten das Lernen der Deutschen durch internationale Erfahrungen auf die Dauer in den Hintergrund gedrängt werden könne und dass die wirtschaftliche und gesellschaftliche Relevanz der internationalen Hochschulbeziehungen ironischerweise gerade darunter leiden könne, dass Kooperation, die auf gegenseitigem Vertrauen basiere, nicht mehr im Mittelpunkt stünde (zu diesen Diskussionen siehe Hahn 2004). Diese unterschiedlichen Positionen prallten insbesondere aufeinander, als zu Beginn des 21. Jahrhunderts sich die Aufmerksamkeit zunehmend auf die anstehende Novellierung des internationalen Dienstleistungsabkommens GATS richtete (siehe Hahn 2003).

Insgesamt wäre es jedoch übertrieben zu behaupten, dass in der Internationalisierungspolitik im Hinblick auf die Hochschulen und in den Internationalisierungsstrategien der Hochschulen eine ökonomistische Globalisierungspolitik Schritt für Schritt eine kooperationsbezogene und kulturpolitisch akzentuierte Internationalisierungspolitik abgelöst habe. Dass es eher eine *Suche nach einer mittlere Linie zwischen dem neuen Zeitgeist und den vorher etablierten Vorstellungen* gab, lässt sich unseres Erachtens mit drei Argumenten belegen:

– Erstens sind Hauptakteure der neuen Linien der Internationalisierungspolitiken nie so weit gegangen wie die OECD, die ein möglichst hohes Übertreffen der Aufnahme ausländischer Studierender gegenüber einem Auslandsstudium der Angehörigen des eigenen Landes als Indikator für erfolgreiche Internationalisierungspolitik darstellte. In Deutschland wurde zwar seit Mitte der neunziger Jahre insbesondere dafür plädiert, die Attraktivität der deutschen Hochschulen für ausländische Studierende zu erhöhen, aber ebenso wurde für eine Zunahme des Auslandsstudiums geworben.

- Zweitens konzentrierten sich die vermehrten Bemühungen nicht allein auf Schwellenländer und Regionen, bei denen ein schneller Nutzen der Ausweitung internationaler Beziehungen zu erwarten ist, sondern viele internationale Aktivitäten richteten sich auf besondere Krisengebiete, um dort bei dem Aufbau von Mindestvoraussetzungen für Lehre, Studium und Forschung behilflich zu sein.
- Drittens wurden die Ereignisse des 11. September 2001 als Anzeichen dafür interpretiert, dass es mehr kulturell sensible Wege der Internationalisierung von Hochschulen und Wissenschaft geben müsse. In diesem Rahmen wurden zunehmende Aktivitäten eines kulturellen Dialogs mit der islamischen Welt gefördert.

Deutlich war jedenfalls, dass die deutschen Hochschulen generell ihre internationalen Aktivitäten ausweiteten und dass sich daran immer mehr Akteure unbeschadet der oben genannten hochschulpolitischen Divergenzen beteiligten. Einigend war dabei auch, dass die Vorstellungen weitgehend einvernehmlich waren, was bisher die Attraktivität von Deutschland als Studienort einschränkte. Bei den Interviews, die im Rahmen des HEIGLO-Projekts durchgeführt wurden (siehe Hahn 2004, 2005), wurden vier *Probleme* am häufigsten genannt:

- *unfreundliche Rahmenbedingungen* für ausländische Studierende und Wissenschaftler (z. B. bei Visa, Arbeits- und Aufenthaltsberechtigung);
- *Mangel* an direkter wissenschaftlicher Betreuung, an verschiedenen *Unterstützungsleistungen* sowohl von Seiten der Fachbereiche als auch der Hochschule insgesamt;
- die *deutsche Sprache* als fast ausschließliche Sprache für Lehre und Studium;
- *Mangel an Stipendien*, die die *einzelnen Hochschulen* den Studierenden und Wissenschaftlern vergeben können.

Daneben gibt es ein weiteres Problem, das in diesen Interviews kaum angesprochen wurde: Für Ausländer erscheinen die lockeren Arrangements der individuellen *Betreuung von Doktoranden* oft ein zu hohes Risiko.

Viele Aktivitäten zur Internationalisierung richten sich – unbeschadet der oben genannten Grundsatzdiskussion – schlicht auf eine Verbesserung der wissenschaftlichen und Lebenssituation der mobilen Studierenden und Wissenschaftler, die nach Deutschland kommen. Der DAAD stieß vielerlei Verbesserung zur Information und zum Ausbau von Service-Angeboten an den

Hochschulen an. Das Deutsche Studentenwerk – die hochschulübergreifende Service-Institution für Stipendien, Wohnen, Beköstigung der Studierenden u. a. – etablierte besondere Betreuungs-Services für ausländische Studierende. Über solche Dienstleistungsfunktionen hinaus änderte sich vieles in Lehre, Studium und Forschung in Hinblick auf internationale Mobilität: Dazu gehören die Zunahme strukturierter Doktorandenprogramme und der Ausbau von Studienangeboten in englischer Sprache. Viele Veränderungen in den Studiengängen sind darauf angelegt, sowohl die »Internationalisierung daheim« zu stärken als auch Studierenden aus anderen Ländern ein weltweit relevantes Studienangebot zu sichern.

19.5 Die weltweite und die europäische Perspektive der Internationalisierungspolitiken

Internationalisierungspolitiken und -aktivitäten in den einzelnen Ländern haben unterschiedliche räumliche Perspektiven und sind dabei in unterschiedlichem Maße von politischen, ökonomischen, kulturellen und wissenschaftlichen Akzenten geprägt. Für Deutschland ließ sich viele Jahre lang folgende Landkarte der internationalen Beziehungen zeichnen:

- *Sehr enge Kooperation und sehr leichte Mobilität* gab es traditionell zwischen den deutschsprachigen Ländern Deutschland, Österreich und deutschsprachigen Gebieten der Schweiz. Hier fielen Austausch und Kooperation so leicht, dass dies oft gar nicht mit den üblichen Fragen von internationalen Beziehungen in Verbindung gebracht wurde.
- Kooperation und Mobilität *auf der Basis gegenseitigen Respekts* der wissenschaftlichen Qualität hatte sich mit mehr oder weniger allen marktwirtschaftlich orientierten, ökonomisch fortgeschrittenen Ländern entwickelt.
- Im Gegensatz dazu waren Kooperation und Mobilität zwischen der Bundesrepublik Deutschland und den Ländern auf der anderen Seite der *Front des »kalten Krieges«* äußerst spärlich.
- Die Beziehungen zu *anderen Ländern der Welt* waren sehr ungleich verteilt. Zuweilen spielten Schwerpunkte der Entwicklungshilfepolitik eine Rolle. Hinzu kam, dass in einigen ausgewählten Ländern Deutschland als Zielland für Studierende und Wissenschaftler eine hohe Popularität erlangte. Das galt – zeitweilig oder längerfristig – für die Republik Korea, den Iran, für Indonesien und die Türkei.

Aus heutiger Sicht können wir drei Phasen der Internationalisierungspolitik unterscheiden:

- *Die vorsystematische Phase*: Bis zum Beginn der 1980er Jahre schienen die nationalen Politiken über viele Länder verteilt Akzente zu setzen. Bei den meisten Hochschulen selbst war kaum eine Internationalisierungsstrategie zu beobachten. Das Akademische Auslandsamt bot Services eher reaktiv an. Wissenschaftler suchten Wissen daheim und in der Welt und bauten oft individuell internationale Beziehungen auf, für die sie in unterschiedlichem Maße – oft gar nicht – die Hilfe ihrer Hochschule suchten.
- *Die erste systematische Phase*: Im Laufe der achtziger Jahre rückten die zunehmenden Verflechtungen innerhalb Europas immer mehr in den Vordergrund. Die europäische Forschungsförderung wurde für die Hochschulen interessanter. Die Einführung des ERASMUS-Programms im Jahre 1987 zur Förderung der temporären Mobilität von Studierenden und verschiedener begleitender Maßnahmen änderte deutlich das Klima an den Hochschulen in Deutschland und anderen europäischen Ländern. Als Folge dieser Zunahme der internationalen Aktivitäten in regionaler Nähe entwickelte sich studentische Mobilität von einer Ausnahmeaktivität zu einer normalen Option. Es wurde selbstverständlich, den Austausch in unterstützende Akzente der Studienangebote und der Dienstleistungen einzubetten. Schließlich wurden internationale Aktivitäten so wichtig, dass viele Hochschulen sie als eine Frage systematischer Gestaltung zu betrachten begannen und in der Tat immer stärkeres Gewicht darauf legten.
- *Die zweite systematische Phase*: Seit Mitte der neunziger Jahre finden die Beziehungen zu anderen Regionen der Welt wieder stärkere Beachtung. Zwar gewinnen Fragen der intraeuropäischen Hochschulbeziehungen mit dem »Bologna-Prozess« seit 1999 und dem »Lissabon-Prozess« immer weiter an Bedeutung, aber im Kontext der internationalen Aktivitäten der Hochschulen ist mehr von »Globalisierung« als von »Europäisierung« die Rede. Zugleich beobachten wir, dass internationale Strategien und internationale Aktivitäten der Hochschulen immer mehr in den Mainstream der Strategien und Aktivitäten eingeordnet werden: Bei Entscheidungen zu internationalen Aktivitäten steht immer zugleich zur Diskussion, was diese für die Hochschulaktivitäten insgesamt bedeuten, und bei Entscheidungen zu allgemeinen Aktivitäten, was diese für die internationalen Beziehungen bedeuten.

Wir hören unterschiedliche Einschätzungen, wieweit nationale Politiken und Strategien der Hochschulen in diesen Fragen miteinander zusammenhängen, wieweit die Paradigmen von »Kooperation« und »Konkurrenz« die internationalen Aktivitäten der Hochschulen bestimmen und in welchem Maße politische, ökonomische, kulturelle und wissenschaftliche Akzente eine Rolle spielen. Die Aktivitäten sind so variantenreich, und die Beobachter sind oft so sehr von ihrer eigenen Betrachtungsweise geprägt, dass wir keine einheitliche Einschätzung erwarten können.

19.6 Die tatsächlichen Aktivitäten

So lange unter Internationalität der Hochschulen vor allem die physische Mobilität der Studierenden und Wissenschaftler verstanden wurde, schien Internationalisierung mit quantitativen Indikatoren relativ leicht zu messen zu sein: als Anzahl oder Anteil von ausländischen Studierenden im eigenen Land und eigenen Studierenden im Ausland sowie entsprechend von ausländischen Wissenschaftlern im eigenen Land und eigenen Wissenschaftlern in anderen Ländern.

Das bedeutete nicht, dass Daten dazu leicht zur Verfügung standen. Ausländische Studierende an den deutschen Hochschulen wurden regelmäßig erfasst. Deutsche Studierende im Ausland konnten wenigstens dadurch ermittelt werden, dass die UNESCO aus Statistiken zu ausländischen Studierenden in allen Ländern der Welt das Herkunftsland ermittelte und somit aus Statistiken aller Länder, die Daten liefern, die Angabe hervorgeht, wie viele eine deutsche Staatsangehörigkeit haben.

Solche Statistiken verloren im Laufe der Zeit immer mehr an Validität. Je mehr insgesamt die *internationale Mobilität* der Weltbevölkerung zunimmt, desto weniger ist *ausländische Staatsgehörigkeit* von Studierenden ein sicheres Anzeichen für grenzüberschreitende Mobilität zum Zwecke des Studiums. Und je populärer eine kurze Studienphase im Ausland wird, desto weniger brauchbar werden die vorhandenen Statistiken, weil in vielen Ländern die *temporäre Mobilität* dabei nicht berücksichtigt wird. Deutschland gehört zu den wenigen Ländern der Welt, die daraus Konsequenzen gezogen haben und bei Ausländern zwischen Nichtmobilen für den Zweck des Studiums (*Bildungsinländer*) und Mobilen zum Zwecke des Studiums (*Bildungsausländer*) unterscheiden und in der Regel temporär mobile Studierende registrieren. Für die meisten Länder sind jedoch die vorliegenden Statistiken zur Anzeige von Mobilität höchst unbefriedigend (siehe Lanzendorf und Teichler 2003).

Noch wichtiger ist jedoch ein weiterer Aspekt: *Je komplexer die Internationalisierung der Hochschulen* wird und je mehr sich ein Mainstreaming der Internationalisierungsstrategien und -aktivitäten vollzieht, *desto weniger kann solche Internati-*

onalisierung durch Mengen physischer Mobilität abgebildet werden. Veränderungen in der Kommunikation, virtuelle Kooperation, Grenzüberschreitung des Wissens und Internationalisierung im Gehalt der Studienangebote und der Forschung werden zunehmend die Hauptarenen der Internationalisierung. Um sie zu messen, fehlt es heute an entsprechenden Datensammlungen. Diese Problematik ist deutlich sichtbar an der jährlich in Deutschland erscheinenden Schrift, die quantitative Indikatoren zu liefern beabsichtigt. Sie trägt den Titel *Wissenschaft weltoffen* und den Untertitel *Daten und Fakten zur Internationalität von Studium und Forschung* (Deutscher Akademischer Austauschdienst und Hochschul-Informations-System 2002), informiert aber fast ausschließlich über die physische Mobilität von Studierenden und Wissenschaftlern. Die Indikatoren sind also gegenüber den Internationalisierungspolitiken rückständig. Würden sie als Richtlinien des Handelns ernst genommen, könnten sie sogar retardierende Wirkung haben.

Wenn im Folgenden der Versuch unternommen wird, einen Überblick über die internationalen Aktivitäten zu geben, so kann auch weitgehend nur auf vorliegende Indikatoren zurückgegriffen werden. In Einzelaspekten wird jedoch der Versuch unternommen, darüber hinauszugehen.

19.7 Mobilität der Studierenden

Aus den vorliegenden Statistiken der UNESCO ist erkennbar, dass die Zahl der ausländischen Studierenden in der Welt von weniger als einer halben Million um 1970 auf mehr als zwei Millionen um 2000 angestiegen ist. Die Zunahme in der Gesamtzahl der Studierenden war allerdings etwa gleich groß, so dass die Quote ausländischer Studierender konstant bei zwei Prozent blieb.

In den ökonomisch fortgeschrittenen Ländern ist jedoch der Anteil ausländischer Studierender stetig gestiegen. Hier kommt ins Spiel, dass die absolute Zahl der einheimischen Studierenden in diesen Regionen in den letzten Jahrzehnten weniger wuchs als in anderen Weltregionen und sich größere Anteile mobiler Studierender für ein Studium in den reichen Ländern der Welt entscheiden.

In der Bundesrepublik Deutschland stieg der *Anteil ausländischer Studierender*

- von etwa 28 000 im Jahre 1970, das waren fast sechs Prozent aller Studierenden,
- auf etwa 62 000 im Jahre 1980, d. h. etwa acht Prozent, und
- auf 187 000 im Jahre 2000, d. h. über zehn Prozent aller Studierenden, an.

Die oben beschriebene neuere Internationalisierungspolitik scheint einen Einfluss auf die quantitative Entwicklung der ausländischen Studierenden in Deutschland zu haben, denn deren Quote stieg von etwa 150 000 im Jahre 1996 um mehr als 50 Prozent auf 227 000 im Jahre 2003; das entspricht während eines Zeitraums von sieben Jahren einem Wachstum von 8,2 Prozent auf 11,7 Prozent (siehe Bundesministerium für Bildung und Forschung 1997; Deutscher Akademischer Austauschdienst und Hochschul-Informations-System 2004).

In absoluten Zahlen erschien die Bundesrepublik Deutschland lange Zeit als das viertgrößte Zielland von Personen, die im Ausland studierten: In den neunziger Jahren rückte Deutschland auf den dritten Platz – hinter den USA und Großbritannien – vor. Höhere Anteile an ausländischen Studierenden hatten lange bzw. haben in jüngster Zeit allerdings – neben Großbritannien – zum Beispiel die Schweiz, Belgien, Österreich und Australien.

Wie bereits erwähnt, gibt es für Deutschland bessere Daten zur *studentischen Mobilität* als für viele andere Länder. Von den etwa 227 000 ausländischen Studierenden im Jahre 2003 hatten 163 000 (8,4%) ihre Schule in anderen Ländern abgeschlossen und können als mobile ausländische Studierende betrachtet werden. Umgekehrt hatten etwa 23 000 der deutschen Studierenden die Schule im Ausland abgeschlossen; somit machten die mobilen deutschen Studierenden 1,2 Prozent aller in Deutschland Studierenden aus (siehe Lanzendorf und Teichler 2003).

Die Mehrheit der ausländischen Studierenden bleibt nach dem Studienabschluss nicht in Deutschland. Nach vorliegenden Statistiken waren im Jahre 1999 von den Erwerbstätigen mit Hochschulabschluss in Deutschland etwa fünf Prozent ausländische Staatsangehörige (Teichler und Jahr 2001).

Nach Statistiken der UNESCO stieg die Zahl der deutschen Studierenden im Ausland von etwa 10 000 um 1970 auf etwa 50 000 um 2000. Die Daten entsprachen zu Beginn etwa zwei Prozent und später etwas mehr als drei Prozent aller daheim studierenden Deutschen. Diese Quote ist im Vergleich zu anderen ökonomisch fortgeschrittenen Ländern recht hoch. Allerdings sind diese Daten unvollständig. Wie bereits erwähnt, liefern nicht alle Länder der Welt Daten über die bei ihnen Studierenden der verschiedenen Nationalitäten. Stärker fällt jedoch ins Gewicht, dass viele Länder die temporär mobilen Studierenden nicht in ihren Statistiken erfassen.

Nach der repräsentativen Befragung deutscher Studierender »Das soziale Bild der Studentenschaft« im Jahre 2000 berichteten 13 Prozent der kurz vor dem Abschluss stehenden Studierenden, dass sie einige Zeit im Ausland studiert hatten, und weitere 16 Prozent hatten andere studienbezogene Aktivitäten im Ausland unternommen (siehe Deutscher Akademischer Austauschdienst und Hochschul-Informations-System 2002). Dabei sind noch nicht die deutschen Studierenden mitgerechnet, die ihr gesamtes Studium in einem anderen Land absolvierten.

19.8 Wissenschaftlermobilität und Forschungskooperation

Über die Häufigkeit der Wissenschaftlermobilität gibt es nur zu ausgewählten Aspekten Daten. Zu offen ist, was zum Beispiel in diese Kategorie fallen sollte, ob etwa schon ein Konferenzbesuch im Ausland dazu zu zählen ist, was die Hochschulen überhaupt an Auslandsaufenthalten leicht erfassen können, und – wenn man die Daten von Förderorganisationen heranzieht –, welche Institutionen angesprochen werden sollen.

Nach der Übersicht »Wissenschaft weltoffen« von 2004 waren im Jahre 2002 etwa 20 000 ausländische Wissenschaftlerinnen und Wissenschaftler mit Hilfe einer von 21 deutschen Förderorganisationen nach Deutschland gekommen, davon etwa 40 Prozent mit Hilfe des DAAD und 20 Prozent mit Hilfe der Max-Planck-Gesellschaft. Größte Herkunftsländer waren Russland, China und die USA. Umgekehrt hatten etwa 5 500 Deutsche finanzielle Unterstützung für einen wissenschaftlichen Aufenthalt im Ausland erhalten; davon gingen besonders viele in die USA und nach Großbritannien, Frankreich und Russland.

Keine Daten liegen vor, wie viele der in Deutschland beschäftigten Wissenschaftler aus dem Ausland kamen. Von den Forschern, die die Deutsche Forschungsgemeinschaft finanzierte, waren – ebenfalls nach »Wissenschaft weltoffen« von 2004 – 15 Prozent Ausländer, aber unter den dauerhaft Beschäftigten dürfte dieser Anteil deutlich geringer sein.

19.9 Andere Indikatoren für Internationalität

Darüber hinaus gibt es nur wenige konkrete und aussagekräftige Daten. Festzustellen ist zum Beispiel, dass die Zahl der *Kontrakte* von deutschen Hochschulen *mit ausländischen Partnerhochschulen* nach Angaben der Hochschulrektorenkonferenz von etwa 1 400 im Jahre 1989 auf mehr als 15 000 im Jahre 2003 stieg. Diese Zahl ist aber zu einem nicht unerheblichen Teil dadurch hochgetrieben worden, dass die Europäische Kommission seit 1997 von den Hochschulen verlangt, mit all ihren Austauschpartnern im Rahmen des ERASMUS-

Teilprogramms von SOKRATES einen Kooperationsvertrag zu schließen; das erklärt zum großen Teil die Tatsache, dass im Jahre 2003 etwa 80 Prozent der Kontrakte innerhalb Europas geschlossen bestanden.

Englisch wird in Deutschland relativ häufig im Rahmen der naturwissenschaftlich-technischen Forschungskooperation gebraucht. Von den ERASMUS-Studierenden in Deutschland im Jahre 1990/91 hatten – so zeigen repräsentative Befragungen – nur sieben Prozent ausschließlich und 32 Prozent teilweise an Veranstaltungen in Fremdsprachen teilgenommen (Teichler und Maiworm 1997); bis 1998/99 – fünf Prozent bzw. 32 Prozent – ergaben sich kaum Veränderungen (Teichler 2002). Bei den neuen gestuften Studiengängen jedoch, die bis zum Jahre 2003 etabliert worden sind, war Englisch bei Bachelor-Studiengängen in zwei Prozent der Fälle die ausschließliche und in 14 Prozent eine wichtige Sprache; bei weiteren 37 Prozent wurde Englisch gelegentlich verwendet. Bei den Master-Studiengängen betrugen die entsprechenden Werte sogar 21 Prozent, 27 Prozent und 30 Prozent (Schwarz-Hahn und Rehburg 2004).

Seit dem Jahr 2000 wurden in den Förderungsprogrammen des DAAD Mittel für *Studienexport* zur Verfügung gestellt. Bis 2004 hatten etwa 40 Projekte Förderung erhalten, darunter die Deutsche Universität in Kairo, die Deutsch-Jordanische Fachhochschule in Amman und entsprechende Einrichtungen für Ingenieurwissenschaften in Singapur und Thailand. Die stärkere internationale Orientierung spiegelte sich auch darin wider, dass einzelne Hochschulen oder Konsortien von Hochschulen *Auslandsbüros* etablierten.

19.10 Das erweiterte Internationalisierungsargument

Von Globalisierung, Internationalisierung oder Europäisierung ist in Deutschland in jüngster Zeit nicht allein die Rede, wenn es um grenzüberschreitende Aktivitäten geht. In drei Zusammenhängen werden diese Begriffe weiter und – so könnte man sagen – fast inflationär verwendet.

Erstens fordern viele Befürworter eines managementorientierten und unternehmerischen Hochschulsystems, dass die deutschen Hochschulen in ihren Entscheidungs- und Verwaltungsstilen international populären Modellen nacheifern sollten, um angesichts der Globalisierung der Wissenssysteme und der Kommerzialisierung der Hochschulen in vielen anderen Ländern erfolgreiche Wettbewerber zu sein (siehe dazu zum Beispiel Stifterverband 1997). *Fitness für »Internationalisierung« bzw. »Globalisierung«* ist das Argument, um Reformen vorzunehmen, die im Prinzip nicht international sind.

Zweitens wird diskutiert, welches Maß von *Einheit und Vielfalt des deutschen Hochschulsystems* wünschenswert ist. In diesem Zusammenhang wird wiederum häufig die These vertreten, dass das deutsche Hochschulsystem international nur dann »wettbewerbsfähig« sei, wenn es in starkem Maße stratifiziert werde und größere Teile öffentlicher Mittel bei wenigen »Elite-« bzw. »Exzellenz«-Universitäten konzentriert würden.

Drittens erzielte der Vorschlag, *kürzere Studiengänge* auszubauen, was seit den sechziger Jahren von maßgeblichen politischen Instanzen in Deutschland immer wieder gefordert worden war, in den späten neunziger Jahren schließlich mit dem internationalen Argument den Durchbruch. Um die internationale Attraktivität der deutschen Hochschulen zu fördern, war in Deutschland bereits 1997 weitgehender Konsens erreicht worden, gestufte Studiengänge und -abschlüsse einzuführen. Dies wurde 1998 als eine mögliche Option im Hochschulrahmengesetz verankert. 1999 wurde eine solche Strukturveränderung in der Bologna-Erklärung zum europaweiten Reformziel mit der Aussage erklärt, dass dieses insbesondere die Attraktivität der europäischen Hochschulen für Studierende aus anderen Weltregionen erhöhen und die innereuropäische studentische Mobilität erleichtern werde.

Zusammenfassend lässt sich feststellen, dass drei *im Prinzip »nationale« Politiken*, die

- der Stärkung des Hochschulmanagements,
- der größeren vertikalen Spreizung des Hochschulsystems und
- des Ausbaus kurzer Studiengänge im Rahmen der Einführung eines gestuften Studiengangsystems,

zumindest ihre *Durchschlagkraft zu erhöhen suchten* und wahrscheinlich auch erhöht haben, *indem ihre Nützlichkeit im internationalen Rahmen beschworen* wurde. Auch dies ist als ein Element des Internationalisierungs-Mainstreaming zu verstehen: Internationalisierungsziele werden in allgemeine Ziele eingeordnet, und allgemeine werden als Beitrag zur Internationalisierung bzw. Globalisierung verstanden.

19.11 Wichtige Befunde des HEIGLO-Projekts

Die deutschen Universitäten halten sich – das wurde bei den Interviews, die im Rahmen des HEIGLO-Projekts durchgeführt wurden, deutlich – für »internationalisiert«. Sie sind stark involviert in internationale Forschungskooperation, Studentenaustausch sowie andere grenzüberschreitende Aktivitäten. Das gilt in gewissem Maße auch für die Fachhochschulen, von denen allerdings viele erst in den neunziger Jahren international sehr aktiv wurden und deren Länderspektrum der internationalen Kooperation zumeist kleiner ist.

Die starke Betonung von Internationalisierung, Europäisierung und globaler Attraktivität ist nicht nur eine Sache hehrer Ziele. Vielmehr sind eine Fülle internationaler Aktivitäten prägend für den Hochschulalltag.

Manche Beobachter haben den Eindruck, dass die seit Mitte der neunziger Jahre deutlichen Veränderungen in der Hochschulpolitik staatlicher Instanzen und anderer zentraler Akteure eine Internationalisierung als »top down«-Politik nach sich gezogen hätten. Dies unterschätzt aber, in welchem Maße viele Wissenschaftler und Verantwortliche in den Hochschulleitungen bereits vorher international aktiv waren und die Internationalisierung der Hochschulen vorantrieben.

Bei allen fünf im Rahmen des Projektes näher untersuchten Fällen zeigte sich, dass Schritte zum Ausbau internationaler Aktivitäten jeweils mit Bemühungen verbunden waren, *das institutionelle Profil zu schärfen*, vielerlei Innovationen zu erreichen und die Qualität der Aktivitäten insgesamt zu steigern. In quantitativer Hinsicht zeigte sich im Jahre 2004 bei den internationalen Aktivitäten der fünf untersuchten Hochschulen:

- eine *Steigerung der Zahl der ausländischen Studierenden* bis zu einer Verdreifachung seit 1996;
- eine *Zunahme des Auslandsstudiums* der eigenen Studierenden zwischen 40 und fast 90 Prozent;
- eine *Zunahme der international kooperativen Forschung*, bei der in einer Reihe von Fällen die europäische Forschungsförderung als ausschlaggebend genannt wurde;
- eine Steigerung der Zahl der *Studienfächer, in denen substantiell internationale Akzente gesetzt werden und in denen Englisch verwandt wird*;
- ein erheblicher Ausbau von *Partnerschaften* (insbesondere innerhalb, aber auch außerhalb des SOKRATES-Programms);
- eine deutliche Zunahme der Personen innerhalb der Hochschule, die den Internationalisierungsprozess tragen, und
- eine stärkere *Mittelallokation* zum Zwecke internationaler Aktivitäten.

Vieles spricht dafür, dass damit *qualitative Verbesserungen* einhergingen. Bemerkenswert ist in diesem Zusammenhang, dass es zwischen eingesetzten Gremien, Arbeitsgruppen und Beauftragten für Internationales immer mehr informelle Zusammenarbeit gibt, um die internationalen Aktivitäten qualitativ zu verbessern.

Insgesamt scheint die *Zahl der Personen* an den Hochschulen, *die international aktiv sind*, deutlich gestiegen zu sein. Es gibt eine Zunahme sichtbarer »Internationalisten« und »Kosmopoliten«. Internationale Forschungskooperation sichert dabei allerdings mehr oder weniger automatisch höhere Reputation als aktiver Einsatz für mehr Internationalität in der Lehre. In der Reputation haben sicherlich diejenigen am meisten gewonnen, die große internationale Forschungsprojekte koordinieren. Von den »ausgiebig international reisenden Wissenschaftstouristen« – so die Charakterisierung seitens eines Universitätspräsidenten – wird wie selbstverständlich erwartet, dass sie als Meinungsführer in den Beratungs- und Entscheidungsprozessen in Erscheinung treten.

An fast allen untersuchten Hochschulen ist eine Tendenz zur *Professionalisierung der internationalen Aktivitäten* in zweierlei Hinsicht erkennbar. Erstens ist die Zahl des hauptamtlichen Personals für internationale Beziehungen auf der Ebene der Hochschule und zum Teil auch auf der Ebene der Fachbereiche deutlich gestiegen. Dies wurde auch dadurch hervorgerufen, dass die Fachbereiche bzw. die Netzwerke von Wissenschaftlern, die den ERASMUS-Studienaustausch in der Vergangenheit getragen hatten, seit 1997 keine Förderung für ihre Netzwerke mehr erhielten und viele Aufgaben der Koordination und Betreuung an die für internationale Beziehungen zuständigen Professionellen übergingen. Zweitens ist zweifellos die professionelle Kompetenz dieser für internationale Beziehungen zuständigen Personen gestiegen.

Insgesamt wird die Arbeit der Akademischen Auslandsämter und der für internationale Beziehungen zuständigen Professionellen sehr positiv eingeschätzt. Sie wurden oft als sehr kompetent, effizient, dienstleistungsbereit und strategisch orientiert bezeichnet – positive Beurteilungen, die an deutschen Hochschulen gegenüber dem zuständigen hoch qualifizierten Personal für die verschiedenen Dienstleistungs- und Managementbereiche sonst keineswegs überwiegen.

Die Internationalisierung zog Veränderungen in den Verantwortlichkeiten in Leitung und Verwaltung nach sich: Zunächst wurden die internationalen Aufgaben in der Leitung stärker verankert – in vielen Fällen durch den Einsatz von Vizepräsidenten für Internationales und in der Ausweitung der Stellen für professionelles Personal, das spezifisch für internationale Beziehungen zuständig ist. Inzwischen werden die Aufgaben der Managementunterstützung und der Dienstleistungen häufiger in größere Abteilungen eingegliedert, die für Ausländer und Deutsche zugleich zuständig sind. Auch das unterstreicht, dass internationale Aktivitäten der Hochschulen immer stärker integraler Bestandteil der allgemeinen Hochschulaktivitäten werden.

20 Studienbezogene Internationalisierung der deutschen Hochschulen (2006)

20.1 Hochschulpolitischer Stimmungswandel

Die deutschen Universitäten hatten eine lange Tradition der internationalen Offenheit. So wird geschätzt, dass vor dem Ersten Weltkrieg Deutschland das Gastland für mehr als die Hälfte aller weltweit international mobilen Studierenden war. Nach dem Zweiten Weltkrieg bemühte man sich in der Bundesrepublik Deutschland, an diese Tradition anzuknüpfen, auch wenn Deutschland nicht mehr das führende Forschungsland war, Englisch inzwischen klar zur Lingua franca der internationalen Wissenschaftskommunikation geworden war und die politische Konstellation des kalten Krieges großen Einfluss auf die internationale Wissenschaftskooperation und -mobilität hatte.

Ebenso wie in anderen ökonomisch fortgeschrittenen, marktwirtschaftlich orientierten und demokratischen Ländern sind die internationalen Aktivitäten der deutschen Hochschulen von einem Mix wissenschaftlicher, kultureller, ökonomischer und politischer Motive geprägt. Staatlicherseits werden – im internationalen Vergleich gesehen – relativ viele Mittel für den Austausch von Studierenden und Wissenschaftlern zu Verfügung gestellt. Deutschland schloss auch verschiedene bilaterale Verträge ab, um studentische Mobilität zu erleichtern, und unterzeichnete einige diesbezügliche multilaterale Konventionen. Für ein Studium ausländischer Studierender war ebenfalls von Bedeutung, dass die öffentlichen Hochschulen in Deutschland von Mitte der 1960er Jahre bis zum Beginn des 21. Jahrhunderts keine Gebühren erhoben und dies auch für ausländische Studierende galt.

Sicherlich ist es jedoch angemessen festzustellen, dass Internationalisierung in der deutschen Hochschulpolitik lange Zeit nicht das herausragende Thema war. Auch im Hinblick auf die europäische Hochschulpolitik hatte die deutsche Seite – obwohl Deutschland an den verschiedenen Programmen als gastgebendes und als Entsendeland im Hinblick auf seine Bevölkerungsgröße und die Größe seines Hochschulsystems fast durchschnittlich beteiligt war (siehe Kehm und Teichler 1993) – bis Mitte der neunziger Jahre eine eher skeptisch-vorsichtige Stellung bezogen.

Allerdings waren die internationalen Aktivitäten der deutschen Hochschulen zahlreich und ausgeprägt und stiegen im Laufe der Jahre mehr oder weniger gleichmäßig an. So war Deutschland seit Jahrzehnten eines der fünf größten gastgebenden Länder für ausländische Studierende. Der Anteil der ausländischen Studierenden an allen Studierenden in Deutschland stieg von etwa fünf Prozent um 1970 auf etwa zehn Prozent um 2000, und damit lag es unter den größeren ökonomisch fortgeschrittenen Ländern seit langem an zweiter Stelle. Auch wurde die Zahl der im Ausland studierenden Deutschen seitens der großen ökonomisch fortgeschrittenen Länder nur von Japan übertroffen. Wenn auch meist nur halb so viele Deutsche im Ausland studierten wie Ausländer in Deutschland, war diese Relation durchgängig ausgeglichener als – wieder mit Ausnahme Japans – bei anderen vergleichbaren Ländern.

Die Daten zur studentischen Mobilität wurden in Deutschland jedoch über alle Jahrzehnte nicht nur mit Befriedigung diskutiert. Mitte der neunziger Jahre wurde plötzlich ein erheblicher Mangel in der Internationalisierung der deutschen Hochschulen beklagt; es kursierte nunmehr die kontra-faktische Behauptung, Deutschland sei in der Wertschätzung als Gastland für ausländische Studierende gegenüber angelsächsischen Ländern zurückgefallen. Dies trug ab Mitte der neunziger Jahre zu einer Fülle von Bemühungen bei, Deutschland als Gastland für ausländische Studierende attraktiver zu machen.

Bereits 1996 begann sich die Vorstellung zu verbreiten, dass die für Studierende, Wissenschaftler und Arbeitgeber außerhalb Europas weitgehend unbekannte Struktur der Studiengänge und -abschlüsse an deutschen Hochschulen das möglicherweise größte Hindernis sei, sich für ein Studium in Deutschland zu entscheiden. So wurde 1998 – fast gleichzeitig mit der Sorbonne-Erklärung und ein Jahr vor der Bologna-Erklärung, die später die Einführung gestufter Studiengänge in Europa vorantrieb – im deutschen Hochschulrahmengesetz verankert, dass gestufte Studiengänge und -abschlüsse die vorher bestehenden Studiengänge ergänzen oder ablösen könnten.

Bis 1995 lässt sich für die internationalen studienbezogenen Aktivitäten deutscher Hochschulen feststellen, dass als Leitgedanken Kooperation und offene Mobilität im Vordergrund standen. Seit 1996 war zunehmend mehr von internationalem Wettbewerb der Hochschulen, von Konkurrenz, Marketing, »Globalisierung« und ökonomischer Bedeutung der internationalen Hochschulbeziehungen die Rede (siehe dazu Hahn 2004b). Die neuen Paradigmen haben die alten zwar nicht abgelöst, aber sie überlagern sie inzwischen – mit sichtbaren Konflikten einerseits und Kompromissen andererseits.

20.2 Die Aktionsprogramme des DAAD

Um die Akzentverschiebungen in den internationalen Aktivitäten der deutschen Hochschulen zu verstehen, lohnt sich ein Blick auf die Aktionsprogramme des Deutschen Akademischen Austauschdiensts aus den Jahren 1996, 2000 und 2004. Der DAAD erwies sich in dieser Zeit als hochschulpolitisch treibende Kraft für neue Internationalisierungsakzente. Seine Förderungsprogramme haben erheblichen Einfluss auf die Aktivitäten der deutschen Hochschulen, weil diese in ihrem Budget traditionell wenig Mittel für internationale Aktivitäten vorsehen und dann oft nur das machen »können«, was die Fördertöpfe – darunter der größte vom DAAD – signalisieren. Natürlich ist bei der Lektüre zu bedenken, dass ein Aktionsprogramm eher die neuen Akzente betont als den tatsächlich zu erwartenden Kompromiss zwischen bereits etablierten und neu hinzutretenden Akzenten und Aktivitäten darzustellen (siehe dazu auch Hahn 2004b, 2005).

In seinem Aktionsprogramm von 1996 entwickelte der DAAD nicht nur einen Rahmen für seine Aktivitäten, sondern im Grunde Empfehlungen für Internationalisierungsprioritäten der deutschen Hochschulen. Als wichtigste Ziele empfahl der DAAD:

– Studienprogramme zu entwickeln, die ein Studium in Deutschland für ausländische Studierende attraktiv machen,
– die Anerkennung des Auslandsstudiums zu steigern,
– die Bedingungen für die Zulassung zum Studium und für Aufenthalts- und Beschäftigungsgenehmigungen für ausländische Studierende und Wissenschaftler zu verbessern,
– bessere Lösungen angesichts der Sprachproblematik zu finden sowie
– das Marketing der deutschen Hochschulen im Ausland zu verbessern.

Im Aktionsprogramm von 2000 wurde ähnlich, aber mit einigen besonderen Akzenten, gefordert:

– die internationale Attraktivität der deutschen Hochschulen für Studium und wissenschaftliche Tätigkeit zu erhöhen,
– die deutschen Hochschulen gegenüber ausländischen Studierenden und Wissenschaftlern gastfreundlicher und stärker service-orientiert zu gestalten und
– ein professionelles System des Hochschulmarketing zu etablieren.

Das Programm, das der DAAD im Jahre 2004 für die Zeit bis 2010 vorlegte, nennt eine Fülle konkreter Entwicklungsziele. Sie seien im Folgenden kurz charakterisiert.

(1) Ausgebaut werden sollten »internationale Studiengänge«, die sich besonders an ausländische Studierende richten und die ein Studium in Deutschland besonders attraktiv machen sollten. Die fremdsprachigen Studiengänge, deren Zahl für 2004 auf 300 geschätzt wurde, sollten verdoppelt werden.

(2) Da der Anteil der Ausländer an den Doktoranden in Deutschland mit sieben Prozent weitaus geringer sei als in den USA, Großbritannien und Frankreich, sollten insbesondere die Bemühungen um ausländische Doktoranden gesteigert werden. Empfohlen wurde, die bereits bestehenden internationalen Promotionsprogramme, die der DAAD fördert, von 40 um weitere zehn jährlich zu steigern.

(3) »Export«-Angebote deutscher Hochschulen, die seit 2001 durch das Bundesministerium für Bildung und Forschung mit Hilfe von Anschubfinanzierung gefördert werden, hätten einige Erfolge gebracht, seien aber immer noch klein im Umfang. Der DAAD empfahl als Ziel, bis zum Jahr 2010 insgesamt 75 deutsche Studienangebote im Ausland einzurichten, die mindestens 15 000 Studierende erreichen.

(4) Für die Zusammenarbeit mit Entwicklungsländern empfahl der DAAD den »Ausbau fachbezogener Zusammenarbeit«. Dazu gehören ein Programm »Dialog der Kulturen«, das einen Schwerpunkt in der Kooperation mit islamischen Ländern setzt, und ein Programm zur Kooperation in Fragen innovativer Hochschulstrategien (Dialogue on Innovative Higher Education Strategies – DIES).

(5) Ein Auslandsstudienaufenthalt sollte für die Mehrheit der deutschen Studierenden zur Normalität werden. Erhebungen haben gezeigt, dass die Zahl der Studierenden, die im Laufe ihres Studiums wenigstens ein Semester im Ausland studieren, dort ein Praktikum absolvieren oder für Sprachkurse und andere Zwecke ins Ausland gehen, im Jahre 2003 bereits 30 Prozent erreicht hatte; für das Jahr 2010 wurde eine Zielzahl von 50 Prozent formuliert.

(6) Im Hinblick auf die Etablierung von Bachelor- und Master-Studiengängen rief der DAAD dazu auf, die Studienangebote hinreichend flexibel zu gestalten, sodass die Möglichkeit einer Auslandsstudienphase nicht gefährdet werde. Insbesondere bei Studiengängen mit besonderem Auslandsbezug sollten entsprechend lange Regelstudienzeiten vorgesehen werden, »die auch substantielle Auslandsaufenthalte ermöglichen«.

(7) Der DAAD empfahl verschiedene Maßnahmen, um für deutsche Studierende die Finanzierung eines Auslandsstudiums zu verbessern. In den Fällen, in denen die Förderung des Auslandsstudiums durch BAFöG auch die Übernahme von Gebühren umfasse, sollte die Förderung in ähnlicher Weise an Leistungsprüfungen gebunden werden, wie das bei öffentlichen Stipendien in Deutschland üblich ist.

(8) Ein besonderes Augenmerk muss schließlich darauf gerichtet werden, dass deutsche Nachwuchswissenschaftlerinnen und -wissenschaftler, die längere Forschungsphasen im Ausland verbringen, Deutschland nicht dauerhaft den Rücken kehren (Brain drain). Der DAAD wies darauf hin, dass er zusammen mit anderen Wissenschaftsorganisationen in den USA die Initiative GAIN (»German Academic International Network«) gegründet habe, die dem Kontakt mit den in den USA arbeitenden Wissenschaftlern dient.

(9) Besonders betonte der DAAD, dass die Rahmenbedingungen für ein Studium von Ausländern in Deutschland effizienter gestaltet und professioneller gehandhabt werden sollten. In diesem Zusammenhang hob er Fragen der Hochschulzulassung, der Betreuung, des professionellen Managements der internationalen Beziehungen und des Zuwanderungsrechts hervor.

(10) Zur Überwindung von Sprachbarrieren empfahl der DAAD einerseits, das Angebot an Sprachkursen und Sprachprüfungen auszubauen. Auf der anderen Seite plädierte er für einen weiteren Ausbau englischsprachiger Studienangebote.

(11) Zu den vom DAAD stark vorangetriebenen Aktivitäten des Hochschulmarketings schließlich heißt es im Aktionsprogramm von 2004: „Nach einer ersten, etwa fünfjährigen Phase des Hochschulmarketings, in der die deutschen Hochschulen Erfahrungen mit Methoden, Instrumenten, Kosten, ‚Kunden' und ‚Märkten' gesammelt haben, muss nun eine stärkere Differenzierung, gepaart mit einer prononcierten Qualitätsorientierung, in den Vordergrund treten, indem klar definierte Zielgruppen in sorgfältig ausgewählten Zielländern angesprochen werden. Die mitgliedschaftliche Struktur des von DAAD und HRK betriebenen Marketing-Konsortiums GATE stellt dabei sicher, dass die Wünsche der Hochschulen dabei eine entscheidende Rolle spielen" (DAAD 2004).

20.3 Ausländische Studierende und Gaststudierende in Deutschland

In internationalen Übersichten zur studentischen Mobilität werden bisher fast ausschließlich Daten über die Staatsangehörigkeit der Studierenden verwendet. Nach den vorliegenden deutschen Statistiken betrug die Zahl ausländischer Studierender an deutschen Hochschulen

- 165 994 in den Studienjahren 1998/99,
- 175 065 ein Jahr später,
- 187 027 in den Studienjahren 2000/01,

- 206 141 im Jahre darauf,
- 227 026 in den Studienjahren 2002/03 und
- 246 136 in den Studienjahren 2003/04.

In den fünf beobachteten Jahren ergab sich eine Zunahme von sechs bis neun Prozent jährlich, und im gesamten Zeitraum nahm die Zahl ausländischer Studierender an deutschen Hochschulen um fast die Hälfte zu. Der Anteil der ausländischen Studierenden an allen Studierenden an deutschen Hochschulen stieg in diesen fünf Jahren von 9,2 Prozent auf 12,2 Prozent (siehe Bundesministerium für Bildung und Forschung 2005).

In deutschen Statistiken wird seit längerer Zeit unterschieden zwischen *Bildungsinländern*, d h. Studierenden, die bereits in Deutschland die Schule besucht haben und somit in der Regel nicht zum Zwecke des Studium mobil gewesen sind, und *Bildungsausländern*, die die Schule im Ausland abgeschlossen haben und in der Regel zum Zwecke des Studiums nach Deutschland gekommen sind. In den Studienjahren 2002/03 gab es 163 178 Bildungsausländer an deutschen Hochschulen (die Zahlen beziehen jeweils Doktoranden und Studierende in anderen tertiären Bereichen nicht mit ein), das waren 72 Prozent aller ausländischen Studierenden. Innerhalb des beobachteten Fünfjahreszeitraums war die Zahl der Bildungsausländer um mehr als zwei Drittel gestiegen (von etwa 110 000 auf etwa 180 000), während die Zunahme der Bildungsinländer weniger als ein Fünftel betragen hatte.

Tabelle 20.1: Ausländische und mobile Studierende an deutschen Hochschulen* im Studienjahr 2002/03

Ausländische Studierende insgesamt (1 und 2)	226 931
(1) Ausländische mobile Studierende (»Bildungsausländer«)	163 178
(2) Ausländische nicht mobile Studierende (»Bildungsinländer«)	63 753
(3) Deutsche mobile Studierende (= Hochschulreife im Ausland)	27 604
Mobile Studierende insgesamt (1 und 3)	190 782

* Nicht einbezogen sind Studierende in anderen tertiären Programmen (ISCED Vb).

Quelle: Kelo, Teichler und Wächter 2006, S. 28 und S. 199.

Daneben gibt es eine nicht unbeträchtliche Zahl deutscher Studierender, die die Schule in einem anderen Land abgeschlossen haben und später zum Studium nach Deutschland kamen. Dazu gehören Deutsche, die zum Zwecke des Studiums zurückkehren, sowie Personen, die nach dem Schulabschluss die deutsche Staatsangehörigkeit erhielten und in Deutschland studieren. Diese Zahl der nach Deutschland mobilen deutschen Studierenden wird zwar in der amtlichen Hochschulstatistik erhoben, wird aber nie publiziert. Sie betrug 27 604 im Jahre 2002/03 (siehe Lanzendorf 2006a; 2006b). Neben den etwa neun Prozent ausländischen mobilen Studierenden gibt es also mehr als ein Prozent deutsche mobile Studierende an deutschen Hochschulen.

Die Profile der Herkunftsländer unterscheiden sich in manchen Fällen deutlich, wenn wir ausländische Studierende insgesamt mit Bildungsausländern vergleichen (siehe Tabelle 20.2). Unter den ausländischen Studierenden waren im Studienjahr 2002/03 Türken mit über 27 000 Personen am stärksten vertreten, aber fast vier Fünftel von ihnen hatten die Schule in Deutschland abgeschlossen. Auch etwa die Hälfte der italienischen Studierenden hatte zuvor in Deutschland die Schule besucht. Von den Bildungsausländern kommen besonders viele aus China, Polen, Bulgarien, Russland und Marokko. Aus den ökonomisch fortgeschrittenen Ländern kamen zum Zwecke des Studiums besonders viele Studierende aus Frankreich (an 7. Stelle) und Österreich (an 10. Stelle).

Tabelle 20.2: Häufigste Herkunftsländer von ausländischen Studierenden und von mobilen ausländischen Studierenden an deutschen Hochschulen im Studienjahr 2002/03

Staatsangehörigkeit der ausländischen Studierenden				Herkunftsland der »Bildungsausländer«			
1.	Türkei	27 253	11,3%	1.	China	19 374	11,9%
2.	China	20 141	8,4%	2.	Polen	10 294	6,3%
3.	Polen	13 629	5,7%	3.	Bulgarien	9 499	5,8%
4.	Russland	10 185	4,2%	4.	Russland	8 113	5,0%
5.	Bulgarien	9 960	4,1%	5.	Marokko	6 159	3,8%
6.	Italien	8 003	3,3%	6.	Türkei	5 728	3,5%
7.	Griechenland	7 798	3,2%	7.	Frankreich	5 495	3,4%
8.	Marokko	7 616	3,2%	8.	Ukraine	4 975	3,0%
9.	Österreich	6 880	2,9%	9.	Kamerun	4 709	2,9%
10.	Frankreich	6 499	2,7%	10.	Österreich	4 231	2,6%
Erste zehn Länder		117 964	49,0%	Erste zehn Länder		78 567	48,1%

Quelle: Kelo, Teichler und Wächter 2006, S. 28 und 119.

Der Anteil der ausländischen Studierenden betrug 2003/04 an deutschen Universitäten etwa 13 Prozent, an Kunsthochschulen 26 Prozent und an Fachhochschulen etwa 11 Prozent. Zwischen den einzelnen Universitäten variierten die Anteile etwa im Verhältnis 1:3. Die Unterschiede zwischen den Hochschulen im Anteil ausländischer Studierender scheinen kaum der wissenschaftlichen Reputation zuzuschreiben zu sein. Nimmt man eine Rangstufung der Universitäten in der Forschungsreputation nach den von der Deutschen Forschungsgemeinschaft eingeworbenen Mitteln vor und vergleicht diese mit der Zahl der vom DAAD vergebenen Stipendien an Studierende und Doktoranden in Relation zu der Zahl der an der Universität beschäftigten Wissenschaftler, so erweist sich die Zahl der geförderten Studierenden und Doktoranden als unabhängig von dem Rang, den die jeweilige Universität in der Forschung belegt (siehe Deutsche Forschungsgemeinschaft 2003).

20.4 Im Ausland studierende und ins Ausland mobile deutsche Studierende

Nach den Statistiken der UNESCO hatten 57 915 deutsche Studierende in den Jahren 2002/03 in anderen Ländern studiert. Innerhalb der fünf davor liegenden Jahre hatte sich ein Anstieg von 25 Prozent ergeben, also eine deutlich geringere Zunahme als bei den ausländischen Studierenden in Deutschland. Die Relation der im Ausland studierenden Deutschen zu den in Deutschland studierenden Deutschen war in diesem Zeitraum nur von 2,8 Prozent auf 3,1 Prozent gestiegen.

Nach den vorliegenden Statistiken studieren die mobilen Deutschen im Ausland zu etwa 80 Prozent in anderen europäischen Ländern und zu weiteren über 15 Prozent in ökonomisch fortgeschrittenen Ländern außerhalb Europas. Die häufigsten Länder waren im Jahre 2002/03, wie Tabelle 20.3 zeigt, Großbritannien, die USA, Frankreich, die Schweiz und Österreich.

Tabelle 20.3: Häufigste Länder des Auslandsstudiums von deutschen Studierenden* im den Studienjahr 2002/03

1. Großbritannien	13 145	20,9%	7. Spanien	5 154	8,2%
2. USA	9 302	14,8%	8. Schweden	2 416	3,8%
3. Frankreich	6 908	11,0%	9. Australien	2 049	3,3%
4. Schweiz	6 843	10,9%	10. Italien	1189	1,9%
5. Österreich	5 657	9,0%			
6. Niederlande	5 252	8,4%	Andere Länder	4 906	7,8%

* Die Statistik enthält nur wenige temporär mobile Studierende.

Quelle: Kelo, Teichler und Wächter 2006, S. 28.

Die oben genannten Daten geben aber nicht vollständig an, wie viele Deutsche im Ausland studieren. Erstens stellen nicht alle Länder der UNESCO

Daten zur Zahl der in ihrem Land studierenden Deutschen zur Verfügung. Zweitens beziehen viele Länder die ausländischen Studierenden, die dort nur temporär studieren, nicht in ihre Statistiken ein. Wir wissen zum Beispiel nicht, wie viele von den 18 482 deutschen ERASMUS-Studierenden der Studienjahre 2002/03 (siehe Deutscher Akademischer Austauschdienst 2005a, S. 66) in den von der UNESCO berichteten Daten tatsächlich einbezogen sind. Bei kürzlich durchgeführten Befragungen hatten in einem Falle 36 Prozent und in dem anderen Falle 26 Prozent der temporär im Ausland studierenden Deutschen angegeben, dort mit Hilfe eines europäischen Stipendiums gewesen zu sein (siehe Isserstedt und Schnitzer 2005; Hochschul-Informations-System 2005). Wir können daraus also schließen, dass jährlich zwischen 50 000 und mehr als 60 000 deutsche Studierende temporär im Ausland studieren, also etwa so viele wie die UNESCO insgesamt als deutsche Studierende im Ausland – wohl zumeist dauerhaft im Ausland Studierende – registriert. Wir schätzen daher, dass inzwischen jährlich mehr als 100 000 Deutsche an Hochschulen in anderen Ländern studieren.

Wie populär es inzwischen geworden ist, einige Zeit des Studiums im Ausland zu verbringen, zeigt die alle drei Jahre vom Hochschul-Informations-System für das Deutsche Studentenwerk durchgeführte repräsentative Studentenbefragung »Das soziale Bild der Studentenschaft«. Nach der Erhebung im Jahre 2003 hatten von den in Deutschland in den höheren Semestern studierenden Deutschen, wie Tabelle 20.4 zeigt,

- 15 Prozent temporär im Ausland studiert, dabei
- 18 Prozent der Studierenden an Universitäten,
- 10 Prozent der Studierenden an Kunsthochschulen und
- 7 Prozent der Studierenden an Fachhochschulen.

Insgesamt 30 Prozent waren studienbezogen im Ausland gewesen, davon jeweils 15 Prozent für ein Studium und für eine berufspraktische Phase, sechs Prozent für Sprachkurse und sechs Prozent für andere Zwecke. Da diese Befragung regelmäßig durchgeführt wird, sind hier Veränderungen zu erkennen: Der Anteil der deutschen Studierenden höherer Semester, die temporär im Ausland studiert hatten, stieg von sechs Prozent im Jahre 1991 auf 15 Prozent in 2003. Laut UNESCO-Statistiken war der Anteil der Deutschen, die im Ausland studierten, in diesem Zeitraum um weniger als ein Viertel gestiegen; da dort in erster Linie Studierende erfasst werden, die ihr ganzes Studium im Ausland verbringen, belegen diese Daten eindrucksvoll, dass sich deutsche Studierende in jüngster Zeit weitaus häufiger für ein zeitweiliges als für ein ganzes Studium in einem anderen Land entschieden haben. Zu Beginn des 21. Jahrhunderts optierten – so lässt sich schätzen – etwa 15 Prozent der deutschen Studierenden für ein temporäres und etwa drei Prozent für ein volles Studium im Ausland.

Tabelle 20.4: Studienbezogene Auslandsaufenthalte deutscher Studierender (Befragte höherer Semester im Jahre 2003; in Prozent)

	Alle Hochschulen	Universitäten	Kunsthochschulen	Fachhochschulen
Studienaufenthalt	15	18	10	7
Praxisphase o. Ä.	15	16	9	13
Sprachkurs	6	7	7	5
Anderes	6	7	11	3
Insgesamt	30	34	31	20

Quelle: HIS – Sozialerhebung (Nach Deutscher Akademischer Austauschdienst 2004b, S. 60).

20.5 Erfahrungen der ausländischen Studierenden in Deutschland

In die genannten regelmäßigen Befragungen werden auch ausländische Studierende einbezogen. Allerdings sind die Rücklaufquoten besonders gering und möglicherweise auch weniger repräsentativ. Dennoch seien einige Befunde der Befragung von 2003, zum Teil auch im Vergleich zur Befragung im Jahre 2000, genannt (siehe Isserstedt und Schnitzer 2005).

Von den im Jahre 2003 in Deutschland studierenden Ausländern hatten 23 Prozent ein volles oder ein Teilstipendium erhalten (im Jahre 2000 waren es 19 %). 41 Prozent derjenigen, die aus industrialisierten Gesellschaften kamen, bekamen eine solche Unterstützung, aber nur 16 Prozent derjenigen, die aus Entwicklungsländern kamen. Von denen, die ein Stipendium erhielten, gaben 35 Prozent an, dass sie es aus dem Herkunftsland erhielten, 40 Prozent bekamen ihr Stipendium aus Deutschland, 13 Prozent von europäischen Instanzen, drei Prozent von anderen internationalen Organisationen und neun Prozent aus anderen Quellen. Das bedeutet, dass nur etwa ein Zehntel der ausländischen Studierenden in Deutschland von deutscher Seite ein Stipendium erhielten.

Als Motive, in Deutschland zu studieren, wurden vor allem gute Studienbedingungen, Chancen der fachlichen Qualifizierung und das Erlernen der deutschen Sprache genannt. Daneben wurde seitens der ausländischen Studierenden hervorgehoben, dass sie sich von einem Studium in Deutschland bessere Berufsaussichten versprechen, dass sie eine andere Kultur erleben wollen, dass sie Deutschland als technologisch fortschrittliches Land sehen und dass sie in Deutschland keine Studiengebühren zu zahlen haben.

Jeweils ein Drittel oder mehr der ausländischen Studierenden in Deutschland nannten Probleme in folgenden Bereichen:

- Kontakte mit deutschen Studierenden zu knüpfen (38 %),
- Finanzen (38 %),
- im Studiensystem zurechtzukommen (34 %) sowie
- Wohnungssuche (33 %).

Seltener wurden Probleme genannt, eine Arbeitsgenehmigung bzw. eine Aufenthaltserlaubnis zu erhalten. Diese waren noch im Jahre 2000 als besonders gravierende Probleme hervorgehoben worden.

Einen Aufschluss über die Erfahrungen, die mobile Studierende in Deutschland machen, geben auch die Befragungen von ERASMUS-Studierenden. Dies ist natürlich nicht für alle mobilen Studierenden repräsentativ. Es zeigt jedoch, wie es temporär in Deutschland Studierenden aus anderen europäischen Ländern ergeht. Hierzu bieten repräsentative Befragungen der ERASMUS-Studierenden der Studienjahre 1988/89, 1990/91 und 1998/99, die jeweils im Studienjahr nach der Rückkehr durchgeführt worden sind, interessante Anhaltspunkte (siehe Teichler, Maiworm und Schotte-Kmoch 1999; Maiworm und Teichler 2002c).

Die ERASMUS-Studierenden heben hervor, dass an deutschen Hochschulen großer Wert auf das Verstehen von Theorien und Methoden gelegt wird. Die Leistungsansprüche werden als recht hoch eingeschätzt. Von den Studierenden werde erwartet, dass sie sehr selbständig studierten; ihre Präsenz bei den Lehrveranstaltungen werde wenig kontrolliert. Auf die Frage, in welchem Maße sie im Gastland wissenschaftlich anspruchsvollere Veranstaltungen besucht hätten als daheim, nannten ERASMUS-Studierende, die in Deutschland ihre Auslandsstudienphase verbrachten, nach den Gaststudierenden in den Niederlanden und in Dänemark die dritthöchsten Anteile.

Die ausländischen ERASMUS-Studierenden des Jahrgangs 1998/99 nahmen zu 63 Prozent ausschließlich an Lehrveranstaltungen in deutscher Sprache und zu 33 Prozent teilweise in deutscher Sprache teil. Der Anteil derjenigen, die ausschließlich an Veranstaltungen in der Sprache des Gastlandes teilnahmen, war bei den ERASMUS-Studierenden in Deutschland allerdings kleiner als zum Beispiel in Italien und Spanien.

In Antwort auf eine Liste von 19 Problembereichen, die im Fragebogen vorgegeben wurden, nannten die ERASMUS-Studierenden, die 1998/99 nach Deutschland gekommen waren, im Durchschnitt etwa genauso häufig große Probleme wie im europäischen Durchschnitt. Als große Probleme erlebten sie in Deutschland:

- Verwaltungsprobleme (26 % im Vergleich zu 23 % im europäischen Durchschnitt),
- zu viele Kontakte mit Angehörigen des eigenen Landes (24 % im Vergleich zu 18 %),
- Probleme der Anerkennung und Anrechnung der Studienleistungen (19 %, entsprechend dem Durchschnitt),
- Lehrveranstaltungen und Prüfungen in der Sprache des Gastlands (jeweils 17 % im Vergleich zu jeweils 11 %).

Dagegen wurden Schwierigkeiten mit der Finanzierung und dem Wohnen relativ selten von den ERASMUS-Studierenden genannt, die nach Deutschland gekommen waren.

Schließlich ist auf ein Problem der ausländischen Studierenden zu verweisen, über das nicht viel in der Öffentlichkeit gesprochen wird. Anzunehmen ist, dass höchstens die Hälfte der mobilen Studierenden, die in Deutschland ein volles Studium absolvieren wollen, dieses auch tatsächlich erfolgreich abschließen. Deutsche Studierende erreichen nach vorliegenden Analysen zu etwas mehr als 70 Prozent einen Studienabschluss. Eine gesonderte Studie zum Studienerfolg, die an ausgewählten Hochschulen durchgeführt wurde, lässt die Einschätzung zu, dass die Erfolgsquote der ausländischen Studierenden nur auf dem Niveau von etwa zwei Dritteln der deutschen Studierenden oder sogar darunter liegen dürfte.

20.6 Andere studienbezogene Aktivitäten

Die Zahl der *Kooperationsverträge*, die deutsche Hochschulen mit ausländischen Partnerhochschulen abgeschlossen hatten, stieg nach Erhebungen der Hochschulrektorenkonferenz von etwa 1 400 im Jahre 1989 auf über 15 000 im Jahre 2003. Der Anstieg erklärt sich zum Teil daraus, dass im Rahmen der ERASMUS-Förderung seit 1997 von der Europäischen Kommission verlangt wurde, den studentischen Austausch durch Partnerschaftsverträge zu stützen. Daneben wuchs die Bereitschaft der Hochschulen, Verträge abzuschließen, selbst wenn es sich nur um Kooperation in kleinen Bereichen handelte und wenn symbolische Unterstützung gewünscht wurde. Sicher ist auch die Zahl der Kooperationsvereinbarungen gestiegen, mit denen tatsächlich breit gefächerte und intensive Kooperation verknüpft ist. Wie häufig das jedoch der Fall ist, kann nicht geprüft werden.

In jüngster Zeit ist die Zahl der Studiengänge gestiegen, die als *internationale Studienprogramme* bezeichnet werden können. Sie richten sich in der curricularen Akzentsetzung in starkem Maße – aber in der Regel nicht ausschließlich – an ausländische Studierende; viele dieser internationalen Studienprogramme werden vollständig oder teilweise in englischer Sprache angeboten (siehe Schwarz-Hahn und Rehburg 2004). Der DAAD (2005b) stellte zur Information für die Studienjahre 2005/06 eine Übersicht von 400 solcher Studienangebote zusammen. Sehr viele von ihnen waren Master-Programme, also im Rahmen der neuen Studiengangstruktur angelegt; die Mehrheit dieser Programme, die allerdings insgesamt wenig mehr als zwei Prozent aller Studiengänge an deutschen Hochschulen ausmachen, sieht Englisch als Kommunikationssprache vor.

Die *Präsentation der deutschen Hochschulen im Ausland* erfolgt nach wie vor vor allem durch den Deutschen Akademischen Austauschdienst. Der DAAD hat in jüngster Zeit seine Auslandsbüros erweitert. Er unterstützt einzelne Hochschulen und Netzwerke deutscher Hochschulen bei der Präsentation im Ausland, dennoch bleibt er für die meisten Aktivitäten zumindest in einer Koordinatorenrolle.

Den *Export von Studienprogrammen* begann der DAAD, wie bereits berichtet, seit dem Jahre 2000 zu fördern. 29 Export-Aktivitäten wurden unterstützt, die von Sommerschulen bis zur Etablierung deutscher Universitäten im Ausland in Kooperation mit heimischen Partnern reichten. Mit dem Aktionsprogramm von 2004 will der DAAD erreichen, dass bis zum Jahre 2010 etwa 25 transnationale Studienprogramme mit einer Gesamtteilnehmerzahl von mindestens 15 000 Studierenden verwirklicht werden. Insgesamt haben die deutschen Hochschulen jedoch bisher an einem Studienexport kein sehr großes Interesse gezeigt. Er erscheint ihnen finanziell nicht interessant und trifft im Hinblick auf Kommerzialisierung und problematische Qualitätssicherung oft auf Vorbehalte.

20.7 Und die Zukunft?

Internationalisierung der Hochschulen schreitet so zügig voran, dass dies offensichtlich die Aussagen über Wachstumsprognosen und ambitionierte Planungsziele erleichtert. In der Sorbonne-Erklärung von 1998 war sogar vorgeschlagen worden, dass in Zukunft alle europäischen Studierenden eine Phase des Studiums im Ausland verbringen sollten. Im Rahmen des Bologna-Prozesses wird als Ziel verkündet, bis zum Jahre 2010 einen Europäischen Hochschulraum zu verwirklichen, in dem gestufte Studiengänge flächendeckend eingeführt sind. Dies soll die Hochschulen Europas für Studierende aus aller Welt attraktiv machen und die innereuropäische Mobilität erleichtern. Zu Beginn des 21. Jahrhunderts nannte die deutsche Bundesministerin für Bildung und Forschung als Ziel, dass im Jahre 2010 bereits 20 Prozent der Studierenden an deutschen Hochschulen aus dem Ausland kommen sollen.

Sicher ist, dass eine sichtbare Internationalisierung der deutschen Hochschulen fortschreitet. Vorstellbar ist auch, dass in der Tat 20 Prozent der Studierenden in Deutschland im Jahre 2010 aus anderen Ländern stammen werden. Wahrscheinlicher ist noch, dass dann mehr als 20 Prozent der neuen deutschen Absolventen der deutschen Hochschulen eine Studienphase in einem anderen Land verbracht haben werden. Der Bologna-Prozess – das lässt sich auf der Basis vorliegender Zwischenbilanzen (Reichert und Tauch 2005; Alesi u. a. 2005) konstatieren – wird weiter voranschreiten, selbst wenn nicht überall flächendeckend gestufte Studiengänge eingeführt werden sollten. Sicher werden in Deutschland die Studienangebote in englischer Sprache und Curricula mit deutlich internationalen Akzenten weiter zunehmen – nicht nur für ausländische Studierende, sondern auch mit Blick auf die deutschen Studierenden, die nicht im Ausland studieren, aber in einer sich weiter internationalisierenden Welt leben.

Dennoch sind Prognosen schwer abzugeben, weil es immer wieder nicht klar vorhersehbare Veränderungen gibt. Die Einführung von gestuften Studiengängen in Europa hat offenkundig bei einigen Hochschulen dazu geführt, dass den Studierenden geraten wird, angesichts der Kürze und der vollen Programme der Studiengänge auf eine Auslandsstudienphase zu verzichten. Nicht abzusehen ist, welche Auswirkungen die geplante Einführung von Studiengebühren an deutschen Hochschulen für die internationale Kooperation und Mobilität haben wird. Offen ist auch, ob sich die deutschen Hochschulen in Zukunft mehr als bisher an transnationalen Studienaktivitäten beteiligen werden. Schließlich ist vorstellbar, dass die physische Mobilität gegenüber Internationalisierung in der Substanz der Studiengänge und gegenüber virtueller Mobilität immer mehr an Bedeutung verliert.

21 Zukunftsaufgaben der Forschung über Mobilität und Kooperation (1994)

21.1 Einleitung

Jede Bilanz des Forschungsstands zu internationalen Akzenten von Studienprogrammen, Studenten- und Wissenschaftlermobilität sowie zur internationalen Hochschulkooperation ist durch einen *Mangel an umfassender Dokumentation* erschwert. Es gibt keine Bibliothek beziehungsweise kein Forschungsinstitut, die einen mehr oder weniger vollständigen Überblick verschaffen können. Auch passt Forschung in diesem Bereich oft nicht in die vorherrschenden Klassifikationsschemata der Bildungs- oder speziell der Hochschulforschung, so dass die Suche nach Quellen große Mühe bereitet. Am ehesten boten noch die Bibliographien und Trendreports des amerikanischen Hochschulforschers Philip G. Altbach Anhaltspunkte.

Zweifellos wäre eine Literatursammlung wünschenswert, die den Zugang zur Forschung und zu anderen wichtigen Dokumenten zu diesen Themen sichert. Man kann nur hoffen, dass das wachsende Interesse an diesem Themenkreis zu einem Netzwerk der Wissenschaftler führt, das auch für eine bessere Dokumentation sorgt.

Der hier vorgelegte Versuch, den Stand der Forschung über internationale Aspekte der Hochschulen zu bilanzieren und Empfehlungen für die zukünftige Entwicklung der Forschung zu formulieren, macht daher weitgehend von den Ergebnissen des »Wassenaar Colloquium on Academic Mobility« Gebrauch – einer Tagung zu diesem Thema, die im Jahre 1992 vom Office for Cooperation in Education (Brüssel) in Zusammenarbeit mit amerikanischen Austauschorganisationen am Netherlands Institute for Advanced Study in the Humanities and Social Sciences (NIAS) in Wassenaar organisiert wurde (siehe die Publikation der Ergebnisse in Blumenthal u. a. 1996). Unterstützt wurde die Analyse dabei durch eine Literaturübersicht, die A. Over (1996) zu dieser Konferenz erarbeitet und vor der Publikation aktualisiert hatte.

21.2 Forschung in der Vergangenheit

Forschung zu internationalen Hochschulfragen wurde in größerem Umfang unternommen und war thematisch facettenreicher, als es auf den ersten Blick erscheint. Drei miteinander verknüpfte Themen standen dabei in der Vergangenheit im Vordergrund.

Erstens gibt es eine Reihe von Studien zur *studentischen Mobilität*, die auf die üblichen Konzepte und Methoden von psychologischer und soziologischer Forschung über studentische Orientierung und Verhaltensweisen zurückgreifen. Die Analysen zu Leben und Studium in einem anderen Land sind oft ergänzt durch Messungen der Bewertungen von Einstellungen gegenüber anderen Ländern und gegenüber internationalen Beziehungen. Hinzu kommen Analysen, wie die Studierenden in einem ihnen nicht bekannten Umfeld zurechtkommen.

Zweitens gibt es seit langem eine Reihe von Analysen über das Auslandsstudium von Studierenden, die aus *Entwicklungsländern* kommen. Hier werden ähnliche Themen angesprochen und Methoden verwendet wie bei den erstgenannten Studien, aber darüber hinaus wird eine Fülle ökonomischer und politischer Fragen behandelt, die mit der Mobilität von Entwicklungsländern in die entwickelten Länder und mit der selteneren umgekehrten Mobilität zusammenhängen.

Drittens gibt es eine nicht unbeträchtliche Zahl von Studien und Analysen zur *Evaluation von Programmen zur Förderung von Studenten- und Wissenschaftleraustausch*. Zunehmende Bemühungen, die Mobilität zu fördern, haben wachsende Aktivitäten zur Evaluation dieser Bemühungen nach sich gezogen. Viele dieser Studien sind allerdings sehr stark von dem ganz unmittelbaren, kurzfristigen Rückmeldungsbedarf dieser Förderungsprogramme geprägt.

Diese drei Schwerpunkte der Forschung werden sicherlich auch in Zukunft ihre Bedeutung haben. Zu erwarten ist jedoch, dass die Verwendung von Konzepten und Methoden in Zukunft variantenreicher und anspruchsvoller wird und dass die Liste der zentralen Themen ausgeweitet wird.

21.3 Die institutionelle methodische Basis

In den USA hat Forschung in diesem Themenbereich eine lange Tradition. Wir können schätzen, dass von Forschungsarbeiten zu internationalen Aspekten der Hochschulen bisher mehr als die Hälfte *in den USA* durchgeführt worden sind. Dazu haben verschiedene Faktoren beigetragen. So waren Austauschprogramme früh in den USA entstanden, als in Europa individuelle Mobilität noch eindeutig überwog. Auch haben sich an den Hochschulen in den USA viele Aktivitäten zur Beforschung der jeweils eigenen Hochschule entwickelt, die diese Themenbereiche mit einbeziehen: Dies wird in den USA als »institutional research« bezeichnet. Ohnehin ist Forschung über soziale Fakten in den USA stärker als Grundlage für Entscheidungen zur gesellschaftspolitischen Gestaltung akzeptiert als in Europa. Allerdings haben sehr viele solcher Studien in den USA lediglich die einzelne Hochschule im Blick und nicht das gesamte Hochschulsystem.

In Europa gab es vor 1980 kaum Forschung über studentische bzw. Wissenschaftlermobilität. Danach nahm die Zahl der Analysen deutlich zu. Besonders die Förderungsprogramme der Europäischen Gemeinschaft lösten eine bemerkenswerte Zahl von Forschungsarbeiten zu Mobilität und Kooperation im Hochschulbereich aus.

Der überwiegende Teil der Forschung kann als *»occasional, coincidental, sporadic or episodic«* bezeichnet werden (so die Formulierung im englischen Original dieses Textes). Es gab nur wenige Analysen, die in Thematik und methodischen Vorgehensweisen größer angelegt waren. Dazu gehörten das Study Abroad Evaluation Project, das von dem European Institute of Education and Social Policy (Paris) koordiniert wurde (siehe Burn, Cerych und Smith 1990; Opper, Teichler und Carlson 1990), und die Studie zur Evaluation der ersten sieben Jahre des ERASMUS-Programms (Teichler und Maiworm 1997).

Festzustellen ist, dass die meisten größeren Projekte in diesem Bereich *vor allem schriftliche Befragungen* bei mobilen Studierenden und Wissenschaftlern sowie in ihrem Umfeld, z. B. bei Koordinatoren der internationalen Hochschulzusammenarbeit, bei Koordinatoren von Studienprogrammen, bei Hochschulleitungen, bei Verantwortlichen in staatlichen Instanzen oder bei Arbeitgebern durchführen. Diese Vorgehensweise der Informationssammlung hat ihre großen Verdienste; aber deren Dominanz führt auch zu Problemen: Oft werden in der Forschung in diesem Themenbereich gerade solche Aspekte ausgeklammert, die sich mit schriftlichen Befragungen nicht gut erheben lassen.

Vielfach wird unter Experten beklagt, dass Forschung zu internationalen Fragen der Hochschulen von *Diskontinuität* gekennzeichnet ist. Gelegentlich werden Analysen von Wissenschaftler(inne)n durchgeführt, die sich zum ersten und auch zum letzten Mal mit der Thematik befassen. Deshalb kann es nicht überraschen, dass der bereits bestehende Forschungskontext zumeist nicht aufgenommen wird und dass offenkundig auch die Feldkenntnisse gering sind. Wenn man dies jedoch dadurch zu lösen versuchte, dass eine einzelne Institution in Europa das »Zentralinstitut« für die Erforschung internationaler

Aspekte der Hochschulen würde, ergäben sich allerdings neue Probleme. Eine Vielfalt von kreativen Konzepten ist eher dann zu erreichen, wenn auch Wissenschaftler und an Wissenschaft interessierte Praktiker aus verschiedenen Ländern, Institutionen und Disziplinen an Analysen beteiligt sind. Es wäre aber hilfreich, wenn eine oder mehrere Institutionen einen Schwerpunkt in diesem Themenbereich setzen könnten und durch Informationsbereitstellung und Beratung auch anderen die Analysen in diesem Bereich erleichtern könnten.

Forschung über internationale Aspekte der Hochschulen würde dadurch gewinnen, dass sie *in Hochschulforschung generell eingebettet* ist und somit internationale Aspekte nicht als isolierte Phänomene betrachtet. Allerdings sollte hier keine Subordination erfolgen: Forschung über internationale Akzente der Hochschulen muss auch Aspekte vertiefen, die anderen Themen der Hochschulforschung fremd sind.

Analysen über internationale Aspekte der Hochschulen sind *im Spektrum von Wissenschaft und Praxis* unterschiedlich angesiedelt. Manche »Studien« können als Forschungsarbeiten bezeichnet werden, manche als »Evaluationen« und manche eher als beratende Beiträge mit einigen empirischen Evidenzen. Oft sind in diesem Bereich Forschung, Evaluation und Beratung so eng miteinander verknüpft, dass sich die Frage stellt, ob in solchen Analysen überhaupt einmal ein größerer Abstand gewonnen werden kann, mit dem die vorherrschenden Grundüberzeugungen – zum Beispiel: Internationale Erfahrung ist immer wertvoll! – auch einer kritischen Überprüfung unterzogen werden können.

21.4 Mobilität, Kooperation und internationales Lernen

Auch innerhalb der Forschung zu internationalen Aspekten der Hochschulen gibt es keine Begrifflichkeiten und Bereiche, die mehr oder weniger von allen Beteiligten als vernünftige *Klassifikationen* akzeptiert werden. So werden in den einzelnen Analysen immer wieder neue Klassifikationen angeboten. Es lassen sich jedoch wiederkehrende Themen benennen, die für solche Klassifikationen von Bedeutung sind:

- Erstens können wir nach Arten von mobilen *Personen* – Studierende, Wissenschaftler(innen), Administratoren u. Ä. – und nach *Funktionen* – studienbezogene, lehrbezogene und forschungsbezogene Mobilität bzw. Kooperation – unterscheiden.

- Zweitens wird oft nach der *Zwecksetzung* von Mobilität und Kooperation unterschieden: Geht es um kulturelles bzw. wissenschaftsbezogenes Lernen? Geht es um einen Wert unmittelbar für das Studium bzw. die Persönlichkeit, oder sollen sich solche Erträge auch als berufsrelevant erweisen?
- Drittens sind die *zentralen Gegenstände* oft *unterschiedlich bezeichnet*: Handelt es sich zum Beispiel um Analysen von »Austausch«, »Mobilität-, »Auslandsstudium« oder »international education«?
- Viertens ist zu fragen, ob solche Analysen über Mobilität und Kooperation, wie das zumeist der Fall ist, sich ganz auf den Hochschulbereich konzentrieren sollten, oder auch fragen sollten, welchen Stellenwert Mobilität und Kooperation *in anderen Bereichen des Bildungssystems* – Sekundarschulen, berufliche Bildung und Weiterbildung – haben beziehungsweise haben könnten.
- Fünftens stellt sich die Frage, ob »international« eindeutig das Schlüsselwort ist. In letzter Zeit werden zunehmend Begriffe wie »*global*« verwendet, was auf einen sinkenden Stellenwert nationaler Systeme und auf ein Verschwimmen nationaler Grenzen verweist, aber auch »europäisch« beziehungsweise »*regional*« finden Verwendung, um zu betonen, dass der Charakter der grenzüberschreitenden Aktivitäten einen deutlichen Wandel erlebt.

Darüber hinaus sehen wir, dass manchmal Analysen über internationale Aspekte des Hochschulwesens und *international vergleichende Aspekte* von nationalen Hochschulen gemeinsam angesprochen werden, ohne die unterschiedlichen Charakteristika zu verdeutlichen. Natürlich können Wissenschaftler, die vergleichende Analysen betreiben, sich leichter als andere der Forschung über internationale Aspekte der Hochschulen zuwenden. Aber im Prinzip hat die vergleichende Forschung in der Regel »nationale« Gegenstände zum Thema, während Forschung über internationale Aspekte der Hochschulen tatsächlich das Grenzüberschreitende zum Gegenstand hat.

In jedem Falle lässt sich feststellen, dass Forschung über internationale Aspekte des Hochschulwesens bisher am stärksten Fragen von Mobilität und Kooperation sowie von »international education« aufgenommen hat. Sicherlich kann Forschung in diesem Bereich ausgebaut und qualitativ verbessert werden. Wichtiger ist jedoch eine Ausweitung der Perspektive. Dazu kann gehören, die unterschiedlichen kulturellen, gesellschaftlichen und politischen Bedingungen in den verschiedenen Ländern genauer zu untersuchen, zwischen denen Mobilität stattfindet, und die Wirkungen dieser unterschiedlichen Bedingungen auf die Erfahrungen und das Lernen der zwischen diesen Gesellschaften Mobilen zu analysieren. Sicherlich sollte auch dazu gehören, wie sich die Hochschulen insgesamt verändern, wenn sie immer »internationaler« werden und wenn in den nationalen Hochschulsystemen eine »Entnationalisierung« weiter voranschreitet.

21.5 Auf dem Wege zur detaillierten Analyse von Mobilität

Analysen zur internationalen Mobilität von Studierenden und Wissenschaftler(inne)n können gewinnen, wenn in den Analysen jeweils grundlegende Informationen zu den folgenden Themen ermittelt werden:

- die vorherrschenden Muster der wissenschaftlichen und administrativen *Unterstützungsmaßnahmen* für Mobilität;
- die Methoden, wie in der Praxis der Hochschulen die *Erträge* der Mobilität, so etwa der Kompetenzgewinn der mobilen Studierenden, ermittelt wird;
- die unterschiedlichen *Akzente der internationalen Aktivitäten* je nach Land, nach Fachrichtung u. Ä. und die Gründe für solche Unterschiede;
- die Prüfung des besonderen *Aufwands*, der für temporäre Mobilität erforderlich ist, und dessen Bewertung mit Blick auf die Erträge: Wieweit lohnt sich das angesichts der Mühen und Umwege?
- Ansätze und Regelungen mit *double degrees, joint degrees* und ähnlichen Bemühungen, temporärer internationaler Mobilität auch eine internationale Anerkennung zu sichern;
- die Frage, wieweit *fächerübergreifende Förderungsprogramme* für Mobilität tatsächlich allen Fächern eine Chance bieten oder gerade Fächer, die möglicherweise besondere Bedingungen haben, durch die generellen Fördermaßnahmen weiter marginalisiert werden.

Oft werden aber weiterhin auch deskriptive Einzelfallbeschreibungen ihren Wert haben, um Augen für Phänomene zu öffnen, die bei den bisher vorliegenden Konzepten nicht ins Blickfeld geraten.

21.6 Ein Blick auf die Schattenseiten des Internationalen

Forschung über internationale Aspekte des Hochschulwesens sind oft sehr wertgeladen. Und die meisten Personen, die derartige Analysen vornehmen, haben äußerst positive »Vorurteile« über den Wert internationaler Erfahrungen und internationaler Mobilität. Noch ausgeprägter sind solche positiven Werte in der Praxis: Die »Pioniere« der Mobilität sind oft auch die »Missionare« der Verkündung des Wertes des Internationalen.

Es gibt genügend Anlässe, auch die Probleme der internationalen Mobilität aufzuspüren: Warum stößt Mobilität von Wissenschaftler(inne)n zum Zwecke der Lehre auf weitaus größere Hindernisse als Mobilität zum Zwecke der Forschung? Warum sind die Bedingungen eines Auslandsstudiums für Studierende aus Entwicklungsländern so deutlich unterschieden von denen für Studierende aus ökonomisch fortgeschrittenen Ländern? In welcher Hinsicht müssen Studierende auch mit »Verlusten« rechnen, wenn sie international mobil sind?

21.7 Evaluationsforschung

Die Fragen der impliziten und expliziten Wertungen bekommen dann besonders hohes Gewicht, wenn Analysen von internationalen Aspekten der Hochschulen ausdrücklich zum Zwecke der Evaluation durchgeführt werden. Die Mehrzahl der in jüngster Zeit in Europa zu diesem Themenbereich durchgeführten Studien wurde offenkundig mit der Zwecksetzung durchgeführt, Programme zur Förderung oder tatsächliche Aktivitäten der Mobilität und Kooperation zu evaluieren. Unter Evaluationsstudien sind solche Analysen zu verstehen, die *Ziele, Prozesse und Erträge von bestimmten Maßnahmen und Aktivitäten so prüfen, dass sie* für die handelnden Akteure zielgerecht Fakten und Interpretationen zur *Bewertung des Zustandes sowie Anregungen zur Verbesserungen bieten.*

Evaluationsanalysen werden über unterschiedliche Aspekte des Hochschulwesens ungleich oft und intensiv durchgeführt. Auch gibt es international von Land zu Land große Unterschiede, in welchem Maße Evaluationen durchgeführt und zu Entscheidungen herangezogen werden. Aber eindeutig beobachten wir in solchen Bereichen mehr Evaluationsstudien, die in letzter Zeit gewachsen sind und größere öffentliche Aufmerksamkeit erregt haben. Obendrein sind Evaluationen dort häufiger verbreitet, wo es um »Programme« zur Veränderung der Situation, in diesem Falle Programme für Mobilitätsförderung, geht.

Evaluationen im Hochschulbereich sind in verschiedener Hinsicht äußerst *variantenreich*. Sie können sehr schlicht, aber auch sehr komplex angelegt sein. Sie können die Realität sehr systematisch zu erfassen suchen oder sich auf den Scharfblick von kurzen Expertenbeobachtungen verlassen. Sie können eher zur Suche nach verbesserten Lösungen oder zum Zwecke der Kontrolle angelegt sein.

Gute Evaluationsforschung unterscheidet sich kaum von guter Forschung für rein analytische Zwecke. Die Ansprüche an Konzepte, Methoden, Informationssammlung und Interpretation sind im Prinzip die gleichen. Aber Evaluationsforschung hat sich deutlich mit den *Intentionen* zu befassen, die bestimmten Programmen oder Aktivitäten zugrunde liegen, und sie hat in irgendeiner Weise die Erwartungen der Auftraggeber zu berücksichtigen, dass aus den gewonnenen Informationen *Schlussfolgerungen für praktisches Handeln* gezogen werden können.

Sehr oft bleibt Evaluationsforschung jedoch hinter vergleichbarer Forschung, die nicht zum Zwecke von Evaluation durchgeführt worden ist, *in der Qualität zurück*. Das liegt oft daran, dass die Auftraggeber von Evaluationsstudien auf die Analyse eines breiten Spektrums von Themen drängen, für die es bisher kaum anspruchsvolle wissenschaftliche Vorarbeiten gibt. Hinzu kommt, dass Evaluationsstudien meistens innerhalb höchst kurzer Zeiträume durchgeführt werden sollen.

Evaluationsforschung leistet jedoch einen wichtigen Beitrag dafür, dass bestimmte Aspekte des Internationalen gründlicher aufgearbeitet werden, als das zum Beispiel Experten bei kurzfristigen Dokumentenanalysen und Vor-Ort-Besuchen leisten können. In zwei Zusammenhängen hat Evaluationsforschung sicherlich besondere Bedeutung. Erstens kann sie am ehesten größere Erträge erbringen und wird in der Tat auch am häufigsten in Auftrag gegeben, wenn es um Förderprogramme geht, die ein *hohes Innovationspotential* für sich reklamieren. Zweitens ist *metaevaluative Forschung* in diesem Bereich von Bedeutung: etwa eine vergleichende Analyse unterschiedlicher Evaluationspraktiken, um deren Qualität und deren Erträge abwägen zu können.

21.8 Wirkungsanalysen

Viele Analysen internationaler Aspekte der Hochschulen gehen den Wirkungen von internationalen Aktivitäten nicht ausreichend auf den Grund. Je mehr solche Aktivitäten jedoch zunehmen, desto mehr stellt sich die Frage nach den Wirkungen. Das ist nicht zuletzt auch deshalb der Fall, weil eine Internationalisierung der Hochschulen in der Regel kostspielig ist.

Das erfordert zum einen, gute *Maße für die Wirkungen* zu entwickeln. Um dafür zwei Beispiele aus den eigenen Forschungsarbeiten zu nennen: Weil die Vorstellungen, was denn »Anrechnung« bzw. »Anerkennung« der im Ausland erzielten Leistungen für temporär mobile Studierende bedeutet, sehr weit auseinander gehen, muss eine anspruchsvolle Analyse von studentischer Mobilität auch unterschiedliche Maße von »Anrechnung« bzw. »Anerkennung« beinhalten. Um die Wirkungen der Mobilität für die Studierenden einzuschätzen, dürfen zum anderen nicht nur die *Outputs* – etwa gesteigerte Kompetenzen – ermittelt werden, sondern auch *Outcomes*, so z. B. die Unterschiede im späteren Berufsweg von ehemals mobilen und nicht mobilen Studierenden.

21.9 Analyse der Konfrontation von Kulturen

Wenn Forschung über Mobilität bzw. »International education« hinausblickt, liegt es natürlich nahe, auf die Konfrontation der Kulturen zu schauen, die durch Mobilität in dem Erfahrungsfeld der mobilen Personen stattfindet. Dabei ist es natürlich von besonderem Interesse, die *Konfrontation der verschiedenen »Hochschulwelten«* mit der gleichzeitig sich ereignenden *Auseinandersetzung mit weiteren »Kulturen«* zu vergleichen.

Zum einen liegt die Frage nahe, in welchem Maße es eine balancierte oder unbalancierte Konfrontation der Kulturen gibt:

- Einerseits wird angenommen, dass temporäre Mobilität von Studierenden innerhalb von ökonomisch fortgeschrittenen Ländern als *balancierte Konfrontation* der Hochschulwelten und weiteren Kulturen stattfindet. Andererseits kommen aber immer wieder Unausgewogenheiten ins Spiel. Selbst der Versuch, die Anerkennung der im Ausland erbrachten Leistung mit Hilfe einer Buchführung in Form von Credits zu erleichtern, wie das mit der Einführung von ECTS im Rahmen des ERASMUS-Programms der Fall ist, kann als eine unbalancierte Intervention verstanden werden, weil Credits in die Welt des Lehrens, Lernens und Prüfens mancher Länder gut passen, während sie in anderen Ländern Fremdkörper sind.
- Andererseits ist nicht kulturelle Balance gefragt, sondern *Anpassung* an eine andere Kultur, wenn Studierende aus Entwicklungsländern kommen und an Hochschulen in ökonomisch fortgeschrittenen Ländern ein ganzes Studium erfolgreich absolvieren wollen. Tatsächlich kann aber auch solche Mobilität balancierenden Effekte haben, wenn die Hochschulen aus den ökonomisch fortgeschrittenen Ländern gedrängt werden, sich stärker auf ihre Studierenden aus anderen Ländern einzustellen oder wenn die heimischen Studierenden aus den ökonomisch fortgeschrittenen Ländern plötzlich durch die Präsenz ausländischer Studierender bedeutsame Erfahrungen gewinnen, die sie sonst nicht gewonnen hätten.

Zweitens sollte die Forschung stärker der Frage nachgehen, wie sich gewollte oder ungewollte *kulturelle Konfrontation auf die Erträge der Mobilität auswirken*: Tragen Art und Ausmaß der Vorbereitung auf das Auslandsstudium entscheidend dazu bei, wie diese kulturelle Konfrontation verarbeitet wird? Wieweit wirkt ein stärkerer Anteil ausländischer Studierender auf die Studienangebote der gastgebenden Hochschule zurück? Unter welchen Umständen werden Studierende durch eine kulturelle Konfrontation verwirrt oder stimuliert? Wie kann man den weithin angenommenen Effekt messen, nachweisen oder auch widerlegen, dass kulturelle Konfrontation die Reflexionsfähigkeit der Studierenden fördert?

21.10 Zielsetzungen der Studienangebote und der Studierenden

Die bisher vorliegende Forschung über internationale Aspekte der Hochschulen hat sich in starkem Maße auf die sichtbaren Mobilitätsaktivitäten und dabei von den Beteiligten gewonnenen Erfahrungen konzentriert. Wir wissen viel – um ein paar Beispiele zu nennen – über die Dauer von Auslandsaufenthalten, das Studienverhalten im Ausland, die sichtbaren Studienerträge und das Ausmaß der Zufriedenheit der mobilen Studierenden. Weitaus weniger ist dagegen bekannt, was die *Zielvorstellungen* sind, die mit der Etablierung von Programmen zur Mobilitätsförderung, mit der Einführung von Studiengängen mit internationalen Akzenten und mit Lernstrategien der Studierenden im Ausland verbunden sind.

Wiederum lässt sich die denkbare Bedeutsamkeit von Forschungsarbeiten, die nach den Intentionen von Programmen und Lernenden fragen, anhand einiger Fragen illustrieren: Wieweit unterscheidet sich der Wert von temporärer Mobilität im Laufe des Studiums danach, welchen Stellenwert internationale Erfahrungen angesichts des Charakters der jeweiligen Disziplinen haben können? Wie sieht er aus, wenn es sich um ein Fach mit weitgehend universalistischen Wissensbeständen handelt, wenn Wissen über andere Länder in einem Fach als Feldkenntnis eine Rolle spielt, oder wenn internationale Erfahrungen in einem Fach von paradigmatischer Bedeutung sind? Wieweit erweist sich das temporäre Studium im Ausland als fruchtbar für einen systematischen Wissenserwerb oder wieweit eher als unkontrolliertes Erfahrungslernen durch das Eintauchen in eine andere Kultur? Unterscheidet sich das Lernen im Ausland deutlich zwischen denen, die internationale berufliche Mobilität beabsichtigen, und denen, die im eigenen Lande berufstätig werden wollen?

21.11 Der politische, ökonomische und gesellschaftliche Kontext

Eine Fülle von Analysen über Mobilität und Kooperation setzt bei den Intentionen der beteiligten Hochschulen, Wissenschaftler(inne)n und Studierenden an. Wenn in den Analysen stärker berücksichtigt würde, *wieweit diese Aktivitäten an den Hochschulen* – bewusst oder unbewusst – *durch einen weiteren politischen, ökonomischen und gesellschaftlichen Rahmen geprägt werden*, würden manche Chancen und Begrenzungen, manche Prioritäten und Posterioritäten, manche Erfolge und manche Spannungen besser verstanden werden.

So wissen wir, dass nationale Politiken einen großen Einfluss darauf haben, zwischen welchen Ländern mehr und zwischen welchen weniger Austausch und Kooperation im Hochschulbereich stattfindet. Wir wissen, dass finanzielle Bedingungen die Austauschströme in starkem Maße bestimmen und dass gesellschaftspolitische Entscheidungen von großer Tragweite dafür sind, wieweit sich studentische Mobilität mit beruflicher Mobilität verknüpft oder nicht.

Um 1990 schien besonders die Bereitschaft von Ländern zu wachsen, *regionale Mobilität und Kooperation* zu fördern (z. B. in der Europäischen Union, zwischen den NAFTA-Mitgliedern und im asiatisch-pazifischen Raum). Immer wieder wurde dabei zu Recht diskutiert, wieweit sich neue politische Öffnungen und neue Schließungen – intendiert oder als unerwartete Nebenfolgen – verbinden.

21.12 Die systematische Internationalisierung der Hochschulen

Es gibt vielerlei Hinweise darauf, dass die internationalen Aktivitäten an Hochschulen nicht nur quantitativ zunehmen. Viele Hochschulen unternehmen auch systematische Schritte, um Mobilität und Kooperation *in den »Mainstream« ihrer Aktivitäten einzubetten.*

Dieser Prozess sollte unbedingt zum Gegenstand wissenschaftlicher Analysen werden. Werden zum Beispielen ganz andere Personalpolitiken erforderlich, wenn Internationalität nicht mehr als eine Randgröße verstanden wird? Wieweit wählen die Hochschulen verschiedene Akzente des »Mainstreaming« von Internationalisierung, und worauf ist das zurückzuführen? Werden, wenn Internationalität als »Mainstream« der Hochschule verstanden wird, bestimmte Aktivitäten der Internationalisierung an den Rand gedrängt und andere in den Mittelpunkt gestellt?

21.13 Entnationalisierung der Hochschulen

Ein weiteres Thema verdient besondere Aufmerksamkeit, obwohl es – streng genommen – nicht unmittelbar der Forschung über internationale Aspekte des Hochschulwesens zuzuordnen ist. Die Frage ist, wie sich die nationalen Hochschulsysteme verändern, wenn grenzüberschreitende Mobilität und Kooperation immer weiter zunehmen und die Hochschulen prägen. Nach einer Nationalisierung der Hochschulen im 19. und 20. Jahrhundert erleben wir jetzt möglicherweise einen Gegentrend der Entnationalisierung.

Zum einen mag dabei untersucht werden, inwiefern verschiedene Elemente des Hochschulsystems weniger als zuvor national – vereinheitlichend – gesteuert werden, so etwa die Modi der Zulassung, die curricularen Akzente, die Organisation der Hochschulen oder die Entlohnung des Personals; das kann zur Folge haben, dass sich die Gemeinsamkeiten des Hochschulsystems in einem Lande verringern und sich die Überschneidungen mit den Praktiken in anderen Ländern vergrößern. Es mögen auch zugleich die Aktivitäten von Hochschulen bzw. Regierungen zunehmen, die Hochschulen grenzüberschreitend stärker miteinander abzustimmen oder sogar zu vereinheitlichen.

Zum anderen mögen sich jedoch neue nationale Hochschulpolitiken in einem stärker internationalisierten Umfeld entwickeln. Ein Beispiel dafür ist die Einführung höherer Studiengebühren für ausländische Studierende, als sie einheimische Studierende zu zahlen haben. Vielleicht kommen wir dann zu dem Schluss, dass die bestehenden Hochschulsysteme in ökonomisch fortgeschrittenen Ländern nicht auf dem Weg einer »Entnationalisierung« sind, sondern auf dem Wege zu einer neuen »Nationalisierung«, die dem Trend zunehmender strategischer Steuerung des Hochschulsystems bei abnehmender Prozesskontrolle entspricht.

22 Internationalisierung der Hochschulen als Thema neuerer Forschungsarbeiten (2006)*

22.1 Einleitung

Auf dem Weg zur Wissensgesellschaft wächst natürlich das öffentliche Interesse an den Hochschulen als den sichtbarsten Institutionen der Wissensgenerierung, -bewahrung und -dissemination. Damit ist zu erwarten, dass auch mehr systematische Information über das Hochschulwesen für nötig erachtet wird, um dadurch Anregungen für eine bessere Gestaltung zu erhalten. Hochschulforschung, die somit an Bedeutung gewinnen kann, ist ein vom Untersuchungsgegenstand her definierter, interdisziplinärer Bereich der Forschung. Daher ist damit zu rechnen, dass die Hochschulforschung vor allem in den Themenbereichen, die in der öffentlichen Diskussion wachsende Aufmerksamkeit erhalten, zunehmen wird. Eines der wichtigen Themen innerhalb dieses Komplexes ist zweifellos die Internationalisierung der Hochschulen, die – so können wir selbstverständlich vermuten – einen wachsenden Stellenwert in der Hochschulforschung gewinnt.

Tatsächlich können wir aber keineswegs davon ausgehen, dass das in letzter Zeit der Fall gewesen ist, denn der Themenbereich »internationale Dimensionen der Hochschulen« ist in der Abgrenzung nicht eindeutig und liegt quer zu vielen anderen Themenbereichen, nach denen die Fachliteratur gern sortiert wird (z. B. Institutionen, Studierende, Lehre und Forschung u. a. m.). Auch wird vieles zu internationalen Aspekten der Hochschulen unter der Kategorie »graue Literatur« publiziert, da es bislang keine Bibliotheken oder Forschungsinstitute gibt, die die vorhandenen Quellen zu diesem Themengebiet mehr oder weniger vollständig sammeln.

Im Folgenden sollen die Hauptlinien der Forschung dokumentiert werden, die sich seit etwa Mitte der 1990er Jahre systematisch mit den internationalen Dimensionen der Hochschulen befasst hat. Damit soll aufgezeigt werden, was sich seit Mitte der neunziger Jahre ergeben hat, als eine vorläufige Bilanz des Forschungsstandes vorgenommen worden war (Teichler 1994).

* Koautorin: Barbara M. Kehm.

22.2 Der Forschungsstand allgemein

In der Tat hat, so ist erstens festzustellen, innerhalb eines Jahrzehnts die *Zahl der Analysen* zur Internationalisierung der Hochschulen *deutlich zugenommen.* Während vor einem Jahrzehnt A. Over (1996) eingehende Recherchen unternehmen musste, um etwa 500 einschlägige Artikel zu finden, die innerhalb eines Jahrzehnts publiziert worden waren, können heute leicht Tausende von Texten aufgefunden werden, wenn auch festzustellen ist, dass viele von ihnen schwerlich als »Forschung« bezeichnet werden können.

Zweitens sind Analysen zu internationalen Aspekten der Hochschulen mehr als in der Vergangenheit *in den allgemeinen Strom der Publikationen zu Hochschulfragen eingebettet.* So sind zum Beispiel internationale Aspekte der Hochschulen erst innerhalb der letzten zehn Jahre ein wichtiges Thema in »Higher Education«, der international bekanntesten Zeitschrift der Hochschulforschung, geworden.

Drittens hat dieser Themenbereich besonders *in Publikationen zugenommen, die zugleich Forscher und Praktiker ansprechen, die sich generell für Hochschulfragen interessieren.* Je mehr »Mainstreaming« der internationalen Dimensionen der Hochschulen (siehe Hahn 2004a) zu beobachten ist, desto mehr erscheinen auch die systematischen Veröffentlichungen im »Mainstream« der Publikationen.

Viertens – damit verbunden – ist Internationalisierung der Hochschulen *weniger als zuvor ein abgegrenztes Themengebiet.* Vor einem Jahrzehnt war es noch klar, dass es zumeist um grenzüberschreitende Mobilität und Kooperation sowie um international orientierte Studienangebote und Forschungsbereiche ging (siehe Teichler 1994). Heute ist dagegen von »Internationalisierung« auch dann die Rede, wenn irgendeine beliebige »nationale« oder »lokale« Reform mit dem Argument beflügelt werden soll, diese Reform würde die internationale Attraktivität der Hochschulen erhöhen.

Fünftens ist die *Verbindung* zwischen Analysen zu internationalen Dimensionen des Hochschulwesens *und internationalen Vergleichen* von Hochschulsystemen enger geworden. Ein typisches Beispiel dafür ist sicherlich der sogenannte »Bologna-Prozess«, in dem durch internationale Kooperation nationale Hochschulreformen aufeinander abgestimmt werden.

Sechstens sind systematische Analysen über internationale Dimensionen der Hochschulen immer *komplexer* geworden. Eingehender wird geprüft, welche Vielfalt von institutionellen, personenbezogenen und wissensbezogenen Aspekten bei der Internationalisierung der Hochschulen eine Rolle spielt.

Siebtens ist die Mehrzahl der Analysen zur Internationalisierung sehr stark von *politisch-normativen Tönen* geprägt. Wir treffen auf große Erwartungen an eine Qualitätssteigerung durch Internationalisierung ebenso wie umgekehrt auf große Skepsis, ob Internationalisierung qualitativ anspruchsvoll sein kann. Wir beobachten Auseinandersetzungen über »Kooperation« gegenüber »Konkurrenz«, und wir treffen auf höchst unterschiedliche Bewertungen, wenn es um die internationalen Hochschulbeziehungen zwischen Entwicklungsländern und ökonomisch fortgeschrittenen Ländern geht.

Eindeutig ist jedenfalls, dass Forschungsarbeiten zu diesem Bereich in starkem Maße die Themenverschiebungen in der öffentlichen Diskussion widerspiegeln. An anderer Stelle haben wir von einer *Veränderung des Zeitgeists* gesprochen, der sich in folgenden Akzentverschiebungen zeigt (siehe Teichler 2004):

– von Internationalisierung zu Globalisierung,
– von Wissensgesellschaft zu Wissensökonomie,
– von Anerkennung auf der Basis gegenseitigen Vertrauens zu detaillierter Qualitätsbewertung,
– von internationaler Vielfalt zu regionaler oder sogar globaler Konvergenz,
– von Verwaltung und Dienstleistung zu strategischer Steuerung oder zu strategischem Management der internationalen Hochschulaktivitäten.

Allerdings ist festzustellen, dass mit der Betonung der neuen Themen die »alten« Fragen weder beantwortet sind noch verdrängt werden. Die neuen Fragen rücken ins Scheinwerferlicht, ohne dass die alten bedeutungslos würden.

Mit dem ausführlichen Hinweis auf die »Politikanfälligkeit« der Forschung in diesem Bereich soll jedoch keineswegs der Eindruck erweckt werden, dass sich sonst in der Forschung zu internationalen Aspekten der Hochschulen nichts »bewegt« habe. Der Anteil der *konzeptionell und methodisch anspruchsvollen Studien* zu internationalen Dimensionen der Hochschulen ist zweifellos gestiegen. Oft sind wir geneigt, der Forschung Qualität zu attestieren, wenn sie eindeutig von vorherrschenden Theorien und Methoden bestimmter Disziplinen geprägt ist. Bei der Forschung über internationale Hochschulaspekte, wie sie vor zwei Jahrzehnten in den USA verbreitet war, ließ sich ein klares Vorherrschen von Psychologie und Kulturanthropologie ausmachen, aber seitdem war der Fortschritt der Forschung über internationale Hochschulaspekte gerade mit einer Erweiterung des disziplinären Spektrums verbunden.

Bei der Forschung zu internationalen Dimensionen der Hochschulen sind wir geneigt, immer wieder eine kleine Zahl von Autorinnen und Autoren zu nennen, die die Szene zu beherrschen scheinen. Vielleicht liegt hier jedoch eine Täuschung vor: In den USA ist Forschung über internationale Aspekte der Hochschulen nach wie vor stärker entwickelt als in anderen Ländern der Welt. Dort werden jedoch seltener einzelne Namen genannt – sicherlich Altbach (2006) und Lambert (1989; 1994) – als in anderen Ländern der Welt, so z. B. Knight (1997, 2004, 2006), Scott (1998a, 2000), Teichler (1996d, 2004) und van der Wende (2001b), aber das ist vielleicht gerade ein Zeichen dafür, dass in den USA die Forschung über internationale Aspekte der Hochschulen auf »breiteren Schultern« steht als anderswo.

Schließlich ist festzustellen, dass die Zahl der Analysen zugenommen hat, die insgesamt einen Einblick in die vielfältigen Facetten der öffentlichen Diskussionen über Internationalisierung zu geben beabsichtigen und dabei vorhandene Forschungsarbeiten auswerten (Beerkens 2003; Currie und Newson 1998; de Wit 1997, 2002b; Enders und Fulton 2002; Gornitzka, Gulbrandsen und Trondal 2003; Hahn 2004a; Lauterbach 2001; Kehm 2003; Kehm und de Wit 2006; Teichler 2004). Ähnliches gilt für Studien, die zu einzelnen Aspekten der Internationalisierung einen weiten Einblick in vorherrschende Diskussionen und Wissensbestände bieten (siehe z. B. Barblan 2002b; Beerkens 2004; Gibbons 1998; Jalowiecky und Gorzelak 2004; Kälvemark und van der Wende 1997; Schoormann 1999; van Damme 2001; van der Wende 1996b). Daher ist es heute leichter, einen Überblick über den Bestand des systematischen Wissens zu erhalten als etwa vor einem Jahrzehnt.

22.3 Zentrale Themenbereiche

Forschung zur Internationalisierung der Hochschulen hängt zu einem großen Teil von externer Finanzierung ab. Auch gibt es wenige Wissenschaftler(innen), die sich mit diesem Themenbereich kontinuierlich befassen oder ihn sogar als Hauptbereich ihrer Analysen gewählt haben. Noch weniger sind Institute auszumachen, deren Forschungsarbeiten auf internationale Aspekte des Hochschulwesens konzentriert sind. Deshalb haben *aktuelle politische Ereignisse* wie die GATS-Verhandlungen oder die Bologna-Erklärung *einen so starken Einfluss auf die Forschungsschwerpunkte.* Auch Konferenzen oder zentrale Publikationen internationaler Organisationen können sich stark auf die Forschungsthemen auswirken, so die UNESCO World Conference on Higher Education im Jahre 1998 und die beiden Publikationen der OECD mit den Titeln »Internationalisation of Higher Education« (OECD 1996) und »Internationalisation and Trade in Higher Education« (OECD 2004).

Ein Blick auf die zahlreichen Publikationen zur Internationalisierung der Hochschulen, die seit etwa Mitte der 1990er Jahre erschienen sind, zeigt, dass insgesamt *sieben Themen* häufiger Gegenstand von Analysen sind:

- Mobilität von Studierenden und Wissenschaftler(inne)n,
- gegenseitige Einflüsse von Hochschulsystemen,
- Internationalisierung in der Substanz von Lehre, Lernen und Forschung,

- Internationalisierungsstrategien der Hochschulen,
- internationaler Wissenstransfer,
- Kooperation und Konkurrenz sowie
- nationale und supra-nationale Politiken im Hinblick auf internationale Aspekte der Hochschulen.

Mobilität von Studierenden und Wissenschaftler(inne)n steht im Mittelpunkt der Forschungsarbeiten. Behandelt werden Statistiken zur quantitativen Entwicklung, der Einfluss von studentischer Mobilität auf den späteren Berufsweg, Anerkennung der im Ausland erbrachten Studienleistungen, vertikale und horizontale Mobilität, Fragen der Zulassung ausländischer Studierender, Unterstützungsangebote für mobile Studierende, Organisation und Finanzierung studentischer Mobilität sowie »virtuelle Mobilität« mit Hilfe neuer Informations- und Kommunikationstechnik.

Analysen über *gegenseitige Einflüsse von Hochschulsystemen* haben nicht zuletzt deshalb zugenommen, weil die Hochschulwelt immer mehr als global und weltweit im Wettbewerb stehend angesehen wird und deshalb die Versuche zunehmen, diejenigen Hochschulsysteme zu imitieren, die als besonders erfolgreich gelten. So konzentriert sich ein Großteil der Analysen darauf, in welchem Maße Hochschulkonzepte aus den USA weltweit Verbreitung finden und wieweit sich in Europa eine Konvergenz der Systeme entwickelt.

Internationalisierung in der Substanz erhält seit einigen Jahren größere Aufmerksamkeit in der Forschung. Dazu gehören: Internationalisierung der Curricula, Fragen der Qualität internationaler Programme, "Internationalisierung zuhause", die Rolle von Fremdsprachenangeboten und das Erlernen von Fremdsprachen und schließlich Chancen und Probleme von »joint degrees« und »double degrees«.

Institutionelle Internationalisierungsstrategien werden in einer beachtlich großen Zahl von Studien behandelt. Einige Studien unterstreichen einen wachsenden Einfluss von Marketing, institutioneller Profilentwicklung, verstärkter Auslese unter ausländischen Studienbewerbern und Export von Studienprogrammen. Kooperationspartner im Ausland werden sorgfältiger danach ausgewählt, wieweit sie möglicherweise Konkurrenten oder für »strategische Partnerschaften« geeignet sind. Man redet mehr davon, dass Studienangebote für Ausländer eine besondere Einkommensquelle sein können, und man möchte in weltweiten Ranglisten der Hochschulen gut vertreten sein. Andererseits warnt die bisher ausführlichste Studie über nationale Internationalisierungspolitiken sowie über Internationalisierungsstrategien ausgewählter Hochschulen in Europa (Huisman und van der Wende 2004, 2005) davor, allzu schnell eine weitgehende Einheitlichkeit zu postulieren. Eine gründlichere Analyse zeigt, dass die bestehenden Internationalisierungspolitiken und -strategien variantenreicher und weniger von politischen Moden bestimmt sind als oft angenommen wird.

Das Thema *Wissenstransfer* ist in den letzten Jahren allmählich stärker in den Vordergrund getreten. In diesem Kontext wird erstens analysiert, inwiefern sich international mobile Studierende von nicht mobilen Studierenden in dem Erwerb von Kompetenzen und in der späteren beruflichen Verwendung der Kompetenzen unterscheiden. Zweitens ist Thema der Analyse, inwiefern Forschung sich als Beitrag zur nationalen und grenzüberschreitenden Technologie- und Innovationsentwicklung erweist. Das dritte Thema der Analyse in diesem Kontext ist »trans-national education«, d. h. das grenzüberschreitende Angebot von Studienprogrammen mit Hilfe von Fernstudien, Zweighochschulen im Ausland, »franchising« von Studienprogrammen u. a. m.

Die Frage, welche Rolle *Kooperation oder Konkurrenz* für Internationalisierungspolitiken von Regierungen bzw. für Internationalisierungsstrategien einzelner Hochschulen spielt, ist ebenfalls in jüngster Zeit wiederholt das Thema von Forschungsarbeiten gewesen. In solchen Analysen werden oft die Konzepte und das Selbstverständnis der Akteure untersucht, aber auch die Frage, wie sich dieses in konkreten Maßnahmen niederschlägt, zum Beispiel in der Wahl von Vertragspartnern, in der Etablierung strategischer Allianzen von Hochschulen, in der Beschäftigung ausländischer Wissenschaftler u. a. m.

Damit hängt schließlich ein letztes hier zu nennendes Thema von Forschungsarbeiten eng zusammen: Analysen über nationale und supra-nationale Politiken im Hinblick auf internationale Aspekte der Hochschulen. Insgesamt erwecken diese Analysen den Eindruck, dass staatliche Instanzen sich nicht aus der Gestaltung der internationalen Beziehungen zurückziehen, sondern angesichts der Globalisierungstendenzen und stärkerer Marktregulation der Hochschulen neue Wege einschlagen, so in den Auseinandersetzungen um GATS oder in der Aufnahme von internationalen Aspekten in evaluationsbezogenen bzw. indikatorenbasierten Finanzierungsmodellen für die Hochschulen oder in Kontrakten zwischen Staat und Hochschulen. Studien untersuchen die Politiken von supra-nationalen Organisationen, die im Hochschulbereich aktiv sind (insbesondere die Weltbank, UNESCO, OECD, der Europarat und die Europäische Kommission), und deren Verständnis und Aktivitäten im Hinblick auf internationale Aspekte der Hochschulen.

22.4 Forschungsansätze und -methoden

Ohne im einzelnen die Fülle der Ansätze analysieren zu können, scheint die These angebracht, dass im letzten Jahrzehnt die Zahl der beteiligten *Disziplinen* zugenommen hat und das Spektrum der verwendeten *wissenschaftlichen Ansätze* in Analysen zu internationalen Aspekten der Hochschulen größer geworden ist. Dabei sind besonders auch solche Ansätze zu erkennen, die den Analysen von Fragen der Hochschulorganisation insgesamt ein höheres Gewicht geben, so zum Beispiel Neo-Institutionalismus, Netzwerkanalysen und Diskursanalysen. Insgesamt kann jedoch nicht behauptet werden, dass bestimmte Ansätze bei der Mehrheit der Analysen eindeutig den Ton angeben.

Die *methodischen Vorgehensweisen* der Analysen zu internationalen Aspekten der Hochschulen scheinen sich nicht wesentlich verändert zu haben. Untersuchungen basieren nach wie vor oft auf der Auswertung vorliegender Studien, Dokumente, schriftlicher Befragungen und Interviews. Manche Studien stellen eine Vorgehensweise in den Vordergrund, während andere sich eines breiteren Spektrums von Vorgehensweisen bedienen. Ein beachtlicher Teil der Studien untersucht größere Programme und die Situation insgesamt in einzelnen oder mehreren Ländern. Andere Studien sind eher als Fallstudien zu bezeichnen, die ausgewählte internationale Aktivitäten einzelner Institutionen darstellen.

Wie sich die Forschung über internationale Aspekte der Hochschulen *geographisch* verteilt, ist schwer festzustellen. Ohnehin ist eine geographische Einordnung in diesem Bereich erschwert, da es um internationale Beziehungen und somit um mehrere Standorte zugleich geht. Ein Blick auf die Literatur, die in englischer Sprache vorliegt, zeigt natürlich, dass Veränderungen in internationalen Aspekten der Hochschule in den USA, in Europa und in Australien häufig der Gegenstand von Analysen gewesen sind. Jedoch liegt der größte Teil einschlägig relevanter Literatur nicht in englischer Sprache vor. Wir können aus der Literatur in englischer Sprache relativ viel zu manchen kleinen Ländern Europas erkennen, aber Publikationen zu diesem Thema in Ländern wie China, Russland, Japan, Deutschland und Frankreich sowie auch in vielen südeuropäischen und lateinamerikanischen Ländern liegen meistens in den Landessprachen (bzw. im letzteren Falle in Spanisch) vor.

Bisher richtet sich die Mehrzahl der Analysen über internationale Hochschulaspekte auf einzelne Institutionen und Länder. *Vergleichende Studien* über internationale Politiken und Aktivitäten liegen nur in geringer Zahl vor (siehe z. B. Huisman und van der Wende 2004, 2005). Das kann nicht überraschen, denn solche Studien verlangen ein so hohes Maß an Expertise und Aufwand, wie es nur selten erwartet wird. Manche Studien über multilaterale Mobilitätsprogramme gehen allerdings ausführlich auf Unterschiede in den Ausgangsbedingungen, Erfahrungen und auch Erträgen von Mobilität je nach Herkunfts- und Gastland ein (z. B. Teichler 2002a) und leisten so in gewissem Umfange das, was die Stärken vergleichender Studien sind.

22.5 Der Stellenwert des »Journal of Studies in International Education«

Im Jahre 1997 etablierten Organisationen aus den USA und Europa (später kamen andere Länder hinzu), die für die Mobilitätsförderung von Studierenden und Wissenschaftler(inne)n zuständig sind, eine Fachzeitschrift, die wissenschaftliche Arbeitsergebnisse dokumentieren und zugleich Experten für Fragen von Austausch und internationaler Qualifizierung in den Fakultäten und Hochschulverwaltungen ansprechen sollte. Die Zeitschrift »Journal for Studies in International Education« ist inzwischen so gut etabliert, dass die Aufsätze darin als guter Gradmesser für die Themen, Methoden und Erträge der Forschung zu internationalen Aspekten der Hochschulen angesehen werden. Allerdings ist einschränkend hinzuzufügen, dass in vielen Ländern zu dieser Thematik eher in der Landessprache als im Englischen publiziert wird. Auch kann nicht davon ausgegangen werden, dass alle wichtige Literatur zu dieser Thematik, die in Büchern bzw. Berichten für Auftraggeber erscheint, tatsächlich auch direkt in Zeitschriftenartikeln veröffentlicht wird.

Von den insgesamt 212 Autoren der von 1997 bis 2006 erschienenen 160 Artikel kamen 38 Prozent aus den USA und jeweils 8-9 Prozent aus Australien, Großbritannien und den Niederlanden. Bemerkenswert ist, dass eine große Anzahl der Autor(inne)n, die gemeinsam einen Artikel publiziert haben, aus verschiedenen Ländern kamen. Das heißt, dass die Erstellung dieser Artikel das Ergebnis internationaler Kooperation ist.

Viele der oben genannten Themen wurden in den Zeitschriftenartikeln aufgegriffen. Jedoch lassen sich zwei *Hauptthemen* hervorheben:

- *institutionelle Strategien und Aktivitäten* im Hinblick auf Internationalisierung,
- *Internationalisierung in der Substanz* der Studienangebote und des Lehrens und Lernens.

Betrachten wir jedoch die Artikel insgesamt, so liegt das Schwergewicht eindeutig bei den Personen und weniger bei den Institutionen. Einige Themenbeispiele seien genannt:

- Oft werden *Erfahrungen und Bedürfnisse* angesprochen, die bei Wissenschaftler(inne)n und Studierenden sichtbar werden, die temporär in ein anderes

Land gegangen sind. Organisatorische Probleme, interkulturelles Lernen, Verständigung in einer fremden Sprache und viele ähnliche Aspekte werden erörtert.

- Ein weiteres wichtiges Thema ist die *Qualität* der Studienangebote im internationalen Kontext. Dazu gehören die Unterschiede der Kulturen von Leistungsbewertung, Benotung und Anerkennung sowie der Stellenwert verschiedener Kompetenzen, die daheim und im Ausland erworben worden sind.
- Einige Artikel behandeln Fragen des grenzüberschreitenden *Wissenstransfers*. Dabei spielen Fragen des Exports von Studienprogrammen, Beziehungen von reichen und armen Ländern, Brain drain und Brain gain, Ein- und Auswanderung sowie schließlich Fragen der Nutzung von Informations- und Kommunikationstechniken beim internationalen Wissenstransfer eine Rolle.
- Schließlich befassen sich einige Artikel mit Fragen der *Organisation und Verwaltung* von Mobilitätsaktivitäten. Dazu gehören Analysen zur Tätigkeit von Organisationen zur Mobilitätsförderung und zur Evaluation von Mobilitätsprogrammen.

Eine beträchtliche Zahl der empirischen Studien, die in den Artikeln präsentiert werden, stützt sich vor allem auf Interviews. Bei manchen Fallstudien werden unterschiedliche Erhebungsmethoden verwendet. Größere Studien auf der Basis einer schriftlichen Befragung vieler Personen sind selten vertreten.

Zu nennen sind außerdem einige Artikel, die eine Übersicht über den Stand der Forschung zu internationalen Aspekten der Hochschulen bieten. Zu Beginn wurde eine Gesamtübersicht zu Theorien und Methoden des Forschungsfelds publiziert (de Wit 1997). Es folgten Übersichten zu einschlägigen pädagogischen Konzeptionen (Schoormann 1999), zur aufkommenden Diskussion über Globalisierung (Scott 2000; Beerkens 2003) und zur Vielfalt der Konzepte von Internationalisierung auf nationaler und institutioneller Ebene (Knight 2004). Diese Übersichtsartikel belegen wie die einzelnen Artikel sowohl die Vielfalt des Themenkreises als auch übergreifende Veränderungen der Thematisierung.

22.6 Abschließende Überlegungen

Forschung über internationale Aspekte der Hochschulen hat in jüngster Zeit deutlich zugenommen. Ebenso wie die internationalen Aktivitäten der Hochschulen variantenreicher geworden sind, beobachten wir auch eine wachsende Vielfalt der darauf bezogenen Forschung; dies gilt ebenso für die Themen wie für die damit befassten Disziplinen. Insgesamt ist die Forschung über internationale Aspekte der Hochschulen stärker mit generellen Themen der Hochschulforschung verknüpft – ein Faktum, das mit dem »mainstreaming« der internationalen Aktivitäten der Hochschulen zusammenhängt.

Insgesamt sind Quantität und Qualität der Forschung gestiegen. Jetzt wäre es nicht mehr angebracht, die Aussage von Mitte der neunziger Jahre zu wiederholen, die Forschung auf diesem Gebiet sei »occasional, coincidental, sporadic, and episodic« (Teichler 1996d). Das heißt nicht, dass nicht viele leere Flecken auf der Landkarte zu finden sind und dass der Stand der konzeptionellen Entwicklung und der methodischen Vorgehensweisen generell befriedigend wäre. Noch immer überwiegen »pragmatische« Studien, die nicht von einer eingehenden Kenntnis der vorangegangenen konzeptionellen Diskurse gekennzeichnet sind.

In den Forschungsthemen spiegeln sich Veränderungen der Realität wider. Mobilität ist nicht mehr allein eine Frage von Personen, sondern auch von Programmen. Neben die Wissenschaftler, Hochschulen und nationalen Regierungen sind supra-nationale Organisationen stärker als Antriebskräfte für internationale Aktivitäten der Hochschulen getreten. Das behandelte geographische Spektrum ist insgesamt breiter geworden.

Aus der Beobachtung von Trends über ein Jahrzehnt können wir kaum auf Trends für das folgende Jahrzehnt schließen. Zu wünschen ist sicherlich, dass in der internationalen Forschungsdiskussion zu dieser Thematik verstärkt auch die nicht englischsprachige Literatur zur Kenntnis genommen wird. Zu wünschen ist daneben, dass mehr vergleichende Studien auf diesem Gebiet durchgeführt werden, die deutlicher darlegen, wie groß die Unterschiede dessen sind, was in verschiedenen Ländern als internationale Elemente der Hochschulen verstanden wird, und wie diese gestaltet sind. Schließlich ist zu hoffen, dass Forschung zu internationalen Aspekten von Hochschulen weniger als in der Vergangenheit von den im Untersuchungsfeld anzutreffenden Wertungen überwältigt wird und damit eine glaubhaftere Rolle des systematischen Aussortierens über die aktuellen Debatten hinaus gewinnt.

Vielleicht erlaubt ein Blick auf die größeren Themen der Internationalisierung der Hochschulen doch, weitere Schlüsse für die zukünftige Forschung zu diesem Themenbereich zu schließen. Vier Themen verdienen unseren Erachtens besondere Beachtung.

(1) In letzter Zeit ist der Einfluss der »*Peripherie*« auf die internationalen Aktivitäten immer größer geworden: Supra-nationale Organisation und nationale staatliche Instanzen, das Management der einzelnen Hochschulen und deren

Internationale Büros, die zugleich Management unterstützende und Service-Funktion haben, versuchten mehr als zuvor, Internationalität von Hochschulen gestalten. Die Frage ist, ob es der Peripherie tatsächlich gelingt, damit die »*Kernbereiche*« der Aktivitäten von Hochschulen in Forschung, Lehre und Lernen und damit die Wissenschaftler(innen) und Studierenden – das »academic heartland«, wie Burton Clark es nannte – zu erreichen. Auch die Forschung über internationale Aspekte muss darauf achten, sich nicht zu sehr der Peripherie zuzuwenden, aus der sie in der Regel die finanzielle Unterstützung für evaluationsbezogene Forschung erhält, sondern zu analysieren, was diese Aktivitäten tatsächlich für das wissenschaftliche Leben bedeuten.

(2) Die vorliegende Forschung hat gezeigt, dass die Internationalisierungsaktivitäten an den Hochschulen weniger stark vom hochschul- und gesellschaftspolitischen Zeitgeist getrieben wird, als bei einem ersten Blick auf die öffentlichen Diskussionen zu erwarten ist. Es gab keine völlige Ablösung des kooperativen Internationalisierungsparadigmas durch ein *konkurrenzorientiertes Globalisierungsparadigma*, aber die öffentliche Diskussion wie auch die Forschung über internationale Aspekte der Hochschule war geprägt von *ordnungspolitischer Polarisierung*. Vielleicht kann ein neuer archimedischer Punkt für diese Debatte gefunden werden. Unseres Erachtens geht es in den Debatten um das konkurrenzorientierte Globalisierungsparadigma nicht darum, Chancen und Probleme der Gebührenzahlung von ausländischen Studierenden, Stärken und Schwächen der Wettbewerbs- und Konkurrenzorientierung, von öffentlichen oder privaten Bildungseinrichtungen, von hoher Stratifizierung oder flachen Hierarchien in nationalen Hochschulsystemen zu klären. Vielmehr geht es um die Frage, ob und inwieweit die internationalen Organisationen, staatlichen Instanzen und Hochschulleitungen mit ihren internationalen Politiken und Strategien auf dem Boden einer *Bildungs- und Wissensmeritokratie* bleiben oder ihrer jeweiligen Bezugsgruppe *partikularistische Vorteile zu »verkaufen«* suchen.

(3) Lange Zeit war physische Mobilität das Herzstück der Aktivitäten zur Internationalisierung der Hochschulen. Der Wert von Auslandserfahrungen im Studium und in der Forschungsbiographie ist schon so oft beschrieben worden, dass er hier keiner bestätigenden Worte bedarf. Jedoch *hat physische Mobilität auch ihre Grenzen*: Internationale Erfahrung in Studium, Lehre und Forschung stößt an quantitative Grenzen; gelingt nicht in stärkerem Maße »Internationalisierung daheim«, so führen die Internationalisierungsbestrebungen der Hochschulen zu sehr zu einer Polarität von Gewinnern und Verlierern. Auch setzt die Förderung der physischen trotz aller organisatorischen und substantiellen Begleitaktivitäten darauf, dass das Sichhineinbegeben in eine fremde Umwelt selbst wichtiges Erfahrungslernen auslöst; das Auslandsstudium wirkt insofern ähnlich wie ein Praktikum als Sichhineinbegeben in die Welt der Ar-

beit. Die Stärke der Hochschulen liegt jedoch gerade darin, das Erfahrungslernen des Alltags durch systematisches Lernens jenseits des Alltags zu übertreffen. Aus beiden Gründen liegt es für die Hochschulen nahe, *internationales Lernen in den Kernaktivitäten* von Lehre, Studium und Forschung zu stärken, und für die darauf bezogene Forschung liegt es nahe, die Wirksamkeit solcher Kernaktivitäten genauer zu analysieren, als das bisher der Fall war.

(4) Die Hochschulen konnten durch internationale Mobilität und durch andere internationale Aktivitäten gerade deshalb so große Erfolge erzielen, weil Internationalisierung wichtiger wurde, aber das internationale Lernen im Alltag begrenzt war. Seit langem beobachten wir jedoch eine *stärkere Internationalisierung des Alltags*. So haben sich so viele Studienanfänger bereits zuvor im Ausland aufgehalten und über andere Wege – Medien, alltägliche Begegnungen – soviel über andere Länder erfahren, dass bereits dadurch *der »Mehrwert« einer Auslandsstudienphase sinkt*. Wenn in die Studienprogramme allmählich stärker internationale Dimensionen einfließen, verringert sich ebenfalls die Besonderheit explizit international angelegter Studiengänge oder die Besonderheit des temporären Auslandsstudiums. Die Hochschulen stehen vor der Frage, ob sie diesen Trend zu einer Abstandsverringerung zwischen dem »besonderen Internationalen« und dem »Normalen« für normal und akzeptabel halten, oder ob sie neue Akzente entwickeln, um internationale Mobilität und besondere internationale Studiengänge wertvoller zu machen. Für die Forschung über internationale Aspekte liegt es nahe, diese Dialektik von Vergewöhnlichung und Besonderheit des Internationalen zu analysieren.

Forschung über Hochschulfragen ist eher ein wertvoller Dialogpartner für die Hochschulpolitik, wenn sie wahrscheinliche Zukunftsentwicklungen des Hochschulsystems aufzuspüren sucht und in den Forschungsprojekten den Blick bereits frühzeitig auf Probleme zu richten sucht, die in der Hochschulpraxis wahrscheinlich bald virulent werden. Wenn Forschung zu internationalen Aspekten der Hochschulen Themen wie die vier oben genannten aufnimmt, wird sie mit großer Wahrscheinlichkeit schon bedeutsame Konzepte und Information anbieten können, wenn sich die Hochschulöffentlichkeit dieser Themen in nicht allzu ferner Zukunft annimmt.

Literatur

ADAM, S.: Transnational Education Project Report and Recommendations. Studie im Auftrag der Confederation of European Union Rectors' Conferences (CRE), 2001. Online-Publikation (z. B. URL: http://www.unesco.org/education/studyingabroad/highlights/global_forum/reference/tne.doc; Stand: Januar 2003).

ALBROW, M.: Abschied vom Nationalstaat. Frankfurt a. M.: Suhrkamp 1998.

ALESI, B.; BÜRGER, S.; KEHM, B. M. und TEICHLER, U. (Hg.): Bachelor- und Master-Studiengänge in ausgewählten Ländern Europas im Vergleich zu Deutschland. Bonn und Berlin: Bundesministerium für Bildung und Forschung 2005.

ALTBACH, P. G.: Comparative Higher Education: Knowledge, the University and Development. Chestnut Hills. M.A.: Ablex 1997.

ALTBACH, P. G.: »Die Messung von Lehr- und Lernleistungen: Credit-Systeme an US-amerikanischen Hochschulen«. In: SCHWARZ, S. und TEICHLER, U. (Hg.): Credits an deutschen Hochschulen. Kleine Einheiten – große Wirkung. Neuwied und Kriftel: Luchterhand 2000, S. 79-89.

ALTBACH, P. G.: »Globalization and the University: Realities in an Unequal World«. In: FOREST, J. J., ALTBACH, P. G. (Hg.): International Handbook of Higher Education. Dordrecht: Springer 2006, S. 121-139.

ALTBACH, P. G.: Comparative Higher Education Abroad. Bibliography and Analysis. New York: Praeger 1979.

ALTBACH, P. G.: »Research and Training in Higher Education: The State of the Art?« In: Higher Edcuation in Europe. 17. Jg., 2002, S. 153-168.

ALTBACH, P. G. und TEICHLER, U.: »Internationalisation and Exchanges in a Globalized University«. In: Journal of Studies in International Education, 5. Jg., 2001, H. 1, S. 5-25.

Apollo International: Apollo International University of Applied Sciences nimmt den Studienbetrieb nicht auf. 2001. (URL: http://www.apolloint.de, Download: Jan. 2003).

BALIGANT, I. u. a. : Analyse économique de la mobilité étudiante à l'échelle de l'Union Europénne. Louvain: IRES-UCL 1994.

BARBER, E.: »Student Mobility International«. In: CLARK, B. R. und NEAVE, G. (Hg.): The Encyclopedia of Education. Bd. 2. Oxford: Pergamon Press 1992, S. 1020-1028.

BARBLAN, A., KEHM, B. M., REICHERT, S. und TEICHLER, U. (Hg.): Emerging European Profiles of Higher Education Institutions. Kassel: Wissenschaftliches Zentrum für Berufs- und Hochschulforschung der Universität Gesamthochschule Kassel 1998 (Werkstattberichte; 55) .

BARBLAN, A.: »Academic Co-operation and Mobility in Europe: How it Was and How it Will be«. In: Higher Education in Europe, 27. Jg., 2002b, H. 1-2, S. 31-58.

BARBLAN, A.: »The International Provision of Higher Education: Do Universities Need GATS?« In: Higher Education Management and Policy, 14. Jg., 2002a, H. 1, S. 77-92.

BARNETT, R.: »University Knowledge in an Age of Supercomplexity«. In: Higher Education, 40. Jg., 2000, H. 4, S. 409-422.

BARON, B. und BACHMANN, P.: »Study Abroad in Western Europe: A Bibliography«. In: European Journal of Education, 22. Jg., 1987, H. 1, S. 101-113.

BARON, B. und SMITH, A. (Hg.): Higher Education in the European Community. Study Abroad in the European Community. Luxemburg: Office for Official Publications of the European Community 1987.

BECKMEIER, C. und NEUSEL, A.: Entscheidungsverflechtung an Hochschulen. Frankfurt a. M. und New York: Campus 1988.

BEERKENS, E.: »Globalisation and Higher Education Research«. In: Journal of Studies in International Education, 7. Jg., 2003, H. 2, S. 128-148.

BEERKENS, E.: Global Opportunities and Institutional Embeddedness: Higher Education Consortia in Europe and Southeast Asia. Enschede: Twente University, CHEPS 2004.

BLEIKLIE, I. und BYRKJEFLOT, H.: »Changing Knowledge Regimes: Universities in a New Research Environment«. In: Higher Education, 44. Jg., 2002, H. 3-4, S. 519-532.

BLUMENTHAL, P., GOODWIN, C., SMITH, A. und TEICHLER, U. (Hg.): Academic Mobility in a Changing World. London und Bristol, P. A.: Jessica Kingsley Publishers 1996.

BRADATSCH, C.: »Einführung: Die Internationale Frauenuniversität,Technik und Kultur«. In: MAIWORM, F. und TEICHLER, U., in Zusammenarbeit mit FLECK, A.: Das Reformexperiment ifu – Potenziale, Risiken und Erträge aus der Sicht der Beteiligten. Kassel: Wissenschaftliches Zentrum für Berufs- und Hochschulforschung der Universität Kassel 2002 (Werkstattberichte; 60), S. 9-14.

BREITENBACH, D.: »Ausländerstudium an deutschen Hochschulen als Gegenstand sozialwissenschaftlicher Forschung«. In: GOLDSCHMIDT, D., TEICHLER, U. und WEBLER, W.-D. (Hg.): Forschungsgegenstand Hochschule. Frankfurt a. M. und New York: Campus 1984, S. 309-327.

BRIGGS, A. und BURN, B.: Study Abroad: A European and an American Perspective. Paris: European Institute of Education and Social Policy 1985.

BÜLOW-SCHRAMM, M. und SCHINDLER, D.: »Das Service Center der ifu: Möglichkeiten und Grenzen eines modernen Betreuungskonzepts für Studierende«. In: METZ-GÖCKEL, S. (Hg.): Lehren und Lernen an der Internationalen Frauenuniversität. Opladen: Leske und Budrich 2002, S. 259-315.

Bundesministerium für Bildung und Forschung: Internationalisierung des Studiums – Ausländische Studierende in Deutschland – Deutsche Studierende im Ausland. Ergebnisse der 17. Sozialerhebung des Deutschen Studentenwerks (DSW) durchgeführt durch HIS Hochschul-Informations-System. Bonn: 2005.

Bundesministerium für Bildung, Wissenschaft, Forschung und Technologie: Grund- und Strukturdaten 1997/98. Bonn: BMBF 1997.

CERYCH, L. und SABATIER, P.: Great Expectations and Mixed Performance. The Implementation of Higher Education Reforms in Europe. Stoke-on-Trent: Trentham 1986.

CHVÁLOVÁ, E. und KLEINHEIDT, B. (Hg.): Bologna Reader. Texte und Hilfestellungen zur Umsetzung der Ziele des Bologna-Prozesses an deutschen Hochschulen. Bonn: Hochschulrektorenkonferenz (Beiträge zur Hochschulpolitik 8/2004).

COMETT Hochschulkontakt – DAAD (Hg.): COMETT. Bonn: DAAD 1991.

»Council Decision of 15 June 1987 Adopting the European Community Action Scheme for the Mobility of University Students (ERASMUS)«. In: Official Journal of the European Communities vom 25.6.1987, Nr. L 166, S. 20-24.

CUMMINGS, W. K.: »Foreign Students«. In: ALTBACH, P. G. (Hg.): International Higher Education. An Enzyclopedia. New York: Garland 1991, S. 107-125.

CURRIE, J. K. und NEWSON, J. (Hg.): Universities and Globalization: Critical Perspectives. Thousand Oaks, CA: Sage 1998.

DALICHOW, F. und TEICHLER, U.: »Recognition of Study Abroad: A Survey of Joint Study Programmes in the European Community«. In: International Journal of Applied Engineering Education, 3. Jg., 1987, H. 2, S. 167-185.

DALICHOW, F. und TEICHLER, U.: Anerkennung des Auslandsstudiums in der Europäischen Gemeinschaft. Kassel: Wissenschaftliches Zentrum für Berufs- und Hochschulforschung, Gesamthochschule Kassel 1985 (Werkstattberichte; 14).

DALICHOW, F.: Kredit- und Leistungspunktsysteme im internationalen Vergleich. Bonn: BMBF 1997a.

DAMME, D. van: »Quality Assurance in an International Environment: National and International Interests and Tensions«. In: International Quality Review: Values, Opportunities, and Issues. Washington, D.C.: CHEA 2002.

DAMME, D. van: »Quality Issues in the Internationalisation of Higher Education«. In: Higher Education, 41. Jg., 2001, H. 4, S. 415-441.

DANCKWORTT, D.: Auslandsstudium als Gegenstand der Forschung – Eine Literaturübersicht. Kassel: Wissenschaftliches Zentrum für Berufs- und Hochschulforschung, Gesamthochschule Kassel 1984 (Werkstattberichte; 11).

DAVIS, T. M.: Atlas of Student Mobility. New York: Institute of International Education 2003.

DEISER, R.: »Das Modell der Corporate University«. In: Politische Studien, 51. Jg., 2000, Sonderheft 2, S. 48-53.

Deutsche Forschungsgemeinschaft: Förder-Ranking 2003. Institutionen – Regionen – Netzwerke. Bonn: DFG 2003 .

Deutscher Akademischer Austauschdienst (Hg.): Export deutscher Studienangebote. Programmausschreibung des DAAD-Referats 214. Bonn: DAAD 2001a.

Deutscher Akademischer Austauschdienst (Hg.): Wissenschaft weltoffen: Internationalität von Studium und Forschung in Deutschland. Bielefeld: W. Bertelsmann 2001b.

Deutscher Akademischer Austauschdienst: Wissenschaft weltoffen 2004. Bielefeld: W. Bertelsmann 2004.

Deutscher Akademischer Austauschdienst: Wissenschaft weltoffen 2005. Facts and Figures of the International Nature of Studies and Research in Germany. Bielefeld: W. Bertelsmann 2005a.

Deutscher Akademischer Austauschdienst: International Degree Programmes in Germany 2005/2006. Bonn: DAAD 2005b.

DÜRRSCHMIDT, J.: Globalisierung. Bielefeld: Transcript 2002.

EL KHAWAS, E.: »Towards a Global University: Status and Outlook in the United States«. In: Higher Education Management, 6. Jg., 1994, H. 1, S. 90-98.

ENDERS, J. und FULTON, O. (Hg.): Higher Education in a Globalising World. International Trends and Mutual Observations. Dordrecht: Kluwer Academic Publishers 2002.

ENDERS, J. und TEICHLER, U.: Der Hochschullehrerberuf im internationalen Vergleich. Bonn: BMBF 1995.

Europäische Kommission: Cooperation in Education in the European Union 1976-1994. Luxembourg: Office for Official Publications of the European Communities 1994.

Europäische Kommission: Progress Towards the Lisbon Objectives in Education and Training. Brussels 2005.

GALINSKI, D.: Brain-Drain aus Entwicklungsländern. Theoretische Grundlagen und entwicklungspolitische Konsequenzen. Frankfurt a. M.: Peter Lang 1986.

GEHMLICH, V.: »Möglichkeiten und Grenzen des European Credit Transfer System (ECTS)«. In: SCHWARZ, S. und TEICHLER, U. (Hg.): Credits an deutschen Hochschulen. Kleine Einheiten – große Wirkung. Neuwied und Kriftel: Luchterhand 2000, S. 57-75.

German International Graduate School of Management and Administration (GISMA) (Hg.): GISMA Business School – About us – History. O.J. (URL: http://www.gisma-hannover.de/index.htm, Download: Jan. 2003).

GIBBONS, M.: Higher Education Relevance in the 21st Century. Washington, D.C.: The World Bank 1998.

GORDON, J. und JALLADE, J.-P.: »‚Spontaneous' Student Mobility in the European Union: A Statistical Survey«. In: European Journal of Education, 31. Jg., 1996, H. 2, S. 133-151.

GORNITZKA, A., GULBRANDSEN, M. und TRONDAL, J. (Hg.): Internationalisation of Research and Higher Education: Emerging Patterns of Transformation. Oslo: NIFU (Report 2/2003).

GRAVES, M.: »U.S. Universities in Japan: Some Painful Lessons«. In: Planning for Higher Education, 24. Jg., 1995, H. 1, S. 17-23.

HAHN, K.: Die Internationalisierung der deutschen Hochschulen: Kontext, Kernprozesse, Konzepte und Strategien. Wiesbaden: VS Verlag für Sozialwissenschaften 2004a.

HAHN, K.: »Germany«. In: Huisman, J. und Wende, M. van der (Hg.): On Cooperation and Competition: National and European Policies for the Internationalisation of Higher Education. Bonn: Lemmens 2004b, S. 51-79.

HAHN, K.: »German Universities in the Process of Globalisation, Europeanisation and Internationalisation«. In: HUISMAN, J. und WENDE, M. van der (Hg.): On Cooperation and Competition II: Institutional Responses to Internationalisation, Europeanisation and Globalisation. Bonn: Lemmens 2005, S. 19-38.

HANFT, A. und MÜSKENS, I.: »Organisations- und Entscheidungsstrukturen der ifu«. In: METZ-GÖCKEL, S. (Hg.): Lehren und Lernen an der Internationalen Frauenuniversität. Opladen: Leske und Budrich 2002, S. 317-338.

HAUG, G. und TAUCH, C.: Trends in Learning Structures in Higher Education (II). Helsinki: Finnish National Board of Education 2001.

HAUG, G., KIRSTEIN, J. und KNUDSEN, I.: Trends in Learning Structures in Higher Education. Kopenhagen: Danish Rectors' Conference Secretariat 1999.

HELD, D., McGREW, A., GOLDBLATT, D. und PERRATON, J.: Global Transformations. Stanford, CA: Stanford University Press 1999.

HIJDEN, P. van der: »Vom Hochschulvertrag zur ERASMUS University Charter: ein Paradigmenwechsel?« In: WUTTIG, S. und ROSENSTOCK, S. (Hg.): Das SOKRATES/ERASMUS-Programm der EU 1997-2002. Bonn: Deutscher Akademischer Austauschdienst 2003, S. 22-26.

HIRSCH, B. E. und WINKLER, H.: Evaluation of the Faculty of Engineering at the University of Dar-Es-Salaam. A Survey. Bremen und Kassel 1986.

Hochschul-Informations-System: EUROSTUDENT Report 2005. Social and Economic Conditions of Student Life in Europe in Europe. Synopsis of Indicators. Hannover 2005.

HORNBOSTEL, S., OEHLER, C. und TEICHLER, U. (Hg.): Hochschulsysteme und Hochschulplanung in westlichen Industriestaaten. Kassel: Wissenschaftliches Zentrum für Berufs- und Hochschulforschung, Gesamthochschule Kassel 1986 (Werkstattberichte; 15).

House of Lords, Select Committee on the European Communities: Student Mobility in the European Community. London: Stationary Office 1998 (HL Paper, 116).

HRABINSKÁ, M.: »Transnational Education in the Slovak Republic: Treat or Challenge?« In: Higher Education in Europe, 25. Jg., 2000, H. 3, S. 387-394.

HUISMAN, J. und WENDE, M. van der (Hg.): On Cooperation and Competition: National and European Policies for the Internationalisation of Higher Education. ACA Papers on International Cooperation in Education. Bonn: Lemmens 2004.

HUISMAN, J. und WENDE, M. van der (Hg.): On Cooperation and Competition II: Institutional Responses to Internationalisation, Europeanisation and Globalisation. ACA Papers on International Cooperation in Education. Bonn: Lemmens 2005.

HUISMAN, J., MAASSEN, P. und NEAVE, G. (Hg.): Higher Education and the Nation State: The International Dimension of Higher Education. Amsterdam: Pergamon 2001.

ISSERSTEDT, W. und SCHNITZER, K.: Internationalization of Higher Education. Foreign Students in Germany. German Students Abroad. Bonn: Bundesministerium für Bildung und Forschung 2005.

JAHR, V. und TEICHLER, U.: „Employment and Work of Former Mobile Students". In: TEICHLER, U. (Hg.): ERASMUS in the SOCRATES Programme. Findings of an Evaluation Study. Bonn: Lemmens 2002, S. 117-135.

JALLADE, J.-P. und GORDON, J.: Student Mobility with the European Union: A Statistical Analysis. 2 Bände. Paris: European Institute of Education and Social Policy 1996.

JALOWIECKY, B. und GORZELAK, G. J.: »Brain Drain, Brain Gain and Mobility: Theories and Prospective Methods«. In: Higher Education in Europe, 29. Jg., 2004, H. 3, S. 299-308.

KÄLVEMARK, T. und WENDE, M. van der (Hg.): National Policies for the Internationalisation of Higher Education in Europe. Stockholm: National Agency for Higher Education 1997.

KEHM, B. M. und TEICHLER, U.: Durchführung von EG-Bildungsprogrammen in Deutschland. Kurzfassung einer Studie im Auftrag des Bundesministeriums für Bildung und Wissenschaft und der Ständigen Konferenz der Kultusminister der Länder in der

Bundesrepublik Deutschland. Bonn: Bundesministerium für Bildung und Wissenschaft in Zusammenarbeit mit dem Sekretariat der Ständigen Konferenz der Kultusminister der Länder in der Bundesrepublik Deutschland 1993 (Bildung - Wissenschaft - International, H. 4/93)

KEHM, B. M. (Hg.): Grenzüberschreitungen. Internationalisierung im Hochschulbereich (Themenheft). die hochschule. journal für wissenschaft und bildung, 12. Jg. 2003, H. 1.

KEHM, B. M.: »Beziehungen zwischen Internationalisierung und Hochschulqualität«. In: OLBERTZ, J.-H., PASTERNACK, P. und KRECKEL, R. (Hg.): Qualität – Schlüsselfrage der Hochschulreform (Wittenberger Hochschulforschung). Weinheim: Beltz Verlag 2001, S. 261-274.

KEHM, B. M.: »SOCRATES and the European University Agenda«. In: BARBLAN, A. u. a. (Hg.): Emerging European Policy Profiles of Higher Education Institutions. Kassel: Wissenschaftliches Zentrum für Berufs- und Hochschulforschung der Universität Gesamthochschule Kassel 1998a (Werkstattberichte; 55), S. 9-65.

KEHM, B. M.: »Strategic Management of Internationalisation Processes: Problems and Options«. In: Tertiary Education and Management, 5. Jg., 1999, H. 4, S. 369-382.

KEHM, B. M.: »Untersuchungen zu europäischen Förderprogrammen im Hochschulbereich«. In: TEICHLER, U., DANIEL, H.-D. und ENDERS, J. (Hg.): Brennpunkt Hochschule. Frankfurt a. M. und New York: Campus 1998b, S. 79-96.

KEHM, B. M.: Durchführung von EG-Bildungsprogrammen in der Bundesrepublik Deutschland. Materialien. Kassel: Wissenschaftliches Zentrum für Berufs- und Hochschulforschung der Gesamthochschule Kassel 1994 (Arbeitspapiere; 33).

KEHM, B. M. u. a.: Integrating Europe through Cooperation among Universities. The Experience of the TEMPUS Programme. London und Philadelphia. PA: Jessica Kingsley Publishers 1997.

KEHM, B. M. und WIT, H. de (Hg.): Internationalisation in Higher Education: European Responses to the Global Perspective. Amsterdam: EAIE und EAIR 2006.

KELO, M., TEICHLER, U. und WÄCHTER, B. (Hg.): EURODATA. Student Mobility in European Higher Education. Bonn: Lemmens 2006.

KERR, C.: »The Internationalisation of Learning and the Nationalisation of the Purposes of Higher Education: Two ‚Laws of Motion' in Conflict?«. In: European Journal of Education, 25. Jg., 1990, H. 1, S. 5-22 .

KLEVINGHAUS, J. H., N'GAKOUTOU, P. und WINKLER, H.: Ausbildung von Ingenieuren für Führungspositionen in Kamerun. Kassel 1988 (unv. Ms.).

KLINEBERG, O. und HULL, W. F.: At a Foreign University. An International Study of Adaptation and Coping. New York: Praeger Publishers 1979.

KNIGHT, J.: »Internationalization of Higher Education: A Conceptual Framework«. In: KNIGHT, J. und WIT, H. de (Hg.). Internationalization of Higher Education in Asia Pacific Countries. Amsterdam: European Association for International Education 1997, S. 5-19.

KNIGHT, J.: »Internationalization Remodeled: Definition, Approaches, and Rationales«. In: Journal of Studies in International Education, 8. Jg., 2004, H. 1, S. 5-31.

KNIGHT, J.: »Internationalization: Concepts, Complexities and Challenges«. In: FOREST, J. J. und ALTBACH, P. G. (Hg.): International Handbook of Higher Education. Dordrecht: Springer 2006, S. 207-227.

KNIGHT, J. und DE WIT, H.: Strategies for Internationalization of Higher Education: Historical and Conceptual Perspectives. In: de Wit, H. (Hg.): Strategies for Internationalization of Higher Education: a Comparative Study of Australia, Canada, Europe and the United States of America. European Association for International Education, Amsterdam 1995, S. 5–32.

Kommission der Europäischen Gemeinschaften und Büro für Zusammenarbeit im Bildungswesen Brüssel: Tagung über Hochschulzusammenarbeit in der europäischen Gemeinschaft. Brüssel, 27.-29. November 1985. Tagungsdokument. Brüssel: Büro für Zusammenarbeit im Bildungswesen 1985.

Kommission der Europäischen Gemeinschaften: Programm LINGUA. Tätigkeitsbericht 1992. Brüssel 1993.

KOPP, B. von: »Internationalization of the University in a Context of New Challenges – a Comparative View on Recent Developments in Germany and Japan«. In: Zeitschrift für internationale erziehungs- und sozialwissenschaftliche Forschung, 12. Jg., 1995, H. 2, S. 219-244.

KREITZ, R. und TEICHLER, U.: ERASMUS Teaching Staff Mobility. The 1990/91 Teachers' View. Kassel: Wissenschaftliches Zentrum für Berufs- und Hochschulforschung, Universität Gesamthochschule Kassel 1997 (Werkstattberichte; 53).

LAMBERT, R. D. (Hg.): Educational Exchange and Global Competence. New York: Council on International Educational Exchange 1994.

LAMBERT, R. D.: International Studies and the Undergraduate. Washington, DC: American Council on Education 1989.

LANZENDORF, U. und TEICHLER, U.: »ERASMUS under the Umbrella of SOCRATES: An Evaluation Study«. In: TEICHLER, U. (Hg.): ERASMUS in the SOCRATES Programme. Bonn: Lemmens 2002, S. 13-28.

LANZENDORF, U. und TEICHLER, U.: Statistics on Student Mobility within the European Union. Luxembourg: European Parliament (ECUC 112 EN) 2003.

LANZENDORF, U. und TEICHLER, U.: Mobilität von Studenten. Brüssel: Europäisches Parlament (IP/B/CULT/ST/2004_010 DE) 2005.

LANZENDORF, U.: »Foreign Students and Study Abroad Students«. In: KELO, M., TEICHLER, U. und WÄCHTER, B. (Hg.): EURODATA. Student Mobility in European Higher Education. Bonn: Lemmens 2006a, S. 7-53.

LANZENDORF, U.: »Inwards and Outwards Mobile Students«. In: KELO, M., TEICHLER, U. und WÄCHTER, B. (Hg.): EURODATA. Student Mobility in European Higher Education. Bonn: Lemmens 2006b, S. 54-77.

LARSEN, K. und VINCENT-LANCRIN, S.: »International Trade in Educational Services: Good or Bad?« In: Higher Education Management and Policy, 14. Jg., 2002, H. 3, S. 9-45.

LASCH, V.: »Profil der Beteiligten«. In: METZ-GÖCKEL, S. (Hg.): Lehren und Lernen an der Internationalen Frauenuniversität. Opladen: Leske und Budrich 2002, S. 25-44.

LAUTERBACH, H.: »‚Internationalisation' or ‚Globalisation' of Higher Education? Conceptual Changes in Recent Discussion and Documents«. In: Beiträge zur Hochschulforschung, 2001, H. 1, S. 21-45.

LENN, M. P.: »The New Technologies and Borderless Higher Education: The Quality Imperative«. In: GATE News, 3. Jg., 1999, H. 2, S. 2-3, 6-8.

LEVAUX, P.: Evaluation of the Communities Programme 'Scientific and Technical Training'. Brüssel: Commission of the European Communities (EUR 9202).

LIST, J.: Grenzüberschreitende Mobilität von Hochschulabsolventen in Europa. Bildungspolitische Rahmenbedingungen und praktische Umsetzung. Köln: Deutscher Institutsverlag 1996.

LULAT, Y. G.-M. und ALTBACH, P. G.: »International Students in Comparative Perspective: Towards a Political Economy of International Study«. In: SMART, J. C. (Hg.): Higher Education. Handbook of Theory and Research, Bd. 1. New York: Agathon 1985, S. 439-494.

MACHADO DOS SANTOS, S.: Introduction to the Theme of Transnational Education. Studie im Auftrag der Conference of The Directors General for Higher Education and the Heads of the Rectors' Conferences of the European Union. 2000. (URL: http://www.crue.org/eurec/transed.htm, Download: Jan. 2003)

MAIWORM, F., SOSA, W. und TEICHLER, U.: The Context of ERASMUS: A Survey of Institutional Management and Infrastructure in Support of Mobility and Co-operation. Kassel: Wissenschaftliches Zentrum für Berufs- und Hochschulforschung, Universität Gesamthochschule Kassel 1996 (Werkstattberichte; 49).

MAIWORM, F. und TEICHLER, U.: »Anerkennung der vom ERASMUS-Studierenden im Ausland erbrachten Studienleistungen an deutschen Hochschulen«. In: Beiträge zur Hochschulforschung, H.4, 1994, S. 595-621.

MAIWORM, F. und TEICHLER, U.: The First Years of ECTS in the View of the Students. Kassel: Wissenschaftliches Zentrum für Berufs- und Hochschulforschung der Universität Gesamthochschule Kassel 1995 (Werkstattberichte; 47).

MAIWORM, F. und TEICHLER, U.: Study Abroad and Early Career. Experiences of Former ERASMUS Students. London: Jessica Kingsley Publishers 1996.

MAIWORM, F. und TEICHLER, U.: European Research Fellowships 1987-1993. The Experiences and Views of Fellows, Supervisors and Administrators. Luxembourg: Office for Official Publications of the European Communities 1997.

MAIWORM, F. und TEICHLER, U.: »The ERASMUS Students' Experience«. In: TEICHLER, U., GORDON, J. und MAIWORM, F. (Hg.): SOCRATES 2000 Evaluation Study. Brüssel: European Commission 2001.

MAIWORM, F. und TEICHLER, U., in Zusammenarbeit mit FLECK, A.: Das Reform-Experiment ifu – Potenziale, Risiken und Erträge aus der Sicht der Beteiligten. Kassel: Wissenschaftliches Zentrum für Berufs- und Hochschulforschung der Universität Kassel 2002 (Werkstattberichte; 60).

MAIWORM, F. und TEICHLER, U.: »Die internationale Frauenuniversität aus der Sicht der Dozentinnen«. In: Metz-Göckel, S. (Hg.): Lehren und Lernen an der Internationalen Frauenuniversität. Opladen: Leske und Budrich 2002a, S. 89-110.

MAIWORM, F. und TEICHLER, U.: »Die Internationale Frauenuniversität aus der Sicht der Teilnehmerinnen«. In: METZ-GÖCKEL, S. (Hg.): Lehren und Lernen an der Internationalen Frauenuniversität. Opladen: Leske und Budrich 2002b, S. 45-87.

MAIWORM, F. und TEICHLER, U.: „The Students' Experience". In: TEICHLER, U. (Hg.): ERASMUS in the SOCRATES Programme. Findings of an Evaluation Study. Bonn: Lemmens 2002c, S. 83-115.

MALMBURG, C. u. a.: Evaluation of the Biomolecular Engineering Programme – BEP (1982-1998) – and the Biotechnology Action Programme – BAP (1985-1998). Brüssel: Commission of the European Communities 1988 (EUR 11833).

McBURNIE, G. und POLLOCK, A.: »Opportunity and Risk in Transnational Education – Issues in Planning for International Campus Development: An Australian Perspective«. In: Higher Education in Europe, 25. Jg., 2000, H. 3, S. 333-343.

McBURNIE, G. und ZIGURAS, C.: »The Regulation of Transnational Higher Education in Southeast Asia: Case Studies of Hong Kong, Malaysia and Australia«. In: Higher Education in Europe, 26. Jg., 2001, H. 1, S. 85-105.

MESTENHAUSER, J. A. und ELLINGHOE, B. J. (Hg.): Reforming the Higher Education Curriculum: Internationalizing the Campus. Phoenix: Orix Press 1998.

METZ-GÖCKEL, S. (Hg.): »Die Evaluation des ifu-Studienprogramms«. In: METZ-GÖCKEL, S. (Hg.): Lehren und Lernen an der Internationalen Frauenuniversität. Opladen: Leske und Burich 2002a, S. 111-258.

METZ-GÖCKEL, S. (Hg.): Lehren und Lernen an der Internationalen Frauenuniversität. Ergebnisse der wissenschaftlichen Begleituntersuchung. Opladen: Leske und Budrich 2002b.

METZ-GÖCKEL, S.: »Mehr als ein Traum. Zum Evaluationskonzept der Internationalen Frauenuniversität«. In: NEUSEL, A. (Hg.): Die eigene Hochschule. Opladen: Leske und Budrich 2000, S. 75-96.

MIDDLEHURST, R.: The Business of Borderless Education. London: Committee of Vice Principals and Chancellors 2000.

MÜLLER-SOLGER, H. u. a.: Bildung und Europa. Die EG-Fördermaßnahmen. Bonn: Exonomica Verlag 1993.

NEAVE, G.: The EEC and Education. Stoke-on-Trent: Trentham Books 1984.

NEUSEL, A.: »Das Besondere des Konzepts.« In: NEUSEL, A. (Hg.): Die eigene Hochschule. Internationale Frauenuniversität »Technik und Kultur«. Opladen: Leske und Budrich 2000. S. 33-56.

OECD (Hg.): Internationalisation and Trade in Higher Education. Paris: OECD 2004.

OECD (Hg.): Internationalisation of Higher Education. Paris: OECD 1996.

OPPER, S., TEICHLER, U. und CARLSON, J.: Impact of Study Abroad Programmes on Students and Graduates. London: Jessica Kingsley Publishers 1990.

OPPER, S.: »Editorial«. In: European Journal of Education, 22. Jg., 1987a, H. 1, S. 5-13.

OPPER, S.: »Students: Nailed to the Bench or Studying Abroad?« In: European Journal of Education, 22. Jg., 1987b, H. 1, S. 27-38.

OVER, A.: »Bibliography«. In: BLUMENTHAL, P., GOODWIN, C., SMITH, A. und TEICHLER, U. (Hg.): Academic Mobility in a Changing World. London: Jessica Kingsley Publishers 1996, S. 369-405.

OVER, A.: Berufsfelder und Berufschancen für Hochschulabsolventen aus Entwicklungsländern. Bonn: Friedrich Ebert Stiftung 1988.

PRAHL, N., SACHSENRÖDER, A. und WUTTIG, S. (Hg.): TEMPUS III. Gemeinsame Europäische Projekte mit deutscher Beteiligung 2001/2002. Bonn: Deutscher Akademischer Austauschdienst 2002.

RACE, J.: Regional Cooperation in Higher Education: A Background and Overview. Straßburg: Council of Europe 1997

REHBURG, M.: Hochschulreform und Arbeitsmarkt. Bonn: Friedrich-Ebert-Stiftung 2006.

REICHERT, S. und TAUCH, C.: Tends IV: European Universities Implementing Bologna. Brüssel: European University Association 2005.

RICHTERS, E. und TEICHLER, U.: »Student Mobility Data: Current Methodological Issues and Future Prospects«. In: KELO, M., TEICHLER, U. und WÄCHTER, B. (Hg.): EURODATA. Student Mobility in European Higher Education. Bonn: Lemmens 2006, S. 78-95.

ROELOFFS, K.: »International Mobility in Higher Education: The Experience of an Academic Exchange Agency in the Federal Republic of Germany«. In: International Journal of Education, 17. Jg., 1982, H. 1, S. 38-48.

SADLAK, J.: »Globalization in Higher Education«. In: International Educator, 10. Jg., 2001, H. 4, S. 3-5.

SALT, J.: »Migration Processes among the Highly Skilled in Europe«. In: International Migration Review, 26. Jg., 1992, S. 484-505.

SAUVÉ, P.: »Trade, Education and the GATS: What's in, what's out, what's all the fuss about?« In: Higher Education Management and Policy, 14. Jg., 2002, H. 3, S. 47-76.

SCHERRER, C. und YALÇIN, G.: »Wachsende Präsenz ausländischer Bildungsanbieter in der EU? Bildungsex- und -import in Handelsvereinbarungen der neuen GATS-Verhandlungsrunde und ihre Rückwirkungen auf das öffentliche Bildungswesen«. In: Das Hochschulwesen, 50. Jg., 2002, H. 4, S. 128-134.

SCHOMBURG, H. und TEICHLER, U.: Higher Education and Graduate Employment in Europe. Results of Graduate Surveys from 12 Countries. Dordrecht: Springer 2006 (Higher Education Dynamics; 15).

SCHOMBURG, H., TEICHLER, U., DOERRY, M. und MOHR, J. (Hg.): Erfolgreich von der Uni in den Job. Regensburg: Fit for Business 2001.

SCHOORMANN, D.: »The Pedagogical Implications of Diverse Conceptualizations of Internationalization: A U.S.-Based Case Study«. In: Journal of Studies in International Education, 3. Jg., 1999, H. 2, S. 19-46.

SCHREITERER, U. und WITTE, J.: Modelle und Szenarien für den Export deutscher Studienangebote ins Ausland. Eine international vergleichende Studie im Auftrag des DAAD. Bonn und Gütersloh: DAAD und CHE 2001.

SCHWARZ, S. und SCHOTTE-KMOCH, M.: Das Programm »Integriertes Auslandsstudium (IAS)« des DAAD – Eine Studie. Bonn: Deutscher Akademischer Austauschdienst 2001 (Dokumente und Materialien, 38).

SCHWARZ, S. und TEICHLER, U. (Hg.): Credits an deutschen Hochschulen. Kleine Einheiten – große Wirkung. Neuwied und Kriftel: Luchterhand 2000a.

SCHWARZ, S. und TEICHLER, U.: »Memorandum zur Einführung eines Credit-Systems an den Hochschulen in Deutschland«. In: MEYER-GUCKEL, V., SCHWARZ, S. und TEICHLER, U. (Hg.): Credits an deutschen Hochschulen. Transparenz – Koordination – Kompatibilität. Essen: Stifterverband für die deutsche Wissenschaft 2000b, S. 5-10.

SCHWARZ, S.: »Das US-amerikanische Credit-System: Einheitliches Rahmenwerk – Vielfältige Ausgestaltung«. In: SCHWARZ, S. und TEICHLER, U. (Hg.): Credits an deutschen Hochschulen. Kleine Einheiten – große Wirkung. Neuwied und Kriftel: Luchterhand 2000, S. 90-107.

SCHWARZ-HAHN, S. und REHBURG, M.: Bachelor und Master in Deutschland. Münster: Waxmann 2004.

SCHWERTFEGER, B.: »Noch weit entfernt von göttlich«. In: Handelsblatt, Nr. 163 vom 24.08.2001.

SCOTT, P. (Hg.): The Globalization of Higher Education. Buckingham: SRHE und Open University Press 1998a.

SCOTT, P.: »Globalisation and Higher Education: Challenges for the 21st Century«. In: Journal of Studies in International Education, 4. Jg., 1999a, H. 1, S. 3-10.

SCOTT, P.: »Globalisation and Higher Education: Challenges for the 21st Century«. In: Journal of Studies in International Education, 4. Jg., 2000, H. 1., S. 3-10 .

SCOTT, P.: »Globalization and the University«. In: CREAction, 1999, H. 115, S. 35-46.

SCOTT, P.: »Massification, Internationalization and Globalization«. In: SCOTT, P. (Hg.): The Globalization of Higher Education. Buckingham: SRHE und Open University Press 1998b, S. 108-129.

SIBSON, R.: »The United Kingdom«. In: KELO, M., TEICHLER, U. und WÄCHTER, B. (Hg.): EURODATA. Student Mobility in European Higher Education. Bonn: Lemmens 2006, S. 96-113.

SMITH, A.: Gemeinsame Studienprogramme. Ein Instrument der europäischen Zusammenarbeit auf dem Gebiet des Hochschulunterrichts. Luxemburg: Amt für amtliche Veröffentlichungen der Europäischen Gemeinschaften 1979.

SMITH, A.: »From ‚Euphoria' to Pragmatism: Towards a New Start for Higher Education Co-operation in Europe«. In: European Journal of Education, 15. Jg., 1980, H. 1, S. 77-95.

SMITH, A.: »Higher Education Co-operation 1975-85: Creating a Basis for Growth in an Adverse Economic Climate«. In: European Journal of Education, 20. Jg., 1985, H. 2-3, S. 267-292.

SPAULDING, S. und FLACK, M.: The World's Students in the United States. A Review and Evaluation of Research on Foreign Students 1967-74. New York: Praeger 1976.

SPIEWAK, M.: »Next exit Phoenix – Bildung als Produkt: Die größte private Universität der USA lehrt traditionelle Hochschulen das Fürchten«. In: Die Zeit, Nr. 4 vom 18.01.2001, S. 29.

STEUBE, W. und TEICHLER, U.: Statistische Quellen zur Mobilität von Studierenden und Graduierten. Kassel: Wissenschaftliches Zentrum für Berufs- und Hochschulforschung der Universität Gesamthochschule Kassel 1997 (verv. Manuskript).

Stifterverband für die Deutsche Wissenschaft (Hg.): Hochschulstandort Deutschland. Sind die deutschen Universitäten international wettbewerbsfähig? Essen 1997.

STRAUBHAAR, T.: On the Economics of International Labor Migration. Bern, Stuttgart: Haupt 1988.

TEICHLER, U.: Changing Patterns of the Higher Education System. London: Jessica Kingsley Publishers 1988a.

TEICHLER, U.: Convergence or Growing Variety: The Changing Organisation of Studies. Straßburg: Council of Europe 1988b.

TEICHLER, U.: A Typological Overview of Recognition Issues Arising in Temporary Study Abroad. Kassel: Wissenschaftliches Zentrum für Berufs- und Hochschulforschung der Gesamthochschule Kassel 1990 (Werkstattberichte; 29/ERASMUS Monographs; 3).

TEICHLER, U.: »Evaluation of the EC Training Fellowship Programme Based on a Fellows' Questionnaire Survey«. In: Scientometrics, 21. Jg., 1991, H. 3, S. 343-365.

TEICHLER, U.: »Comparative Higher Education: Potentials and Limits«. In: Higher Education, 32. Jg., 1996a, H. 4, S. 431-465

TEICHLER, U.: »The British Involvement in European Higher Education Programmes: Findings of Evaluation Studies on ERASMUS, Human Capital and Mobility and TEMPUS«. In: The Thirties Anniversary Seminars. London: Society for Research into Higher Education 1996b, S. 39-64.

TEICHLER, U.: »Student Mobility in the Framework of ERASMUS. Findings of an Evaluation Study«. In: European Journal of Education, 31. Jg., 1996c, H. 2, S. 153-179.

TEICHLER, U.: »Research on Academic Mobility and International Cooperation in Higher Education: An Agenda for the Future«. In: BLUMENTHAL, P., GOODWIN, C., SMITH, A. und TEICHLER, U. (Hg.): Academic Mobility in a Changing World. London: Jessica Kingsley Publishers 1996d, S. 338 – 358.

TEICHLER, U.: »Internationalization of Higher Education: The Role of the European Union«. In: SCOTT, P. (Hg.): Globalization of Higher Education. Buckingham: SRHE and Open University Press 1998, S. 88-99.

TEICHLER, U.: »Internationalisation as a Challenge for Higher Education in Europe«. In: Tertiary Education and Management, 5. Jg., 1999, H. 1, S. 5-23.

TEICHLER, U.: »Changes of ERASMUS Under the Umbrella of SOCRATES«. In: Journal of Studies in international Education, 5. Jg., 2001a, H. 3, S. 201-227

TEICHLER, U.: »Bachelor-Level Programmes and Degrees in Europe: Problems and Opportunities«. In: Yliopistotieto, 29. Jg., 2001b, H. 1, S. 8-15

TEICHLER, U.: »Erfahrungen der Studierenden mit dem Auslandsstudium – das Beispiel ERASMUS«. In: Recht der Jugend und des Bildungswesens, 49. Jg., 2001c, H. 2, S. 199-207.

TEICHLER, U. (Hg.): ERASMUS in the SOCRATES Programme: Findings of an Evaluation Study. Bonn: Lemmens 2002a.

TEICHLER, U.: »Hohe Ambitionen und kurze Zeitspanne – Potentiale, Risiken und Erträge des Reform-Experiments ifu«. In: Metz-Göckel, S. (Hg.): Lehren und Lernen an der Internationalen Frauenuniversität. Opladen: Leske und Budrich 2002b, S. 377-387.

TEICHLER, U.: »Internationalisierung der Hochschulen – Vergleichende Perspektiven und deutsche Erfahrungen«. In: Das Hochschulwesen, 50. Jg., 2002c, H. 1, S. 3-9.

TEICHLER, U.: »The Changing Debate on Internationalisation in Higher Education«. In: Higher Education, 48. Jg., 2004, H. 1, S. 5-26.

TEICHLER, U.: »Research on Higher Education in Europe«. In: European Journal of Education, 40. Jg., 2005, H. 4, S. 447-469.

TEICHLER, U.; BECKER, P.; MAIWORM, F. und HOLTKAMP, R.: Experiences and Careers of Science and Engineering Fellows Supported by the European Community. Luxembourg: Office for Official Publications of European Communities 1990 (Research Evaluation, Nr. EUR 12932 EN).

TEICHLER, U. und BRACHT, O.: The Academic Profession in Germany. Kassel: INCHER 2006 (vervielf. Manuskript).

TEICHLER, U.; GORDON, J.; MAIWORM, F. und BRADATSCH, C.: Das SOKRATES Programm: Erfahrungen der ersten fünf Jahre. Bonn: Nationale Agentur Bildung für Europa 2003.

TEICHLER, U.; LEWISON, G. und MASSIMO, L.: »Surveys of European Community Transnational Research Fellows«. In: Research Evaluation, 1. Jg., 1991, H. 3, S. 137-147.

TEICHLER, U. und MAIWORM, F.: Transition to Work. The Experience of Former ERASMUS Students. Jessica Kingsley Publishers 1994.

TEICHLER, U. und MAIWORM, F.: The ERASMUS Experience. Major Findings of the ERASMUS Evaluation Project. Luxemburg: Office for Official Publications of the European Communities 1997.

TEICHLER, U.; MAIWORM, F. und SCHOTTE-KMOCH, M.: Das ERASMUS-Programm. Ergebnisse der Begleitforschung. Bonn: Bundesministerium für Bildung und Forschung 1999.

TEICHLER, U. und OPPER, S.: Erträge des Auslandsstudiums für Studierende und Absolventen: Bad Honnef: K. H. Bock Verlag 1988 (Bundesminister für Bildung und Wissenschaft: Studien zu Bildung und Wissenschaft, Bd. 69).

TEICHLER, U. und SADLAK, J. (Hg.): Higher Education Research: Its Relationship to Policy and Practice. Paris: IAU und Kidlington: Elsevier Science 2000.

TEICHLER, U. und SMITH, A.: Auslandsstudienprogramme und ihre Erträge für Studierende und Absolventen. Auslandsstudienprogramme und ihre Erträge für Studierende und Absolventen. Bonn: Bundesminister für Bildung und Wissenschaft 1988 (Bildung - Wissenschaft – aktuell, H. 8/88).

TEICHLER, U.; SMITH, A. und STEUBE, W.: Auslandsstudienprogramme im Vergleich. Erfahrungen, Probleme, Erfolge. Bad Honnef: K. H. Bock Verlag 1988 (Bundesminister für Bildung und Wissenschaft: Studien zu Bildung und Wissenschaft, Bd. 68).

TRENN, W. und WUTTIG, S. (Hg.): Studieren in Europa mit ERASMUS. Bonn: DAAD 1996.

TRENN, W. und WUTTIG, S. (Hg.): Studieren in Europa mit ERASMUS. Zehn Jahre Bildungsprogramm der Europäischen Union 1987-1997. Bonn: Deutscher Akademischer Austauschdienst 1997.

TZENG, R.: »International Labor Migration through Multinational Enterprises«. In: International Migration Review, 29. Jg., 1995, H. 1, S. 139-154.

UMAKOSHI, T.: »Internationalization of Japanese Higher Education in the 1980s and Early 1990s«. In: Higher Education, 34. Jg., 1997, H. 2, S. 259-273.

UNESCO/Council of Europe: The Unesco/Council of Europe Code of good Practice in the Provision of Transnational Education. CEPES reference: ED/99/ENIC/WG3/05, CoE reference: DECS/EDU/HE(99)28, 1999.

UNESCO: Statistical Yearbook 1983. Paris: UNESCO 1983.

UNESCO: Statistical Yearbook 1997. Paris: UNESCO 1997.

UNESCO-UIS, OECD und EUROSTAT: UOE Data Collection Manual – 2004 Data Collection of Education Systems. Paris: OECD 2004.

UNESCO-UIS, OECD und EUROSTAT: UOE Data Collection Manual – 2005 Data Collection of Education Systems. Paris: OECD 2005.

Universitas 21 Secretariat: Universitas 21 Members. URL: http://www.universitas.edu.au/members.html, Download: Jan. 2003.

VUGHT, F. van, WENDE, M. C. van der und WESTERHEIJDEN, D.: »Globalisation and Internationalisation: Policy Agendas Compared«. In: ENDERS, J. und FULTON, O. (Hg.): Higher Education in a Globalising World – International Trends and Mutual Observations. Eine Festschrift zu Ehren von Ulrich Teichler. Dordrecht: Kluwer 2002, S. 103-120.

WÄCHTER, B. (Hg.): Internationalisation in Higher Education. Bonn: Lemmens 1999.

WENDE, M. van der: »Higher Education Globally – Towards new Frameworks for Research and Policy«. In: Center for Higher Education Policy Studies (CHEPS) (Hg.): The CHEPS Inaugural Lectures. Enschede 2002, S. 29-67.

WENDE, M. van der: »Internationalisation Policies: About New Trends and Contrasting Paradigms«. In: Higher Education Policy, 14. Jg., 2001a, H. 3, S. 249-259.

WENDE, M. van der: »Internationalizing the Curriculum in Higher Education: Report on a OECD/CERI Study«. In: Tertiary Education and Management, 2. Jg., 1996b, H. 2, S. 186-195.

WENDE, M. van der: »Missing Links: The Relationship between National Policies for Internationalisation and those for Higher Education in General«. In: KÄLVEMARK, T. und WENDE, M. van der (Hg.): National Policies for the Internationalisation of Higher Education in Europe. Stockholm: National Agency for Higher Education 1997, S. 10-41.

WENDE, M. van der: »The International Dimension in National Higher Education Policies: What Has Changed in Europe in the Last Five Years?« In: European Journal of Education, 36. Jg., 2001b, H. 4, S. 431-441.

WENDE, M. van der: Internationalising the Curriculum in Dutch Higher Education: An International Comparative Perspective. Utrecht: Utrecht University 1996a (Ph.D. Dissertation).

WILSON, L. A. und VLÂSCEANU, L.: »Transnational Education and the Recognition of Qualifications«. In: UNESCO/CEPES (Hg.): Internationalization of Higher Education: an Institutional Perspective. (Papers on Higher Education). Bukarest 2000, S. 75-85.

WIT, H. de (Hg.): Journal of Studies in International Higher Education. 1. Jg., 1997, bis 10. Jg., 2006. New York: Council on International Educational Exchange.

WIT, H. de und KNIGHT, J. (Hg.): Quality and Internationalisation in Higher Education. Paris: OECD 1999.

WIT, H. de: »Studies in International Education: A Research Perspective«. In: Journal of Studies in International Education, 1. Jg., 1997, H. 1, S. 1-8

WIT, H. de: Internationalization of Higher Education in the United States of America and Europe. Westport, CT und London: Greenwood Press 2002a.

WIT, H. de: Internationalization of Higher Education in the United States and Europe. Westport CT: Greenwood 2002b.

WITTE, J.: Studienexporte als »academic enterprise«: Strategien und Modelltypen angelsächsischer Hochschulen. Vortrag auf der vom DAAD veranstalteten Tagung »Export deutscher Studiengänge – Chancen und Strategien« am 9. Mai 2001 in Bonn. (URL: http://www.daad.de/de/download/Export/Tagung/Witte.doc, Download: Jan. 2003). 2001a.

WTO (World Trade Organisation): General Greement on Trade in Services (GATS). Annex 1 B to the Final Act of The Uruguay Round agreements. URL: http://www.wto.org/English/docs_e/legal_e/legal_e.htm, Download: Jan. 2003. WTO 1994.

WUTTIG, S. und ROSENSTOCK, S. (Hg.): Das SOKRATES/ERASMUS-Programm der 1997-2002. Erfahrungen und Erwartungen. Bonn: Deutscher Akademischer Austauschdienst 2003.

WUTTIG, S.: »Die Entwicklung von ECTS im Überblick«. In: WUTTIG, S. und SCHOLLE-POLLMANN, N. (Hg.): Success Stories IV. Das European Credit Transfer System (ECTS) in Deutschland. Bonn: Deutscher Akademischer Austausch Dienst 2001, S. 13-23.

YALÇIN, G. und SCHERRER, C.: Gutachten zur GATS-Verhandlungsrunde im Bildungsbereich im Auftrag der Max-Traeger-Stiftung. In: Freier Handel oder freier Zugang? WTO-GATS setzt die Bildung unter Globalisierungsdruck. Dokumentation eines GEW-Workshops vom 26. Februar 2002 in Berlin. Frankfurt a. M: GEW 2002, S. 6-43.

ZIRRA, P.: »Finland«. In: KELO, M., TEICHLER, U. und WÄCHTER, B. (Hg.): EURAODATA. Student Mobility in European Higher Education. Bonn: Lemmens 2006, S. 128-140.

Quellenhinweise

Kapitel 1: Überarbeiteter Auszug aus Teichler, Ulrich: »Internationalisierung als Aufgabe der Hochschulen in Europa«. In: Joerden, Jan C., Schwarz, Anna und Wagener, Hans-Jürgen (Hg.): Universitäten im 21. Jahrhundert. Berlin und Heidelberg: Springer 2000, S. 169-183.

Kapitel 2: Überarbeitete Fassung von Teichler, Ulrich: »Internationalisierung der Hochschulen«. In: Das Hochschulwesen, 50. Jg., 2002, H. 1, S. 3-9.

Kapitel 3: Überarbeitete Fassung von Teichler, Ulrich: »Europäisierung, Internationalisierung, Globalisierung – quo vadis, Hochschule?« In: Kehm, Barbara, M. (Hg.): Grenzüberschreitungen. Internationalisierung in der Hochschulforschung. Wittenberg: Institut für Hochschulforschung 2003 (Schwerpunktheft der Zeitschrift: Die Hochschule. Journal für Wissenschaft und Bildung, 12. Jg., H. 1), S. 19-30. Das Manuskript des ursprünglichen Vortrags in englischer Sprache ist veröffentlicht in Teichler, Ulrich: »The Changing Debate on Internationalisation of Higher Education«. In: Higher Education, 48. Jg., 2004, H. 1, S. 5-26.

Kapitel 4: Überarbeiteter Auszug aus Teichler, Ulrich: »Internationale Mobilität der Studierenden – eine quantitative Übersicht«. In: Weber, Hermann (Hg.): Das Volk Gottes in den Herausforderungen einer Weltgesellschaft. Bonn: Katholischer Akademischer Austauschdienst 1998, S. 92-104.

Kapitel 5: Unveröffentlichtes Manuskript. Die präsentierten Informationen basieren auf Kelo, Maria, Teichler, Ulrich und Wächter, Bernd (Hg.): EURODATA. Student Mobility in European Higher Education. Bonn: Lemmens 2006.

Kapitel 6: Überarbeiteter Auszug aus Jahr, Volker, Schomburg, Harald und Teichler, Ulrich: »Mobilität von Hochschulabsolventinnen und -absolventen in Europa«. In: Bellmann, Lutz und Velling, Johannes (Hg.): Arbeitsmärkte für Hochqualifizierte. Nürnberg: Institut für Arbeitsmarkt- und Berufsforschung der Bundesanstalt für Arbeit 2002 (Beiträge zur Arbeitsmarkt- und Berufsforschung, Bd. 256), S. 317-345.

Kapitel 7: Überarbeitete Fassung von Teichler, Ulrich: »Geschichte und Entwicklung der Bildungsprogramme der Europäischen Union«. In: Deutscher Akademischer Austauschdienst (Hg.): Mobilität in Europa. Bielefeld W. Bertelsmann 2004 (Die Internationale Hochschule. Ein Handbuch für Politik und Praxis, Bd. 6), S. 24-34.

Kapitel 8: Überarbeitete Auszüge aus Teichler, Ulrich und Smith, Alan: Auslandsstudienprogramme und ihre Erträge für Studierende und Absolventen. Bonn: Bundesminister für Bildung und Wissenschaft 1988 (Bildung – Wissenschaft – aktuell, H. 8/88). Die präsentierten Informationen basieren auf Teichler, Ulrich, Smith, Alan und Steube, Wolfgang: Auslandsstudienprogramme im Vergleich. Erfahrungen, Probleme, Erfolge. Bad Honnef: K. H. Bock 1988 (Bundesminister für Bildung und Wissenschaft: Studien zu Bildung und Wissenschaft, Bd. 68); Teichler, Ulrich und Opper, Susan: Erträge des Auslandsstudiums für Studierende und Absolventen. Bad Honnef: K. H. Bock 1988 (Bundesminister für Bildung und Wissenschaft: Studien zu Bildung und Wissenschaft, Bd. 69).

Kapitel 9: Überarbeitete Auszüge aus Teichler, Ulrich, Maiworm, Friedhelm und Schotte-Kmoch, Martina (Hg.): Das ERASMUS-Programm. Ergebnisse der Begleitforschung. Bonn: Bundesministerium für Bildung und Forschung 1999. Diese Buchpublikation war eine ausgewählte und adaptierte Übersetzung von Teichler, Ulrich und Maiworm, Friedhelm: The ERASMUS Experience. Major Findings of the ERASMUS Evaluation Research Project. Luxembourg: Officie for Official Publications of the European Communities 1997.

Kapitel 10: Überarbeitete Auszüge aus Teichler, Ulrich: »Erfahrungen der Studierenden mit dem Auslandsstudium – das Beispiel ERASMUS«. In: Recht der Jugend und des Bildungswesens, 49. Jg., 2001, H. 2, S. 199-207, und Teichler, Ulrich: »Förderung von internationaler Mobilität und Kooperation aus der Sicht der Begleitforschung«. In: Schwarz, Stefanie und Teichler, Ulrich (Hg.): Universität auf dem Prüfstand. Konzepte und Befunde der Hochschulforschung. Frankfurt/Main und New York: Campus 2003, S. 247-264. Die präsentierten Informationen basieren auf Teichler, Ulrich (Hg.): ERASMUS in the SOCRATES Programme. Findings of an Evaluation Study. Bonn: Lemmens 2002.

Kapitel 11: Überarbeitung der deutschen Zusammenfassung der Studie von Bracht, Oliver, Engel, Constanze, Janson, Kerstin, Over, Albert, Schomburg, Harald und Teichler, Ulrich: The Professional Value of ERASMUS Mobility. Kassel: International Centre for Higher Education Research Kassel, vervielfältigtes Manuskript (Publikation durch Europäische Kommission im Jahre 2007 vorgesehen).

Kapitel 12: Übersetzte Auszüge aus Teichler, Ulrich, Lewison, Grant und Massimo, Luigi: »Surveys of European Transnational Research Fellows«. In: Research Evaluation, 1. Jg., 1991, H. 1, S. 137-147; Teichler, Ulrich, Becker, Peter, Maiworm, Friedhelm und Holtkamp, Rolf: Experiences and Careers of Science and Engineering Fellows Supported by the European Community. Luxembourg: Office for Official Publications of the European Communities 1990 (Research Evaluation, Nr. EUR 12932 EN); Maiworm, Fredhelm und Teichler, Ulrich: European Research Fellowships 1987-1993. The Experiences and Views of Fellows, Supervisors and Administrators. Luxembourg: Office for Official Publications on the European Communities 1997; Teichler, Ulrich: »Employment Prospects for Young Researchers after Participation in the European Programmes«. In: Journal of International Education, 9. Jg., 1998, H. 1, S. 27-32.

Kapitel 13: Überarbeitete Auszüge aus Kommission der Europäischen Gemeinschaften: Evaluierung der ersten Phase des TEMPUS-Programms 1990/91 und 1993/94. Brüssel 1996 (KOM(96) 428 endg.); ergänzt durch übersetzte Auszüge aus Kehm, Barbara M., Maiworm, Friedhelm, Over, Albert, Reisz, Robert D., Steube, Wolfgang und Teichler, Ulrich: Integrating Europe through Co-operation among Universities. The Experience of the TEMPUS Programme. London und Philadelphia, PA: Jessica Kingsley Publishers 1997.

Kapitel 14: Überarbeitete Fassung von Teichler, Ulrich: »Die internationale Frauenuniversität – Potentiale und Risiken eines Reform-Experiments«. In: Schwarz, Stefanie und Teichler, Ulrich (Hg.): Universität auf dem Prüfstand. Konzepte und Befunde der Hochschulforschung. Frankfurt/Main und New York: Campus 2003, S. 227-244. Die präsentierten Informationen basieren auf Maiworm, Friedhelm und Teichler, Ulrich, in Zusammenarbeit mit Fleck, Annette: Das Reform-Experiment ifu – Potenziale, Risiken und Erträge aus der Sicht der Beteiligten. Kassel: Wissenschaftliches Zentrum für Berufs- und Hochschulforschung der Universität Kassel 2002 (Werkstattberichte, Bd. 60).

Kapitel 15: Übersetzte und überarbeitete Auszüge von Teichler, Ulrich: Recognition. A Typological Overview of Recognition Issues Arising in Temporary Study Abroad. Kassel: Wissenschaftliches Zentrum für Berufs- und Hochschulforschung der Gesamthochschule Kassel 1990 (Werkstattberichte, Bd. 29).

Kapitel 16: Überarbeitete und gekürzte Übersetzung von Berg, Carin und Teichler, Ulrich: »Unveiling the Hidden Information in Credentials: A Proposal to Introduce a Supplement to Higher Education Diplomas«. In: Higher Education in Europe, 13. Jg., 1988, H. 3, S. 13-24.

Kapitel 17: Überarbeitete Fassung von Teichler, Ulrich: »Zur Einführung von Credits an deutschen Hochschulen: Zwischen Vielfalt und Einheitlichkeit«. In: Wuttig, Siegberg und Scholle-Pollmann, Nikola (Red.): Success Stories IV. Das European Credit Transfer System (ECTS) in Deutschland. Bonn: Deutscher Akademischer Austauschdienst 2001, S. 41-48.

Kapitel 18: Überarbeiteter Auszug aus Lanzendorf und Teichler, Ulrich: »Globalisierung im Hochschulwesen – ein Abschied von etablierten Werten der Internationalisierung? «. In: Zeitschrift für Erziehungswissenschaft, 6. Jg., 2003, H. 2, S. 219-238.

Kapitel 19: Überarbeitete und gekürzte Übersetzung von Hahn, Karola und Teichler, Ulrich: »Internationalization Mainstreaming in German Higher Education«. In: Arimoto, Akira, Huang, Futao und Yokoyama, Keiko (Hg.): Globalization and Higher Education. Hiroshima, Hiroshima University, Research Institute for Higher Education 2005 (RIHE International Publication Series, Nr. 9), S. 39-66.

Kapitel 20: Überarbeitete und gekürzte Übersetzung einer Expertise in englischer Sprache für das Research Institute for Higher Education der Hiroshima University, Japan.

Kapitel 21 Überarbeitete und gekürzte Übersetzung von Teichler, Ulrich »Research on Academic Mobility and International Cooperation in Higher Education: An Agenda for the Future«. In: Smith, Alan, Teichler, Ulrich und van der Wende, Marijk (Hg.): The International Dimension of Education: Setting the Research Agenda. Proceeding of an International Research Workshop Jointly Sponsored by the Academic Cooperation Association and the International Research Centre for Cultural Studies, Vienna, 29-30 April

1994. Wien: Internationales Forschungszentrum Kulturwissenschaften 1994 (IFK Materialien, Nr. 3/94), S. 10-21.

Kapitel 22: Überarbeitete Übersetzung von Kehm, Barbara M. und Teichler, Ulrich: Research on Internationalisation in Higher Education. Vortrag anlässlich des Symposiums »Challenges and Opportunities for the Internationalization of Higher Education in the Coming Decade«, Den Haag, 17.-19. September 2006 (die Publikation in englischer Sprache ist vorgesehen in Journal of Studies in International Education, 11. Jg., 2007, H. 1).